Viver é tomar partido

Anita Leocadia Prestes

Viver é tomar partido
Memórias

© desta edição, Boitempo, 2019
© Anita Leocadia Prestes, 2019

Todos os direitos reservados.
As fotos e os documentos publicados neste livro fazem parte do arquivo particular
de Anita Leocadia Prestes. Apesar dos esforços, nem sempre pudemos identificar os fotógrafos.
Aguardamos, então, que se manifestem para dar-lhes o devido crédito.

Direção geral Ivana Jinkings

Edição Isabella Marcatti

Assistência editorial Pedro Davoglio

Preparação Mariana Zanini

Revisão Clara Altenfelder

Coordenação de produção Livia Campos

Capa Ronaldo Alves

Diagramação Antonio Kehl

Equipe de apoio: Artur Renzo, Carolina Mercês, Clarissa Bongiovanni, Débora Rodrigues,
Dharla Soares, Elaine Ramos, Frederico Indiani, Heleni Andrade, Higor Alves, Ivam Oliveira,
Joanes Sales, Kim Doria, Luciana Capelli, Marina Valeriano, Marlene Baptista, Maurício Barbosa,
Raí Alves, Talita Lima, Thais Rimkus, Tulio Candiotto

CIP-BRASIL. CATALOGAÇÃO NA PUBLICAÇÃO
SINDICATO NACIONAL DOS EDITORES DE LIVROS, RJ

P939v

Prestes, Anita Leocadia, 1936-
Viver é tomar partido : memórias / Anita Leocadia Prestes. - 1. ed. - São
Paulo : Boitempo, 2019.
; 23 cm.

Apêndice
Inclui bibliografia
Inclui índice remissivo
ISBN 978-85-7559-728-6

1. Prestes, Luís Carlos, 1898-1990. 2. Prestes, Olga Benário, 1908-
1942. 3. Partido Comunista Brasileiro - História. 4. Comunismo - Brasil
- História. I. Título.

19-59512   CDD: 981.061
                         CDU: 94(81).082/.083

Meri Gleice Rodrigues de Souza - Bibliotecária CRB-7/6439

É vedada a reprodução de qualquer parte deste livro sem a expressa autorização da editora.

1ª edição: outubro de 2019

BOITEMPO
Jinkings Editores Associados Ltda.
Rua Pereira Leite, 373
05442-000 São Paulo SP
Tel.: (11) 3875-7250 / 3875-7285
editor@boitempoeditorial.com.br | www.boitempoeditorial.com.br
www.blogdaboitempo.com.br | www.facebook.com/boitempo
www.twitter.com/editoraboitempo | www.youtube.com/tvboitempo

In memoriam
Luiz Carlos Prestes e Olga Benario Prestes, meus pais,
Leocadia Prestes, a avó que salvou minha vida,
e Lygia Prestes, minha segunda mãe.

"Na vida, quando há honestidade de propósitos, nenhum sacrifício é inútil."
(Carta de Luiz Carlos Prestes à sua irmã Lygia,
Moscou, 26/9/1973)

"Odeio os indiferentes."
(Antonio Gramsci, *La città futura*)

"Sabe esperar, aguarda que la marea fluya así en la costa un barco – sin que el partir te inquiete. Todo el que aguarda sabe que la victoria es suya; porque la vida es larga y el arte es un juguete. Y si la vida es corta y no llega la mar a tu galera, aguarda sin partir y siempre espera, que el arte es largo y, además, no importa."
(Antonio Machado, *Consejos*)

Sumário

Siglas utilizadas 11

Apresentação 13

I. Os primeiros tempos 17
A extradição de Olga e meu nascimento... 17
A Campanha Prestes e minha libertação... 21
O assassinato de Olga 24
Luiz Carlos Prestes, meu pai: prisioneiro do governo Vargas.............. 26
Leocadia Prestes, minha avó 28

II. Minha vida em liberdade (1938-1945)... 33
A chegada a Paris 33
Nossa ida para o México 35
O falecimento de Leocadia 40
A viagem a Cuba 42
O regresso à capital mexicana 44

III. A ida para o Brasil (1945-1950) 49
A anistia e a nossa viagem para o Brasil.. 49
O golpe que derrubou Getúlio Vargas e nossa vida no Rio de Janeiro ... 51
O fechamento do Partido e a cassação dos parlamentares comunistas... 58
Cresce a perseguição aos comunistas 61

IV. A ida para a União Soviética (1951-1957) 65
O *Manifesto de agosto de 1950* e minha ida para Moscou................... 65
A viagem para Moscou (anos 1950) 70
Nossa vida em Moscou 72

V. A volta para o Brasil (1957-1960) 81
O regresso ao Brasil 81

Os primeiros tempos.. 86

Estudante universitária e militante comunista.. 90

VI. O início dos anos 1960 (1961-1964).. 95

A visita à República Democrática Alemã (RDA)... 95

O ano de 1961 99

A segunda viagem a Cuba 103

De 1962 a 1964... 105

VII O golpe de 1964 e os anos seguintes (1964-1968) 117

O golpe de 1º de abril de 1964.. 117

De 1964 a 1966... 123

A ida para Moscou.. 128

VIII. O regresso ao Brasil e a clandestinidade (1968-1973) 143

O regresso ao Brasil: os primeiros tempos 143

Os anos de atividade clandestina em São Paulo (1969-1973) 145

IX. O exílio (1973-1975).. 161

A viagem para Moscou (anos 1970) 161

O exílio em Moscou: os primeiros anos (1973-1975)...................................... 163

X. O exílio (1976-1979) 183

Meu ingresso no Comitê Central: de 1976 a 1978.. 183

Minha demissão do CC, a anistia e a partida para o Brasil: o ano de 1979 209

XI. O regresso ao Brasil e os últimos anos... 227

Meu regresso ao Brasil: os primeiros tempos (1979-1982); ingresso na
universidade: estudo, pesquisa, participação política (1983-1989) 227

A morte do meu pai e os anos que se seguiram... 255

Anexos 275

Fontes consultadas... 297

Referências bibliográficas 299

Índice onomástico... 303

Siglas utilizadas

ALN – Ação Libertadora Nacional

ANL – Aliança Nacional Libertadora

Arena – Aliança Renovadora Nacional

CC do PCB – Comitê Central do Partido Comunista Brasileiro

CGT – Central Geral dos Trabalhadores

CGT – Comando-Geral dos Trabalhadores

DOI-CODI – Destacamento de Operações de Informação – Centro de Operações de Defesa Interna

DOPS – Departamento da Ordem Política e Social

IC – Internacional Comunista

MDB – Movimento Democrático Brasileiro

MOPR – Socorro Vermelho Internacional

PCB – Partido Comunista Brasileiro

PCdoB – Partido Comunista do Brasil

PCUS – Partido Comunista da União Soviética

PDT – Partido Democrático Trabalhista

PSB – Partido Socialista Brasileiro

PSD – Partido Social Democrático

PSP – Partido Social Progressista

PST – Partido Social Trabalhista

PT – Partido dos Trabalhadores

PTB – Partido Trabalhista Brasileiro

SN do PCB – Secretariado Nacional do PCB

STF – Supremo Tribunal Federal

STM – Superior Tribunal Militar

TSE – Tribunal Superior Eleitoral

TSN – Tribunal de Segurança Nacional

UDN – União Democrática Nacional

UFF – Universidade Federal Fluminense

UFRJ – Universidade Federal do Rio de Janeiro

UNE – União Nacional dos Estudantes

USP – Universidade de São Paulo

Apresentação

Como escreve Michael Heinrich, autor de recente biografia de Karl Marx,

> a vida de uma pessoa é diferente de sua biografia, independentemente de se tratar de uma autobiografia ou não. Uma biografia não é capaz de transmitir mais que uma imagem incompleta dessa vida, já que as fontes disponíveis (também uma autobiografia necessita de fontes) são mais ou menos fragmentadas. A representação biográfica jamais será independente dos interesses de quem escreve, de seu ponto de vista e das perspectivas historicamente condicionadas.[1]

Se aceitarmos a asserção hoje amplamente difundida entre os historiadores de que "a *memória* é uma construção psíquica e intelectual que acarreta de fato uma representação seletiva do passado, que nunca é somente aquela do indivíduo, mas de um indivíduo inserido num contexto familiar, social, nacional"[2], poderemos concluir que a *memória*, ou *as memórias*, serão ainda menos capazes que a biografia de "transmitir mais que uma imagem incompleta dessa vida"[3].

A partir de tais pressupostos, com a escrita de minhas memórias nada mais pretendo senão registrar as impressões, que mantenho atualmente, dos episódios que deixaram marcas sensíveis em minha personalidade, na esperança, alimentada

---

[1] Michael Heinrich, *Karl Marx e o nascimento da sociedade moderna*, v. 1 (1818-1841) (trad. Claudio Cardinali, São Paulo, Boitempo, 2018), p. 399.

[2] Raimundo Nonato Pereira Moreira, "História e memória: algumas observações" (breve análise das relações entre História e Memória a partir das obras de Peter Burke, Henry Rousso e Jacques Le Goff); disponível em: <http://pablo.deassis.net.br/wp-content/uploads/Hist%C3%B3ria-e-Mem%C3%B3ria.pdf>, acesso em: 25 out. 2018.

[3] Michael Heinrich, *Karl Marx e o nascimento da sociedade moderna*, v. 1, cit., p. 399.

por companheiros e amigos, de que as lembranças de tais acontecimentos constituam uma experiência útil para as novas gerações.

Para escrever estas memórias, na qualidade de historiadora, contei com os resultados de pesquisas realizadas por mim, durante os últimos quarenta anos, da vida dos meus pais, da história do PCB e da Internacional Comunista. Contei também com as lembranças de histórias que minha tia Lygia, meu pai e outros parentes, companheiros e amigos me contavam e com minha próprias recordações.

Lembro que "uma pessoa (assim como sua obra) é o resultado de um processo permanente de constituição que ocorre em diferentes níveis"[4]. A vida de uma pessoa transcorre através de mudanças constantes, que não excluem, contudo, a existência de continuidades. Como questiona o sr. Keuner, personagem de Bertolt Brecht, "tudo muda, e nós não deveríamos mudar também?", acrescentando: "pensar significa transformar"[5].

No que me diz respeito, desde a adolescência aderi ao ideário comunista – com o qual ficara familiarizada ainda durante a infância – e nunca o abandonei, embora no decorrer da vida ele se tenha apresentado para mim de maneiras diversas, motivando decisões e atitudes que também variaram com o passar do tempo. O ideário comunista definiu o objetivo principal de minha vida – contribuir para a realização da revolução socialista, entendida como primeira fase da transição a uma sociedade comunista. Mas a opção pela luta por um futuro socialista e comunista para a humanidade, e em particular para nosso povo, jamais significou para mim a renúncia a uma atividade profissional do meu agrado que me assegurasse uma inserção no mundo do trabalho e garantisse minha sobrevivência. Jamais pretendi ser uma profissional da revolução ou do Partido Comunista, algo que vivenciei não por opção minha, mas devido a circunstâncias que se mostrariam fortuitas.

Ao declarar minha opção definitiva pelo ideal comunista, devo esclarecer que não se trata de uma espécie de fé religiosa, como pensam alguns, mas de convicção científica adquirida com o estudo das obras de Karl Marx, Friedrich Engels e V. I. Lênin, assim como das contribuições de alguns destacados marxistas como Antonio Gramsci, José Carlos Mariátegui e Ernesto Che Guevara. Tal conhecimento me trouxe a compreensão de que o sistema capitalista, movido por contradições cada vez maiores, carece de condições de superá-las por si mesmo ou de abrir perspectivas promissoras para as sociedades humanas. O agravamento de tais contradições terá de levar, mais cedo ou mais tarde, ao surgimento de forças sociais capazes de superar o capitalismo e fazer a transição a uma sociedade livre

---

[4] Ibidem, p. 35.

[5] Bertolt Brecht, *Histórias do sr. Keuner* (trad. Paulo César de Souza, 2. ed., São Paulo, Editora 34, 2013), p. 135.

da propriedade privada e da exploração do homem pelo homem. Essa é uma conclusão a que chego com base no conhecimento científico e não inspirada em suposto "determinismo histórico" (conforme os críticos do marxismo), pois entendo que as forças sociais destinadas a realizar tais transformações terão de ser criadas e devidamente formadas. Minha aspiração consiste em, no limite das minhas possibilidades, contribuir para tal formação.

O empenho em agir para a realização de tais objetivos é uma empreitada difícil, de longa duração. Nesse caminho, naturalmente, erros foram e serão cometidos pelas forças revolucionárias. Devemos nos esforçar para reconhecê-los e corrigi--los. De minha parte, não alimento arrependimentos pelas ações que pratiquei coletiva ou individualmente, pois meus propósitos sempre foram honestos e os eventuais equívocos, no momento em que aconteceram, não puderam ser percebidos. Não alimento sentimentos de desânimo ou desolação pelas derrotas e pelos fracassos colhidos; entendo que fazem parte do processo da luta e que não se alcança a vitória sem passar por insucessos. Como escreveu William Morris, intelectual e revolucionário inglês do final do século XIX, referindo-se à derrota da Comuna de Paris:

> A Comuna de Paris não é senão um elo na luta que teve lugar ao longo da história dos oprimidos contra os opressores; e, sem todas as derrotas do passado, não teríamos a esperança de uma vitória final.[6]

* * *

Em setembro de 1936, Olga Benario Prestes, minha mãe, foi extraditada para a Alemanha, no sétimo mês de gravidez, pelo governo de Getúlio Vargas. Pouco tempo depois, em 27 de novembro de 1936, eu nasci na prisão de mulheres de Barnimstrasse, em Berlim, onde minha mãe permaneceria detida.

Meu pai, Luiz Carlos Prestes, ficara preso no Brasil após a derrota dos levantes antifascistas de novembro de 1935. A prisão dos meus pais, a extradição de minha mãe e o meu nascimento na prisão, assim como a ameaça de eu ser entregue a um orfanato nazista, comoveram a opinião pública mundial da época. Fui libertada em resultado de uma grande campanha mundial liderada por minha avó paterna, Leocadia Felizardo Prestes, mulher determinada e de grande coragem. Posso dizer que sou filha da solidariedade internacional.

---

[6] William Morris, "Why We Celebrate the Commune of Paris", *Commonweal*, v. 3, n. 62, 1887, p. 89-90, reproduzido em *Political Writings* (Bristol, Thoemmes Press, 1994), p. 232-5, citado em Josep Fontana, *A história dos homens* (São Paulo, Edusc, 2004), p. 490.

Durante grande parte de minha vida tive que me defrontar com as vicissitudes das perseguições movidas contra os comunistas e, em particular, contra meu pai e nossa família. Participei ativamente da vida política de Luiz Carlos Prestes, assim como do movimento comunista.

Vivi momentos históricos conturbados no Brasil, o que me forçou a passar longos períodos no exílio. Fui processada e condenada pelos tribunais militares da ditadura brasileira instalada em 1964, tive os direitos políticos cassados, fui anistiada e acompanhei meu pai nos embates internos do Partido Comunista Brasileiro, partido do qual cheguei a ser dirigente e do qual me afastei junto com Prestes. Minha memória guarda o registro de acontecimentos inéditos e fatos pouco conhecidos ou falsificados pelos meios de comunicação a serviço dos interesses dos donos do poder. Estas *Memórias*, de alguma maneira, poderão complementar a biografia política de Luiz Carlos Prestes de minha autoria[7].

Atribuí a estas memórias o título "Viver é tomar partido" – frase do poeta e dramaturgo alemão do século XIX Christian Friedrich Hebbel, lembrado por Antonio Gramsci, que acrescentou: "Odeio os indiferentes. [...] Não podem existir os que são apenas *homens*, os estranhos à cidade. Quem vive verdadeiramente não pode deixar de ser cidadão, e de tomar partido"[8]. Atitude que me inspirou, pois desde cedo aprendi com minha família que, na vida, é necessário sempre tomar partido.

---

[7] Anita Leocadia Prestes, *Luiz Carlos Prestes: um comunista brasileiro* (São Paulo, Boitempo, 2015).

[8] Antonio Gramsci, "La città futura", em *Escritos políticos*, v. 1 (org. Carlos Nelson Coutinho, Rio de Janeiro, Civilização Brasileira, 2004), p. 84; grifo do autor.

I
Os primeiros tempos

A extradição de Olga e meu nascimento

Com apenas 16 anos de idade, Olga, nascida em 1908 numa família abastada de Munique, na Alemanha, saiu de casa para, junto com o jovem professor Otto Braun, seu namorado e dirigente do Partido Comunista da Alemanha (KPD), e sob a influência do ambiente revolucionário então existente em seu país, participar das lutas da juventude trabalhadora no distrito "vermelho" de Neukölln, em Berlim. Membro da Juventude Comunista, Olga, devido à sua destacada atuação política, foi logo aceita nas fileiras do Partido Comunista da Alemanha. Em 1928, tornou-se conhecida pela decidida participação na libertação de Otto Braun, detido na prisão de Moabit por "alta traição à pátria". Ambos tiveram suas cabeças postas a prêmio pelas autoridades policiais, sendo forçados a abandonar a pátria e fugir para Moscou.

A partir desse momento, Olga se tornaria dirigente da Internacional Comunista da Juventude, com intensa atuação política em diversos países europeus, como Inglaterra e França, nos quais chegou a ser detida por curtos períodos. Ao mesmo tempo, submeteu-se em Moscou à formação militar e procurou aprofundar seus conhecimentos de teoria marxista-leninista. Era uma comunista convicta, disposta a fazer qualquer sacrifício na luta pela revolução mundial. Do ponto de vista afetivo, terminou seu relacionamento com Otto Braun em 1931[1].

Militante provada na luta revolucionária e na atividade clandestina do movimento comunista, no final de 1934 Olga foi convidada por Dimitri Manuilski,

---

[1] Para conhecer a vida de Olga, ver Fernando Morais, *Olga* (São Paulo, Alfa-Ômega,1985); e Anita Leocadia Prestes, *Olga Benario Prestes: uma comunista nos arquivos da Gestapo* (São Paulo, Boitempo, 2017).

dirigente da Internacional Comunista (IC), a cuidar da segurança de Luiz Carlos Prestes em seu regresso ao Brasil para participar da luta antifascista. Recém-aceito no PCB, o famoso Cavaleiro da Esperança teria que atuar na clandestinidade, pois fora acusado de desertor do Exército e seria preso se chegasse legalmente ao seu país. Olga aceitou sem vacilações e com entusiasmo a nova tarefa, pois ouvira falar nos feitos da Marcha da Coluna Prestes e do seu comandante, que já admirava antes de conhecer pessoalmente.

Apresentados por Manuilski às vésperas da viagem, Prestes e Olga partiram clandestinamente de Moscou no dia 29 de dezembro de 1934. Deixaram a União Soviética como Pedro Fernandez, espanhol, e Olga Sinek, estudante russa, disfarçados de casal endinheirado em lua de mel. Após uma viagem de mais de três meses, plena de peripécias, chegaram ao Rio de Janeiro em abril de 1935, onde fixaram residência. Durante o percurso, uma profunda compreensão mútua os deixou apaixonados, e, assim, tornaram-se marido e mulher de verdade[2].

Prestes fora aclamado presidente de honra da Aliança Nacional Libertadora (ANL)[3] e, clandestino, mantinha contato com antigos companheiros da Coluna, com o secretário-geral do PCB e com os membros do Bureau Sul-Americano da Internacional Comunista, então transferido para o Rio de Janeiro[4]. A função de Olga era zelar pela segurança de Prestes, viabilizando esses contatos de maneira a evitar sua localização pelos agentes policiais. Olga comparecia junto com Prestes a reuniões políticas, mas não interferia nem nas discussões nem nas decisões tomadas, pois essa atribuição não lhe cabia.

A convivência entre meus pais durou pouco mais de um ano, pois em março de 1936, após a derrota dos levantes antifascistas de novembro de 1935, foram presos e separados para nunca mais se verem[5]. Com grandes interrupções se corresponderam até o assassinato de Olga numa câmara de gás do campo de concentração de Bernburg (Alemanha), em abril de 1942[6]. Ao comentar essa correspondência, Robert Cohen, seu editor na Alemanha, escreveu:

---

[2]   Para acompanhar os detalhes dessa viagem, ver Fernando Morais, *Olga*, cit., p. 63-5; e Anita Leocadia Prestes, *Luiz Carlos Prestes*, cit., p. 159-62.

[3]   Ampla frente democrática criada no Brasil no início de 1935 com o objetivo de lutar contra o fascismo, o integralismo, o imperialismo e o latifúndio. Ver Anita Leocadia Prestes, *Luiz Carlos Prestes e a Aliança Nacional Libertadora: os caminhos da luta antifascista no Brasil (1934-1935)* (Petrópolis, Vozes, 1997).

[4]   Anita Leocadia Prestes, *Luiz Carlos Prestes*, cit., cap. VI e VII.

[5]   Ibidem, cap. VII.

[6]   Para a correspondência entre Prestes e Olga, ver Anita Leocadia Prestes e Lygia Prestes (orgs.), *Anos tormentosos – Luiz Carlos Prestes: correspondência da prisão (1936-1945)*, v. 3 (Rio de Janeiro/São Paulo, Aperj/Paz e Terra, 2002); e Anita Leocadia Prestes, *Olga Benario Prestes*, cit.

Desde seu primeiro encontro em Moscou [de Prestes e Olga] até sua prisão no Rio se passaram exatos um ano, três meses e vinte e dois dias. Pouco tempo, se diria. Mas qual seria o tempo ideal para o amor? A importância de uma relação não se mede por sua duração. Se quisermos saber alguma coisa sobre o amor entre duas pessoas, não devemos indagar o que as pessoas fazem do amor, mas sim o que o amor faz das pessoas. O que o amor fez de Olga Benario e Carlos Prestes descobrimos em suas cartas.[7]

Olga, que havia salvado a vida de Prestes no momento da prisão se interpondo entre ele e os policiais, que tinham ordem para matá-lo, poucos dias depois, já na cela da Casa de Detenção da capital da República, descobre que estava grávida[8]. Pelas leis então em vigor no Brasil, tinha direito a permanecer no país, pois daria à luz um filho brasileiro. Sua extradição para a Alemanha nazista foi a maneira encontrada por Getúlio Vargas, então presidente do Brasil, junto com Filinto Müller, seu chefe de polícia, para torturar Luiz Carlos Prestes, cujo prestígio internacional desaconselhava que lhe fossem inflingidas torturas físicas, como aconteceu com grande parte dos prisioneiros políticos da época. O advogado Heitor Lima impetrou *habeas corpus* em favor de Olga, recusado pelos juízes de Supremo Tribunal Federal[9].

Tanto Olga quanto Prestes se negaram a fornecer quaisquer informações aos delegados de polícia que os interrogaram. Minha mãe se recusou a declinar seu verdadeiro nome e sua nacionalidade, declarando chamar-se Maria Prestes, mas Filinto Müller, através do Itamaraty, logo conseguiu que a Gestapo, a polícia da Alemanha nazista, identificasse Olga Benario, fichada desde os anos 1920 por suas "atividades subversivas". Olga negou-se, inclusive, a assinar o passaporte que lhe foi concedido pelo consulado alemão no Rio de Janeiro, segundo os trâmites burocráticos então vigentes para sua extradição[10].

---

[7]   Robert Cohen (org.), *Olga Benario, Luiz Carlos Prestes – Die Unbeugsamen – Briefwechsel aus Gefängnis und KZ* (Göttingen, Wallstein, 2013), p. 18; tradução de Victor Hugo Klagsbrunn.

[8]   Ver Anexo I, p. 276-9 deste volume.

[9]   CORTE SUPREMA DOS ESTADOS UNIDOS DO BRASIL – n. 26155 D.F. – PETIÇÃO DE HABEAS CORPUS do advogado Heitor Lima a favor de MARIA PRESTES, Rio de Janeiro, 3 de junho de 1936 (cópia do documento original, 12 p.) e documentos complementares (arquivo particular da autora); ver também Heitor Lima, "Carta à exma. sra. Darcy Vargas", Rio de Janeiro, 18 jun. 1936 (2 p.; Arquivo Getúlio Vargas/CPDOC/FGV); Fernando Morais, *Olga*, cit., p. 197-9.

[10]   Ver Arquivo da Gestapo (doravante, AG), disponível em: <http://www.germandocsinrussia. org/en/nodes/1-rossiysko-germanskiy-proekt-po-otsifrovke-trofeynyh-kollektsiy>, Collection of documents of German secret services 1912-1945. Russian State Archive of Socio-Political History (RGASPI, Fond 458, Series 9), pasta 164, doc. 31-36.

No sétimo mês de gravidez, a 23 de setembro de 1936, minha mãe foi embarcada à força rumo a Hamburgo (Alemanha) no navio cargueiro alemão *La Coruña*, cujo capitão recebera ordens expressas das autoridades policiais para não parar em nenhum outro porto europeu, pois havia precedentes dos estivadores e portuários da Espanha e da França resgatarem prisioneiros políticos de embarcações que aportaram nesses países. Junto com Olga era extraditada Elise Ewert, esposa do dirigente comunista alemão Arthur Ewert, ambos presos e barbaramente torturados após os levantes antifascistas de novembro de 1935[11].

Após quase um mês de viagem, em condições extremamente penosas e em total isolamento até mesmo dos demais passageiros do navio, no dia 18 de outubro, Olga e Elise foram desembarcadas em Hamburgo, com intensa vigilância policial. Na ocasião havia um aparato policial de tais proporções que o advogado francês enviado a Hamburgo pelo Comitê Prestes, com sede em Paris, que coordenava a campanha mundial pela libertação dos presos políticos no Brasil e também de Olga e Elise, sequer conseguiu aproximar-se do local ou obter alguma informação a respeito das duas prisioneiras[12]. No mesmo dia, as duas foram conduzidas sob escolta para Berlim. Olga ficou na prisão feminina de Barnimstrasse e Elise, na detenção feminina do presídio da polícia[13].

Na prisão, incomunicável, sem poder se corresponder com a família, Olga sempre recusou-se a prestar qualquer declaração que pudesse incriminar os companheiros tanto na Alemanha quanto no Brasil[14]. O regime de extremado rigor a que estava submetida era justificado pela Gestapo não tanto por Olga ser judia, mas principalmente por ser considerada uma "comunista perigosa", mulher do líder comunista Luiz Carlos Prestes, e que, por isso, jamais deveria ser posta em liberdade[15].

A 27 de novembro 1936, na enfermaria da prisão de Barnimstrasse deu-se o meu nascimento. A coragem e o extraordinário controle emocional de Olga permitiram que eu nascesse forte e saudável. Minha mãe, entretanto, sofreu complicações, que a forçaram a permanecer internada nessa enfermaria durante um mês[16]. Meu nome, Anita Leocadia, foi escolhido por ela em homenagem a

---

[11] Ver Fernando Morais, *Olga*, cit.; Anita Leocadia Prestes, *Luiz Carlos Prestes*, cit., cap. VII.; e Anita Leocadia Prestes, *Olga Benario Prestes*, cit.

[12] Ver Anita Leocadia Prestes, *Luiz Carlos Prestes*, cit., p. 199.

[13] Ver AG, pasta 164, doc. 24-8, 78-9.

[14] Ver AG, pasta 164, doc. 169, 170, 171, 172, 173, 174, Berlim, 21 nov. 1936.

[15] Idem. Ver também, por exemplo, pasta 164, doc. 294-7, 404-5.

[16] As condições carcerárias nessa prisão não podem ser comparadas ao horror dos campos de concentração para onde Olga foi transferida mais tarde.

duas mulheres fortes – Anita Garibaldi e Leocadia Prestes[17]. Olga solicitou às autoridades carcerárias o envio de telegrama por ela redigido a meu pai, preso no Brasil, e depois escreveu uma carta em que lhe comunicava meu nascimento, mas as duas mensagens não foram expedidas pela Gestapo[18]. Meu nascimento permaneceu desconhecido da família e do público durante vários meses, embora Olga tivesse tentado meu registro como brasileira na embaixada do Brasil em Berlim, solicitação recusada tanto pela Gestapo quanto pelo Itamaraty.

Desde que se soube da extradição de Olga e Elise, as autoridades do Terceiro Reich, inclusive o próprio Adolf Hitler, passaram a ser bombardeados com telegramas, cartas e mensagens advindas de personalidades e organizações humanitárias de países europeus e dos Estados Unidos, cobrando informações sobre as duas prisioneiras, denunciando sua incomunicabilidade e exigindo sua libertação. Muitos desses pronunciamentos foram publicados na imprensa da França, da Inglaterra e de outros países[19].

A Campanha Prestes e minha libertação

Estava em curso a Campanha Prestes, liderada por Leocadia Prestes, minha avó paterna[20]. Logo após a prisão dos meus pais, em março de 1936, Leocadia, acompanhada por Lygia, sua filha mais moça, deslocou-se de Moscou, onde desde 1931 vivia a família, para Paris, que passou a ser a sede do Comitê Prestes. Quando se soube da extradição de Olga e Elise, imediatamente a campanha pela libertação dos presos políticos se estendeu às duas prisioneiras. Para Leocadia e Lygia surgia, então, a preocupação de estabelecer contato com Olga e prestar-lhe toda assistência possível, a ela e à criança que estava para nascer. Minha avó foi três vezes a Berlim, acompanhada pela filha e por delegações de mulheres de países como a Bélgica e a Inglaterra, sem jamais conseguir permissão para falar com minha mãe ou vê-la[21].

---

[17] Arquivo do STM, TSN, processo n. 1, apelação 4.899 – série A, v. 4, p. 143, "Carta de Leocadia Prestes a Luiz Carlos Prestes", Paris, 6 mar. 1937; AG, pasta 167, doc. 13-4, Berlim, 17 dez. 1936, "Carta de Olga para Prestes", Berlim, 17 dez. 1936.

[18] Ver AG, "Telegrama de Olga para Prestes" (em francês), 28 nov. 1936, pasta 167, doc. 8; e "Carta de Olga para Prestes" (em francês), 17 dez. 1936, pasta 167, doc. 13-4; ver Anexo II, p. 280-2 deste volume.

[19] Ver AG, pasta 164, doc. 14, 17, 38, 49, 52, 83, 97-98, 126, 131, 132-33, 161, 196, 200, 206, 251, 300, 380.

[20] Ver Anita Leocadia Prestes, *Campanha Prestes pela libertação dos presos políticos no Brasil (1936-1945): uma emocionante história de solidariedade internacional* (São Paulo, Expressão Popular, 2015).

[21] Idem.

22   VIVER É TOMAR PARTIDO

A Cruz Vermelha Internacional, sediada em Genebra, foi visitada por Leocadia e Lygia e, com a ajuda da entidade, tornou-se possível saber do meu nascimento – quando já tinha três meses de idade –, obter permissão para corresponder-se com Olga[22] e enviar-lhe dinheiro, alimentos e roupas. A cada duas semanas, minha avó e minha tia lhe remetiam via correio postal um pacote de vinte quilogramas, contendo alimentos e outros artigos de que necessitava, o que permitiu à minha mãe continuar a amamentar a filha. Com isso foi possível assegurar minha sobrevivência e, por fim, minha libertação. Com meu nascimento, a campanha alcançou maior repercussão; tratava-se agora de salvar a vida de uma criança, pois a Gestapo havia comunicado a Olga que, assim que eu fosse desmamada, seria dela separada e entregue a um orfanato nazista, onde as crianças perdiam o nome e lhes era atribuído um número. O esforço de Leocadia e Lygia foi decisivo para o sucesso dessa batalha[23].

Tiveram grande importância as gestões empreendidas pelo afamado jurista francês François Drujon, que, sensibilizado pela causa da libertação de mãe e filha, viajou à Alemanha para sondar a Gestapo. Contando com a colaboração do advogado alemão Heinrich Reinefeld, social-democrata e antifascista[24], recebeu autorização para ver a criança no pátio da prisão na hora do banho de sol[25]. Drujon obteve a promessa das autoridades alemãs de me entregar à avó paterna desde que lhes fosse apresentado um documento oficial de paternidade de Prestes, pois, na ausência de certidão de casamento dos meus pais, a Gestapo não reconhecia a Leocadia o direito de reivindicar a guarda da neta[26]. Quanto a Olga, não foi dada ao advogado qualquer esperança de possível libertação, pois havia a determinação expressa das autoridades alemãs de jamais consenti-lo[27].

---

[22] A primeira carta de Olga recebida por Leocadia e enviada a meu pai foi de março de 1937, ocasião em que ele também pôde iniciar a correspondência com a família, após um ano na prisão. Ver Anita Leocadia Prestes e Lygia Prestes (orgs.), *Anos tormentosos*, v. 3, cit., p. 287.

[23] Ver Anita Leocadia Prestes, *Campanha Prestes pela libertação dos presos políticos no Brasil (1936--1945)*, cit.

[24] Robert Cohen, *Der Vorgang Benario: die Gestapo-akte, 1936-1942* (Berlim, Berolina, 2016), p. 27, tradução de Claudia Abeling e Tércio Redondo; AG, pasta 165, doc. 55, Berlim, 20 jan. 1938; doc. 58, Berlim, 18 jan. 1938; doc. 59-62, Berlim, 24 jan. 1938.

[25] AG, pasta 165, doc. 27, Berlim, 5 out. 1937; doc. 39-41, Berlim, 6 dez. 1937; pasta 163, doc. 155, Berlim, 11 out. 1937.

[26] A avó materna, Eugenie Gutmann Benario, que sempre repudiara a opção da filha pela luta revolucionária, consultada pela Gestapo, recusou-se a assumir a guarda da neta; também se recusara a receber Leocadia quando esta, junto com uma delegação de senhoras belgas, foi lhe pedir ajuda para melhorar a situação de Olga. Ver AG, pasta 165, doc. 40, 94.

[27] Ver AG, pasta 165, doc. 55, Berlim, 20 jan. 1938; doc. 58, Berlim, 18 jan. 1938; doc. 59-62, Berlim, 24 jan. 1938.

Empenhada em meu resgate, minha avó escreveu ao dr. Heráclito Fontoura Sobral Pinto, defensor *ex officio* de Prestes, solicitando sua ajuda para que as autoridades policiais brasileiras permitissem que este assinasse na prisão declaração de paternidade da filha. O esforço de Sobral Pinto foi decisivo para vencer enormes resistências do Itamaraty e do governo brasileiro e, uma vez alcançado o registro em cartório da declaração do meu pai, realizar o seu reconhecimento, a tradução juramentada para o alemão e o envio para a Gestapo. Com razão o dr. Sobral, carinhosamente, se considerava meu segundo pai, pois com esse documento tornou-se possível reconhecer legalmente o direito de Leocadia à guarda da neta[28].

Finalmente, no dia 21 de janeiro de 1938, com catorze meses de idade, fui entregue pela Gestapo à minha avó Leocadia e à tia Lygia, que me buscaram na prisão acompanhadas dos advogados Drujon e Reinefeld. Não obtiveram, no entanto, permissão para que Olga as visse ou fosse ao menos informada do destino da filha. Em carta ao meu pai, ela escreveu que o período de 5 de março de 1936 (dia da prisão de ambos) a 21 de janeiro de 1938 foi o mais terrível da sua vida[29], pois ficara vários dias sem saber do destino da filha adorada, descrita com extremado amor em suas cartas ao marido[30].

Leocadia e Lygia, acompanhadas pelo advogado francês, viveram horas de grande tensão antes de partirem de trem, no mesmo dia, para Paris. Seguidas e observadas o tempo todo por agentes policiais disfarçados[31], temiam que a criança lhes fosse tomada de volta, pois do documento que lhes fora fornecido constava apenas o nome de *Anita Benario*, inexistindo, portanto, qualquer prova de que me encontrava sob a guarda da avó[32]. Em depoimento marcado por intensa emoção, Lygia narrou os momentos que se seguiram à minha retirada da prisão:

[Seguimos]... até o hotel, apavoradas, com medo de que fosse uma cilada, que de repente nos tirassem a criança. Tivemos que esperar várias horas no hotel, porque o trem para Paris só saía à noite. Então, nós ficamos até as sete, oito horas da noite naquela angústia. Cada vez que batiam na porta do quarto do hotel, a gente pensava que era a Gestapo que vinha buscar a Anita. Fomos para a estação – a mesma situação, porque os "secretas" da Gestapo circulavam em

---

[28] Ver John W. F. Dulles, *Sobral Pinto: a consciência do Brasil* (Rio de Janeiro, Nova Fronteira, 2001), p. 108-11; relato de Lygia Prestes à autora.

[29] Ver "Carta de Olga a Prestes", 12 fev. 1938, em Anita Leocadia Prestes e Lygia Prestes (orgs.), *Anos tormentosos*, v. 3, cit., p. 425.

[30] Ibidem, p. 385-424.

[31] Ver AG, pasta 165, doc. 59, 60, 61, 62, 76, 77, 78; e relato de Lygia Prestes à autora.

[32] AG, pasta 165, doc. 59-62, Berlim, 26 jan. 1938; doc. 71, Berlim, 25 jan. 1938; doc. 73-4; relato de Lygia Prestes à autora; passaporte de Anita Benario, Berlim, jan. 1938 (arquivo particular da autora). Ver Anexo III, p. 283 deste volume.

torno de nós na estação. E a gente com um medo terrível que nos arrancassem a criança. Tomamos o trem com a Anita no colo. Eu me lembro que subi com a Anita no colo. Sentamos na cabine, e cada vez que batiam na porta da cabine era aquela angústia, medo que fosse a polícia, a Gestapo. Só fomos respirar um pouco depois que passamos a fronteira. Minha mãe sentada na cama com a Anita, abraçada com a Anita. E eu em pé ao lado dela. Depois que passou a fronteira, a situação acalmou um pouco. Chegamos a Paris, os amigos nos esperavam na estação. Mas aqueles momentos, aquelas horas que mediaram a entrega da Anita e a nossa passagem da fronteira, eu jamais esquecerei.[33]

Minha libertação das garras do nazismo resultou indiscutivelmente da influência e da repercussão mundial da Campanha Prestes[34]. Uma grande vitória da solidariedade internacional, razão por que me considero filha da solidariedade internacional.

O assassinato de Olga

Logo após minha retirada da prisão, Olga foi transferida, em fevereiro de 1938[35], para o campo de concentração de Lichtenburg, na localidade de Prettin[36]. O campo fora instalado em um castelo renascentista que na época da invasão de Napoleão havia servido para abrigar suas tropas, tendo sido utilizado para o mesmo fim pelo Exército alemão durante a Primeira Guerra Mundial. Para minha mãe, as condições de vida tornaram-se muito piores do que tinham sido em Barnimstrasse: frio, fome, castigos corporais e dificuldades maiores para comunicar-se com a família[37].

Em maio de 1939, com a inauguração do campo de concentração de Ravensbrück, destinado exclusivamente a mulheres, Olga foi transportada com uma leva de outras prisioneiras para esse novo local, situado oitenta quilômetros ao norte de Berlim[38]. Os horrores vividos por milhares de mulheres de diversos países

---

[33] Depoimento de Lygia Prestes em "Entrevista de Anita Leocadia Prestes" à TV Câmara, 2001.

[34] Ver Anita Leocadia Prestes, *Campanha Prestes pela libertação dos presos políticos no Brasil (1936--1945)*, cit.

[35] AG, pasta 166, doc. 18; Anita Leocadia Prestes e Lygia Prestes (orgs.), *Anos tormentosos,* v. 3, cit., p. 428.

[36] AG, pasta 166, doc. 18, Prettin, 21 fev. 1938; doc. 12, Berlim, 3 mar. 1938; Anita Leocadia Prestes e Lygia Prestes (orgs.), *Anos tormentosos*, v. 3, cit., p. 427-8.

[37] Ver Sarah Helm, *Se isto é uma mulher. Dentro de Ravensbrück: o campo de concentração de Hitler para mulheres* (Lisboa, Presença, 2015), p. 38-40; Anita Leocadia Prestes e Lygia Prestes (orgs.), *Anos tormentosos*, v. 3, cit., cartas de Olga para Prestes.

[38] Sarah Helm, *Se isto é uma mulher*, cit., p. 23, 38 e 45.

que passaram por esse campo estão descritos em livro publicado pela jornalista inglesa Sarah Helm[39].

Olga manteve-se firme, corajosa e solidária com suas companheiras, segundo os testemunhos existentes. Por mais de uma vez foi conduzida à sede da Gestapo em Berlim para novos interrogatórios, durante os quais jamais se prestou a delatar quem quer que fosse[40]. Em diversas ocasiões, devido às suas atitudes de rebeldia e defesa de companheiras mais fracas, foi severamente punida, mantida na escuridão de um calabouço no próprio campo de Ravensbrück, com privação da escassa ração destinada às prisioneiras, ou submetida a espancamentos e castigos corporais[41]. Durante vários meses, nos períodos em que se encontrava no isolamento, sua correspondência com a família ficou interrompida[42].

Até setembro de 1939, quando teve início a Segunda Guerra, existiram esperanças de Leocadia e Lygia, assim como de Olga, de obter sua libertação, pois algumas prisioneiras o haviam conseguido. As gestões empreendidas por Leocadia e Lygia junto ao governo do México, onde, desde outubro de 1938 minha avó, minha tia e eu estávamos exiladas[43], levaram a que fosse concedido asilo político nesse país à minha mãe, condição exigida pela Gestapo para uma possível libertação. Entretanto, a guerra interrompeu as comunicações postais com a Europa e a documentação remetida para a Alemanha voltou ao México[44]. A partir de então, qualquer perspectiva de libertação ficou excluída. Hoje sabemos que a Gestapo vetara todas as possibilidades de libertação para Olga tendo em vista sua recusa de prestar as informações que lhe eram exigidas sobre suas atividades junto à Internacional Comunista. Olga declarava: "Se outros se tornaram traidores, eu não o serei!"[45].

Tempos ainda mais sombrios haviam chegado para minha mãe. Em Ravensbrück, junto com as demais prisioneiras, ela era submetida a todo tipo de privações, assim como à prática de trabalho escravo exaustivo, em condições extremamente penosas. Considerada uma "comunista perigosa", carregava também a pecha de judia, destinada, portanto, a ser contemplada pelos planos nazistas

---

[39] Sarah Helm, *Se isto é uma mulher*, cit.

[40] AG, pasta 163, doc. 124 a 139, 156 a 158.

[41] Ver Fernando Morais, *Olga*, cit.; Sarah Helm, *Se isto é uma mulher*, cit.

[42] Ver Sarah Helm, *Se isto é uma mulher*, cit.; Anita Leocadia Prestes e Lygia Prestes (orgs.), *Anos tormentosos*, v. 3, cit.

[43] O governo do México, sob a presidência do general Lázaro Cárdenas, mostrou-se solidário com os democratas e antifascistas de todas as partes do mundo, concedendo asilo político tanto a perseguidos políticos do nazismo e do fascismo quanto aos foragidos do franquismo após a Guerra Civil Espanhola (1936-1939).

[44] Arquivo particular da autora.

[45] AG, pasta 166, doc. 50, 57, 59-60; pasta 163, doc. 204 a 205, 212 a 213.

da "solução final". Em abril de 1942, foi incluída numa leva de prisioneiras escolhidas para serem assassinadas na câmara de gás do campo de concentração de Bernburg. A última carta da minha mãe está datada de novembro de 1941[46], mas só tivemos confirmação da sua morte após o término da guerra, em julho de 1945.

O trágico fim da minha mãe abalou profundamente toda a nossa família. Para meu pai, foi uma perda irreparável, que marcou o restante da sua vida. Muitos anos depois, sempre que falava em Olga, ele revelava grande emoção. Até seus últimos dias de vida manteve a foto dela sobre sua mesa. Por ocasião dos meus aniversários, que muitas vezes passamos longe um do outro, meu pai me escrevia recordando o martírio de Olga e o nosso compromisso de sermos dignos da sua memória. Meu pai e eu sempre entendemos que Olga foi uma vítima do fascismo entre milhares de outras e que seu martírio deve servir de exemplo para que não permitamos que tais horrores se repitam.

Luiz Carlos Prestes, meu pai: prisioneiro do governo Vargas

Meu pai, Luiz Carlos Prestes, fora a liderança mais destacada do episódio culminante do tenentismo – a Coluna Invicta (1924-1927), à qual emprestara seu nome, e no final dos anos 1920 seu enorme prestígio o transformou no Cavaleiro da Esperança. Por ter recusado em 1930 o comando do movimento militar que conduziu Getúlio Vargas ao poder, ficou isolado e foi repudiado pelas elites oligárquicas e pela opinião pública nacional. Mas o desencanto com o governo varguista, ainda no início dos anos 1930, fez renascer o prestígio de Prestes, que se tornaria a grande liderança do nascente movimento antifascista, e, em 1935, foi aclamado presidente de honra da Aliança Nacional Libertadora[47]. Com o fracasso dos levantes de novembro de 1935, as prisões ficaram lotadas de democratas e antifascistas, e meu pai, encarcerado a partir de março de 1936, respondeu a três processos, sendo, no total, condenado a 46 anos e 8 meses de prisão[48]. A vitória da União Soviética e das forças democráticas mundiais na Segunda Guerra permitiu, entretanto, que no Brasil se conquistasse a libertação dos presos políticos em abril de 1945.

Prestes permaneceu encarcerado no Rio de Janeiro durante nove anos, a maior parte do tempo incomunicável. A partir de sua transferência para a Casa de Correção, em julho de 1937, meu pai, que antes estivera preso no Quartel da

---

[46] Anita Leocadia Prestes e Lygia Prestes (orgs.), *Anos tormentosos,* v. 3, cit., p. 461-3; Fernando Morais, *Olga,* cit., p. 282-3; Anita Leocadia Prestes, *Olga Benario Prestes,* cit.

[47] Ver Anita Leocadia Prestes, *Luiz Carlos Prestes,* cit., cap. II a VII.

[48] Ibidem, cap. IX.

Polícia Especial, pôde dispor de papel e lápis e receber livros, revistas e jornais. Tratou, então, de organizar seu tempo da melhor maneira possível, embora as condições carcerárias fossem pouco propícias para tal – isolamento total, calor exasperante no verão e frio intenso no inverno. Adotou uma disciplina rigorosa em relação a horários: levantava-se cedo, fazia ginástica, tomava banho e vestia-se adequadamente; tinha horários estabelecidos para leitura de jornais, para estudo de diferentes assuntos, para leituras variadas e para a escrita de cartas à família. Dessa forma, durante os longos anos de prisão, pôde aprofundar seus estudos de filosofia, história, sociologia e, em particular, da realidade brasileira. Aproveitou para conhecer melhor a literatura nacional, latino-americana e mundial[49].

Sua vida na prisão pode ser acompanhada pela correspondência mantida com a família, que minha tia Lygia conseguiu preservar[50]. Até mesmo a troca de cartas com minha mãe foi feita, na maior parte das vezes, através de Leocadia e Lygia, seja na França, seja no México, onde estivemos exiladas. Como a Gestapo exigia que as cartas fossem escritas em alemão, Leocadia e Lygia contaram sempre, nesses dois países, com a ajuda de amigos que traduziam tanto as cartas do meu pai quanto as da minha mãe antes de encaminhá-las aos destinatários via correio postal. Diante de tais dificuldades, Prestes conseguiu adquirir um dicionário alemão-português e os livros necessários para o estudo do alemão, o que lhe permitiu corresponder-se nesse idioma diretamente com Olga a partir do início de 1939[51].

Na "Apresentação" que eu e Lygia escrevemos para os três volumes da obra *Anos tormentosos*, contendo a correspondência da prisão do meu pai, destacamos alguns aspectos característicos de sua personalidade:

> Destas páginas emerge não só a figura do revolucionário comunista, do homem que renunciou a tudo para dedicar-se de corpo e alma à luta pela causa do socialismo no Brasil e no mundo, como principalmente o personagem humano que sofre e se angustia, que se rebela contra seus algozes, mas vê-se obrigado a cultivar um certo estoicismo como forma de sobreviver, que, apesar do natural pessimismo de quem tem pela frente uma condenação a quase cinquenta anos de prisão, esforça-se para ser otimista e alimenta a esperança em dias melhores, procurando infundir coragem à mãe, aos parentes, aos amigos. O mundo interior de Luiz Carlos Prestes, seus sentimentos elevados, seu moral de revolucionário,

---

[49] Idem; Anita Leocadia Prestes e Lygia Prestes (orgs.), *Anos tormentosos – Luiz Carlos Prestes: correspondência da prisão (1936-1945)*, v. 1 (Rio de Janeiro/São Paulo, Aperj/Paz e Terra, 2000).

[50] Ver Anita Leocadia Prestes e Lygia Prestes (orgs.), *Anos tormentosos*, v. 1, cit., v. 2 (Rio de Janeiro/São Paulo, Aperj/Paz e Terra, 2002) e v. 3, cit.

[51] Ibidem, v. 3, p. 294, 298, 300 e 352-81.

mas também de filho, irmão, esposo, pai e amigo surgem de maneira cristalina da leitura destas cartas, reveladoras do que foram os seus nove anos de prisão – nove anos de martírio –, abrangendo o período de 1936 a 1945.[52]

Hoje, ao consultar a correspondência entre meus pais durante os anos de prisão, não posso deixar de me emocionar ao verificar, mais uma vez, o quanto fui amada por eles, o quanto fui fruto de um grande amor que a mim se estendeu e me envolveu de maneira indelével. Continua a me comover a preocupação revelada por ambos com meu cotidiano de criança, seja na França, seja no México, com minha educação e com meu futuro. Fico profundamente sensibilizada ao reler as palavras do meu pai, que, ao tomar conhecimento do meu nascimento, me incluiu na sua "constelação de afetos femininos", que, segundo ele, foi

enriquecida com mais uma estrela, ainda pequenina e insignificante, mas, que estou certo, virá a ser pela identidade no sentir, no pensar e no agir com as outras seis [a mãe, as quatro irmãs e Olga], como elas (e para elas também), uma afeição de primeira grandeza.[53]

Leocadia Prestes, minha avó

Minha avó Leocadia foi uma mulher corajosa e determinada que, em 1936, com mais de 60 anos, com a saúde alquebrada, encontrou forças para pela primeira vez na vida separar-se das três filhas mais velhas e, acompanhada por Lygia, a caçula, que então contava 22 anos de idade, empreender uma longa jornada por toda a Europa à frente da Campanha Prestes pela libertação dos presos políticos no Brasil. Abalada pela prisão do filho, de quem nos primeiros tempos sequer se tinha notícias, não vacilou em liderar uma campanha política, enfrentando todo tipo de adversidades. Tratava-se de uma atividade da qual antes jamais participara, embora sempre acompanhasse e desse apoio à atuação revolucionária do filho e dos seus camaradas[54].

Ao saber da extradição da minha mãe e do meu nascimento, Leocadia, sempre acompanhada por Lygia, não poupou esforços para ajudar Olga e tentar livrar a nora e a neta das garras do nazismo. Dirigiu-se diretamente a autoridades do Brasil e da Alemanha, exigindo justiça e medidas concretas visando a salvar a vida de Olga e da neta. Foi à Alemanha e viajou à Suíça em busca da interme-

---

[52] Ibidem, v. 1, p. 15.
[53] Ibidem, v. 1, p. 35.
[54] Ver Anita Leocadia Prestes, *Campanha Prestes pela libertação dos presos políticos no Brasil (1936--1945)*, cit.

diação da Cruz Vermelha Internacional, denunciou na imprensa internacional as arbitrariedades cometidas tanto no Brasil quanto na Alemanha e contatou as mais variadas personalidades mundiais à procura de apoio à sua luta[55].

Desde muito jovem, Leocadia foi uma mulher avançada que, ainda no século XIX, numa cidade provinciana como Porto Alegre (RS) à época, escandalizou a família ao revelar o desejo de ser professora e trabalhar fora, o que naqueles tempos era impensável para uma moça de seu elevado nível social. Desde cedo, minha avó manifestou pendor pelas artes, pela literatura e também pela política, interesse que, mais tarde, transmitiu aos filhos. Em 1896, casou-se com o jovem tenente Antônio Pereira Prestes. Juntos enfrentaram as vicissitudes da vida modesta de um oficial do Exército, no início da República, primeiro em Porto Alegre, onde o meu avô foi professor na Escola Militar do Rio Pardo, depois no Rio de Janeiro, em seguida no interior do Rio Grande do Sul, em Ijuí e Alegrete, e, então, mais uma vez em Porto Alegre[56].

Em 1904, Leocadia mudou-se com a família para o Rio de Janeiro, capital da República, em busca de tratamento médico para o marido, afetado por grave enfermidade. Foram anos difíceis, nos quais, apesar da grande dedicação de Leocadia, meu avô veio a falecer, em janeiro de 1908. Luiz Carlos, o primogênito, completara 10 anos de idade. Ao ficar viúva com filhos pequenos[57] para criar, contando apenas com a pensão de capitão do Exército, insuficiente para o sustento da família, Leocadia não hesitou em buscar trabalho. Começou a dar aulas de idiomas e de música, trabalhou como modista, foi balconista e costurou para o Arsenal de Marinha. Finalmente, em 1915, foi nomeada professora de escola pública, como coadjuvante do ensino primário, cargo que exerceu até 1930, quando viajou para o exterior. Trabalhou à noite dando aula nos subúrbios, em cursos noturnos frequentados por comerciárias, operárias e domésticas.

Leocadia enviuvou muito jovem, aos 33 anos de idade. Foi uma mulher à frente do seu tempo: teve a coragem de enfrentar os preconceitos da época e, apaixonada por um homem casado, assumir uma relação da qual nasceram suas duas filhas mais moças, Lúcia e Lygia, criadas por ela e pelos três irmãos mais velhos em iguais condições, sem nenhum tipo de discriminação, cercadas de todo o carinho da família. Quando ficou sabendo que o pai de suas duas filhas, diferentemente do que lhe havia prometido, continuava casado com a esposa

---

[55] Idem.

[56] Para a biografia de Leocadia Prestes, ver o texto de Lygia Prestes, *Leocadia Prestes, mãe coragem* (Petrópolis, 2006), disponível em: <http://www.ilcp.org.br/prestes/images/stories/livro%20 mae%20coragem.pdf>; também Anita Leocadia Prestes, *Luiz Carlos Prestes*, cit., p. 22-4.

[57] Luiz Carlos, o primogênito, tinha duas irmãs: Clotilde e Eloiza.

grávida, Leocadia não teve dúvidas de romper aquele relacionamento e arcar sozinha com as consequências.

Coragem e dignidade foram traços marcantes da personalidade da minha avó Leocadia na luta cotidiana pela sobrevivência e pela educação dos cinco filhos. A influência da mãe foi decisiva na formação do caráter de Luiz Carlos Prestes, assim como das suas irmãs, o que sempre foi reconhecido por toda a família. Apesar das grandes dificuldades, Leocadia não descuidava da educação dos filhos; orientava-os nas leituras, ensinava-lhes música e idiomas estrangeiros, discutia com eles os acontecimentos políticos em curso no Brasil e no mundo. Em sua casa nunca faltaram jornais e revistas, lidos e comentados por todos. Procurava participar da vida política nacional – assim, na "campanha civilista" às eleições presidenciais de 1910, acompanhada pelo filho Luiz Carlos, compareceu ao comício do candidato Rui Barbosa. Sob a influência da mãe, meu pai e minhas tias adquiriram o hábito de tomar partido nos embates políticos – fosse no âmbito nacional, fosse no cenário mundial –, de jamais permanecer indiferentes.

Diferentemente de outras mães dos jovens militares rebelados durante a década de 1920, que desejavam afastar os filhos da luta, Leocadia considerava a causa justa e apoiava a decisão do filho de participar dos levantes tenentistas, assim como da Marcha da Coluna. Entretanto, seu sofrimento foi grande, pois quase não se recebiam notícias fidedignas dos rebeldes, enquanto o Governo procurava criar uma expectativa de iminente derrota do movimento e de liquidação física das suas lideranças. Leocadia manteve-se firme procurando encorajar as demais mães dos revolucionários, embora também enfrentasse severas dificuldades, pois cessara a ajuda financeira que o filho sempre lhe proporcionara desde que se tornara oficial do Exército.

Alguns anos depois, vivendo na Argentina, Prestes convidou a mãe e as irmãs a compartilharem com ele o exílio. Leocadia, acompanhada das filhas, não vacilou em liquidar a casa em que moravam no Rio de Janeiro e abandonar o emprego de professora, viajando para Buenos Aires em setembro de 1930. A família teve logo que enfrentar novas dificuldades, pois meu pai perdera o emprego de engenheiro, uma vez que seu patrão era um brasileiro ligado a Getúlio Vargas e Prestes recusara apoiar o movimento de 1930. Ao mesmo tempo, foi obrigado a mudar-se para Montevidéu, expulso da Argentina devido a um golpe militar de direita ocorrido nesse país. Em plena crise do capitalismo mundial, a mãe e as irmãs ficaram desamparadas, tentando encontrar meios de sobreviver, mas era quase impossível conseguir um emprego[58].

Desde o exílio da Coluna Prestes na Bolívia, meu pai entrara em contato com alguns textos dos clássicos do marxismo. Com a mudança para a Argentina, em

---

[58] Ver Anita Leocadia Prestes, *Luiz Carlos Prestes*, cit., cap. V.

abril de 1928, dera prosseguimento às leituras marxistas, chegando à conclusão de que a teoria marxista e a luta pela revolução socialista eram o único caminho para solucionar os graves problemas do nosso povo, que tanto o haviam impressionado durante a Marcha da Coluna. Estabelecera também contato com o movimento comunista latino-americano e o *bureau* da Internacional Comunista com sede em Buenos Aires. Dessa forma, em maio de 1930, lançou *Manifesto* apoiando o programa da "revolução agrária e anti-imperialista" então proposto pelo PCB[59].

Em 1931, convidado para trabalhar como engenheiro na União Soviética, Prestes consultou a mãe, assim como as irmãs, se aceitavam acompanhá-lo. Leocadia tinha total confiança no filho e, mesmo desaconselhada por amigos a viajar para a Rússia soviética com filhas jovens e solteiras, concordou com a ideia, ainda mais que as filhas estavam entusiasmadas com as possibilidades que se abriam para elas de poder trabalhar e estudar[60].

Os primeiros tempos em Moscou, dados os problemas então enfrentados na construção do socialismo na União Soviética, não foram fáceis para a família, principalmente para Leocadia, que no início tinha dificuldade de entender a gravidade da situação econômica do país[61]. Entretanto, em pouco tempo, ficaria impressionada com o entusiasmo do povo soviético, disposto aos maiores sacrifícios na construção da nova sociedade livre de explorados e de exploradores. Isso era observado por ela até mesmo na obra vizinha do edifício em que moravam em Moscou: os jovens operários trabalhavam cantando, alimentados apenas com um pedaço de pão preto e um copo de chá devido ao racionamento existente, e após a jornada de oito horas iam estudar nos cursos noturnos criados para os trabalhadores vindos do campo.

Foi nessa época que, buscando uma forma de participar da luta, Leocadia tornou-se comunista e resolveu aprender datilografia a fim de ajudar na cópia e na tradução de documentos[62]. Da mesma maneira, suas filhas aderiram aos ideais socialistas e, durante o ataque da Alemanha nazista à União Soviética, Clotilde, Eloiza e Lúcia, que haviam permanecido em Moscou, colaboraram com a defesa antiaérea da capital soviética, assim como na resistência organizada na retaguarda, nos montes Urais, para onde foram transferidos os estrangeiros residentes na capital, e também numerosos técnicos e engenheiros soviéticos, deslocados para trabalhar nas indústrias levadas para regiões distantes do país com o objetivo de assegurar as necessidades impostas pela guerra.

---

[59] Idem.

[60] Idem.

[61] Idem.

[62] Relato de Lygia à autora.

II
Minha vida em liberdade (1938-1945)

A chegada a Paris

Após as aflições vividas por Leocadia e Lygia durante as últimas horas passadas na Alemanha, chegamos de trem a Paris no dia 22 de janeiro de 1938. Imediatamente Leocadia telegrafou a Olga: "Viagem de Anita ocorreu bem beijos avó", mensagem encaminhada pela Gestapo à minha mãe apenas no dia 25[1]. Até aquele momento ela não tivera confirmação do destino da filha.

A imprensa de Paris havia registrado a chegada da filha de Prestes a essa cidade, graças ao movimento de solidariedade internacional[2]. No dia seguinte à nossa chegada, François Drujon, o eminente advogado que havia atuado na minha libertação, promoveu uma concorrida recepção em sua residência para apresentar à comunidade francesa mobilizada pela Campanha Prestes o já "famoso bebê", salvo por conta de seu empenho decisivo[3].

Na vida de Leocadia e Lygia iniciava-se uma nova etapa, de mais trabalhos e preocupações. Além de continuarem à frente da campanha pela libertação de Olga e dos presos no Brasil e de manterem em dia a correspondência com meus pais (incluindo o envio de livros e revistas), havia agora uma criança pequena a cuidar. Minha avó não tinha mais condições físicas de enfrentar essa tarefa sozinha, o que só se tornou possível graças à dedicação sem limites de Lygia, que havia interrompido o curso universitário iniciado na Faculdade de Química da Universidade de Moscou para acompanhar a mãe. Na prática, na falta de Olga, Lygia viria a se transformar em minha verdadeira mãe para o resto da vida.

---

[1] AG, pasta 165, doc. 75.
[2] Ibidem, pasta 165, doc. 71 e 72.
[3] Relato de Lygia Prestes à autora.

Não guardo nenhuma lembrança da nossa vida em Paris. Através dos relatos de minha tia, sei que enfrentamos dificuldades financeiras, causadas em grande medida pela sabotagem praticada por alguns elementos ligados à Internacional Comunista e responsáveis pela Campanha Prestes[4]. No fundamental, entretanto, contamos com o apoio e a solidariedade de muita gente, inclusive de alguns brasileiros residentes ou exilados em Paris, como o jovem escultor brasileiro Honório Peçanha[5]. Logo depois da minha chegada à França, passamos uns dias em Nice, a famosa praia no Mediterrâneo, na tentativa de proporcionar descanso a Leocadia e um pouco de sol à neta, recém-saída da prisão. O tempo chuvoso, contudo, rapidamente nos levou de volta à capital francesa.

Para propiciar novo alento à campanha pela libertação de Prestes e dos presos políticos no Brasil, seria importante a ida de Leocadia aos Estados Unidos, pois o que lá se desenvolvia repercutia em nosso país. Minha avó tentara, ainda em 1936, empreender essa viagem, sem conseguir, no entanto, que o governo estadunidense lhe concedesse o visto de entrada. Após meu resgate, nova tentativa foi empreendida, ocasião em que o embaixador dos Estados Unidos em Paris disse a Leocadia: agora, "com essa criança", tal solicitação se tornara impossível de ser atendida[6].

Em setembro de 1938, com a assinatura do Pacto de Munique[7], ficou evidente que estávamos às vésperas de uma nova guerra. Dada essa ameaça, havia algum tempo Leocadia e Lygia eram instadas pelos dirigentes da Internacional Comunista a deixar a Europa. Mas, para ambas, estava claro que o afastamento para outro continente tornaria muito mais difícil dar prosseguimento à luta pela libertação de Olga. Pretendiam deslocar-se para a Suíça ou a Suécia, países cuja neutralidade numa possível guerra estaria garantida. Entretanto, pressionadas por camaradas e amigos, contra sua própria vontade, acabaram concordando em viajar para o México, cujo governo presidido pelo general Lázaro Cárdenas concedia asilo aos perseguidos políticos do mundo todo – comunistas, anarquistas, antifascistas e democratas[8].

---

[4] Ver Anita Leocadia Prestes, *Campanha Prestes pela libertação dos presos políticos no Brasil (1936--1945)*, cit.

[5] Relato de Lygia Prestes à autora.

[6] Ver Anita Leocadia Prestes, *Campanha Prestes pela libertação dos presos políticos no Brasil (1936--1945)*, cit.

[7] Acordo firmado entre o Terceiro Reich e os governos da França, Grã-Bretanha e Itália, segundo o qual esses países aceitaram as condições de Hitler e entregaram a sorte da Tchecoslováquia às mãos dos nazistas. Ver Francisco Carlos Teixeira da Silva (org.), *Enciclopédia de guerras e revoluções do século XX* (Rio de Janeiro, Elsevier, 2004), p. 41.

[8] Relato de Lygia Prestes à autora.

Nossa ida para o México

No dia 13 de outubro de 1938, partimos para o México. Foi necessário encontrar um navio que se dirigisse diretamente a esse país, sem escala nos Estados Unidos, cujo governo nos negara também o visto de trânsito. Levamos duas semanas do Havre, na França, a Vera Cruz, na costa mexicana do Atlântico. Uma viagem pesada para Leocadia e de muita preocupação para Lygia, empenhada em cuidar de uma criança de menos de dois anos e, ao mesmo tempo, dar assistência à mãe, angustiada pela falta de notícias do filho e por afastar-se da nora, prisioneira da Gestapo[9].

Companheiros e amigos mobilizados pelo Partido Comunista do México e pelos militantes da Campanha Prestes nesse país estavam à nossa espera na cidade portuária mexicana, de onde nos conduziram à capital do país. Fomos cercadas de muito carinho e simpatia e, dessa forma, passamos a morar na hospitaleira Cidade do México. Em suas cartas ao meu pai, Leocadia e Lygia se referiam com gratidão aos amigos mexicanos e, mais tarde, minha tia lembrava sempre a solidariedade de que fomos cercadas e, em particular, o apoio do general Lázaro Cárdenas, cuja residência foi por nós visitada mais de uma vez.

Minhas primeiras lembranças esparsas são de quando tinha três ou quatro anos. Recordo-me que mudávamos de casa com certa frequência devido à dificuldade de Leocadia, idosa e doente, adaptar-se às novas condições de vida. Lembro-me de ganhar muitas bonecas e brinquedos dos amigos que nos visitavam, mexicanos e exilados políticos de outras nacionalidades, assim como alguns brasileiros. Sônia Dias Leite, minha amiguinha mais chegada, era dois anos mais moça do que eu, filha de Américo Dias Leite, um exilado brasileiro, e de Lila, uma professora uruguaia. Sua vinda à nossa casa era motivo de grande alegria, pois nos adorávamos, mas também, como todas as crianças, brigávamos bastante.

Uma lembrança muito forte desses anos vividos no México são as fotos da família espalhadas pelas paredes da casa. Na sala houve sempre duas grandes fotos dos meus pais, para que eu os conhecesse. Leocadia e Lygia me explicavam quem eram eles e por que estavam ausentes. Bem pequena, eu sabia que eram comunistas, lutavam por um mundo melhor para todas as crianças e, por isso, estavam presos; meu pai, no Brasil, e minha mãe, na Alemanha. Episódios da vida de ambos me eram narrados; cresci ouvindo falar neles o tempo todo e me orgulhando muito de ser sua filha. Esperava que chegasse logo o dia em que seriam libertados e eu poderia conviver com eles. Todas as noites, antes de dormir, me despedia deles enviando um beijo para cada um.

Havia fotos das tias que moravam em Moscou e do priminho Roberto, filho da tia Lúcia, com os quais também sonhávamos um dia conviver, todos

---

[9] Idem.

juntos no Brasil. Uma presença importante em nossa casa era a da minha bisavó Ermelinda Felizardo, mãe de Leocadia, cuja foto estava em lugar de destaque. Uma gaúcha de coragem que com quase noventa anos de idade havia se dirigido às autoridades brasileiras exigindo justiça para o neto, Luiz Carlos Prestes, prisioneiro do governo Vargas. Cresci sabedora do carinho que ela me dedicava desde meu nascimento, e sempre cultivei grande admiração pela sua inteireza de caráter[10].

No correr daqueles anos de exílio, embora cercadas pela solidariedade de companheiros e amigos, nosso cotidiano era de isolamento, ao qual Leocadia se referiu muitas vezes nas cartas enviadas ao filho. Longe da família e ocupadas com os cuidados de uma criança pequena, minha avó e minha tia foram forçadas a uma vida social muito restrita[11]. Entretanto, Leocadia era uma pessoa comunicativa e sociável, dona de casa hospitaleira, grande cozinheira e doceira, que recebia os amigos com extrema simpatia. Para mim são inesquecíveis seu doce de coco e a ambrosia, feita em tacho de cobre. Recordo-me que os camaradas brasileiros Fernando Lacerda e Roberto Morena, chegados de Moscou em 1941, de passagem pelo México rumo a Buenos Aires e Montevidéu, frequentaram assiduamente nosso apartamento nesse período, convidados pela minha avó a almoçarem conosco quase todos os dias.

Visitava-nos com certa frequência uma grande amiga da família desde os tempos de Moscou, a comunista italiana Tina Modotti[12], renomada fotógrafa e artista de grande valor, uma pessoa extremamente solidária. Recordo-me do carinho com que costumava me obsequiar, presenteando-me com lembrancinhas do belíssimo artesanato indígena mexicano. Seu falecimento repentino, no início de 1942, representou um duro golpe para Leocadia e Lygia, que se revezaram nas cerimônias fúnebres a ela dedicadas.

O isolamento em que vivíamos era quebrado aos domingos com a visita de Américo Dias Leite, pai de Sônia, minha amiguinha mais querida. Juntamente com a esposa uruguaia, ele se transformou no maior e mais dedicado amigo que tivemos naqueles anos de exílio no México. Suas visitas eram momentos de grande alegria e descontração para Leocadia e Lygia. Durante um curto período, a jornalista e poeta argentina Maria Luísa Carnelli também conseguiu

---

[10] Sobre Ermelinda Felizardo, ver Anita Leocadia Prestes, *Luiz Carlos Prestes*, cit., p. 21-2.

[11] Ver Anita Leocadia Prestes e Lygia Prestes (orgs.), *Anos tormentosos*, cit.

[12] Ver as obras sobre Tina Modotti: Christiane Barchhausen-Canale, *No rastro de Tina Modotti* (São Paulo, Alfa-Ômega, 1989); Margaret Hooks, *Tina Modotti, fotógrafa e revolucionária* (Rio de Janeiro, José Olympio, 1997); Ángel de la Calle, *Modotti: uma mulher do século XX* (São Paulo, Conrad, 2005).

cativar minha avó e minha tia com sua simpatia e amizade desinteressada, interrompida com o seu regresso à pátria.

Em nossa vida no México ocupava um lugar muito importante a correspondência com meus pais. Havia a angústia de Leocadia à espera de cartas que demoravam a chegar, sem notícias do filho e da nora, assim como das filhas residentes na União Soviética – principalmente após o ataque hitlerista a esse país, em 21 de junho de 1941. De quando em quando vinham notícias alarmantes a respeito do meu pai, o que levava Leocadia a telegrafar ao dr. Sobral Pinto pedindo informações urgentes. Recordo-me das idas de Lygia ao correio central tanto para enviar cartas, livros e revistas quanto para receber as correspondências, que seguidamente não haviam chegado. Às vezes íamos as três ao correio, carregadas de pacotes a serem despachados. Eu ficava cansada e Lygia era forçada a me carregar, uma criança já bem pesada, pois ela e minha avó não tinham com quem me deixar. Quando ambas saíam, me levavam consigo.

A chegada de uma carta era motivo de grande alegria em nossa casa, embora as notícias que trazia nem sempre fossem animadoras. Meu pai era otimista e procurava animar a mãe, o que se evidencia nas cartas por ele escritas[13]. Eu também tomava conhecimento dessas cartas e muitas delas eram dirigidas a mim, assim como versos e desenhos que meu pai me enviava. Tanto pelas correspondências dele quanto pelas da minha mãe, mais esparsas, eu sabia que era centro das atenções de ambos e que me dedicavam grande afeto. Sabia que meus pais eram felizes, pois consideravam que a felicidade consistia na consciência do dever cumprido, conforme meu pai escrevera a Leocadia e à avó Ermelinda[14]. Apesar da separação, não fui uma criança triste nem infeliz. Minha avó sempre se referia à alegria contagiante da neta[15]. Embora longe dos meus pais, cresci cercada do carinho deles, que me chegava através das cartas, da dedicação de Leocadia e Lygia e da atenção, amizade e cuidados de numerosas pessoas de diversas nacionalidades[16].

Minha avó tinha preocupação com a educação e a formação do caráter desta neta, que coube a ela criar; dedicava-me grande atenção e procurava me atrair para as conversas familiares dela com a tia Lygia. Estive sempre intimamente integrada à vida da família. Ambas me contavam histórias, me incentivavam a escutar música, e Leocadia tratava de despertar em mim o interesse pela leitura,

---

[13] Ver Anita Leocadia Prestes e Lygia Prestes (orgs.), *Anos tormentosos*, cit.

[14] Ibidem, v. 1, p. 242 e 506.

[15] Ibidem.

[16] Embora não existisse nenhuma restrição legal à nossa volta para o Brasil, não o fizemos nessa época porque meu pai era contra, pois temia que a polícia de Filinto Müller pudesse nos perseguir.

tentando, inclusive, me alfabetizar – a leitura, contudo, só veio a me interessar aos sete anos, quando ela já havia falecido. O que mais me motivava eram as atividades físicas ou, então, brincadeiras com meus bonecos e bonecas. Gostava de costurar para as bonecas, o que passei a fazer orientada pela avó, exímia costureira, que cosia todas as minhas roupas com extremo bom gosto e também costurava para as bonecas.

Pouco frequentei jardins de infância. Leocadia temia que eu viesse a contrair alguma das doenças que então grassavam no México, verdadeiras epidemias de sarampo, catapora etc. Era uma avó à moda antiga, que achava que as crianças nos primeiros anos de vida deveriam ser educadas pela família, evitando os contágios em escolas ou instituições do gênero. Quando tinha cinco anos cheguei a frequentar por alguns meses um jardim de infância, mas as seguidas mudanças de residência dificultaram a continuidade dessa frequência. Em 1943, quando minha avó ficou muito doente, fui matriculada num colégio que pertencia a um grupo de professores espanhóis antifascistas, refugiados no México. Teoricamente contava com excelentes educadores e era frequentado majoritariamente por filhos de refugiados espanhóis antifascistas. Devido às minhas origens alemãs, fui hostilizada por esses garotos, mesmo lhes explicando que minha mãe era antinazista e prisioneira de Hitler. Mas as crianças costumam ser cruéis. Lygia precisou me tirar do colégio e voltei a ficar em casa.

Não havia condições para muitos passeios, devido às circunstâncias em que vivíamos: minha avó enferma, cansada e angustiada e a tia Lygia assoberbada de obrigações, tendo de dar assistência à mãe, cuidar de uma criança pequena e desempenhar inúmeras outras tarefas. Mesmo assim, durante aqueles anos, umas duas ou três vezes, chegamos a passar dias na cidade turística de Cuernavaca; sempre por curtos períodos, pois havia pressa de regressar à capital, onde era necessário dar continuidade à correspondência com meus pais e cuidar do andamento da Campanha Prestes[17].

Preocupadas com as dificuldades decorrentes da grande distância do México em relação ao Brasil e com os obstáculos à normalização da correspondência com meu pai, no final de 1941 e início de 1942 Leocadia e Lygia, com a ajuda de amigos, chegaram a iniciar os preparativos para nossa mudança para o Chile[18]. Tinham em vista estabelecer-se posteriormente na Argentina, de onde seria mais fácil intensificar a Campanha Prestes e fazê-la repercutir no Brasil. Recordo que se chegou a vender uma parte da mobília da casa e tudo indicava que a viagem

---

[17] Para a Campanha Prestes no México, ver Anita Leocadia Prestes, *Campanha Prestes pela libertação dos presos políticos no Brasil (1936-1945)*, cit.

[18] No Chile foi eleito, em 1938, um governo de Frente Popular com a participação do Partido Comunista.

MINHA VIDA EM LIBERDADE (1938-1945)   39

estava confirmada, quando se soube que o governo chileno nos havia negado o visto[19]. Tivemos de permanecer no México.

A partir de junho de 1941, com o ataque hitlerista à União Soviética, lembro-me bem da angústia da minha avó, preocupada com a violência da invasão do território soviético pelos nazistas e, certamente, com o destino das filhas e do netinho que viviam em Moscou. Imediatamente foi pendurado numa parede da nossa casa um grande mapa do cenário da guerra, em que os movimentos das tropas (tanto soviéticas quanto hitleristas) eram indicados com alfinetes de cabeças coloridas. Leocadia e Lygia acompanhavam essa movimentação torcendo, evidentemente, pelos soviéticos. Mesmo durante os períodos de maiores dificuldades para o exército soviético, minha avó se mantinha confiante em sua vitória final, afirmando aos amigos e companheiros que nos visitavam: "Eu conheço aquele povo e sei que vencerão a guerra". Escreveu ela a meu pai:

> Eu, por mim, procuro reagir contra o desânimo, que muitas vezes vejo empolgar certa gente menos firme, quando os jornais, sempre ávidos de notícias retumbantes, exageram os fatos da Guerra. Muitas vezes discuto com essas pessoas que querem convencer-me de que tudo está perdido e que o nazismo governará o mundo.[20]

Lamentavelmente, minha avó faleceu antes da vitória da União Soviética na Segunda Guerra Mundial.

Recordo-me do meu aniversário de seis anos, comemorado em novembro de 1942. Minha avó já estava bastante doente e não foi possível organizar uma festa como eu desejava, mas fiquei feliz com as visitas e os presentes recebidos. Em carta ao meu pai, Leocadia escreveu:

> Nada fizemos, mas os nossos patrícios que vivem nesta cidade aqui estiveram com suas famílias. A Anita esteve alegríssima, tendo recebido muitos brinquedos. Eu, por minha parte, estive muito ocupada cosendo para as bonecas, a fim de que estivessem em estado de serem apresentadas às amiguinhas. Nossa Anita tem um batalhão de filhos, aos quais ela dedica todos os seus cuidados e amor. Não se deita sem primeiro dar de cear aos filhos e depois acomodá-los em suas respectivas camas. Tive que fazer novos lençóis e cobertas para todos e a Lyginha encarregou-se de lavar e passar o que estava em bom estado. Felizmente, tudo correu segundo os desejos da Anita e foi um dia de alegrias para ela.[21]

---

[19] Ver Anita Leocadia Prestes e Lygia Prestes (orgs.), *Anos tormentosos*, v. 2, cit., p. 18, 20, 123 e 126.

[20] Ibidem, p. 390.

[21] Ibidem, p. 414 e 416.

O falecimento de Leocadia

No início de 1943 o estado de saúde de Leocadia agravou-se rapidamente; a insuficiência cardíaca que a afetava não lhe permitia mais escrever ao filho. Os médicos a desenganaram. Mas como não se podia prever por quanto tempo ela resistiria, Lygia optou por não revelar a verdade ao irmão, enquanto fosse isso possível, a fim de não fazê-lo sofrer antes da hora[22]. Lembro-me de que mais uma vez nos mudamos, agora para uma casa maior e mais confortável para Leocadia. Minha tia Lygia, de novo, foi de uma dedicação sem limites, dispensando dia e noite todos os cuidados à mãe, ainda que contasse com a ajuda de alguns amigos. Recordo-me do sentimento de abandono de que eu era tomada, ao vagar por aquela casa enorme e quase sem móveis, sem que minha tia pudesse me dispensar a atenção de antes. Nos dias que antecederam o desenlace fui levada para a casa de um casal de comunistas alemães refugiados no México, evitando, dessa maneira, que eu presenciasse a crise final que levou minha avó à morte, em 14 de junho de 1943.

Leocadia foi velada por milhares de pessoas durante quatro dias e quatro noites na sede do Sindicato dos Hoteleiros, na espera de que o filho pudesse vir dela se despedir. No México houve uma comoção geral, que levou seu governo a decretar luto nacional. O general Cárdenas, então ministro da Defesa, dirigiu-se pessoalmente ao presidente Vargas pedindo-lhe que permitisse a Prestes viajar ao México para se despedir da mãe. Propunha enviar um avião militar mexicano ao Brasil para levar o prisioneiro e oferecia-se como refém em garantia de que Prestes voltaria à prisão. Apesar da falta de resposta do governo brasileiro, as exéquias de Leocadia se transformaram numa gigantesca manifestação popular de solidariedade a seu filho e de luta pela sua libertação, assim como de todos os prisioneiros políticos no Brasil, numa expressiva manifestação da continuidade da Campanha Prestes.

Nessa ocasião, o poeta chileno Pablo Neruda leu o poema de sua autoria "Dura elegia", escrito especialmente para aquele momento, no qual definia a importância da vida de Leocadia Prestes com o verso: "*Señora, hiciste grande, más grande, a nuestra América...*"[23]. Esse belo poema valeu a Neruda o posto de cônsul-geral do Chile no México[24]. Meses mais tarde, Lygia e eu fomos visitá-lo em agradecimento à homenagem que prestou à minha avó. Lembro-me de que, na ocasião, querendo me agradar, ele tirou do bolso do casaco um cãozinho da raça *pinscher*, que me deixou encantada e com o qual pude brincar um pouco.

Fiquei umas semanas com o casal de companheiros alemães que se desdobraram em cuidados comigo e, orientados por Lygia, me levaram ao velório da

---

[22] Ibidem, p. 197.

[23] Relato de Lygia Prestes à autora. Ver Anexo V, p. 286-9 deste volume.

[24] Ver Anita Leocadia Prestes e Lygia Prestes (orgs.), *Anos tormentosos*, v. 2, cit., p. 512.

avó para que eu a visse uma última vez. Foi uma emoção muito grande para uma menina de seis anos. Fui recepcionada por um grupo de crianças que, junto comigo, participaram de uma guarda de honra em homenagem a Leocadia.

Eu estava ansiosa para voltar para a companhia da tia Lygia, que, entretanto, antes de me recolher, precisou providenciar a mudança para uma nova residência – um apartamento pequeno em que pudéssemos nos instalar as duas. Havia amigos que se ofereceram, na ausência da minha avó, para tomar conta de mim, liberando Lygia dessa tarefa. Ela chegou a escrever a respeito disso a meu pai, profundamente abalado com a perda da mãe, e ambos concordaram que o melhor seria eu permanecer sob a guarda da minha tia, pois na prática ela já havia se transformado na minha segunda mãe. Dizia Lygia a meu pai:

> Meu intuito é de conservá-la [a Anita] comigo e creio, sem presunção, que terei forças e autoridade para educá-la e guiá-la na vida, apoiando-me para isto nos exemplos extraordinários de dignidade e firmeza que a nossa mãe nos legou, com a sua vida. Sei, no entanto, que alguns amigos, talvez receosos da minha inexperiência, têm a intenção de recolher a Anita, desde que estejas de acordo, é claro. Um deles é o general Lázaro Cárdenas, atual ministro da Guerra e grande amigo nosso. O falecimento da nossa Mãe tocou-o profundamente, a ponto de que fez questão de presidir o luto, ao meu lado, e estou informada de que o preocupa muito o futuro da nossa Anita. Meu reconhecimento ao general Cárdenas, pelas atenções e o carinho paternal com que me rodeou, numa hora tão penosa, não tem limites, porém não me conformo com a ideia de separar-me da Anita. Ademais, parece-me que só eu, na tua falta e na das manas, estarei em condições de manter viva, no coraçãozinho da Anita, a recordação da Avó – a quem ela deve a vida – além do amor aos Pais, à nossa família e tradições, à nossa Pátria. E isso é o que mais me preocupa. Enfim, tu me dirás o que pensas a respeito.[25]

Em resposta, meu pai escreveu à irmã:

> Por tudo quanto já te deve, ela [a Anita] te pertence e, a não ser a Olga, caso ainda esteja viva, como me esforço por crer, ninguém mais neste mundo, nem mesmo eu, tem o direito de arrancá-la de junto de ti e, justamente por isso, penso com tranquilidade no seu futuro e na sua educação. [...] Tenho a certeza de que, para a educação e a felicidade dessa criança, nada poderá ser superior ao convívio contigo e com as manas, mesmo que isto signifique a mais dura e difícil luta pela vida.[26]

---

[25] "Carta de Lygia Prestes a L. C. Prestes" (21 jun. 1943), em Anita Leocadia Prestes e Lygia Prestes (orgs.), *Anos tormentosos*, v. 2, cit., p. 471.

[26] "Carta de L. C. Prestes a Lygia Prestes" (8 jul. 1943), em ibidem, p. 243-4.

A viagem a Cuba

Havia algum tempo Leocadia tinha sido convidada a participar da Campanha Prestes em Cuba, onde os comunistas cubanos – Partido Socialista Popular – tinham vida legal e contavam com bancada no Parlamento e ministros no governo (caso único na América Latina), o que facilitava sua atuação na campanha pela libertação dos presos políticos no Brasil. Mas o estado de saúde da minha avó a impedira de viajar à ilha caribenha. Com seu falecimento, o convite foi renovado a Lygia, que, a partir do final de julho de 1943, permaneceu em Cuba junto comigo durante quatro meses, participando de numerosos atos públicos, congressos de trabalhadores e manifestações populares em prol da libertação de Prestes[27].

A simpatia e o carinho do povo cubano em relação a nós era tocante. Recordo-me de ganhar uma quantidade enorme de presentes, inclusive uma linda boneca vestida de rumbeira, que guardei durante muitos anos. Em carta a meu pai, Lygia escreveu:

> Às vezes, vou passando com a Anita pela rua e alguém desconhecido, gente anônima do povo exclama: "Mira La Niña, aquella que la Abuelita logró salvar de la Gestapo!". Muitos, a maioria, se acercam e a acariciam, animam, lhe afagam os cabelos... Parece que duvidam dos próprios olhos, que querem certificar-se de que é real, de carne e osso, como que não acreditam neste milagre de amor e perseverança que a Olga e a Mamãe realizaram. É comovente.[28]

Entre as numerosas atividades de que participamos é reveladora do grande interesse da opinião pública da ilha caribenha pela nossa causa a extensa entrevista concedida por Lygia à conhecida poeta cubana e comunista Mirta Aguirre, autora de um lindo poema a mim dedicado, "Romance de Anita Prestes"[29]. A entrevista foi publicada com destaque em *La Revista de la Mujer*, de setembro de 1943, em cuja capa havia uma grande foto minha e na contracapa era narrada com muita emoção a história da minha libertação da Gestapo nazista[30].

---

[27] Ver Anita Leocadia Prestes, *Campanha Prestes pela libertação dos presos políticos no Brasil (1936--1945)*, cit., p. 75-88.

[28] "Carta de Lygia Prestes a L. C. Prestes" (5 out. 1943), em Anita Leocadia Prestes e Lygia Prestes (orgs.), *Anos tormentosos*, v. 2, cit., p. 497.

[29] Ver Anexo IV, p. 284-5 deste volume.

[30] "Lygia Prestes nos habla", *La Revista de la Mujer*, Havana, set. 1943, capa e contracapa, p. 11-2 (Arquivo Lygia Prestes); Mirta Aguirre, "Romance de Anita Prestes", Havana, nov. 1940, panfleto (Arquivo Lygia Prestes); Mirta Aguirre, "Romance de Anita Prestes", em Mirta Aguirre, Virgilio Lopez Lemus e Denia Garcia Ronda, *Poesia* (Havana, Letras Cubanas, 2008), p. 181-4.

Durante nossa estada em Cuba, estávamos em contato com os principais dirigentes comunistas do país e suas famílias, como Blas Roca, Anibal Escalante e Carlos Rafael Rodriguez, que nos cercaram de carinho e atenção. Tive oportunidade de realizar muitos passeios e, pela primeira vez na vida, conhecer o mar e tomar banho nas belas praias cubanas.

Minha tia estava bastante esgotada após meses de cuidados com a mãe doente e o golpe provocado pela morte dela, e não teve tempo de recuperar-se devidamente quando viajamos a Cuba. Repentinamente, Lygia foi acometida de uma grave crise de apendicite e teve de ser operada com urgência. Fiquei muito assustada, temerosa, após perder minha avó, de que o mesmo viesse a acontecer com minha tia, a quem era muito apegada. Recordo que os amigos não conseguiram separar-me dela no trajeto até a clínica – de onde a muito custo me convenceram a voltar para junto de uma das companheiras que eu já conhecia – e que, enquanto minha tia esteve hospitalizada, se desdobraram em cuidados comigo. Eu visitava Lygia todos os dias e, quando a via, prendia-me ao seu pescoço como se não quisesse nunca mais separar-me dela, segundo sua própria narrativa a meu pai[31].

Enquanto minha tia esteve no hospital, houve um grupo de companheiras que se revezavam levando-me aos mais variados passeios: ao zoológico, ao jardim botânico, ao parque de diversões, ao cinema e ao teatro, a tomar sorvete no centro de Havana etc. Também se revezavam participando de brincadeiras que eu apreciava muito, como diversos tipos de jogos de mesa, montagem de quebra-cabeças, recortar bonecas e seus vestidos de papel publicados em revistas especializadas. Felizmente Lygia recuperou-se da operação e novamente estávamos juntas.

Concluídas as atividades programadas em função da Campanha Prestes, havia a intenção de, no final de outubro, regressar ao México, de onde era menos difícil a comunicação com o Brasil. Contudo, dependíamos da obtenção de "prioridade de guerra", indispensável para conseguir lugar nos aviões da companhia Panair, a única então disponível para tal viagem. Finalmente, só pudemos voltar à capital mexicana no início de dezembro, tendo eu festejado meus sete anos em Havana, numa ruidosa festa com muitas crianças, organizada pelos numerosos amigos que nos cercavam[32].

---

[31] "Carta de Lygia Prestes a L. C. Prestes" (28 ago. 1943), em Anita Leocadia Prestes e Lygia Prestes (orgs.), *Anos tormentosos*, v. 2, cit., p. 492.

[32] "Cartas de Lygia Prestes a L. C. Prestes" (5 out. 1943 e 9 dez. 1943), em ibidem, p. 496 e 506-7; ibidem, v. 3, p. 169.

O regresso à capital mexicana

De volta à capital mexicana, estava eu determinada a aprender a ler e escrever; desejava muito escrever a meu pai. Lygia me matriculou numa escola pública próxima à nossa casa, pois considerava sua orientação mais democrática do que a das particulares[33]. Durante os meses de dezembro e janeiro fui alfabetizada por Lila, excelente professora e mãe da minha amiguinha Sônia. Em fevereiro, quando teve início o ano letivo, eu já sabia ler e escrever. O aprendizado foi feito em espanhol e, para não fazer confusão com o português, fui orientada pela tia a deixar de lado este idioma. Meu pai estava de acordo e achava que aprenderia o português quando viesse para o Brasil. O primeiro bilhete que escrevi ao pai, em espanhol, é de 16 de janeiro de 1944[34]. A partir de então, sempre que estávamos longe um do outro nos correspondíamos.

Recordo que o Natal de 1943 foi bem alegre. Fui convidada para uma festa infantil promovida pela colônia alemã de refugiados, onde me diverti bastante: houve "cantigas de roda, corridas, números de música, danças e a clássica *piñata* mexicana[35]. Mas a principal atração foi um Papai Noel de carne e osso". Um escritor tcheco, também exilado, desempenhou com grande competência esse papel. Houve ainda "distribuição de brinquedos, teatro de marionetes, lanche". Conforme Lygia escreveu ao irmão, uma companheira alemã fez uma breve fala, recordando "o sofrimento da infância nos países dominados pelo nazifascismo" e expressando a esperança de que 1944 trouxesse "a vitória definitiva das democracias"[36]. No dia de Natal estive em outra festa em casa de amigos, onde também houve *piñata*, cantos, danças e cinema[37]. Como já era hábito enquanto minha avó viveu, na noite de Ano-Novo Lygia punha no meu sapato os presentes que me eram destinados. Fui criada sem acreditar em Papai Noel e sem nenhuma religião, de acordo com as concepções filosóficas materialistas adotadas por meus pais e pela família. Certamente, como todas as crianças, gostava de ganhar presentes.

No dia 3 de janeiro, aniversário do meu pai, amigos brasileiros estiveram em nosso apartamento para, como lhe escreveu Lygia, brindar pela sua saúde e pela

---

[33] "Carta de Lygia Prestes a L. C. Prestes" (7 jan. 1944), em ibidem, p. 161.

[34] "Carta de Anita L. Prestes a L. C. Prestes" (16 jan. 1944), em ibidem, p. 166.

[35] A *piñata* é uma brincadeira infantil muito comum no México, presente em diversas comemorações. As *piñatas* são feitas com potes de barro recheados com doces e brinquedos e cobertas por papéis coloridos, e podem ter formatos e cores diversos. O objetivo da brincadeira consiste em que as crianças, com os olhos vendados, tentem quebrar a *piñata* com um bastão, a fim de derrubar os doces e lembrancinhas nela contidos.

[36] "Carta de Lygia Prestes a L. C. Prestes" (24 dez. 1943), em Anita Leocadia Prestes e Lygia Prestes (orgs.), *Anos tormentosos*, v. 2, cit., p. 513-4.

[37] "Carta de Lygia Prestes a L. C. Prestes" (30 dez. 1943), em ibidem, p. 517.

Minha vida em liberdade (1938-1945)   45

vitória contra o nazifascismo em 1944. Também esteve presente a jornalista e poeta argentina Maria Luisa Carnelli, grande amiga de Leocadia e Lygia que, de volta ao México[38], nos visitava com frequência. Lembro-me de ela jogar pacientemente dominó comigo; às vezes íamos à sua casa, onde recebia amigos latino-americanos e costumava tocar violão e cantar canções argentinas.

Reorganizada nossa vida na capital mexicana[39], além de ir à escola e estudar com relativo sucesso, passei a frequentar aulas de ginástica e, por um curto período, também de dança. Lygia alugou um piano e logo passei a ter aulas de aprendizado desse instrumento musical. Tudo isso me deixava muito animada e, certamente, dava bastante trabalho à minha tia, que o fazia com grande disposição e carinho. Todas as noites antes de dormir eu ouvia Lygia contando histórias, o que para mim era um momento de grande prazer.

Costumávamos passear no parque de Chapultepec e frequentávamos sessões de cinema para crianças, em geral junto com Sônia e sua mãe; também visitávamos alguns amigos. Recordo-me de um almoço na residência de Vicente Lombardo Toledano, presidente da Confederação dos Trabalhadores da América Latina (CTAL), destacada personalidade de esquerda no México e de prestígio internacional, que regressara de viagem ao Brasil. Embora não tivesse podido visitar Prestes na prisão, nos trouxe notícias dele e da situação no país, que estava mudando para melhor, conforme nos disse. Na ocasião me entregou um lindo medalhão com as fotos dos meus pais, presente de um grupo de mulheres brasileiras participantes da campanha pela anistia dos presos políticos.

Em abril daquele ano adoeci com rubéola em forma bastante branda, que, entretanto, foi diagnosticada como sarampo. O pior é que contagiei Lygia, que ficou mal; como não teve tratamento adequado, surgiram complicações renais que não foram detectadas pelo médico que a atendeu, recomendado pelo PC mexicano. No final de julho seu estado de saúde piorou muito e, em agosto, me levaram para a casa desse médico, casado com uma estadudinense – o que se justificava por terem uma filha da minha idade com quem eu podia brincar. Essa senhora, entretanto, pretendia me separar de Lygia e conseguir permissão do meu pai para ficar com a minha guarda, contando para isso com o apoio do marido. Os dias se passavam e a enfermidade da minha tia não era diagnosticada pelos médicos, embora a submetessem a variados exames.

Por fim, foi ela internada numa clínica psiquiátrica! No início ainda recebia visitas e, como eu sentia muito sua falta e pedia insistentemente para vê-la, fui

---

[38] "Carta de Lygia Prestes a L. C. Prestes" (7 jan. 1944), em ibidem, v. 3, p. 162.

[39] Vivíamos com recursos disponibilizados pelo Socorro Vermelho Internacional (MOPR), entidade ligada à União Soviética que prestava solidariedade aos perseguidos políticos de esquerda e às famílias desses presos.

levada algumas vezes até essa clínica. Na realidade, o referido casal, contando com a colaboração de mais alguns supostos amigos, armaram um verdadeiro complô contra Lygia, mantendo-a em isolamento total sob o pretexto de que deveria ficar em repouso absoluto. Ao mesmo tempo, espalharam a falsa notícia de que minha tia estaria sofrendo das faculdades mentais. Somente a serenidade de Lygia e a atitude enérgica dos pais de Sônia, assim como da amiga Maria Luísa Carnelli, que ameaçaram denunciar o caso na imprensa, garantiram finalmente, já no início de novembro, a alta hospitalar da minha tia. Mais uma provação à qual Lygia resistiu com coragem e determinação.

Estávamos no final do ano letivo e eu havia perdido boa parte das aulas enquanto ficara longe de casa e da escola. Como era boa aluna, a diretora do colégio me fez passar de ano com a condição de que as matérias necessárias ao segundo ano fossem estudadas nas férias, o que foi feito com a ajuda da minha tia e da professora Lila. Em fevereiro voltei à escola, já no segundo ano; logo depois recomeçaram as aulas de piano e, com grande entusiasmo, passei a frequentar um curso de balé.

Ao contrário da opinião de alguns amigos, segundo os quais eu "deveria ser criada na total ignorância da vida dos pais, pois só assim poderia ter uma *infân-cia normal*"[40], meu pai, preocupado com minha educação, apoiava a orientação adotada pela minha avó e seguida por Lygia:

> *Infância normal* não significa ser educada num mundo ideal e romântico, na ignorância completa das vicissitudes da vida que, na verdade, só são *trágicas* para aqueles que assim as querem interpretar. A Anita que aprenda a admirar o exemplo de sua mãe, sem lamentar a sua sorte, sem nenhum martírio ou tragédia, portanto. [...] A Anita já sabe certamente quem é Hitler e o que representa – ela agora que acompanhe pelo mapa a marcha dos exércitos soviéticos e veja como se aproximam cada vez mais de Berlim e Fürstenberg, da nossa Olga, portanto.[41]

Para minha alegria, o aniversário de oito anos foi triplamente comemorado. Passamos o dia 27 de novembro em Cuautla, ao sopé de um vulcão do mesmo nome onde existia um balneário. Havia uma lagoa de águas sulfurosas e nossa amiga Maria Luísa, que nos acompanhava, sofreu queimaduras sérias devido a esse tipo de água, o que nos fez encerrar o passeio antes da hora. Eu pouco me queimei, pois tinha medo da água e quase não entrei na piscina. De qualquer modo, valeu o passeio, que me encantou. Depois disso, houve um lindo bolo na casa de uma amiga e o presente de um jogo de armar e, no domingo seguinte,

---

[40] "Carta de Lygia Prestes a L. C. Prestes" (10 jan. 1945), *Anos tormentosos*, v. 3, cit., p. 252.
[41] "Carta de L. C. Prestes a Lygia Prestes" (26 jan. 1945), em ibidem, p. 132.

uma festança com *piñatas* na casa da Soninha, que completava seis anos; assim, festejamos os dois aniversários[42].

Dias depois recebi uma longa carta do pai com as felicitações pelo aniversário, na qual, referindo-se à minha futura chegada ao Brasil, escrevia:

> Quando chegares aqui, vamos nós dois montar a cavalo e galopar pelo Brasil inteiro, num passeio que será uma lindeza! Feito? Se os teus amiguinhos e amiguinhas quiserem, poderão vir também e formaremos então um lindo bando. Combina com eles para que aprendam desde já a andar a cavalo, a marchar a pé e a saber viajar em canoa, remando com todas as forças, porque assim, num bando, poderemos ir caçar capivaras e onças e ir pegar enormes jacarés. Mas tu e os teus amiguinhos serão mesmo gente de coragem, como eu quero? Havemos de ver, não é verdade?[43]

Lamentavelmente, nunca foi possível realizar esse lindo projeto.

Lembro-me do dia 3 de janeiro de 1945, aniversário do meu pai, que voltamos a festejar em nossa casa com os amigos brasileiros e a presença de Maria Luísa. Brindamos pelo aniversariante, mas também pela minha mãe, pois ainda havia a esperança de que estivesse viva, e pela vitória na guerra das forças democráticas, que parecia estar próxima[44].

Estávamos em 1945 e era evidente que o dia da vitória sobre o nazifascismo não poderia tardar. No Brasil, avançava o processo de liberalização do regime e crescia a campanha pela anistia dos presos políticos. Passaram a ser ventiladas na imprensa notícias sobre nossa mudança (da Lygia e minha) para o Brasil; surgiram, inclusive, iniciativas de coleta financeira para tal fim. Meu pai mostrava-se prudente a respeito e aconselhava a irmã a não se deixar "arrastar pelo entusiasmo fácil de certos amigos que falam agora na viagem precipitada de vocês duas cá para os pagos". Dizia-lhe que seu desejo era que "de forma alguma" alterasse, naquele momento, sua vida e o programa que já havia traçado para os próximos meses, acrescentando que "seria também lamentável perturbar de novo a vida e a educação da pequerrucha, a não ser por extrema necessidade"[45].

No início de 1945, foi nomeado um novo embaixador do Brasil no México, o conhecido jornalista Lourival Fontes, ex-diretor do Departamento de Informação e Propaganda (DIP), responsável pela censura durante grande parte do Estado Novo. Em março, Lygia recebeu um chamado seu para comparecer à sede da

---

[42] "Carta de Lygia Prestes a L. C. Prestes" (2 dez. 1944), em ibidem, p. 234.

[43] "Carta de L. C. Prestes a Anita Prestes" (6 dez. 1944), em ibidem, p. 110.

[44] "Carta de Lygia Prestes a L. C. Prestes" (4 jan. 1945), em ibidem, p. 250.

[45] "Carta de L. C. Prestes a Lygia Prestes" (9 mar. 1945), em ibidem, p. 146.

embaixada. Fomos recebidas – minha tia me levou consigo – pelo embaixador e pela embaixatriz, a também jornalista e escritora Adalgisa Neri, que nos trataram com grande gentileza. A embaixatriz mostrou-se especialmente simpática comigo, dando-me de presente uma linda caixa de bombons. A respeito dessa visita, Lygia escreveu ao irmão:

> Ele desejava apenas comunicar-me que o governo brasileiro autoriza oficialmente o meu regresso ao Brasil, junto com a Anita. Como eu observasse que me surpreendia tão extemporâneo aviso, pois nunca estivera proibida de voltar ao Brasil, respondeu-me o embaixador que eu interpretasse este passo do governo como um gesto de boa vontade, prelúdio de outros passos mais decisivos... Gostaria de saber a tua opinião a respeito e foi o que me limitei a dizer ao embaixador que, para fechar com chave de ouro a entrevista, pôs-se à minha disposição para qualquer coisa que possa necessitar.[46]

A atitude do novo embaixador contrastava com as revoltantes declarações feitas a respeito do meu pai dois anos antes, por ocasião do falecimento de Leocadia, pelo então embaixador Carlos de Lima Cavalcanti, as quais provocaram uma vaga de indignação e repúdio de distintos setores da vida social e política mexicanas[47].

O gesto do embaixador Lourival Fontes era revelador de que os tempos estavam mudando. Mais tarde, pude constatar como as atitudes de muitos personagens variam de acordo com a direção dos ventos políticos...

---

[46] "Carta de Lygia Prestes a L. C. Prestes" (16 mar. 1945), em ibidem, p. 276-7.

[47] O embaixador Carlos de Lima Cavalcanti declarara à imprensa mexicana que o governo brasileiro não poderia permitir a viagem de Luiz Carlos Prestes para despedir-se da mãe por se tratar de um criminoso, condenado por crime de morte.

III

A IDA PARA O BRASIL (1945-1950)

A anistia e a nossa viagem para o Brasil

A libertação dos presos políticos no Brasil foi decretada por Vargas no dia 18 de abril de 1945. No mesmo dia meu pai saiu da prisão e, acompanhado por alguns companheiros e amigos, foi conduzido à casa do antigo dirigente do PCB Leôncio Basbaum, onde ficou hospedado provisoriamente[1].

Tenho muito presente esse dia de grande júbilo, esperado havia tanto tempo por nossa família. Junto com a tia Lygia compareci à redação do jornal em que trabalhava a amiga Maria Luísa Carnelli, onde pudemos ler o telegrama, divulgado pelas agências de notícias, com a transcrição do decreto da anistia assinado por Vargas. Foi um dia de indescritível alegria para nós e para inúmeros amigos que conosco confraternizaram.

Tinha início uma contagem regressiva para a nossa viagem ao encontro do meu pai, que, após nove anos no cárcere, precisava de algum tempo para adaptar--se à nova vida em liberdade e para organizar a vinda da família dispersa pelo mundo. Ainda havia a esperança de que minha mãe tivesse sobrevivido e viesse juntar-se a nós. Foi só em julho de 1945 que meu pai recebeu a confirmação do seu assassinato, notícia que o deixou profundamente abalado e acabou por dificultar ainda mais sua adaptação à saída da cadeia.

Ao mesmo tempo, assim que deixou a prisão, Prestes teve de assumir a secretaria-geral do PCB, cargo para o qual havia sido eleito em conferência partidária realizada em 1943[2]. Assoberbado de compromissos e tarefas, que lhe foram imediatamente atribuídas pela direção do Partido, meu pai escrevia

---

[1] Ver Anita Leocadia Prestes, *Luiz Carlos Prestes*, cit., p. 234-9.

[2] Ibidem, p. 241-4.

50 VIVER É TOMAR PARTIDO

a Lygia que não se precipitasse e aguardasse aviso seu para empreender nossa vinda para o Brasil.

Em maio de 1945, com a vitória da União Soviética e dos Aliados na Segunda Guerra, o clima político era de euforia generalizada tanto no México, onde nos encontrávamos, quanto no Brasil, para onde pretendíamos ir. Recordo-me do dia da vitória na capital mexicana: esquadrilhas de aviões cortando os céus em comemoração ao grande acontecimento. Finalmente nossa viagem foi marcada para outubro daquele ano.

Primeiro tínhamos de liquidar o apartamento onde morávamos. Passamos alguns dias na casa dos pais da Sônia, minha querida amiguinha, da qual não foi fácil me separar. Havia poucos meses do final da guerra e não se faziam voos diretos do México para o Brasil. Foi necessário ir a Havana para, então, deslocar--se por terra até a cidade cubana de Camagüey, onde tivemos de esperar vagas disponíveis em um avião de companhia aérea estadunidense proveniente de Miami. Não era possível reservar lugares com antecedência; ficamos, assim como nossa amiga Maria Luísa, que nos acompanhava nessa viagem ao Brasil, duas noites seguidas no aeroporto à espera de um avião em que pudéssemos embarcar. Finalmente minha tia embarcou comigo num voo em que só havia dois lugares disponíveis, com a condição de deixarmos a bagagem que seria despachada no dia seguinte em outro voo, no qual Maria Luísa prosseguiu viagem.

Levamos mais de uma semana viajando, pois os aviões eram lentos e não voavam à noite. Era necessário pernoitar pelo caminho, o que foi feito em Porto Príncipe (Haiti), Port of Spain (Trinidad e Tobago) e, já no Brasil, em Belém, Fortaleza, Natal, Recife e Salvador; por último, antes de chegar ao Rio, o avião fez escala em Caravelas (Bahia).

Nas capitais estaduais em que paramos, havia sempre uma pequena multidão mobilizada pela organização local do PCB, que nos recebia com manifestações festivas e de grande regozijo. Prestes era aclamado como o grande líder do povo brasileiro, o que vinha sendo confirmado pelo entusiasmo com que era recebido em comícios gigantescos realizados por todo o Brasil[3]. Recebíamos flores e presentes e, quando havia tempo, éramos conduzidas à sede local do PCB em cada uma dessas cidades, as quais haviam sido inauguradas havia pouco tempo, com a conquista da legalidade do Partido. Recordo-me, em especial, da enorme vibração popular durante a nossa estada em Recife: as pessoas, comovidas com a notícia do assassinato da minha mãe, se mostravam extremamente carinhosas comigo.

Finalmente desembarcamos no aeroporto Santos Dumont, Rio de Janeiro, na tarde de 28 de outubro de 1945. Durante a descida do avião, fiquei empolgada com a visão do Pão de Açúcar e do Cristo Redentor, que já conhecia através

---

[3] Ibidem, p. 244-9.

do cinema e de fotos. A tripulação teve de comunicar aos passageiros que seria necessário aguardar a saída de nós duas para desembarcarem, pois a pista do aeroporto estava tomada pela multidão que nos aguardava. Os cordões de isolamento organizados pelos militantes do PCB haviam se rompido e a multidão entusiasmada, ovacionando Luiz Carlos Prestes, invadira a pista, impedindo o desembarque dos passageiros.

Meu pai nos esperava na escada da aeronave. Não encontro palavras para descrever a emoção daquele momento – emoção que transparece na fisionomia do meu pai e que ficou registrada em foto tirada naquela ocasião. Não sei dizer o que passava pela minha cabeça; estava muito assustada com o mar de gente que nos cercava e se agitava com o intuito de me ver e me saudar. Minha tia foi conduzida à sessão de controle de passaportes enquanto meu pai, levando-me pela mão, tentava atravessar a multidão em direção à saída do aeroporto. Eu era abraçada e beijada por centenas de pessoas e, em certo momento, alguém me levantou bem alto para que todos pudessem me ver. Não foi fácil chegar ao carro que nos esperava, pois estava cercado pela multidão entusiasmada. Bastante assustada e inquieta com a ausência da minha tia, era eu confortada pelo pai que me dizia que Lygia viria logo. Partimos, afinal, para a residência de Leôncio Basbaum, onde meu pai estava hospedado. Lá ficamos uns três meses, até alugar uma casa na qual pudéssemos morar todos juntos – incluindo minhas outras tias, que viriam de Moscou.

O golpe que derrubou Getúlio Vargas e nossa vida no Rio de Janeiro

Recordo-me que nesse dia da nossa chegada houve um jantar muito concorrido na casa de Basbaum; uma grande mesa repleta de companheiros e amigos. Meu pai me chamou para ficar ao seu lado, revelando-se muito carinhoso e brincalhão comigo. Eu estava um tanto assustada e me sentia desconfortável no meio de tanta gente desconhecida.

No dia seguinte pela manhã, Lygia e eu acompanhamos meu pai à sede do Comitê Nacional do PCB, inaugurada naquele ano na rua da Glória, 52, local próximo ao centro da então capital da República. Fomos cercadas de atenções e de muita simpatia pelos companheiros que lá trabalhavam. Enquanto meu pai, secretário-geral do PCB, se ocupava das tarefas inerentes ao seu cargo, um jornalista do jornal *Diário da Noite* me entrevistava e fotografava, na companhia da minha tia[4].

Na tarde desse mesmo 29 de outubro fomos surpreendidos pelo golpe que derrubou Getúlio Vargas. Lembro-me da preocupação de Lygia e da esposa de

---

[4]   "Fala Anita Leocadia Prestes", *Diário da Noite*, Rio de Janeiro, 29 out. 1945, p. 28. Ver Anexo VI, p. 290-2 deste volume.

Basbaum com as notícias desencontradas a respeito da situação no país. Logo soubemos que, embora o golpe fosse contra Vargas, o principal alvo da repressão era o PCB, cuja sede foi invadida e depredada pela polícia, assim como outros locais do Partido e dos sindicatos. Dirigentes do PCB passaram a ser perseguidos e presos, sendo que os tanques, canhões e metralhadoras do Exército não foram dirigidos contra Vargas, mas contra a sede central do Partido. Como disse Prestes, "houve uma espetacular manifestação de força de duzentos tanques com canhões voltados para a sede nacional do Partido Comunista"[5].

Por decisão da direção partidária, meu pai passou imediatamente à clandestinidade, ou seja, não voltou para nossa companhia na residência de Basbaum. Estivemos juntos menos de 24 horas. Grande decepção para mim!

Ocorrera uma tentativa reacionária e conservadora de reverter o processo de democratização da sociedade brasileira, que vinha sendo promovido com a permanência de Vargas no poder. O sucesso do golpe só não foi total devido à força do movimento favorável à democratização do país. A repressão aos comunistas teve de cessar e, no dia 12 de novembro, José Linhares, o novo presidente da República – que, na qualidade de presidente do Supremo Tribunal Federal, assumira o poder –, assinou decreto convocando eleições para a Assembleia Constituinte, concomitantes ao pleito presidencial, fixado para 2 de dezembro[6].

A clandestinidade dos dirigentes do PCB e em particular de Prestes durou duas semanas. No período durante o qual meu pai esteve escondido, Lygia e eu tivemos a oportunidade de passar algumas horas com ele na residência de Victor César da Cunha Cruz, ex-"tenente" e seu grande amigo. Na ocasião, vesti o traje de *china poblana* trazido do México e me exibi dançando o *jarabe tapatio*, baile típico daquele país, que aprendera antes de viajar para o Brasil. Meu pai ficou encantado com o desempenho da "pequerrucha", como costumava me chamar.

Ao deixar a clandestinidade, Prestes e os demais dirigentes do PCB concentraram seus esforços na campanha para a eleição dos candidatos comunistas ao pleito de 2 de dezembro de 1945. Uma campanha-relâmpago de apenas quinze dias, durante a qual meu pai participou de comícios extremamente concorridos pelo país inteiro na companhia de candidatos pela legenda do PCB. Para a presidência da República os comunistas lançaram o nome de um aliado político, o engenheiro Yedo Fiúza, que chegou a alcançar cerca de 10% dos votos – uma grande vitória naquele momento, pois era um nome desconhecido do grande público e um candidato que não se distinguia pelos dotes oratórios. A bancada comunista na Assembleia Constituinte, composta pelo senador Luiz Carlos Prestes e catorze deputados, conquistou nessa Casa o quarto lugar em número

---

[5]   Ver Anita Leocadia Prestes, *Luiz Carlos Prestes*, cit., p. 252-3.
[6]   Ibidem, p. 253-4.

de parlamentares. Meu pai também foi eleito deputado pelos estados do Rio Grande do Sul e Pernambuco e pelo Distrito Federal, conforme as regras da legislação então em vigor. Na época ele obteve a maior votação para o Senado da história da República[7].

Lembro-me do entusiasmo com que os comunistas compareceram às urnas no dia 2 de dezembro. Acompanhei meu pai à seção eleitoral no Colégio Bennett, na zona sul do Rio, onde ele votou e foi efusivamente saudado por numerosos eleitores.

Poucos dias antes, mais uma vez, passei meu nono aniversário longe do pai, pois ele estava em campanha no Nordeste do país. Houve uma grande festa na sede da União Nacional dos Estudantes, durante a qual fui homenageada por um coro de crianças – na maioria, filhos de comunistas ou de simpatizantes do Partido – e com um singelo discurso feito por um desses meninos, em que dizia que a minha presença ali representava a vitória das forças antifascistas no cenário mundial. Foram momentos de grande emoção para mim e para todos os presentes, ainda chocados com a notícia do bárbaro assassinato da minha mãe.

Em janeiro de 1946, minha tia Eloiza chegou de Moscou. Viajou num barco soviético do porto de Odessa a Nova Iorque, de onde se deslocou para o Rio de Janeiro em navio de bandeira estadunidense. Nossa família começava a reunir-se após tantos anos de separação. Em fevereiro, nos mudamos para uma casa alugada pelo Partido na rua Gago Coutinho, perto do Largo do Machado. Para garantir a segurança do meu pai, moravam conosco dois ou três companheiros. Lembro-me bem de Armênio Guedes, David Capistrano da Costa, Gregório Bezerra, Jacob Gorender, afora muitos outros que se revezaram na tarefa de cuidar da segurança de Prestes. Dentre todos, destacava-se Gregório Bezerra, pela simplicidade, simpatia e boa convivência.

Minhas tias Clotilde e Lúcia chegaram ao Rio em novembro daquele ano. Lúcia, acompanhada por Otávio Brandão, seu marido, e seus três filhos (Roberto, Iracema e Glória), assim como duas enteadas, Dionísia e Valná. Junto vieram três jovens, Fernanda, Maud e Sebastião, filhos de Fernando Lacerda. Nossa casa ficou superlotada até Lúcia e família alugarem um apartamento. Foi uma grande alegria conhecer minhas tias e meus priminhos. Afinal a família estava novamente reunida, mas havia duas ausências muito sentidas: Leocadia e Olga.

Convidada pelo irmão, Lygia aceitou assumir a administração da nossa casa, em que todos os dias almoçavam e jantavam numerosos companheiros que acompanhavam meu pai ou vinham ao seu encontro. Para ajudá-la nas tarefas domésticas contava com Sebastiana, uma militante do Partido, muito dedicada, excelente cozinheira e grande admiradora de Prestes. A tarefa da minha tia não foi fácil, pois as despesas eram altas e o dinheiro, curto. Todos os dirigentes

---

[7] Ibidem, p. 254-61.

do Partido, inclusive meu pai, recebiam uma "ajuda de custo", enquanto seus honorários de parlamentares iam integralmente para o caixa partidário[8]. Não tínhamos geladeira nem eletrodomésticos, o que dificultava bastante a vida da casa. Clotilde e Eloiza, que moravam conosco, trabalhavam na sede do Comitê Nacional e também recebiam apenas uma pequena ajuda de custo.

Com o início do ano letivo, em março de 1946, passei a frequentar a escola pública José de Alencar, situada perto da nossa casa. Ingressei no terceiro ano do curso primário e com relativa rapidez, ajudada pela minha tia Lygia, consegui aprender o português e acompanhar as aulas. As professoras eram excelentes e a escola pública dava uma boa base de conhecimentos gerais. Embora a imprensa reacionária escrevesse que a filha de Prestes se deslocava de Cadillac para o colégio, eu ia a pé, acompanhada pela minha tia ou pela Sebastiana.

A nossa vida no Brasil, nos primeiros tempos, foi muito agitada. Alguns companheiros da direção do PCB queriam que eu participasse das mais variadas atividades políticas e viajasse pelo país, uma vez que o prestígio de Prestes era enorme e havia grande interesse em conhecer a filha dele e de Olga. Com a concordância do meu pai, Lygia considerava que eu deveria levar uma vida de criança e evitar, portanto, viagens e atividades em que seria homenageada, pois isso poderia ser nocivo à minha educação. Recordo-me de uma ida a Santos, no estado de São Paulo, mas em seguida tais atividades cessaram. Passei a eventualmente acompanhar meu pai em atos públicos aos quais ele comparecia na capital da República ou no estado do Rio.

Meu pai era muito ocupado, pois desenvolvia intensa atividade política na qualidade de secretário-geral do PCB e de senador, primeiro na Assembleia Constituinte e, a partir da promulgação da Constituição, em setembro de 1946, no Senado da República. Em geral, durante a semana as tardes eram ocupadas pelas sessões parlamentares, frequentadas com assiduidade pelos membros da bancada comunista[9]. Seguidamente, meu pai voltava para casa tarde da noite, após participar de comícios e atos públicos ou de demoradas reuniões partidárias. Mesmo assim, ele se levantava de madrugada para ler, estudar e escrever os textos e discursos necessários para a atividade política que desenvolvia. Lygia organizava seus papéis e livros e desempenhava o papel de secretária dedicada.

Embora extremamente atarefado, meu pai me dispensava grande atenção e aproveitava todos os minutos livres para estar comigo em casa ou levar-me a passear, seja no calçadão das praias da zona sul do Rio, seja no Alto da Boa Vista ou em visita a algum amigo. Quando ele estava em casa, fazia todas as minhas

---

[8] Na época os parlamentares não contavam com outros recursos a não ser seus honorários. Meu pai usava um automóvel modesto adquirido pelo Partido.

[9] Anita Leocadia Prestes, *Luiz Carlos Prestes*, cit., p. 263-72.

vontades: jogávamos peteca, brincávamos com a cachorrinha Piroquete (uma *basset* que ganhei ao completar dez anos do seu amigo dr. Odilon Batista, filho de Pedro Ernesto Batista, ex-prefeito do Distrito Federal), e não se importava com a bagunça que eu fazia durante nossas brincadeiras. Para mim, foi uma época muito feliz, junto a meu pai e minhas tias, cercada de numerosos amigos que me mimavam bastante.

Com razão, minha tia Lygia se preocupava com a quantidade exagerada de presentes que eu recebia: bonecas, bichos de pelúcia, todo tipo de brinquedos, vestidos, sapatos, bolsas, joias e perfumes. Pensava que isso poderia me tornar uma pessoa egocêntrica e vaidosa, embora entendesse que todos esses presentes expressavam o carinho de centenas de pessoas que admiravam meus pais e se regozijavam com o fato de eu ter sido salva das garras do nazismo. Lygia conversava muito comigo e me explicava essa situação, incentivando-me a dividir uma parte dos presentes com as crianças pobres da vizinhança e com meus primos, o que sempre fizemos durante aqueles anos de grande prestígio popular do meu pai. Ao mesmo tempo, minha tia me incentivava a ser eu mesma, a estudar bastante, procurar ser independente e não depender da fama dos meus pais. Desde então entendi que as homenagens que recebia eram, na verdade, dirigidas a eles, pois eu ainda não havia realizado nada na vida. Deveria me preparar para ser digna dos meus pais e da minha avó Leocadia.

Coincidindo com o começo da chamada Guerra Fria – embora ainda vivêssemos um período de importantes conquistas democráticas, e desde o início do governo do general Dutra, que havia tomado posse em 31 de janeiro de 1946 –, acentuava-se a repressão aos movimentos populares e, em particular, a perseguição aos comunistas. Quase todos os dias havia "tiras"[10] de plantão em frente à nossa casa, observando quem entrava e quem saía. As provocações anticomunistas na Assembleia Constituinte e na grande imprensa, dirigidas principalmente contra Luiz Carlos Prestes, eram constantes e tendiam a se tornar cada vez mais ameaçadoras[11].

À medida que se aproximava a data da aprovação do texto da Constituição, provocações de todo tipo se intensificavam, visando impedir sua promulgação. Recordo-me do violento quebra-quebra desencadeado no centro do Rio de Janeiro no dia 31 de agosto, iniciado por setores interessados em provocar o caos e deter o avanço do processo democrático. Nesse mesmo dia, vários dirigentes comunistas foram presos e à noite foi invadida a residência do deputado comunista Maurício Grabois, situada no bairro carioca do Jardim Botânico, onde meu pai, por decisão da direção do PCB, estava escondido. Os dois parlamentares escaparam pulando os muros das casas vizinhas. Episódios desse tipo repetiam-se

---

[10] Denominação, à época, dos policiais à paisana.
[11] Anita Leocadia Prestes, *Luiz Carlos Prestes*, cit., p. 263-72.

com certa frequência, o que levava meu pai a ter de se ausentar de casa por alguns dias, atendendo à orientação dos dirigentes do Partido[12].

A promulgação da Constituição em 18 de setembro de 1946 foi um dia de grande entusiasmo para os comunistas. Apesar das repetidas tentativas de reverter o processo democrático, chegava-se à aprovação de uma Carta Magna de corte democrático, não obstante as limitações apontadas pelos comunistas durante os trabalhos da Assembleia[13]. Recordo-me que Lygia e eu acompanhamos meu pai no recinto do Palácio Tiradentes, assim como numerosos companheiros do Partido e familiares dos deputados constituintes comunistas. Ao mesmo tempo, os partidários da União Democrática Nacional (UDN), em particular um significativo número de damas enchapeladas, trataram de vaiar Luiz Carlos Prestes e os representantes comunistas chamados para firmar o texto constitucional. Mas revidávamos, vaiando também os deputados reacionários à medida que eram chamados. Para mim, foi uma tarde inesquecível e emocionante.

Durante aquele ano de 1946, além de frequentar a escola pública, estava eu matriculada no curso de balé para crianças que então funcionava no Teatro Municipal do Rio de Janeiro. Tia Lygia me acompanhava sempre e, ainda que eu gostasse de dançar, acabei me interessando mais pela possibilidade de estudar piano. Inicialmente, dispunha de um alugado; depois, um grupo de amigos do meu pai me deu de presente um lindo piano, que me foi de grande utilidade durante vários anos, quando pude me dedicar ao aprendizado desse instrumento. Sob a orientação de professores competentes, aos treze anos já conseguia tocar com sucesso algumas obras de compositores como Bach, Beethoven e Mozart.

Nossa casa era frequentada por muitos camaradas do Partido e amigos do meu pai e das minhas tias. Eram muito queridas as irmãs de criação deles, Beatriz e Lourdes Corrêa, filhas da sua antiga babá Amélia, fiel amiga de Leocadia. Ambas sempre foram solidárias conosco, nos ajudando em tudo que podiam. Beatriz costumava me convidar para, junto com tia Lygia, realizarmos passeios pelo Rio ou irmos assistir a algum filme. Para mim, eram momentos de muita alegria. Também havia uma grande amizade com nosso primo, o médico Antônio Justino Prestes de Menezes, e sua família, cuja residência visitávamos com frequência.

Nesse período, além de ter convivido com numerosos dirigentes do PCB, que costumavam ir à nossa casa ou aos quais fui apresentada em atos do Partido, também cheguei a conhecer muitos intelectuais de esquerda que mantinham relações mais ou menos próximas com meu pai, sendo que alguns não pertenciam às fileiras partidárias. Lembro-me bem dos advogados Abel Chermont, Sinval Palmeira, Letelba Rodrigues de Brito e de suas respectivas famílias; dos escritores

---

[12] Idem.

[13] Idem.

Graciliano Ramos, Jorge Amado, Dalcídio Jurandir, Eneida Moraes, Álvaro Moreira e sua esposa, a conhecida atriz Eugênia Moreira, os irmãos Pedro e Paulo Mota Lima, Moacir Werneck de Castro, e o famoso Barão de Itararé. Havia muitos artistas plásticos, como Carlos Scliar, Silvia Chalreo, Djanira da Mota e Silva, Di Cavalcanti e Honório Peçanha. Meu pai mantinha relações estreitas com o arquiteto Oscar Niemeyer e o pintor Candido Portinari, ambos filiados ao PCB. Recordo-me de acompanhá-lo mais de uma vez em visitas a Niemeyer. Portinari frequentava assiduamente nossa casa e, por vezes, enquanto aguardava a chegada do meu pai, tinha a paciência de ficar conversando comigo, uma menina de nove ou dez anos. Seus relatos sobre os meninos de Brodósqui eram fascinantes. Portinari havia presenteado meu pai com um belíssimo retrato da minha mãe, que, durante a legalidade do Partido, esteve em posição de destaque em seu escritório, na sede do Comitê Nacional do PCB[14].

Para minha tristeza, passei o aniversário de dez anos, mais uma vez, longe do pai. Por decisão da direção do Partido, ele teve de sair de casa, devido ao clima de provocações anticomunistas promovidas pelas forças reacionárias e de direita no dia 27 de novembro – quando, inclusive, eram realizadas celebrações oficiais em memória das supostas vítimas da "Intentona" de 1935. Tinha lugar uma grosseira falsificação da história, que perdurou no Brasil durante décadas a serviço da propaganda anticomunista[15].

No final de 1946, os companheiros do Partido providenciaram uns dias de descanso para meu pai. Fomos para Itatiaia, no estado do Rio de Janeiro, na casa do advogado e camarada do PCB Letelba Rodrigues de Brito. Embora nossa estada tenha durado menos de uma semana, para mim e, certamente, para meu pai foram dias felizes. Na companhia da tia Lygia, da Sebastiana e do filho dela, Dejaci, que se tornou meu amigo de infância, assim como de mais uns dois ou três companheiros responsáveis pela segurança de Prestes, caminhamos pelas serras da região, o esporte preferido do meu pai, tomamos banho de rio e de cachoeira, saboreamos os abacaxis e a cana-de-açúcar cultivados na região. Eu estava muito contente por terem me deixado levar minha cachorrinha Piroquete.

Mas era necessário regressar ao Rio, pois os dirigentes e militantes do PCB estavam empenhados na preparação do pleito eleitoral de 19 de janeiro de 1947. Antes disso, em 3 de janeiro, houve as comemorações do aniversário do meu pai. Às seis horas da manhã foi organizada uma alvorada defronte à sede do Comitê Nacional, com bolo e velas e muita gente presente, ocasião em que se cantou o samba "Cavaleiro da Esperança", de autoria do Paulo da Portela. Durante todo o

---

[14] Esse quadro ficou muito tempo sob a guarda de Lygia, em nossa casa; recentemente fiz sua doação ao Museu Nacional de Belas Artes.

[15] Anita Leocadia Prestes, *Luiz Carlos Prestes*, cit., p. 173-84.

dia, até altas horas da madrugada do dia seguinte, seguiram-se atos públicos em homenagem a Prestes nos mais diversos pontos do Rio, inclusive em subúrbios da capital. Recordo-me de ter acompanhado meu pai nessa caravana exaustiva, durante a qual se evidenciava o grande carinho popular pelo Cavaleiro da Esperança.

Durante aquele janeiro de 1947, novamente meu pai estava envolvido dia e noite na campanha dos candidatos comunistas. Recordo-me do comício de encerramento dessa campanha, ao qual compareci, realizado no Rio, no Campo de São Cristóvão, com a presença de expressiva massa popular e a participação de escolas de samba. Na ocasião, todos os candidatos comunistas, inclusive minha tia Eloiza, desfilaram em carros abertos e foram ovacionados com entusiasmo pelo público presente. O PCB obteve importante vitória ao conquistar 9% dos votos, ficando com um total de 64 cadeiras nas assembleias legislativas estaduais de quinze estados. Para a Câmara Municipal do Distrito Federal o Partido elegeu dezoito vereadores, a maior bancada da casa[16] – entre eles estava Aparício Torelly, o célebre Barão de Itararé.

O fechamento do Partido e a cassação dos parlamentares comunistas

Apesar da importante vitória eleitoral do PCB em janeiro de 1947, a Guerra Fria prosseguia e as forças conservadoras, alarmadas com os êxitos dos comunistas, estavam mobilizadas para deter esse avanço. Em fevereiro foi divulgado o "Parecer Barbedo", elaborado pelo procurador-geral da República Alceu Barbedo, contrário ao registro do PCB, que afinal o teve cancelado a 7 de maio[17].

As sedes do Partido foram varejadas pela polícia, e numerosos dirigentes e militantes, assim como sindicalistas, foram levados à prisão. Generalizou-se a perseguição aos comunistas e às forças democráticas. O PCB foi obrigado a recuar para a clandestinidade[18]. Os parlamentares comunistas, entretanto, ainda se mantinham na vigência dos mandatos, e continuavam a atuar no Senado, na Câmara Federal, nas assembleias legislativas estaduais e em numerosas câmaras municipais, como era o caso da capital da República. Acentuava-se, contudo, a pressão pela cassação desses políticos.

Por decisão da direção partidária, meu pai deixou de comparecer diariamente às sessões do Senado e, nos períodos em que se intensificavam as ameaças anticomunistas, era retirado de casa e levado para algum aparelho[19] do Partido.

---

[16] Ibidem, p. 272.

[17] Ibidem, p. 272-7.

[18] Idem.

[19] Local (apartamento, casa etc.) usado por grupo político clandestino para encontros, reuniões, assim como esconderijo de dirigentes e militantes procurados pela polícia.

Mesmo assim, chegou a pronunciar vários discursos no Senado, o último em 20 de outubro de 1947. Depois disso, Prestes permaneceu na semiclandestinidade, pois cresciam as ameaças à sua segurança e integridade física[20].

Nossa casa era permanentemente vigiada pelos "tiras" da polícia política. Havia um clima de constante desassossego. Eu continuava a frequentar normalmente a escola, assim como as aulas de piano. Quando meu pai era forçado a estar ausente de casa por muitos dias, minha tia Lygia e eu éramos levadas a algum aparelho para visitá-lo. Ele se mostrava sempre animado, procurava nos infundir otimismo. Lembro-me de que essas oportunidades eram esperadas com grande ansiedade tanto por mim quanto por Lygia.

Embora a situação do PCB fosse difícil, pois se previa a cassação dos mandatos dos seus parlamentares, a direção partidária procurava incentivar a mobilização dos militantes, assim como dos simpatizantes do Partido. Em São Paulo, por exemplo, foram realizados na segunda metade de 1947 atos públicos, grandes concentrações, inclusive no vale do Anhangabaú, em protesto contra o fechamento do PCB e em defesa dos mandatos de seus parlamentares, ameaçados pela aprovação na Câmara Federal do chamado "Projeto Ivo D'Aquino"[21].

Ao mesmo tempo, o PCB participou da campanha eleitoral para as eleições municipais de novembro de 1947. Impedido de apresentar candidatos pela própria legenda, o fez por meio de legendas de partidos com os quais estabelecera alianças políticas, como o Partido Social Trabalhista (PST), em São Paulo. Nesse estado, a vitória dos comunistas foi significativa: chegaram a eleger-se quinze "vereadores de Prestes", como eram chamados, para a Câmara Municipal da capital, constituindo a bancada majoritária da casa. Vitórias semelhantes foram alcançadas em outros municípios desse estado[22].

Durante os meses de novembro e dezembro de 1947, meu pai passou a viver em São Paulo numa situação de semiclandestinidade, escondido em casas de amigos. Chegou, contudo, a comparecer e a falar em comícios e atos públicos promovidos durante a campanha eleitoral no estado. Participou, por exemplo, do comício de encerramento da campanha do deputado Cirilo Júnior, candidato a vice-governador de São Paulo apoiado pelos comunistas e pelo Partido Trabalhista Brasileiro (PTB). Nessa ocasião, foi fotografado no mesmo palanque que Getúlio Vargas, líder máximo do partido trabalhista – a imagem, então, passou a ser insistentemente utilizada pelos adversários de Prestes na tentativa de mostrá-lo

---

[20] Anita Leocadia Prestes, *Luiz Carlos Prestes*, cit., p. 266.

[21] Ibidem, p. 275.

[22] Ibidem, p. 275-6.

comprometido com o ex-presidente. Na verdade, tratava-se apenas do apoio emprestado tanto pelo PCB quanto pelo PTB à candidatura de Cirilo Júnior[23].

A direção do PCB se esforçava em manter mobilizados os setores da população que lhe haviam apoiado até então, visando reverter a proibição de funcionamento legal do Partido e impedir a cassação dos mandatos parlamentares comunistas. Nesse sentido, tratou de aproveitar a data de 27 de novembro de 1947, meu décimo primeiro aniversário, para promover uma grande festa em homenagem à filha de Prestes. O evento teve lugar no prédio de um colégio cujo proprietário era simpatizante do Partido, e serviu também para arrecadar fundos para a organização partidária. Embora minha tia Lygia se opusesse a tais homenagens a uma criança, foi impossível impedir a determinação da direção – até porque meu pai, semiclandestino em São Paulo, não pôde ser consultado. As fotos tiradas na ocasião deixaram minha tia indignada: era visível o contraste entre as crianças pobres presentes à festa e a homenageada, uma menina forte, saudável e bem-vestida. Eu mesma pouco me dava conta da situação criada. Novamente recebi uma quantidade exagerada de presentes que, depois, repartimos com as crianças das casas de cômodos da rua em que morávamos, o que eu achava justo.

Em dezembro daquele ano Lygia e eu, convidadas pelo meu pai, viajamos ao seu encontro na capital paulista. Ficamos hospedadas na residência de um grande amigo e companheiro seu, o médico oftalmologista Waldemar Belfort Mattos, e sua esposa, dona Jessy Belfort Mattos, pessoas extremamente hospitaleiras e simpáticas. Para despistar a polícia, meu pai não parava muitos dias na mesma casa de um dos seus numerosos correligionários, mas sempre que lhe era possível vinha nos visitar. Eram momentos felizes em que podíamos jogar bola e correr nos jardins da bela residência de dr. Belfort e dona Jessy.

A cassação dos mandatos parlamentares dos comunistas era aguardada para qualquer momento, medida que afinal foi aprovada pelo Congresso Nacional em 7 de janeiro de 1948[24]. Antes de ingressar definitivamente numa rigorosa clandestinidade, que iria prolongar-se por mais de dez anos, uma vez que logo seria decretada a prisão preventiva dos dirigentes comunistas[25], meu pai foi nos visitar na casa do dr. Belfort. Lembro-me de que, apesar de ele aparentar otimismo e confiança na retomada das liberdades democráticas no país, sentia-me angustiada com a situação. No dia 30 de dezembro, os companheiros providenciaram nosso regresso de avião, meu e da tia Lygia, para o Rio. Fora decidido que Lygia e as irmãs comparecessem a um *réveillon* organizado pelo

---

[23] Lira Neto, *Getúlio: da volta pela consagração popular ao suicídio (1945-1954)* (São Paulo, Companhia das Letras, 2014), v. 3, p. 134-8. Ver Anexo VII, p. 293 deste volume.

[24] Anita Leocadia Prestes, *Luiz Carlos Prestes*, cit., p. 275.

[25] Ibidem, p. 279.

Partido com a intenção de aparentar ao público confiança de que os mandatos não seriam cassados. Certamente, vãs ilusões...

Cresce a perseguição aos comunistas

O período presidencial do general Eurico Gaspar Dutra (1946-1951), contemporâneo ao advento da Guerra Fria e à chamada Doutrina Truman[26], caracterizou-se pela repressão contra as forças democráticas e progressistas e, em particular, pela crescente perseguição aos comunistas.

Contra a maior parte dos dirigentes do PCB, muitos dos quais eram parlamentares que tiveram os mandatos cassados, foi instaurado processo judicial e decretada prisão preventiva[27]. As únicas exceções foram os deputados federais pelo estado de São Paulo Diógenes de Arruda Câmara e Pedro Pomar, eleitos pela legenda do Partido Social Progressista (PSP) em janeiro de 1947, o que lhes garantiu a possibilidade de viver legalmente até o término dos seus mandatos, em 1950.

Diante da nova situação, a direção do Partido procurou manter a militância mobilizada, embora a repressão policial dificultasse qualquer movimentação dos comunistas. Assim, foi organizada uma festa popular em 3 de janeiro de 1948, no Rio de Janeiro, por ocasião do quinquagésimo aniversário do meu pai. Foram convidados ao evento os muitos "Luiz Carlos" nascidos naqueles anos e que haviam recebido o nome em homenagem a Luiz Carlos Prestes. Era uma maneira de tentar atrair os simpatizantes e amigos do PCB, muitos deles temerosos diante das investidas policiais.

Recordo-me da atmosfera política cada vez mais tensa. O jornal legal do Partido, o *Tribuna Popular*, foi proibido pelas autoridades governamentais, o que levou os comunistas a publicarem o mesmo periódico com o nome de *Imprensa Popular*. Suas oficinas foram invadidas pela polícia diversas vezes, seus gráficos e jornalistas espancados e presos, suas edições apreendidas, mas o jornal voltava a ser editado. Acompanhada de minhas tias, cheguei a visitar na prisão os companheiros gráficos da *Imprensa Popular*, participando da campanha movida pelo Partido pela sua libertação. Minha tia Clotilde, que trabalhava no setor de finanças do jornal, também foi presa várias vezes junto com outros companheiros – após alguns dias, no entanto, os advogados do Partido conseguiram liberá-la.

Tenho presente a imagem de Zélia Magalhães, jovem comunista que estava noiva de um dos gráficos da *Imprensa Popular*, com o qual se casou quando ele

---

[26] Ibidem, p. 276.

[27] Tribunal de Justiça do Estado do Rio de Janeiro, Processo do Partido Comunista do Brasil, 1948, processo n. 1.751, F-772 (microfilmado); Anita Leocadia Prestes, *Luiz Carlos Prestes*, cit., p. 179.

ainda se encontrava preso. Zélia foi extremamente ativa na campanha pela libertação dos companheiros do jornal comunista, conquistada após alguns meses de luta. Em novembro de 1949, Zélia, que por sua intensa militância política despertara o ódio da polícia, foi metralhada ao sair de um ato público junto com o marido. Grávida, morreu aos 23 anos de idade. Sua morte provocou a indignação das numerosas pessoas que compareceram ao enterro para prestar solidariedade à sua família e aos seus companheiros. Tais acontecimentos me causavam profunda impressão.

Durante o ano letivo de 1948 continuei a frequentar a mesma escola pública, cursando a quinta série do então chamado primário e me preparando para o exame de admissão exigido para o ingresso no ginásio. As professoras eram ótimas e, ajudada pela tia Lygia, eu me tornara uma aluna aplicada.

Ao mesmo tempo, com o incentivo da família, aumentava o meu interesse pela leitura. Cheguei a ler a coleção completa dos livros de Monteiro Lobato para crianças, que me fora oferecida pelo próprio autor, embora eu não o conhecesse pessoalmente. Dispunha também de uma biblioteca infantil diversificada, que incluía o *Tesouro da Juventude*, uma enciclopédia juvenil composta de muitos tomos. Nesses anos de 1948-1950, cheguei a ler *A mãe*, o famoso romance de Máximo Gorki, e iniciei a leitura dos livros de Charles Dickens, como os romances *David Copperfield* e *Grandes esperanças*. Também travei conhecimento com novelas de escritores soviéticos, traduzidas para o português pela editora Vitória, dirigida pelo PCB.

Durante os anos em que meu pai esteve clandestino, nunca deixamos de nos corresponder, embora com irregularidade, pois dependíamos da disponibilidade de companheiros que serviam de intermediários. O interesse pela minha vida, pelos meus estudos e pelas minhas preocupações, assim como pelas atividades por mim desenvolvidas, era uma constante nas cartas e cartões que meu pai me escrevia. Até hoje guardo algumas dessas mensagens, reveladoras do seu grande carinho e da amizade que ia se consolidando entre nós. Houve um período em que trocávamos palavras cruzadas elaboradas por ele ou por mim que, uma vez preenchidas, eram enviadas de volta. Quando eu tinha treze anos, meu pai conseguiu enviar-me um exemplar de *Oração aos moços*, célebre obra de Ruy Barbosa, com uma dedicatória que incluía um lindo soneto de Luís de Camões, de quem era ele grande admirador, no qual se dizia: "Sem ti, tudo me enoja e me aborrece;/ sem ti, perpetuamente estou passando/ nas mores alegrias, mor tristeza". Esse pequeno livro continua a fazer parte dos meus guardados de estimação.

Meus aniversários de doze e treze anos, mais uma vez, foram passados longe do meu pai, que nunca deixou de me enviar felicitações pela data. Apesar da situação política tensa, no dia 27 de novembro de 1948 as tias promoveram em nossa casa uma festa bastante modesta em comemoração ao meu aniversário, com a presença da família, dos amigos mais chegados e de algumas coleguinhas da minha classe. No ano seguinte, reunimos somente a família para um lanche.

Meu tempo era cada vez mais tomado pelo estudo da música, pois me dedicava ao piano e me preparava para o exame de admissão ao curso de Teoria e Solfejo do Instituto Nacional de Música, hoje Escola de Música da UFRJ, sob orientação da professora e amiga da nossa família dona Antonica (dona Antônia), cujo filho Vespasiano Lírio da Luz era ativo militante do PCB. Consegui ingressar nesse instituto no final de 1948, apesar de a então diretora, a maestrina Joanídia Sodré, influenciada pela campanha anticomunista que crescia no Brasil, ter tentado me reprovar. Enquanto ela me atribuiu nota zero no exame de admissão, a professora Maria Luisa Priolli, participante da banca examinadora, indignada com semelhante perseguição a uma criança, me concedeu grau dez, contribuindo assim para que eu fosse aprovada.

Tanto no final de 1948 quanto no final do ano seguinte, participei dos recitais de piano dos alunos do professor Roberto Tavares, mestre de grande competência que, em homenagem ao meu pai, fazia questão de nada nos cobrar pelas aulas que me eram dadas em sua residência. Ao mesmo tempo, eu acompanhava o curso de Teoria e Solfejo.

Após concluir a escola primária, no final de 1948 fui aprovada no exame de admissão ao ginásio no Educandário Rui Barbosa, de propriedade do professor Thompson Flores, um simpatizante do PCB; era um colégio em que os filhos de muitos comunistas estudavam de graça. Em março de 1949 passei a frequentar a primeira série ginasial desse colégio, situado na rua onde morávamos. O ensino não era dos melhores, mas havia a vantagem de não ser uma escola de elite, o que meu pai e minhas tias consideravam mais adequado para minha formação. Em compensação, contava com a assistência permanente da tia Lygia, que me orientava a não me restringir ao que era ensinado em sala de aula.

A perseguição aos comunistas se intensificava. Recordo-me do desaparecimento de Gregório Bezerra, ex-deputado comunista cassado, que morava conosco e foi sequestrado no centro do Rio de Janeiro. Reapareceu vários dias depois preso no estado da Paraíba, acusado de incendiar um quartel do Exército. Diante de tal situação, tanto minhas tias quanto a direção do PCB temiam pela minha segurança: não me deixavam andar sozinha nem mesmo para ir à escola, que ficava perto da nossa casa – uma situação muito desagradável, uma vez que eu já estava com doze ou treze anos. Em períodos de ameaças mais graves, eu era levada ao colégio por dois companheiros do Partido, o que me deixava constrangida perante as colegas, embora entendesse a situação. De uma maneira geral, eu era uma garota politizada, que aceitava as limitações impostas aos meus deslocamentos sem me rebelar.

No início de 1950, passei a integrar a União da Juventude Comunista, entidade ligada ao PCB, e participei de uma greve dos estudantes secundaristas contra os "tubarões do ensino", que haviam aumentado os preços das mensalidades escolares. O diretor do colégio, o professor Thompson Flores, me chamou ao seu gabinete para revelar estranheza diante do meu comportamento, uma vez que ele mantinha matriculados numerosos filhos de comunistas, dos quais as taxas escolares não eram cobradas. Ademais, o Educandário Rui Barbosa não cobrava caro dos seus alunos. Na realidade, eu ainda não tinha discernimento suficiente para me posicionar de forma crítica frente ao sectarismo que vigorava entre os comunistas.

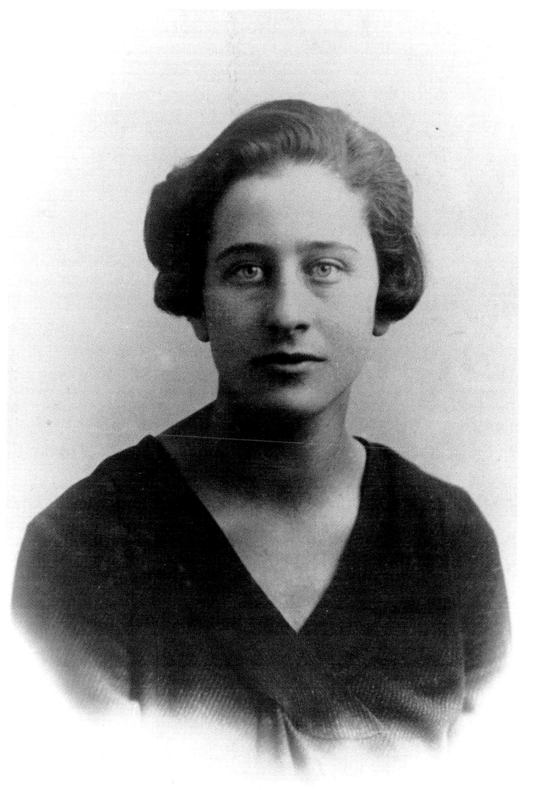
Olga Benario Prestes, minha mãe, aos vinte anos.

Luiz Carlos Prestes, meu pai, em dezembro de 1934.

IV
A IDA PARA A UNIÃO SOVIÉTICA (1951-1957)

O *Manifesto de agosto de 1950* e minha ida para Moscou

1950 foi um ano difícil para nossa família. Havia a campanha anticomunista que se intensificava – recebíamos cartas anônimas ameaçadoras, que deixavam minhas tias preocupadas com o risco de eu ser sequestrada, embora essas ameaças não me fossem então reveladas. Mas havia também a nova orientação política adotada pelos comunistas a partir de 1948: uma guinada "esquerdista" na tática do PCB, cujo ponto culminante foi o *Manifesto de agosto de 1950*, documento que marcou época na história do Partido. De acordo com a nova tática, os comunistas lutavam pela conquista de "um governo democrático e popular" por meio de uma "solução revolucionária". Visando a tal objetivo, propunham a criação de uma "Frente Democrática de Libertação Nacional", e a "libertação nacional" deveria ser alcançada pela "luta armada"[1].

Nesse período, meu pai ficou submetido a condições de rigorosa clandestinidade, ou seja, totalmente isolado, convivendo apenas com o círculo restrito de alguns companheiros responsáveis pelo aparelho partidário em que vivia. Sob o pretexto de garantir sua segurança, ele foi afastado da direção do PCB, inclusive do Secretariado Nacional (SN), à frente do qual se encontrava Diógenes de Arruda Câmara, seu secretário de organização – um dirigente autoritário e truculento que se tornara o "condestável" do PCB, nas palavras de João Falcão, então destacado militante comunista. Prestes ficou "prisioneiro" de Arruda, que passou a dirigir o PCB falando em seu nome. Meu pai permaneceu emparedado durante dez anos de clandestinidade necessária, mas que poderia ter sido menos rigorosa se a chamada "disciplina partidária" não o tivesse forçado a seguir as determinações do

---

[1] Anita Leocadia Prestes, *Luiz Carlos Prestes*, cit., p. 281-7.

SN (composto por Arruda, João Amazonas e Maurício Grabois, os dois últimos coniventes com o primeiro). Prestes não pôde rebelar-se contra tal situação, pois nas condições de clandestinidade em que vivia não teria como contar com o apoio da organização para se movimentar ou, até mesmo, sair do país[2].

Decorridos dois anos de penoso isolamento, meu pai cogitou a possibilidade de Lygia passar uma temporada em sua companhia na clandestinidade. Arruda transmitiu esse recado à minha tia, que concordou com a ideia – eu ficaria aos cuidados das tias Clotilde e Eloiza –, mas com a condição de ao final de alguns meses ela voltar para junto da família. De imediato Arruda declarou que o plano era impossível: quem ingressava na clandestinidade não poderia mais voltar à vida legal – ou, como dizia Lygia, tratava-se do "crê ou morre" adotado pelos tribunais da Inquisição. Minha tia desistiu da ideia.

Transcorridos alguns meses, Arruda voltou a procurar Lygia para lhe informar que fora decidida pela direção partidária minha ida para Moscou. Alegava que os dirigentes do PCB, devido à nova orientação política adotada pelo Partido, antecipando as posições que ficariam consagradas no *Manifesto de agosto de 1950*, iriam para a Serra da Mantiqueira com o objetivo de desencadear a luta armada e ficariam impossibilitados de continuar dando assistência à família de Prestes. Segundo Arruda, eu era ainda uma criança, visada pela repressão, e o Partido não tinha mais condições de garantir minha segurança. Minha tia objetou que, apesar das dificuldades existentes, era possível continuarmos a viver no Brasil; inclusive ela pensava, com a ajuda dos companheiros, conseguir um emprego. Mas Arruda foi irredutível, chegando a afirmar que, se ela quisesse permanecer no Brasil, eu poderia ser encaminhada para um colégio interno na União Soviética.

Diante de tal alternativa, Lygia não vacilou em me acompanhar na ida para Moscou; eu já tinha perdido a avó e a mãe, estava longe do pai e seria muito traumatizante para mim a separação da tia que me havia criado e se tornara minha segunda mãe. Meu pai, na situação de isolamento em que se encontrava, não tinha condições de se opor às decisões do SN, comandado por Arruda. Ficou, portanto, acertada nossa viagem para Moscou.

Arruda decidira também liquidar nossa casa. A primeira providência foi a nossa passagem, minha e de Lygia, para a clandestinidade, embora não houvesse nenhuma ação judicial nem ordem de prisão contra nós. Na véspera da divulgação do *Manifesto de agosto* (1º de agosto de 1950), fomos surpreendidas pela chegada à nossa casa de Pedro Pomar – dirigente do PCB com imunidades parlamentares, pois era deputado pelo PSP –, com a determinação expressa de que Lygia e eu providenciássemos imediatamente uma pequena maleta com pertences pessoais, recolhêssemos alguns pacotes com documentos do Partido existentes na casa e

---

[2] Ibidem, p. 244, 279-81.

o acompanhássemos. Junto com Pomar, fomos a pé pela rua Gago Coutinho carregando vários pacotes até uma via próxima, onde residia o médico comunista dr. Alcedo Coutinho, que nos conduziu de carro ao apartamento do advogado comunista dr. Sinval Palmeira, no bairro de Copacabana.

Tinha início nossa vida numa suposta clandestinidade, escondidas na residência de um militante conhecido e que atuava na justiça como defensor dos dirigentes do PCB. Sua família nos tratava com grande simpatia e hospitalidade, mas a casa era muito frequentada, o que, segundo as regras impostas por Arruda, nos obrigava a nos escondermos num quarto para não sermos vistas, algo que nem sempre funcionava a contento. Eu deixara de ir ao colégio e interrompera as aulas de piano e do Instituto Nacional de Música. Estávamos proibidas de sair à rua e de nos comunicarmos com quem quer que fosse. Devíamos aguardar instruções de Arruda, que iria nos orientar quanto à viagem para o exterior do país. Antes disso, seríamos levadas ao encontro do meu pai, que havia exigido nos ver para nos despedirmos dele.

Ficamos um mês à espera de Arruda, durante o qual comecei a estudar russo com a minha tia, utilizando o tempo livre para ler, principalmente literatura soviética, apreciar os álbuns com reproduções de obras de arte existentes na biblioteca da casa e jogar batalha naval com Lygia. Por fim o dono da casa nos informou que teríamos de nos mudar devido à próxima chegada do seu sogro. Também nos avisou que Arruda já havia providenciado nossa ida para outro refúgio.

Fomos conduzidas para um apartamento bem menor, situado também em Copacabana, onde residia o dentista dr. Antônio Lemme Jr., ativo militante comunista, muito conhecido no Rio de Janeiro. Sua esposa nos tratava bem, embora suas relações com o marido não fossem das melhores, criando-se assim um clima de tensão doméstica. A casa era utilizada com frequência para reuniões do Partido, ocasiões em que Lygia e eu ficávamos trancadas num pequeno quarto, em silêncio, para que ninguém desconfiasse da nossa presença. Nesse local permanecemos durante mais de três meses – com algumas interrupções, pois fomos orientadas a sair para tirar as fotos necessárias para os passaportes – e, depois disso, fomos levadas a Niterói. Nessa cidade ficamos alojadas consecutivamente em duas casas de companheiros, aguardando que um advogado do Partido providenciasse os passaportes legais, com nossos nomes, pois, pelo visto, a polícia não tinha interesse em dificultar nossa saída do Brasil... Arruda considerava, entretanto, inconveniente comparecermos pessoalmente à Polícia Federal.

Para recebermos os passaportes, foi organizada uma operação: o advogado passou-os discretamente num envelope a Lygia na fila de acesso às barcas de Niterói ao Rio. Com isso estava garantida nossa clandestinidade... Havia uma espécie de síndrome da clandestinidade. No clima de Guerra Fria então existente, contudo, os consulados da França e da Itália não nos concederam vistos, o que nos obrigou a viajar via Suíça, país que não fazia tal exigência aos brasileiros.

De volta ao apartamento do dr. Antônio Lemme Jr., nos deparamos com uma novidade. Havia outro hóspede clandestino, e Arruda tinha informado à dona da casa que Lygia e eu não deveríamos vê-lo nem sermos vistas por ele. Permanecíamos trancadas no quarto e só podíamos sair para ir ao banheiro e fazer as refeições com permissão da dona da casa, quando o outro hóspede estava em seu quarto. Afinal, um dia Arruda apareceu e resolveu que nada daquilo era necessário: chamou a todos para nos encontrarmos na sala do apartamento. Haveria alguma razão para tal comportamento?

Enquanto continuávamos à espera da aguardada visita a meu pai, Arruda tratou da liquidação da nossa casa na rua Gago Coutinho. Começou despedindo Sebastiana, a fiel companheira que durante aqueles anos ajudara Lygia nos afazeres domésticos. Informou às tias Clotilde e Eloiza que deveriam providenciar a remoção de móveis e objetos existentes na casa, assim como da minha cachorrinha *basset* e da gata de Lygia. Foi desumano com as tias, pois ele lhes deu um ultimato para abandonarem a casa sem a menor preocupação com o seu destino, mesmo sabendo que, como funcionárias do Partido, recebiam apenas uma pequena ajuda de custo. As duas precisaram contar com a ajuda de amigos para sobreviver. Arruda cuidou pessoalmente da distribuição de livros e documentos do meu pai, feita de maneira aleatória, pelas casas de companheiros e amigos do Partido[3].

Numa noite de novembro daquele ano de 1950, sem qualquer aviso prévio, Arruda foi nos buscar para a programada visita a meu pai. Após reunir rapidamente nossos pertences numa pequena maleta, Lygia e eu acompanhamos o "mandachuva" do Partido, sem nada perguntar, numa caminhada pelas ruas de Copacabana. Num lugar escuro estava estacionado um automóvel no qual nos foi dito para entrar. No banco dianteiro do carro, além do motorista, que não conhecíamos, pudemos reconhecer João Amazonas, de óculos escuros e com um chapéu enterrado até os olhos. Arruda se afastou sem dizer mais nada.

Pelas regras da clandestinidade, já sabíamos que nada deveria ser perguntado. Seguimos viagem enveredando pela via Dutra, na época bastante acidentada e mal iluminada. Eram altas horas da madrugada quando o carro caiu num buraco no meio da estrada. Felizmente ninguém se machucou, mas tivemos de abandonar a viatura. Enquanto o motorista voltava ao Rio de carona para providenciar outro automóvel, nós duas, orientadas por Amazonas, nos abrigamos num barraco abandonado perto da rodovia. Após uma espera de cerca de três horas, chegou outro motorista com outro carro e pudemos seguir viagem. Amazonas continuava

---

[3] Quando Prestes voltou à legalidade, foi difícil localizar esses livros e documentos; alguns só foram encontrados recentemente.

de óculos escuros e chapéu, algo incomum na época, e, para que nós duas não fôssemos, segundo ele, facilmente reconhecidas, nos aconselhou a cobrir a cabeça com um lenço. Para mim tudo aquilo era uma aventura que me fascinava – eu ficara decepcionada por não me deixarem participar das guerrilhas na Serra da Mantiqueira, anunciadas por Arruda durante conversa com a tia Lygia.

Já passava do meio-dia quando chegamos a Bananal, no estado de São Paulo. O carro, cujo sistema de direção o motorista desconhecia, parou bem no centro da cidade. Muita gente acorreu para ajudar, mas Amazonas decidiu que nem ele nem nós duas deveríamos descer. Permaneceu encolhido, com o chapéu enterrado até os olhos, apesar do calor, nos orientando a olhar para baixo, a fim de evitar, segundo ele, que fôssemos reconhecidas por alguém. Certamente nosso comportamento deve ter chamado a atenção dos moradores que ajudaram o motorista a seguir viagem.

No fim da tarde daquele dia agitado, ao passar por Jacareí (no estado de São Paulo), Amazonas desconfiou que estivéssemos sendo seguidos e ordenou ao motorista pôr o pé no acelerador e deslocar-se com a maior rapidez possível. Parecia uma corrida como aquelas a que assistimos em filmes policiais. Chegamos à capital paulista tarde da noite e, numa rua escura, Amazonas mandou que o seguíssemos a pé, olhando sempre para baixo – medida de segurança para impedir que reconhecêssemos o lugar. Lembro que pelo caminho deixei cair um casaco que não pude apanhar, pois devia seguir em frente sem parar. Chegamos por fim a um pequeno sobrado – um aparelho cujo responsável era o antigo militante comunista Severino Teodoro Mello, que cuidava da casa na companhia da esposa e tinha um filho pequeno.

Um pouco mais tarde chegou meu pai. A emoção foi grande, pois havia quase três anos que não nos víamos. Passamos quatro dias juntos e conversamos muito; meu pai estava interessado em ouvir o que eu tinha a lhe dizer e, ao mesmo tempo, me falou da União Soviética, para onde viajaríamos Lygia e eu. Com carinho e sem ser enfadonho, me aconselhou a aproveitar a oportunidade para adquirir uma boa base de conhecimentos que me permitisse no futuro ter sucesso em qualquer profissão que viesse a escolher. Narrou alguns episódios da vida de minha mãe e me disse que estava certo de que eu saberia seguir seu exemplo e ser digna do seu martírio. Como faltavam poucos dias para meu aniversário de catorze anos, festejamos a data com um bolo improvisado e uma velinha que tive de apagar.

Foi muito triste despedir-me do meu pai sem saber quando o encontraria de novo. Os dias passados ao seu lado me deixaram uma forte impressão que me acompanhou durante os anos vividos longe dele, ainda que nos correspondêssemos sempre, embora de maneira irregular. Seu exemplo, assim como o da minha mãe, me inspirou durante o resto da vida.

O regresso ao Rio foi menos acidentado, mas, devido à forte chuva que pegamos pelo caminho, o carro dirigido por Severino Mello e outro companheiro ficou atolado em um trecho não asfaltado da estrada. Vencido esse obstáculo, após um dia inteiro de viagem estávamos de volta à capital da República e ao apartamento do dr. Antônio Lemme.

Faltavam poucos dias para nossa partida, marcada para 13 de dezembro. Durante aqueles meses de suposta clandestinidade, minhas tias poucas vezes obtiveram permissão para nos visitar. Lygia e eu partimos sem que Arruda nos permitisse dizer adeus aos meus primos, filhos da tia Lúcia, assim como aos numerosos amigos, o que era justificado pela necessidade de garantir nossa segurança. Era a síndrome da clandestinidade...

A viagem para Moscou (anos 1950)

Só puderam comparecer ao nosso bota-fora as tias Clotilde e Eloiza. Ficáramos sabendo que Dinarco Reis, conhecido dirigente do PCB, viajaria no mesmo voo, mas, pelos alegados motivos de segurança, não deveria se comunicar conosco antes de o avião deixar o espaço aéreo brasileiro. Estranha era essa clandestinidade em que um dirigente comunista, contra o qual havia ordem de prisão, viajava para o exterior com passaporte em seu nome verdadeiro! Pelo visto a polícia da época ainda era muito incompetente. Fizemos escala em Recife, onde Lygia e eu fomos observadas o tempo todo por vários "tiras", que talvez pensassem que iríamos estabelecer algum contato com meu pai. Dinarco, que não foi abordado pelos policiais, não falou conosco nem nós nos aproximamos dele. Seguimos viagem rumo a Zurique, durante a qual ele chegou a trocar algumas palavras conosco.

De Zurique partimos em outro voo para Praga, capital da Tchecoslováquia, país em que a partir de 1948 se estabelecera o regime socialista. Ao nos acomodarmos no avião, Lygia e eu ouvimos o secretário da embaixada do Brasil na Suíça, sentado atrás de nós, dizer ao vizinho: "O acompanhante das Prestes é Reis," revelando que as autoridades brasileiras acompanhavam nossos movimentos.

Embora o Comitê Central do Partido Comunista da Tchecoslováquia tivesse sido avisado da nossa chegada, não havia ninguém nos esperando no aeroporto. Era uma sexta-feira, no final da tarde, e fazia um frio de trinta graus abaixo de zero. Apesar das dificuldades com o idioma, Lygia e Dinarco tentaram comunicar-se com o Comitê Central do PC, mas a sede estava fechada; também não havia quartos de hotel disponíveis, de acordo com as informações que obtivemos. Entretanto, um funcionário do aeroporto, ao saber que éramos brasileiros, lembrou-se de Jorge Amado, o escritor brasileiro que vivia nesse país e se tornara muito popular. Imediatamente conseguiu o número do telefone do escritor e, assim, nos pusemos em contato com ele, que providenciou nossa ida para um hotel da capital.

A IDA PARA A UNIÃO SOVIÉTICA (1951-1957)   71

Permanecemos cerca de um mês em Praga. Fomos transferidas para uma casa de hóspedes do Comitê Central do PC da Tchecoslováquia e visitamos pontos turísticos da cidade, guiadas por uma intérprete de espanhol, funcionária do PC tcheco. Pudemos apreciar a beleza de Praga, uma cidade que conservou as características medievais, embora o frio intenso prejudicasse nossas saídas. Estivemos algumas vezes num castelo que pertencera a um antigo nobre, situado fora da capital, mas frequentado naquela época por escritores tchecos, onde estava morando Jorge Amado com a esposa, Zélia Gattai, e um filho. Junto com eles passamos o Natal e o Ano-Novo.

Antes de partir para Moscou, fomos recebidas pelo dirigente comunista tcheco Bedrich Geminder, que ocupava o cargo de secretário de Relações Internacionais do PC e mostrara interesse em me ver, pois na juventude conhecera minha mãe e desejava me oferecer uma foto dela. Também jantamos na casa de Artur London, então ministro do Interior da Thecoslováquia, cuja esposa fora muito amiga da minha tia Eloiza nos tempos em que ambas viveram em Moscou. Foi um encontro puramente familiar. Entretanto, mais tarde, em 1952, esses dois dirigentes seriam processados e condenados num rumoroso processo movido contra um grupo de antigos comunistas acusados de conspirar contra o regime socialista[4].

Nossa partida para Moscou seria de trem e estava marcada para o início de janeiro de 1951. Na véspera da viagem, a intérprete de espanhol entregou a Lygia as passagens e uns tíquetes que nos dariam direito às refeições no vagão--restaurante. Ao ser questionada por Lygia, a intérprete garantiu que não eram necessários vistos para a União Soviética. Embarcamos pela manhã e verificamos que não havia restaurante no trem e aqueles tíquetes não teriam serventia alguma. O que nos salvou foi uma cesta com pães e salames oferecida pelos empregados da residência em que estivemos hospedadas.

Tarde da noite daquele primeiro dia de viagem, o trem chegou à fronteira com a União Soviética. Do lado da Tchecoslováquia havia apenas um posto de guardas que conferiam os documentos dos passageiros. Portadoras de passaportes brasileiros, Lygia e eu devíamos apresentar os vistos de entrada no país vizinho, que, segundo a intérprete, não seriam necessários. Diante do impasse criado, fomos intimadas a descer do trem levando nossas malas. Lygia, que falava russo, pedia que lhe deixassem telefonar para Praga, referindo-se à nossa amizade com Artur London, ministro do Interior. Os guardas não permitiram que se usasse o telefone e nos mantiveram detidas em seu pequeno abrigo, enquanto o trem seguia viagem. A aflição de Lygia era enorme, muito preocupada com o que nos poderia acontecer naquela situação. Somente pela manhã soubemos que fora

---

[4] Ver Josep Fontana, *Por el bien del Imperio: una historia del mundo desde 1945* (Barcelona, Pasado & Presente, 2011), p. 113-25.

concedida a permissão para que continuássemos o percurso; o próximo trem, contudo, só passaria dentro de 48 horas.

Os guardas-fronteiras providenciaram um vagão puxado por uma locomotiva para que pudéssemos atravessar a fronteira soviética e alcançar a vila de Tchop, onde ficava a estação ferroviária em que deveríamos embarcar para Moscou. Viajamos cerca de uma hora num vagão gelado e sem nos alimentar. Na estação de Tchop fomos recebidas com desconfiança: duas brasileiras, uma falando russo, e levando malas com muitos livros em português[5]. Nossas malas com livros foram lacradas, pois os guardas desconfiavam de qualquer literatura proveniente do Ocidente. Entretanto, após se comunicarem com Moscou, os lacres foram retirados e nos disseram que estávamos liberadas para prosseguir viagem. Tínhamos de esperar o próximo trem e na vila não havia hotéis. A administração da estação ferroviária gentilmente providenciou uma sala para nos alojarmos provisoriamente, com cama, lençóis e cobertores. A temperatura era de trinta graus abaixo de zero e não havia condições para se tomar um banho. Fizemos as refeições num boteco frequentado pelos guardas e seus cães, cuja comida não era nada aceitável para nós. Por fim, viajamos um dia inteiro para chegar a Moscou, onde nos esperava uma funcionária do Comitê Central do Partido Comunista da União Soviética (PCUS). Terminava mais uma inexplicável aventura...

Nossa vida em Moscou

No início, Lygia e eu ficamos alojadas no Hotel Moscou, no centro da capital soviética. Apesar do frio intenso, visitamos alguns lugares históricos famosos, como a Praça Vermelha e o mausoléu de Lênin, assim como museus e galerias de arte. Pudemos conhecer o Teatro Bolchói e assistir a alguns espetáculos de balé e ópera de altíssimo nível.

Passado um mês da nossa chegada a Moscou, nos foram destinados dois quartos confortavelmente mobiliados num apartamento coletivo de um prédio em que viviam funcionários do Comitê Central (CC) do PCUS. Desfrutávamos de situação privilegiada, pois a questão habitacional na União Soviética era grave, e as duas famílias que moravam conosco no mesmo apartamento dispunham apenas de um quarto para cada uma. A cozinha e o banheiro eram coletivos. Rapidamente tivemos de nos adaptar à nova situação.

Havia poucos anos terminara a Segunda Guerra e, embora a carência de moradias fosse sensível, os aluguéis eram muito baratos, assim como as tarifas de água, esgoto, calefação, luz, gás, telefone e transporte coletivo, o que não

---

[5] Para que eu não esquecesse o português, Lygia providenciara uma quantidade razoável de livros em nosso idioma.

onerava nenhum orçamento doméstico. Na condição de emigradas políticas, Lygia e eu recebíamos do Socorro Vermelho Internacional (MOPR) uma mensalidade suficiente para vivermos com certo conforto. Além disso, tanto a saúde quanto a educação eram inteiramente gratuitas para toda a população. Ainda havia, no entanto, carência de muitos artigos de consumo, o que acarretava longas filas para a aquisição de gêneros alimentícios de primeira necessidade. Em compensação, os livros eram quase de graça, assim como o material escolar, subsidiados pelo governo.

Uma vez instaladas no apartamento moscovita, era urgente que eu aprendesse o russo para dar continuidade ao curso ginasial interrompido no Brasil. Embora já viesse estudando o idioma com a minha tia, era necessário acelerar o aprendizado para ter condições de ingressar na escola soviética, pública, gratuita e universal. O ano letivo tinha início em setembro. A partir de fevereiro contei com uma excelente professora que ia à nossa casa duas vezes por semana para me orientar no estudo do idioma, cuja assimilação não foi fácil para mim.

Ao todo a escola soviética durava dez anos. Em setembro de 1951, passei a estudar na escola n. 43, próxima à nossa casa, matriculada na quinta série, que correspondia mais ou menos ao primeiro ano ginasial no Brasil. Nesse período adotava-se na União Soviética o sistema de turmas separadas para meninos e meninas, o que seria mudado a partir de 1954, quando passei para a oitava série e fui transferida para a escola n. 59, de nome N. V. Gógol, também próxima à nossa residência.

Devido às dificuldades com o aprendizado do idioma russo, fiquei atrasada uns três anos em relação aos colegas: enquanto a maioria concluía o curso com dezessete anos, eu só o fiz com vinte, em 1957. Inicialmente isso me contrariava bastante, mas, contando com a compreensão de colegas e professores, terminei por me conformar com a situação.

Os primeiros dias na escola não foram fáceis, pois eu não conseguia compreender quase nada do que ouvia e do que me diziam. Aos poucos, porém, comecei a me comunicar oralmente e passei a escrever corretamente no novo idioma – embora as exigências escolares, em especial quanto à gramática e à literatura russas, fossem grandes, pois essas disciplinas eram ministradas com rigor e de maneira aprofundada.

Tínhamos seis horas de aula diárias e havia que estudar outras tantas para dar conta dos deveres de casa. O ensino de matemática, física, química e biologia era de alto nível: contávamos com laboratórios bem equipados e era possível adquirir uma sólida base de conhecimentos científicos ao término do curso. Também estudávamos geografia, história e uma língua estrangeira, sendo que na minha escola o idioma adotado era o inglês. Uma vez por semana tínhamos aula de educação física, algo parecido com o que se fazia no Brasil.

Não havia aulas específicas de marxismo-leninismo, mas os compêndios e as aulas de história e literatura eram elaborados sob a influência do que poderíamos denominar um marxismo dogmático, pouco criativo e influenciado por tendências de nacionalismo grão-russo. Estávamos na era stalinista, quando um marxismo ossificado predominou nas ciências sociais e, ao mesmo tempo, era feita a apologia de uma suposta superioridade das tradições, da cultura e das conquistas russas[6]. Na escola, por exemplo, a lei da conservação e da transformação da energia era atribuída ao russo Lomonossov, enquanto Lavoisier era tido como impostor. Da mesma forma, enquanto se enalteciam os generais russos tsaristas Mikhail Kutuzov e Alexander Suvorov, Napoleão era execrado, sendo-lhe negado o papel progressista que lhe fora atribuído por Lênin. Recordo-me que, diante de semelhantes ensinamentos transmitidos em sala de aula, Lygia teve a preocupação de me apresentar os escritos de Lênin a respeito, o que muito me ajudou a elaborar uma postura crítica frente aos professores e aos compêndios adotados na escola e, de uma maneira geral, frente a situações que teria de enfrentar ao longo da vida.

As posições críticas que por vezes assumi na escola não eram bem-vistas, principalmente pela diretora da primeira dessas escolas em que estive matriculada, personalidade cujas tendências autoritárias, conservadoras e moralistas se enquadravam perfeitamente no ambiente político do período que antecedeu a morte de Stálin, em 1953[7]. Em várias ocasiões entrei em conflito com atitudes dessa diretora e dos seus assistentes, as quais eu considerava dissonantes dos ideais socialistas de liberdade e democracia que deveríamos professar. Eu protestava, por exemplo, contra a impossibilidade de os alunos questionarem qualquer medida adotada pela direção da escola. Também era crítica do moralismo que imperava: às alunas adolescentes estavam vetadas quaisquer atitudes de vaidade feminina, como pintar as unhas, usar batom, meias de náilon ou enfeites, cortar as tradicionais tranças das mulheres russas e adotar penteados modernos. Como eu era estrangeira, filha do secretário-geral de um partido comunista irmão e ligada ao aparato do CC do PCUS, jamais sofri qualquer repreensão de maior monta, mas minhas colegas não se arriscavam a assumir atitudes de rebeldia semelhantes às minhas.

A grande maioria dos escolares, até os catorze anos, pertencia à organização dos pioneiros e, acima dessa idade, à Juventude Comunista (Komsomol). Sendo eu estrangeira, obtive uma permissão especial para ingressar no Komsomol, o que me deixou muito feliz, pois considerava que assim teria oportunidade de aprimorar minha formação como comunista. Embora a organização do Komsomol na

---

[6] Ver Josep Fontana, *Por el bien del Imperio*, cit., p. 113-25.

[7] Ibidem, p. 191-6.

escola também sofresse com o burocratismo, o conservadorismo e o dogmatismo vigentes na sociedade soviética da época, em suas fileiras era cultivado o espírito de solidariedade com todos os povos do mundo, de ajuda mútua entre os colegas e os cidadãos soviéticos e de dedicação à causa da construção do socialismo.

Recordo-me que no Komsomol – e, de uma maneira geral, na escola – eram valorizados os estudantes que não só estudavam bem como se esforçavam por ajudar os colegas a melhorarem seu desempenho escolar e a superarem falhas no comportamento que causassem críticas da coletividade ou punições da direção da escola. Também éramos incentivados a participar de iniciativas de trabalho voluntário em prol da comunidade ou da sociedade soviética em geral: era o caso da realização dos "sábados comunistas", quando, por exemplo, recolhíamos o entulho proveniente de uma obra ou as sobras de materiais passíveis de serem reciclados; ou eram feitas visitas aos idosos e enfermos residentes no bairro com o objetivo de lhes prestar assistência.

Tanto meus colegas quanto os vizinhos e conhecidos foram sempre solidários comigo e com minha tia, especialmente quando ficávamos doentes – o que muitas vezes me acontecia, pois tive dificuldade de me adaptar aos rigores do clima moscovita. Estranhávamos, no entanto, que pessoas tão solidárias se mantivessem fechadas e afastadas, evitando qualquer relacionamento mais estreito conosco, temerosas das consequências disso. Sentíamos muito o isolamento em que vivemos durante aqueles anos, longe da família e sem conseguir fazer amigos entre os soviéticos. A experiência lhes ensinara que poderiam ser acusados de "inimigos do povo" e se tornar vítimas da repressão desencadeada na União Soviética a partir da segunda metade dos anos 1930 caso estabelecessem relações de amizade com estrangeiros.

Lygia estranhou bastante o ambiente, pois lembrava que, no início da década de 1930, quando morara com a família em Moscou, tanto soviéticos quanto companheiros de outras nacionalidades se relacionavam estreitamente uns com os outros sem qualquer limitação. Segundo ela, naquela época existia um clima de fraternidade e amizade generalizada entre os conhecidos da sua família. Entretanto, nos anos 1950, durante nossa estada em Moscou, havia uma série de limitações quanto a interações com companheiros de outros países, inclusive com amigos e camaradas brasileiros que passavam pela capital soviética. Assim, não conseguiram permissão para se encontrar conosco o advogado Sinval Palmeira, o pianista Arnaldo Estrela e suas respectivas esposas, o escritor Graciliano Ramos e alguns outros conhecidos nossos, embora Lygia e eu vivêssemos legalmente na União Soviética, usando os nossos verdadeiros nomes. Na realidade, existia um clima de secretismo e de permanente desconfiança: repetia-se a síndrome de clandestinidade que conhecêramos no Brasil por parte dos dirigentes do PCB. Para isso certamente contribuíam o clima do imediato pós-guerra, a ameaça nuclear sobre a União Soviética e os mais de 20 milhões de mortos no conflito, que deixaram o país traumatizado.

Durante a maior parte daqueles quase sete anos em que moramos em Moscou, Lygia e eu mantivemos amizade com o jornalista Rui Facó e sua esposa Júlia, um casal de comunistas brasileiros que trabalhava nas transmissões da rádio soviética para o Brasil e tinha um filho ainda criança; com duas filhas (Satva e Vólia) de Otávio Brandão e Zarem, o marido de uma delas, que residiam na capital soviética pois Brandão, antigo dirigente do PCB, estivera exilado durante muitos anos na União Soviética; e com alguns companheiros espanhóis, assim como um português, exilados após a Guerra da Espanha.

No início dos anos 1950, visitavam Moscou com certa frequência Jorge Amado, que era filiado ao PCB, e sua esposa Zélia Gattai, exilados em Praga. Lygia e eu tínhamos então a oportunidade de nos encontrar com esse simpático casal de brasileiros e de com eles trocar ideias sobre o Brasil. Por vezes, na mesma ocasião, visitavam a capital soviética o poeta chileno Pablo Neruda e alguns outros intelectuais latino-americanos, como o poeta cubano Nicolás Guillén, ambos militantes comunistas. Em geral, éramos convidadas para almoçar com essas personalidades da cultura do nosso continente; tais encontros eram para mim sempre muito interessantes e enriquecedores.

Também no começo dos anos 1950, houve a entrega do Prêmio Stálin da Paz – criado para homenagear pessoas com contribuições significativas na luta pela paz mundial – a dois comunistas brasileiros. Em 1951 o agraciado foi Jorge Amado e, em 1952, Elisa Branco, militante do PCB de São Paulo que, em 7 de setembro de 1950, desfechara uma faixa com os dizeres "Os soldados nossos filhos não irão para a Coreia" em pleno desfile militar no centro da capital paulista. Por conta disso, foi condenada por um Tribunal Militar a uma pena de cinco anos de reclusão. Lygiá e eu, convidadas, comparecemos às duas cerimônias. Mais tarde, devido ao combate travado contra o chamado stalinismo, todos os agraciados até então com o Prêmio Stálin da Paz foram convocados a devolver as comendas para que fossem substituídas pelo renomeado Prêmio Lênin da Paz.

Mantínhamos algum contato com brasileiros que estudavam na escola de formação de quadros do PCUS e, por motivos de segurança, viviam clandestinos numa *datcha*[8] fora de Moscou. Geralmente as turmas eram de dois anos e, uma vez concluído o curso, esses camaradas regressavam ao Brasil. De tempos em tempos passávamos um fim de semana nessa *datcha* participando de algum festejo ou comemoração. O convívio nos permitia interagir com brasileiros e, em certa medida, nos atualizar em relação ao nosso país e à situação do PCB, assim como tomar conhecimento dos sambas do último Carnaval e de outros episódios da

---

[8]   Casa de campo típica da União Soviética e da Rússia.

A IDA PARA A UNIÃO SOVIÉTICA (1951-1957)   77

vida brasileira, dos quais estávamos distantes. Durante os dois anos em que João Amazonas esteve à frente de uma dessas turmas, contudo, por decisão pessoal dele, qualquer contato conosco foi vetado; conforme depois se soube, outras medidas absurdas e autoritárias foram tomadas em relação aos companheiros dessa turma. A síndrome da clandestinidade fora estendida por esse dirigente do PCB à vida dos comunistas brasileiros em Moscou...

O isolamento em que Lygia e eu vivíamos foi, em certa medida, compensado pelas oportunidades que tivemos de desfrutar da intensa vida cultural moscovita. Frequentamos assiduamente o Teatro Bolchói, assistindo a um variado repertório de espetáculos de ópera e balé, assim como de peças de dramaturgos russos e ocidentais, clássicos e modernos, encenadas em diversos teatros que funcionavam quase diariamente na cidade. Também museus, exposições, salas de concerto e cinemas eram por nós regularmente visitados. Dedicávamos parte do nosso tempo à leitura de livros em português e de jornais brasileiros que por vezes nos eram enviados pelas tias ou trazidos por algum portador chegado do Brasil. Tínhamos a preocupação de que nosso idioma não fosse por mim esquecido e de que me mantivesse ligada à cultura, às tradições e à vida do povo brasileiro.

Nas férias, viajávamos para as praias do mar Negro, no sul da União Soviética, onde havia casas de veraneio frequentadas por grande parte dos trabalhadores soviéticos. Era a chance de recuperar as forças e preparar-se para enfrentar o rigoroso inverno moscovita. Nos meus dois primeiros períodos de férias, durante os verões europeus de 1952 e 1953, passei temporadas de quarenta dias cada uma no Artek, famoso acampamento de pioneiros situado na península da Crimeia. Ali, jovens de até dezesseis anos, soviéticos e de outros países, não só desfrutavam de descanso e tratamentos de saúde em praias muito bem cuidadas, como se engajavam em atividades culturais e esportivas. O Artek era um verdadeiro paraíso para centenas de crianças e jovens dos mais variados recantos da União Soviética, dos países socialistas e de outras regiões do mundo.

Durante nossa longa estada em Moscou, recebemos por vezes as visitas de Diógenes de Arruda Câmara e de alguns outros dirigentes do PCB, como Jover Telles e João Amazonas, que chegavam à capital soviética para participar de reuniões internacionais, congressos ou encontros bilaterais com funcionários do PCUS. Nesse período, a direção do PCB nunca deixou que meu pai saísse do Brasil, alegando motivos de segurança – na realidade, ele fora mantido "prisioneiro" do SN do Partido[9], o que permitiu a Arruda Câmara tornar-se na prática o mandachuva do PCB. Esses dirigentes nos traziam notícias do Brasil, sempre exagerando os supostos êxitos do Partido e incorrendo no conhecido triunfalismo que caracterizava a propaganda partidária daquele período. Ao mesmo tempo,

---

[9]   Ver Anita Leocadia Prestes, *Luiz Carlos Prestes*, cit., p. 279-81.

exageravam a importância da atividade clandestina do PCB, confirmando a permanência da síndrome da clandestinidade, como verificamos mais tarde. Recordo-me de Arruda nos dizer que a luta armada continuava nos planos do Partido e estaria, inclusive, sendo organizada, algo que não correspondia à realidade. Longe do país e bastante desinformadas, Lygia e eu éramos levadas a acreditar nessas fantasias.

Estávamos em Moscou quando ocorreu a morte de Stálin, a 5 de março de 1953[10]. Como a maioria dos comunistas do mundo inteiro, ficamos muito abaladas, pois alimentávamos uma admiração sincera pelo grande líder que sucedera Lênin e havia comandado a vitória das tropas soviéticas na Segunda Guerra Mundial. Nada sabíamos sobre as graves injustiças cometidas contra milhares de pessoas inocentes, acusadas de serem "inimigos do povo", e sobre as medidas criminosas adotadas contra verdadeiros comunistas e revolucionários por vezes apenas equivocados. Acreditávamos que as punições levadas a cabo teriam sido necessárias para garantir as conquistas socialistas e os interesses do proletariado mundial.

O corpo de Stálin foi velado na Sala das Colunas da Casa dos Sindicatos Soviéticos, no centro de Moscou. Lygia e eu tentamos para lá nos dirigir, mas havia uma aglomeração enorme na rua, uma massa de gente compacta e intransponível. Ficamos temerosas de sermos esmagadas e desistimos do nosso intento. As exéquias duraram vários dias e, na qualidade de família do secretário-geral do PCB, fomos convidadas a comparecer ao velório. Conduzidas por uma funcionária do CC do PCUS, pudemos ingressar no recinto repleto de gente e participar por alguns minutos e com sincera emoção da cerimônia de despedida do grande líder.

Não demorou muito para que notássemos mudanças significativas na realidade que nos circundava[11]. Tinha início o processo de reparação dos erros cometidos e das infrações perpetradas contra a legalidade socialista durante o período stalinista. Tomamos conhecimento do regresso dos campos de trabalhos forçados e das prisões de parentes de conhecidos, inclusive de alguns dos meus colegas de escola. As pessoas perderam o medo de falar e passaram a relatar as perseguições sofridas por elas ou por seus familiares. Tudo isso nos surpreendia bastante, pois não imaginávamos as proporções da repressão desencadeada naqueles anos e pudemos compreender o temor dos nossos conhecidos de estabelecer relações mais estreitas com estrangeiros.

Pouco antes da nossa volta ao Brasil, em outubro de 1957, Lygia foi surpreendida com a notícia do regresso do Gulag[12] de um casal de amigos do meu pai e

---

[10] Ver Josep Fontana, *Por el bien del Imperio*, cit., p.191-6.

[11] Ibidem, p. 196-202.

[12] Acrônimo do russo *Glavnoie Upravlenie Laguerei*, traduzido como Administração Geral dos Campos de Trabalho Correcional e Colônias.

da família Prestes, conhecidos deles desde o início dos anos 1930. Júlio Gomes[13] estivera exilado na Sibéria durante vinte anos, submetido a trabalhos forçados; a esposa Klava resolvera acompanhá-lo em seu infortúnio, pois fora submetido a uma condenação injusta sem jamais abandonar suas convicções comunistas. Foi com grande alegria que se deu o reencontro de Lygia com esses amigos, que eu também tive a oportunidade de conhecer e admirar pela coragem e disposição de luta. Pouco tempo depois, Júlio foi reabilitado e reincorporado às fileiras do Partido Comunista. Posteriormente meu pai reencontrou-se com ele e a esposa, e as antigas relações de amizade foram restabelecidas e mantidas por muitos anos.

Naquele ano de 1957 realizou-se em Moscou o VI Festival Mundial da Juventude e dos Estudantes – um belo e concorrido evento organizado pela Federação Mundial da Juventude. Numerosa delegação brasileira compareceu, mas Lygia e eu não pudemos entrar em contato com os seus componentes nem participar das atividades. Por razões de segurança, nos foi permitido pelos funcionários do PCUS comparecer apenas de maneira anônima ao grandioso espetáculo de abertura do festival, realizado em estádio esportivo especialmente construído para a ocasião.

Embora com grande irregularidade, eu e Lygia nunca deixamos de nos corresponder com minhas outras tias e meu pai. As cartas destinadas a ele eram levadas e trazidas por portadores que viajavam a Moscou ou remetidas através de companheiros e amigos residentes em países da Europa ocidental. Nessas cartas meu pai sempre revelava interesse pelos meus estudos e pelas minhas atividades, aconselhando-me a aproveitar ao máximo a oportunidade de viver na União Soviética. Quando se aproximava a conclusão do meu curso (correspondente ao ensino médio no Brasil), o que viria a acontecer em junho de 1957, ele revelou o desejo de que eu regressasse ao Brasil. Deixava, entretanto, a meu critério a decisão, pois também considerava a possibilidade de ingresso em curso superior na União Soviética.

Minha decisão foi voltar ao Brasil logo que terminasse a escola soviética de dez anos: se ficasse mais tempo no exterior, pensava, acabaria me afastando definitivamente do Brasil, o que eu não desejava. Queria muito voltar para perto do meu pai e da família, assim como viver e atuar politicamente no país que considerava ser a minha pátria. Sentia-me brasileira e não soviética, apesar da admiração e do sentimento de gratidão que tinha pela União Soviética. Meus professores e colegas estranharam minha decisão, pois concluí o curso secundário com nota máxima em todas as disciplinas; o feito me valeu a medalha de ouro que proporcionava o ingresso em qualquer curso superior da União Soviética sem exame vestibular. Apesar disso, estava disposta a voltar ao Brasil

---

[13] Júlio Gomes era o pseudônimo de Y. I. Rosovski, assessor do Secretariado Latino-Americano da IC. Ver Anita Leocadia Prestes, *Luiz Carlos Prestes*, cit, p. 144, nota 63.

80 VIVER É TOMAR PARTIDO

para participar do trabalho clandestino do PCB – abdicando, inclusive, de possíveis estudos universitários.

Ainda em 1957, João Amazonas esteve em Moscou e foi nos visitar. Sabedor do meu desejo de regressar ao Brasil, nos informou que teríamos de viver e atuar na clandestinidade, pois o PCB continuava se preparando para a luta armada[14] e não haveria condições para desenvolver atividades legais. Desinformadas, Lygia e eu não percebemos a falácia: na realidade, estávamos em pleno governo Juscelino Kubitschek, quando se verificava uma considerável "abertura" política no país. Nessa situação, existia a perspectiva de os comunistas atuarem legalmente, conforme pudemos ver mais tarde[15].

Diante da nossa disposição de enfrentar a clandestinidade desde que pudéssemos viver no Brasil, Amazonas se propôs a organizar nossa volta e, para isso, tomar as devidas providências junto aos camaradas soviéticos. Considerava que poderíamos viajar legalmente, com nossos nomes, mas, ao chegar ao Brasil, por este país não manter relações diplomáticas com a União Soviética, deveríamos declarar que havíamos passado todos aqueles anos na Tchecoslováquia. Amazonas se encarregaria de falar com os camaradas do PC tcheco para que preparassem nossa viagem; teríamos de renovar os passaportes na legação brasileira em Praga, e também ali devíamos dizer que ficáramos na Tchecoslováquia os quase sete anos de exílio. Mais uma vez, a síndrome da clandestinidade...

---

[14] Desde o *Manifesto de agosto de 1950*, o PCB vinha propondo desencadear a luta armada para a conquista de seus objetivos políticos. Ver Anita Leocadia Prestes, *Luiz Carlos Prestes*, cit., p. 286-93.

[15] Ibidem, p. 301-8.

V
A VOLTA PARA O BRASIL (1957-1960)

O regresso ao Brasil

Partimos de avião para Praga em 4 de outubro de 1957, o mesmo dia em que era lançado pela União Soviética o Sputnik – o primeiro satélite artificial da Terra –, grande vitória dos soviéticos na competição tecnológica com os Estados Unidos. Com natural entusiasmo, recebemos a notícia ao desembarcar na capital tcheca.

Tinha início a preparação do nosso regresso para a clandestinidade no Brasil, embora devêssemos solicitar passaportes com nossos nomes verdadeiros na legação brasileira[1] em Praga. Os camaradas tchecos trataram de cumprir a orientação que lhes fora dada por João Amazonas: Lygia e eu deveríamos ser instruídas para informar, tanto na legação do Brasil quanto na nossa chegada à pátria, que tínhamos passado aqueles anos de exílio na Tchecoslováquia.

Tivemos então de memorizar uma história fictícia a respeito da nossa vida em Praga: conhecer lugares onde teríamos residido; a escola soviética em que eu teria estudado, pois não sabíamos o idioma do país; aprender algumas palavras e expressões em tcheco; nos familiarizar com os principais pontos da cidade e suas atrações turísticas etc. Passamos um mês nos preparando para a ida à legação diplomática brasileira, vista pelos camaradas tchecos como um covil de inimigos, onde seríamos interrogadas com rigor. Munidas de documentos de identidade tchecos, que atestavam nossa permanência no país, e sob a observação de esquema de segurança montado especialmente para nossa visita à legação, chegou o dia que provocara tantos temores.

---

[1] Na época o Brasil mantinha relações diplomáticas com a Tchecoslováquia apenas no nível de legação.

Na representação brasileira fomos recebidas pelo diplomata chefe da legação, o ministro F. N. de Alvarenga, que nos acolheu com grande simpatia e hospitalidade. Mostrando-se surpreso por termos morado tantos anos em Praga, exclamou: "Por que nunca vieram tomar um cafezinho aqui conosco?!". Uma reação bem brasileira, reveladora de que os tempos haviam mudado – estávamos no governo JK, cuja eleição havia contado com o apoio dos comunistas brasileiros. Imediatamente, os passaportes que solicitávamos para regressar ao Brasil nos foram concedidos, sem que nenhuma pergunta inconveniente nos fosse feita. Saímos surpresas e felizes da sede da legação brasileira em Praga.

Poucos dias depois embarcávamos para o Rio de Janeiro via Zurique; chegamos à então capital da República no dia 13 de novembro de 1957. Pensávamos que seríamos recebidas no aeroporto do Galeão apenas pelas tias e dali seguiríamos para a clandestinidade, conforme Amazonas nos dissera. A realidade era outra: ao descer do avião, nos deparamos, além dos familiares, com uma pequena multidão de amigos, de jornalistas e fotógrafos, que batiam fotos nossas e queriam nos entrevistar. Todos sabiam que vínhamos da União Soviética. Como estávamos perplexas, resolvemos não dar declarações, alegando que o faríamos mais tarde. Em carro de amigos seguimos para os apartamentos das tias Clotilde e Eloiza, ambos localizados na rua Dois de Dezembro, no bairro do Catete.

Imediatamente após a nossa chegada teve início o assédio da imprensa, ansiosa por entrevistas exclusivas. No dia seguinte, os principais jornais estamparam fotos do desembarque no Rio da filha e da irmã de Prestes. Lygia e eu não sabíamos o que fazer, pois a realidade era totalmente distinta daquela que João Amazonas nos descrevera em Moscou. Passados dois ou três dias, fomos contatadas por Carlos Marighella, um dos principais dirigentes do PCB, com a ajuda do qual meu pai tentava reerguer o Partido após a crise provocada pelas denúncias do stalinismo feitas durante o XX Congresso do PCUS, realizado no início de 1956[2].

Quando soube da orientação que havíamos recebido de Amazonas, Marighella deu uma boa gargalhada e nos explicou que a diretriz que tentávamos seguir nada tinha a ver com a realidade do país. Tendo em vista que, com o governo JK, vinha se dando uma relativa democratização, Prestes e a direção do PCB estavam empenhados em conquistar a revogação da prisão preventiva decretada contra os dirigentes comunistas e romper com a clandestinidade, voltando à vida legal. De acordo com tal perspectiva, meu pai esperava que Lygia e eu aproveitássemos o interesse da imprensa e da opinião pública a nosso respeito para levar adiante uma campanha, que começava a tomar corpo, pela revogação da prisão preventiva dele e de seus camaradas. Era necessário, portanto, conceder o maior número possível de entrevistas à imprensa escrita, falada e televisionada, participar de

---

[2] Ver Anita Leocadia Prestes, *Luiz Carlos Prestes*, cit., p. 308-14.

atos públicos e de atividades sociais que contribuíssem para sensibilizar a opinião pública com a minha história – a de uma jovem que desejava reencontrar-se com o pai após tantos anos de separação forçada. Teríamos de aproveitar para falar da vida na União Soviética, da minha experiência na escola e na sociedade soviéticas; temas estritamente políticos, entretanto, deviam ser evitados, pois uma tônica mais sentimental certamente contribuiria para comover o grande público.

Alguns dias depois, recebemos uma carta do meu pai confirmando a orientação transmitida por Marighella e dizendo que, ao participar da campanha pela revogação da prisão preventiva dos dirigentes do PCB, estaríamos ajudando-o a deixar a clandestinidade e voltar à vida legal. Ainda em 1957, Lygia e eu tivemos um rápido encontro com meu pai: fomos conduzidas a um aparelho no Rio de Janeiro, onde ele se encontrava. Superada a emoção daquele tão esperado reencontro, conversamos sobre as atividades que iríamos desenvolver e as perspectivas que se abriam com a volta à legalidade, incluindo a possibilidade de eu seguir com meus estudos.

O objetivo principal da campanha da qual iríamos participar era sensibilizar o juiz de direito da 3ª Vara Criminal do Distrito Federal, José Monjardim Filho, para que revogasse a ordem de prisão preventiva contra Luiz Carlos Prestes e demais dirigentes do PCB. Tratava-se de vencer as vacilações desse magistrado, pressionado pelas forças de direita a não adotar tal medida.

Tinha início, para mim, uma nova experiência, para a qual não me sentia preparada: conceder dezenas de entrevistas, participar de mesas-redondas e enfrentar com serenidade e firmeza as perguntas provocativas dos jornalistas, que, muitas vezes, privilegiavam questionamentos relativos às denúncias do stalinismo durante o XX Congresso da PCUS e à entrada das tropas soviéticas na Hungria em 1956 ou "simplesmente" procuravam denegrir a imagem da União Soviética. Com a ajuda da tia Lygia, cuja participação na Campanha Prestes junto à minha avó Leocadia lhe fizera adquirir grande experiência nesse terreno, pude desempenhar com sucesso essa primeira tarefa recebida após chegar ao Brasil.

Poucos dias após nossa chegada, em 27 de novembro, meu vigésimo primeiro aniversário foi comemorado numa concorrida festa realizada em Copacabana, no apartamento de Elizabeth Ribeiro, esposa de Ivan Ribeiro, dirigente do PCB que estava clandestino como os demais membros do Comitê Central (CC) do Partido. Foi uma oportunidade que ajudou a atrair representantes de diferentes setores próximos aos comunistas para a campanha que nos empenhávamos em promover. Minha presença os motivava a colaborar com o movimento pela volta de Prestes à vida legal após dez anos de clandestinidade forçada.

Participamos de eventos de diversos tipos, dedicados de uma maneira ou de outra a levar adiante a campanha de sensibilização da opinião pública a favor da extinção da pena judicial que atingia os dirigentes comunistas e, em primeiro lugar, meu pai. Comparecemos tanto a reuniões e festas de caráter popular, seja no Distrito Federal e no estado do Rio, seja em várias cidades do estado de São Paulo, quanto a recepções e encontros com setores das elites sociais e políticas que simpatizavam com a nossa causa. Visitamos prefeitos, câmaras municipais e personalidades de diferentes partidos políticos, como o PTB e o Partido Socialista Brasileiro (PSB), fomos a redações de jornais e revistas e também a canais de televisão e estações de rádio, onde precisei falar em público.

Em São Paulo, foi organizada uma comissão de senhoras para nos acompanhar e estar à frente da campanha, entre as quais se destacava dona Maria Prestes Maia, esposa do ex-prefeito da capital paulista, o engenheiro Francisco Prestes Maia, e admiradora do meu pai. Na capital paulista houve uma grande festa popular no ginásio coberto do estádio do Pacaembu, durante a qual vários artistas se apresentaram, incluindo o cantor Silvio Caldas, e eu tive de dizer algumas palavras diante de um público numeroso e entusiasmado. A campanha crescia, atraindo adeptos de variadas correntes políticas e culturais e, certamente, contribuindo para criar um clima que favoreceu a decisão tomada pelo juiz Monjardim.

Para mim não foi fácil enfrentar tal maratona de atividades, às quais não estava acostumada. Sentia-me um peixe fora d'água, mas procurei adaptar-me às novas condições e, com a ajuda principalmente da tia Lygia, consegui superar as dificuldades que ia encontrando nesse novo caminho que considerava necessário percorrer para poder, inclusive, conviver com as muitas pessoas que me cercavam. Afinal, eu desejava me integrar à sociedade brasileira e, em particular, ao movimento comunista brasileiro.

Viver na União Soviética – uma realidade então totalmente distinta da existente em nosso país – durante sete anos, em plena adolescência, me tornara diferente da média dos jovens brasileiros. Chocava-me a influência da música e da cultura estadunidenses em seu meio, algo então inexistente na União Soviética, assim como a futilidade (verdadeira ou aparente) de seu comportamento, também muito diferente da seriedade e do alto nível cultural da mocidade soviética. Eu entendia que seria necessário vencer as barreiras existentes, ainda que isso me custasse algum esforço.

No início de 1958, ainda vivendo na clandestinidade, meu pai nos convidou, a mim e a Lygia, a passar um dia com ele. Com os devidos cuidados para não sermos seguidas pelos agentes policiais que nos observavam, fomos levadas ao seu encontro. Tivemos uma longa conversa sobre diversos assuntos e, em especial, sobre a situação do PCB e a sua nova política, que seria divulgada com a *Declaração de março* de 1958[3]. Dado meu desconhecimento da situação brasileira da época, escutei com grande atenção e interesse o que Prestes me

---

[3] Ibidem, p. 314-9.

dizia, concordando em tudo com seus argumentos. Minha admiração pelo pai era enorme e, certamente, eu ainda não tinha condições de adotar uma postura crítica em relação às posições por ele defendidas. A partir de então, estabeleceu--se entre nós uma permanente e franca troca de opiniões sobre temas variados, em que a política passou a ocupar lugar de destaque. Nos anos que se seguiram, os problemas que surgiam na política do PCB e na sua vida orgânica eram por nós constantemente abordados e discutidos. Pouco a pouco, tornei-me uma interlocutora de confiança do meu pai e posteriormente uma espécie de sua assessora, em especial nos últimos quinze anos da vida dele.

Nesse encontro, realizado numa chácara em Jacarepaguá, subúrbio da cidade do Rio de Janeiro, que servia de aparelho do PCB, meu pai, tendo em vista sua esperada saída da clandestinidade, me convidou a acompanhá-lo em algumas viagens de caráter político que já estavam sendo programadas para ele pelo Partido a diversos pontos do país. Era uma oportunidade de estreitarmos o convívio entre nós e de eu conhecer um pouco o Brasil, assim como as atividades desenvolvidas pelo Partido e a situação real em que este se encontrava. Certamente, aceitei sua proposta com entusiasmo.

Uns dias antes da esperada decisão judicial, que afinal seria tomada em 19 de março pelo dr. José Monjardim Filho, os companheiros do PCB organizaram um encontro de Prestes comigo, as irmãs dele e os sobrinhos, para ser registrado pela revista *O Cruzeiro* com o intuito de chamar a atenção da opinião pública e contribuir para que o referido juiz vencesse as pressões contrárias a que estava sendo submetido. Foi um encontro realizado ainda na clandestinidade, numa residência isolada localizada no bairro carioca da Gávea, pertencente ao dr. Manoel Venâncio Campos da Paz Junior e sua esposa Antonieta Campos da Paz, ambos militantes do PCB. Apenas os convidados tinham conhecimento do local, e os repórteres de *O Cruzeiro*, Mário de Moraes e Jurema Finamour, assumiram o compromisso de manter sigilo sobre ele. A reportagem de capa da revista, embora só tenha sido publicada no final de março, foi montada como o registro do primeiro encontro de Prestes com a filha e a família, num clima de muita emoção e de grande ansiedade diante da esperada decisão judicial[4]. A repercussão foi enorme e ajudou a criar uma atmosfera favorável à saída dos comunistas à luz do dia, ou seja, à vida legal. Os esforços meus e de Lygia nesse sentido foram registrados nos principais jornais e revistas daquele período, de novembro de 1957 a 19 de março de 1958, quando finalmente o juiz Monjardim decidiu revogar a prisão preventiva contra os dirigentes comunistas.

---

[4] Mário de Moraes e Jurema Finamour, "48 horas com Luiz Carlos Prestes", *O Cruzeiro*, Rio de Janeiro, 29 mar. 1958, p. 4-14.

Com a revogação da prisão preventiva, meu pai se apresentou à imprensa numa entrevista coletiva realizada na residência do dr. Sinval Palmeira, um dos advogados de defesa dos dirigentes comunistas no processo judicial instaurado contra eles ainda em 1947. Foram dias de grande agitação, de muitas entrevistas e encontros com velhos amigos e personalidades do mundo político – aos quais eu também algumas vezes compareci. A primeira viagem em que acompanhei meu pai foi à capital paulista, onde participamos de eventos políticos de vários tipos e de inúmeras homenagens que lhe foram prestadas por diversos setores da sociedade paulistana. Em toda parte, a preocupação principal dele era expor e explicar a orientação política do PCB, registrada fundamentalmente na *Declaração de março* de 1958. A receptividade era grande e a simpatia com que fomos sempre recebidos não pode deixar de ser registrada. Ficamos hospedados na casa do dr. Joaquim Gomes dos Reis, dedicado militante comunista; ele e a esposa, dona Gessy, eram admiradores de meu pai e amigos prestativos que nos trataram com muito carinho. Também visitamos antigos companheiros e amigos de Prestes, como Miguel Costa, o comandante da Coluna Prestes.

Os primeiros tempos

De regresso ao Rio, era necessário reorganizar nossas vidas. Como acontecera em 1946, Lygia, convidada pelo irmão, aceitou assumir a administração da nova residência – uma casa no bairro de Botafogo alugada pelo Partido. Morávamos meu pai, Lygia e eu, assim como alguns companheiros que cuidavam da segurança, inclusive um casal para ajudar nos afazeres domésticos. Nos primeiros tempos, a casa servia também de local para as reuniões da direção do Partido, embora o PCB não tivesse conquistado sua legalização. Os comunistas podiam atuar legalmente, mas pela legislação então em vigor continuava sendo crime organizar o Partido Comunista; por isso, passamos a divulgar "reuniões de comunistas" sem nos referir publicamente a atividades de organização partidária.

Dessa forma, nossa casa estava sempre cheia – uma intensa movimentação de reuniões, de entrevistas e de visitas de políticos, de delegações e representações de diversas entidades a Prestes. Era necessário atender a todas essas pessoas, servindo almoços, jantares, lanches e cafés; embora eu estivesse retomando os estudos, tratava de ajudar minha tia e os companheiros indicados para essas tarefas. Ao mesmo tempo, costumava acompanhar meu pai a atos públicos, na capital e no interior do estado do Rio, e a alguns dos encontros com personalidades políticas, com lideranças sindicais e estudantis e com representantes da intelectualidade.

Nesse início de 1958, assistida por advogados amigos, dentre os quais se destacava o dr. Abel Chermont, tratei de regularizar minha situação jurídica. Sendo eu filha de cidadão brasileiro nascida no exterior, pela legislação então vigente permanecera até aquela data com dupla nacionalidade (alemã e brasileira); ao atingir a idade de 21 anos, no entanto, era necessário optar por uma das nacionalidades[5]. Minha escolha foi pela nacionalidade brasileira. Uma vez de posse da nova documentação, pude tirar o título de eleitor e votar nas eleições parlamentares realizadas no final daquele ano.

Chegara também a hora de definir minhas atividades futuras. Meu pai era de opinião que eu deveria dar continuidade aos estudos, preparando-me para ingressar num curso superior de acordo com meus interesses. Antes de definir a carreira que iria seguir, precisei revalidar o diploma de conclusão do curso secundário na União Soviética. Como o Brasil não mantinha relações diplomáticas com esse país, foi preciso levar o diploma para ser reconhecido na embaixada soviética no Uruguai e realizar numerosos trâmites burocráticos junto à embaixada brasileira em Montevidéu e ao Ministério das Relações Exteriores no Brasil. O ex-tenente José Gutman, amigo e companheiro do PCB, em viagem ao país vizinho, nos fez esse favor.

Para que o diploma reconhecido pelo Itamaraty fosse devidamente revalidado, eu deveria prestar exames de três disciplinas no Colégio Pedro II: português, história e geografia do Brasil. Com esse objetivo, tratei de estudar essas matérias de acordo com os programas então existentes. Para melhor me preparar para a prova de português, tive algumas aulas com um professor, companheiro do Partido. No final do ano, fui aprovada nas três disciplinas.

Escolher uma profissão, em geral, não é uma tarefa fácil para os jovens. Depois de me informar sobre as possibilidades existentes e pensar seriamente no assunto, minha escolha recaiu sobre Química Industrial, curso disponível na Escola Nacional de Química da Universidade do Brasil, hoje Universidade Federal do Rio de Janeiro, situada na época na Praia Vermelha. Mas havia um problema: as aulas teóricas e práticas ocupavam o dia todo, impedindo que o aluno pudesse trabalhar. Consultei o pai a respeito dessa possibilidade ou se seria conveniente providenciar um emprego e optar por um curso que não ocupasse o dia inteiro. Sua resposta foi taxativa: podia seguir o curso escolhido que ele garantiria meu sustento, pois, embora vivêssemos modestamente, os recursos disponibilizados pelo Partido ajudariam a assegurar meus estudos numa universidade pública e gratuita. Além disso, no campus da Praia Vermelha havia um bandejão a preços subsidiados, o que facilitava muito a vida dos estudantes com poucos recursos, como era o meu caso.

Para ingressar na universidade era necessário preparar-se para o exame vestibular. O conteúdo das disciplinas não me preocupava, pois tinha uma boa base de

---

[5] Essa legislação foi aprovada a partir de uma emenda proposta por Prestes durante os trabalhos da Constituinte de 1946, ocasião em que ele se referiu ao meu caso argumentando que não seria justo eu ser privada da cidadania brasileira pelo fato de ter nascido na Alemanha.

conhecimentos adquiridos na escola soviética. Contudo, levando em conta que eu desconhecia a terminologia em português de matérias como química, física e matemática – meus estudos secundários haviam sido feitos em russo –, tive de frequentar, durante o ano letivo de 1959, um curso pré-vestibular especializado para o ingresso na Escola de Química. Fui aprovada num dos primeiros lugares entre os candidatos que prestaram esse vestibular e comecei a frequentar as aulas em março de 1960.

Ainda no início de 1958, meu pai comunicara às irmãs e a mim a existência de sua nova família: a companheira Maria do Carmo Ribeiro e os filhos ainda pequenos Antônio João (de quatro anos de idade), Rosa (três anos) e Ermelinda (um ano e meio). Eles viviam em um sítio, aparelho do Partido, localizado num subúrbio carioca – uma vez que, dada a instabilidade política ainda existente no país, havia o risco de Prestes ter de voltar à clandestinidade. Logo depois Lygia e eu fomos convidadas por ele a visitar o sítio para conhecer os novos membros da família, a respeito dos quais não nos pudera falar antes por motivos de segurança. Embora existisse boa vontade da minha parte e da parte de minhas tias, dona Maria mostrou-se hostil conosco desde o primeiro encontro. Já as crianças eram encantadoras, e logo estabeleci um ótimo relacionamento com elas.

Em 1960, passamos a morar todos juntos na casa de Botafogo. Meu pai sofrera uma queda, que lhe provocara a fratura de uma vértebra, e resolvera chamar a companheira para ajudá-lo nos cuidados médicos. Ao mesmo tempo, a situação política se mostrava mais estável, permitindo supor que estaria excluída sua volta à vida clandestina.

Em respeito à memória do meu pai, evito relatar os numerosos episódios reveladores da permanente hostilidade de dona Maria em relação a mim, a Lygia e às outras tias. Havia a inveja de Olga, minha mãe, e também de mim, por ter me tornado famosa devido às circunstâncias trágicas do meu nascimento e à repercussão da Campanha Prestes pela minha libertação. Isso, no entanto, não era percebido pelo meu pai, pois a esposa sabia disfarçar seus sentimentos diante dele. Um grande amigo de Prestes falou certa vez que dona Maria "até calada agredia".

As tentativas de afastar meu pai do convívio comigo e com minhas tias foram malsucedidas, pois os laços existentes entre nós eram suficientemente sólidos para resistir a essas investidas. Entretanto, criou-se uma nova situação em nossa família, que até então sempre fora muito unida. Embora eu fosse muito jovem e por vezes ficasse indignada com o comportamento de minha madrasta, tive o bom senso de ouvir os conselhos das tias e evitar um conflito com meu pai por conta da conduta hostil de dona Maria.

Minhas tias contribuíram decisivamente para que eu compreendesse as circunstâncias em que se dera o casamento do meu pai. Após cinco anos de vida clandestina, durante a qual Prestes fora mantido emparedado num aparelho e isolado até mesmo da direção do PCB, Arruda Câmara resolveu encaminhar uma jovem militante para cuidar do lugar. Maria do Carmo Ribeiro, que assumiu a tarefa em dezembro de 1952, era filha de um antigo dirigente do PCB, falecido havia pouco tempo. Para meu pai, na situação em que ele se encontrava, não houve possibilidade de escolha. Em 1960, numa de suas estadas na capital soviética[6], Prestes contaria ao funcionário do PCUS responsável pelas relações com o PCB[7] que, após o desaparecimento de Olga, "durante muito tempo ele não pensou nem tentou criar uma nova família". Entretanto, gostava muito de crianças e "sempre quis ter muitos filhos. Em 1953, casou-se pela segunda vez com uma mulher que o havia ajudado muito durante o período em que permaneceu na clandestinidade". Segundo o relato de Dimitri Diakonov, Prestes chegou a dizer brincando que gostaria de ter não menos de dez filhos[8] – com Maria do Carmo Ribeiro, teve sete.

A retomada dos estudos não impediu que eu acompanhasse meu pai em algumas viagens pelo país, como era desejo dele. Em setembro de 1958, participamos da campanha eleitoral do candidato ao governo do estado de Pernambuco, onde o PCB, impedido pela legislação da época de lançar candidaturas próprias, apoiava Cid Sampaio, um usineiro filiado à UDN que, com o apoio dos comunistas, conseguiu eleger-se[9]. Lembro de comícios impressionantes realizados no Recife com a presença de enorme massa popular vibrante e entusiasmada com as falas de Prestes e Gregório Bezerra. Nesse estado os comunistas eram muito combativos e contavam com grande popularidade. Mas a igreja professava um anticomunismo raivoso: o arcebispo de Recife fez com que os sinos de todas as igrejas da capital pernambucana repicassem durante altas horas da noite em protesto contra a presença de Luiz Carlos Prestes, o "demônio vermelho", que desembarcara na cidade. Meu pai participou de muitos eventos e encontros com personalidades políticas e lideranças dos trabalhadores e dos estudantes; por meu lado, tive de fazer uma visita de cortesia à esposa de Cid Sampaio, juntamente com uma delegação de senhoras. A luxuosa mansão do candidato, um verdadeiro

---

[6] A partir de 1958, com a revogação da ordem de prisão preventiva existente contra os dirigentes do PCB, Prestes foi a Moscou várias vezes.

[7] Dimitri Diakonov, *Algumas impressões pessoais sobre Luiz Carlos Prestes*, 20 jan. 1961 (documento datilografado, em russo, 5 f.; Arquivo Estatal Russo de História Social e Política, RGASPH, fundo 495, d.1-3), p. 74-8; Anita Leocadia Prestes, *Luiz Carlos Prestes*, cit., p. 280-1.

[8] Anita Leocadia Prestes, *Luiz Carlos Prestes*, cit., p. 280-1.

[9] Os comunistas participaram da coligação eleitoral que apoiou Cid Sampaio tendo em vista golpear os setores mais reacionários da política pernambucana à época, representados pelo governador que o antecedeu, o general Osvaldo Cordeiro de Farias, e o senador Etelvino Lins. Ver Gregório Bezerra, *Memórias* (São Paulo, Boitempo, 2011), p. 485-6.

90 VIVER É TOMAR PARTIDO

palácio, muito me impressionou, pois não ficava longe dos bairros da pobreza, com casas construídas sobre palafitas em zonas de manguezais.

Ainda em setembro de 1958 fomos ao Rio Grande do Sul, onde o PCB apoiava a candidatura de Leonel Brizola ao governo do estado. Embora o líder do PTB afirmasse que não aceitava apoio dos comunistas, foi com os votos deles que conseguiu eleger-se. Estivemos em diversas cidades: Porto Alegre, Rio Grande, Pelotas, sendo Prestes recebido sempre com grande entusiasmo popular. Era curioso observar os discursos de Prestes afirmando que os comunistas apoiavam Brizola, independentemente da vontade dele: era o candidato das forças nacionalistas e democráticas, o único em condições de derrotar a candidatura das forças "entreguistas"[10] e antipopulares. Nesse período Brizola recusava-se até mesmo a encontrar-se com Prestes. Nossa estada na capital gaúcha me deu a oportunidade de conhecer os numerosos parentes da minha avó Leocadia, que nos acolheram com amizade e carinho. Entre todos se destacava Alfredo Carlos Felizardo, primo-irmão do meu pai, que ofereceu importante ajuda durante os anos em que Prestes esteve preso.

De volta ao Rio, acompanhei o pai durante a campanha eleitoral para as eleições legislativas nesse estado e no Distrito Federal. Percorremos diversas cidades e inúmeros municípios fluminenses, assim como bairros da então capital da República. O PCB apoiava candidatos de outros partidos, desde que comprometidos com as posições nacionalistas e democráticas defendidas nos documentos do Partido. Recordo-me do apoio dado a Lutero Vargas, filho de Getúlio Vargas e candidato ao Senado pelo PTB, que, entretanto, não conseguiu se eleger.

Participar das viagens e das atividades políticas de meu pai me ajudou a conhecer os problemas enfrentados pelo nosso povo e a realidade do país, em particular a situação política daqueles anos. O convívio com Prestes e a permanente troca de opiniões com ele constituíram para mim verdadeiras aulas de brasilidade.

Estudante universitária e militante comunista

Em 1959, tendo eu solicitado ingresso nas fileiras do PCB e como, ao mesmo tempo, estava me preparando para entrar na universidade, fui orientada pelo Comitê Universitário da cidade do Rio de Janeiro – que dirigia as organizações de base (células do Partido) dos estudantes universitários comunistas[11] – a fazer parte de uma base de companheiros que estudavam e militavam na Universidade do Estado do Rio de Janeiro (UERJ). Era uma base pequena, com

---

[10] Expressão usada pelos comunistas brasileiros e outras forças de esquerda para designar os setores da vida nacional comprometidos com os interesses do capital estrangeiro.

[11] Até 1957 havia a Juventude Comunista do PCB que, com a crise provocada pelas denúncias feitas no XX Congresso do PCUS, fora dissolvida pela direção do Partido.

poucos militantes, mas bastante ativa. Participávamos de numerosas atividades: comandos nas favelas e nos bairros populares para distribuir ou vender o jornal e as publicações do Partido, campanhas eleitorais de candidatos apoiados pelos comunistas, festas populares, debates públicos de temas de interesse nacional etc. Promovíamos a exibição de filmes soviéticos e os camaradas da UERJ procuravam realizar trabalho de conscientização dos estudantes dessa universidade. Ao mesmo tempo, organizávamos o estudo coletivo de literatura marxista e discutíamos a orientação política do PCB.

Enquanto me preparava para ingressar na universidade, incentivada pelo pai, tive aulas de direção de carro com o camarada do Partido que trabalhava como motorista do Fusca que a direção partidária deixara à disposição de Prestes; devidamente treinada, passei nos exames para obtenção da carteira de motorista. Dessa forma, na ausência do motorista, podia ajudar meu pai. Quando meus irmãos vieram morar na casa de Botafogo, nosso pai gostava de sair conosco no tempo livre – comigo na direção do carro – para fazer algum passeio pelo Rio: as praias, a floresta da Tijuca ou visitar o Jardim Zoológico, situado na Quinta da Boa Vista.

Os primeiros dias na Escola de Química não foram fáceis. Muitos colegas, alguns deles vindos de famílias de empresários, influenciados pela propaganda anticomunista, se mostravam hostis e até mesmo se recusavam a me cumprimentar. Como eu tinha uma boa base de conhecimentos científicos adquiridos na educação soviética, não encontrei dificuldade em acompanhar o curso, tanto as aulas teóricas quanto as práticas. Havia dias que passávamos toda a jornada de estudos nos laboratórios, realizando experiências sob a supervisão dos professores. Pouco a pouco fui vencendo as barreiras e estabelecendo relações de camaradagem com os colegas. Para isso, foi importante minha atitude de estar sempre disponível a ajudá-los, algo que vivenciara na escola soviética. A partir do terceiro ano do curso na Escola de Química, nossa turma se dividiu: a maioria optou pela Engenharia Química, enquanto os demais, inclusive eu, escolhemos Química Industrial, conforme meu desejo desde o ingresso na faculdade. Nossa turma era composta de apenas nove alunos, entre os quais fiz algumas amizades; uma delas permanece até hoje.

Entre as minhas preocupações estava a de organizar uma base do Partido na Escola de Química, pois em grande parte das escolas superiores situadas no Rio essa meta já havia sido atingida. Tratava-se, contudo, de uma tarefa árdua devido à composição elitista dos alunos; a exigência de presença obrigatória durante o dia inteiro dificultava o ingresso de estudantes com poucos recursos e que precisassem trabalhar. Mesmo assim, consegui formar uma base que nunca ultrapassou três militantes e funcionou de forma intermitente.

Quando se deu a renúncia de Jânio Quadros da presidência da República, em agosto de 1961, a turma que ingressara na faculdade nesse ano revelou-se distinta da anterior e, para minha surpresa, alguns desses calouros tiveram participação nas manifestações a favor da posse do vice-presidente João Goulart. Pouco a pouco, o clima na Escola de Química ia mudando com a chegada de novas turmas, mais numerosas, resultantes da ampliação da oferta de vagas na universidade. O volume de alunos não era acompanhado pela manutenção do nível do ensino, principalmente no que dizia respeito ao tempo de ocupação dos laboratórios pelos alunos.

Com o ingresso na universidade, minha vida ficou muito corrida, pois passava o dia inteiro na faculdade e à noite e aos fins de semana estava frequentemente envolvida nas atividades do Partido. Havia reuniões, em geral realizadas em salas alugadas no centro do Rio, no Edifício Marquês do Herval, para discutir a orientação política do PCB e delinear as tarefas que se colocavam à nossa frente, tanto no meio estudantil quanto junto à população em geral.

Recordo-me que, durante o ano de 1960, estivemos mobilizados em torno da sucessão presidencial. Os comunistas apoiavam o marechal Henrique Teixeira Lott e se empenharam em derrotar Jânio Quadros, o candidato das forças "entreguistas" e reacionárias que, com grandes recursos financeiros e um discurso moralizador, conseguiu eleger-se presidente da República. Nossa participação na campanha do marechal Lott enfrentou sérias dificuldades, pois, embora o candidato defendesse posições nacionalistas, rejeitava o voto de comunistas e era contrário ao estabelecimento de relações diplomáticas entre o Brasil e a União Soviética. Jânio, um experiente demagogo, pronunciava-se pela legalidade do Partido Comunista e pelo estabelecimento de relações diplomáticas com a União Soviética e demais países socialistas, sabendo mascarar seus verdadeiros intentos que, uma vez eleito, se revelaram com a adoção de medidas antipopulares[12].

Naquele ano, após a transferência da capital da República para Brasília, houve eleições para governador do recém-criado estado da Guanabara. O deputado Sérgio Magalhães, pelo PTB, era o candidato das forças progressistas, nacionalistas e de esquerda, e contou com o apoio dos comunistas na tentativa de derrotar Carlos Lacerda, representante da direita e do "entreguismo". Foi uma campanha extremamente agitada e violenta, tendo resultado na vitória de Lacerda por pequena diferença. Os estudantes estiveram na linha de frente das forças que apoiaram Sérgio Magalhães, mas a direita soube mobilizar-se, dispondo de vultosos recursos financeiros e meios políticos para garantir a eleição de Lacerda, batizado de "o corvo"[13] pela imprensa comprometida com os interesses populares.

---

[12] Anita Leocadia Prestes, *Luiz Carlos Prestes*, cit., p. 326-32 e 338-9.

[13] "Corvo" era um apelido de caráter pejorativo atribuído a Carlos Lacerda por Samuel Wainer, em seu jornal *Última Hora*, ainda antes do suicídio de Getúlio Vargas. O caricaturista Lan costumava desenhar nas páginas desse jornal a figura do "corvo" Lacerda.

A VOLTA PARA O BRASIL (1957-1960)   93

O seu desempenho à frente do governo da Guanabara viria a cumprir um papel decisivo na mobilização das forças de direita no país e na conspiração que levou à deflagração do golpe civil-militar de abril de 1964.

Um acontecimento importante para os comunistas foi a convocação e a realização, em agosto de 1960, do V Congresso do PCB. Houve a divulgação das *Teses para discussão* para o Congresso, feita pela direção partidária em abril daquele ano – documento preparatório de cuja discussão pude participar comparecendo aos encontros partidários então realizados, sem deixar de ouvir as opiniões do meu pai, que eu muito prezava e com as quais concordava. As *Teses*, no fundamental, confirmavam as posições políticas adotadas na *Declaração de março de 1958*. Era reafirmada a estratégia da *revolução nacional e democrática*, ou seja, a visão etapista do processo revolucionário, segundo a qual haveria a necessidade de primeiro eliminar os entraves ao desenvolvimento capitalista do país, supostamente o imperialismo e o latifúndio, para então avançar rumo às transformações socialistas[14].

Estávamos convencidos da justeza dessa concepção da revolução, que seria aplicável aos países que tinham alcançado o capitalismo tardiamente, sem ter eliminado o monopólio da propriedade privada territorial. Em decorrência da tal afirmação, dizíamos que, para alcançar o "poder das forças anti-imperialistas e antifeudais", o caminho seria a formação de um "governo nacionalista e democrático a ser conquistado pela frente única nos quadros do regime vigente", embora se ressaltasse que tal governo "dependerá fundamentalmente do apoio de massas"[15]. Ao analisar a estrutura de classes da sociedade brasileira, as *Teses* distinguiam na burguesia brasileira "dois setores bem diferenciados: um genuinamente nacional e outro que tem seus negócios ligados num grau maior ou menor ao capital imperialista", sendo que o primeiro constituiria a imensa maioria da burguesia brasileira. Continuava-se, portanto, a incluir uma suposta *burguesia nacional* entre as forças que participariam da etapa nacional e democrática da revolução brasileira[16].

Analisando com um olhar retrospectivo a presença de tais concepções no imaginário dos comunistas da época, verifico que as devemos considerar fruto do atraso cultural do Brasil e do desconhecimento da realidade brasileira, que nos levava a copiar modelos trazidos de fora, que teriam sido adequados a outros países e em outras épocas[17]. Não percebíamos que o capitalismo vinha se

---

[14] Anita Leocadia Prestes, *Luiz Carlos Prestes*, cit., p. 332-8.

[15] Ibidem, p. 332.

[16] Ibidem, p. 333.

[17] Ver Anita Leocadia Prestes, "A que herança devem os comunistas renunciar?", *Oitenta*, Porto Alegre, LP&M, n. 4, 1980, p. 197-223; disponível na página do Instituto Luiz Carlos

desenvolvendo no Brasil com uma burguesia associada e subordinada ao capital internacional e articulada com o latifúndio, sem recorrer, para isso, a transformações de caráter revolucionário.

O V Congresso foi realizado num conjunto de salas no centro da cidade do Rio de Janeiro, disfarçado de "convenção comunista", o que garantia sua legalidade. Da mesma forma que alguns outros militantes do Partido, fui convidada a assistir a uma das seções do Congresso, ocasião em que tive oportunidade de acompanhar os acirrados debates entre as duas principais tendências então em luta nas fileiras do PCB: a da maioria do CC, encabeçada por Prestes, secretário-geral, que defendia a continuidade da orientação aprovada em março de 1958, vitoriosa no Congresso; e a da minoria, que, embora atuante, na prática defendia as posições sectárias anteriores à *Declaração de março*, ainda que isso nem sempre fosse explicitado por seus partidários, uma vez que esgrimiam contra os adversários a acusação de serem revisionistas[18].

Entre os defensores dessa segunda posição destacavam-se os ex-dirigentes do CC que, recusando-se a reconhecer os erros cometidos pela direção partidária, haviam sido afastados de seus cargos anteriores durante a crise de 1956-1957, como João Amazonas, Maurício Grabois, Pedro Pomar etc.[19]. Uma posição especial foi adotada por Diógenes de Arruda Câmara, secretário de organização do CC e dirigente de maior responsabilidade no PCB depois de Prestes, que não se definia com clareza, ensaiando uma tímida autocrítica na expectativa de que talvez pudesse garantir a permanência no CC a ser eleito naquele congresso[20]. Em 1961, esses dirigentes – com exceção de Arruda[21] – viriam a romper com o Partido, criando, um ano depois, o Partido Comunista do Brasil (PCdoB)[22].

Prestes: <http://www.ilcp.org.br/prestes/index.php?option=com_content&view=article&id=161:-a-que-heranca-devem-os-comunistas-renunciar&catid=26:documentos&Itemid=146>, acesso em: 30 set. 2019.

[18] Termo usado pelos comunistas para designar os defensores de posições teóricas e políticas que constituem uma revisão, ou seja, uma negação de postulados marxistas fundamentais.

[19] Anita Leocadia Prestes, *Luiz Carlos Prestes*, cit., cap. XII.

[20] Ibidem, cap. XIII.

[21] A adesão de Arruda ao PCdoB ocorreu algum tempo depois.

[22] Anita Leocadia Prestes, *Luiz Carlos Prestes*, cit., p. 344.

VI
O início dos anos 1960 (1961-1964)

A visita à República Democrática Alemã (RDA)

Atendendo a um convite da Juventude Democrática (comunista) da RDA que me fora feito, aproveitei as férias da faculdade para realizar uma viagem à terra da minha mãe, onde eu também nascera. Durante os meses de janeiro e fevereiro de 1961, passei seis semanas em visita a diversas cidades da Alemanha Democrática: Berlim (a parte soviética), Potsdam, Dresden, Leipzig, Weimar, Rostock e outras.

Fui acolhida com muito carinho e simpatia pelos companheiros alemães, para os quais minha mãe era um exemplo de abnegação e coragem na luta pela causa comunista. Olga era considerada uma heroína e seu nome fora atribuído a numerosas escolas e entidades de diversos tipos, inclusive a praças e ruas de muitas cidades da RDA.

Tamara Bunke, jovem um ano mais nova do que eu, foi destacada pela Juventude Democrática para me acompanhar durante a viagem pelo país. Tamara era filha de comunistas alemães que no período nazista haviam emigrado para a Argentina, onde passou a infância e aprendeu o espanhol. Com a criação da RDA, a família regressou à pátria e a jovem tornou-se tradutora de espanhol. Era uma pessoa muito prestativa, simpática e de grande iniciativa. Para mim, foi extremamente agradável e proveitoso o convívio com ela. Alguns anos mais tarde, fiquei chocada quando soube que Tamara perdera a vida tragicamente na guerrilha de Che Guevara, em 1967, na Bolívia. A vida heroica e muito curta da guerrilheira Tania (seu codinome na guerrilha) está consagrada em livros publicados em sua homenagem em Cuba[1].

---

[1] Instituto del Libro, *Tania la guerrillera inolvidable* (Havana, Instituto del Libro, 1970); Ulisses Estrada, *Tania la guerrillera y la epopeya suramericana del Che* (Austrália/Estados Unidos/Cuba, Ocean Press, 2005).

96   Viver é tomar partido

Em Berlim, tive oportunidade de conhecer Maria Wiedmeyer, militante comunista sobrevivente do campo de concentração de Ravensbrück, que convivera com minha mãe até o momento em que ela foi conduzida à câmara de gás de Bernburg para ser assassinada. Também estive com Ruth Werner, outra militante comunista que, na juventude, participara com Olga das lutas dos trabalhadores do bairro berlinense de Neukölln na década de 1920. Ruth ainda estava escrevendo a biografia de Olga, publicada algum tempo depois[2]. Ambas partilharam comigo recordações da minha mãe e das atividades que juntas haviam desenvolvido; foram conversas sempre marcadas por grande emoção.

Antes de partir de Berlim para visitar outras regiões da RDA, estive em diversos pontos turísticos da cidade. Pude observar que ainda subsistiam ruínas da Segunda Guerra Mundial, não obstante o esforço de reconstrução então em curso. Recordo-me da visita ao impressionante monumento aos soldados soviéticos que derrotaram o nazifascismo e tomaram Berlim. Visitei também a prisão de Barnimstrasse, cárcere de minha mãe e local do meu nascimento[3]. O prédio continuava sendo um presídio feminino, mas eram oferecidas condições mais humanas às mulheres detidas, se comparadas com a situação existente na época dos nazistas. Fui recebida com muita cordialidade pela administração carcerária, que me fez um relato pormenorizado do funcionamento do presídio e da preocupação em recuperar as prisioneiras para a vida social, pois tratava-se de criminosas comuns.

Ainda em Berlim, tive a oportunidade de conhecer o Berliner Ensemble, teatro fundado por Bertolt Brecht, autor marxista e comunista. A casa de espetáculos era então dirigida por sua viúva, Helene Weigel. Assisti à peça de autoria de Brecht *A ópera dos três vinténs*; apesar de eu desconhecer o idioma alemão, a peça me causou forte impressão, pois minha tradutora Tamara tratara de me relatar os principais momentos do espetáculo[4].

---

[2] Ruth Werner, *Olga Benario: a história de uma mulher corajosa* (trad. Reinaldo Mestrinel, São Paulo, Alfa-Ômega, 1989).

[3] Atualmente o prédio não existe mais.

[4] "Brecht conta a história de Mackie Messer e do seu amor por Polly, filha de J. J. Peachum, conhecido por Rei dos Mendigos, que vestia sua gangue como deficientes ou mendigos e os mandava pedir esmolas. Mackie, por seu lado, realizava assaltos e explorava a prostituição. É uma obra de crítica política ao capitalismo e expressa a visão vanguardista de Brecht, que denunciava as disparidades sociais da época: 'Quero fazer teatro com funções sociais bem definidas. O palco deve refletir a vida real. O público deve ser confrontado com o que se passa lá fora para refletir como gerir melhor a sua vida', dizia ele. A música de Kurt Weill foi importante para que a peça se tornasse um sucesso." Ver: António José André, Memórias: 'A Ópera dos Três Vinténs', 31 ago. 2014; disponível em: <https://www.esquerda.net/artigo/memorias-opera-dos-tres-vintens/33919>, acesso em: 30 set. 2019.

Também fui a Postdam, linda cidade próxima à capital, onde pude encontrar-me com Minna Ewert, irmã de Arthur Ewert, o comunista alemão que participara dos acontecimentos de 1935 no Rio de Janeiro e que, preso junto com a esposa Elise, fora torturado pela polícia de Filinto Müller até enlouquecer. Minna, já bastante idosa nessa época, havia me conhecido, assim como a Leocadia e Lygia, quando estávamos exiladas no México. Foi também um encontro carregado de recordações e muita emoção.

A visita a Ravensbrück, o antigo campo de concentração de mulheres onde minha mãe estivera presa e fora submetida a trabalhos forçados e castigos pesados, foi para mim o momento mais impressionante durante essa viagem à Alemanha. O campo tinha sido transformado em museu pelas autoridades da RDA: era mantida uma parte das barracas em que viviam as prisioneiras, assim como o prédio onde estavam as celas da prisão e a secretaria da administração do campo. Também havia os fornos crematórios. Tudo era assustador, principalmente quando pensava nos horrores ali vividos por Olga e suas companheiras de infortúnio. Nas celas, devidamente abertas e decoradas, estavam expostas fotos das mulheres que ali estiveram presas e foram sacrificadas, objetos resgatados a elas pertencentes e textos explicativos. Várias mulheres eram homenageadas; esse era o caso da minha mãe. O campo fora construído ao lado de um lindo lago, ao qual Olga mais de uma vez se referiu nas cartas ao meu pai[5]. Junto a esse lago foi levantado um monumento impressionante que me disseram ter sido inspirado na figura de Olga: uma prisioneira carregando nos braços uma companheira desfalecida, cena que os relatos existentes dizem ser verdadeira em relação à minha mãe, que tentara salvar uma companheira. Contemplar o monumento junto ao lago, em pleno inverno europeu, tiritando de frio num dia particularmente sombrio, foi algo que me provocou uma emoção inesquecível para o resto da vida.

Durante a visita a Ravensbrück, foi organizado o encontro comigo de algumas sobreviventes do campo, antigas companheiras de Olga. Embora a conversa fosse conduzida através de Tamara, minha tradutora, foi um momento especialmente comovente. Todas essas senhoras recordavam Olga como uma mulher extremamente corajosa e solidária, sempre disposta a ajudar as companheiras e a contribuir para elevar seu ânimo.

Depois de Ravensbrück, visitei, em diversas cidades do país, fábricas, cooperativas, escolas e universidades e muitos locais aos quais havia sido atribuído o nome de Olga Benario Prestes; fui sempre recebida com simpatia e carinho. Estive também em regiões rurais e fiquei impressionada com o alto nível de vida da população, muito superior ao da União Soviética. Os soviéticos ajudavam os países socialistas e também alguns países do Terceiro Mundo em desenvolvimento,

---

[5] Ver Anita Leocadia Prestes e Lygia Prestes (orgs.), *Anos tormentosos*, v. 3, cit.

privando-se de um crescimento mais rápido dentro de seu próprio território. Fui levada à famosa floresta da Turíngia, onde cheguei a tentar esquiar, mas o frio e o vento muito intensos me obrigaram a rapidamente desistir.

Em Dresden, a desnecessária destruição provocada no final da guerra pela aviação dos Aliados – com o objetivo de evitar que a vitória na Segunda Guerra fosse atribuída aos soviéticos[6] – ainda era visível, embora avançassem as obras de reconstrução. Tais obras incluíam a famosa e belíssima galeria de arte da cidade, que cheguei a visitar: um maravilhoso conjunto de prédios renascentistas contendo uma das mais importantes coleções de arte da Europa. Grande parte dessas obras eu já conhecia, pois o Exército Soviético as levara para a União Soviética como troféu de guerra e as devolvera à galeria de Dresden em 1955, quando Lygia e eu morávamos em Moscou e as apreciamos antes da sua devolução, expostas no Museu Púchkin.

Estive em Leipzig, linda cidade que no século XIX tornou-se importante centro da música europeia. Johann Sebastian Bach compôs muitas das suas músicas nessa cidade e foi cantor da Igreja de St. Thomas, onde assisti à belíssima apresentação do seu famoso coro de meninos. Também assisti à ópera de Piotr Tchaikovsky *Eugene Onegin* no grandioso Teatro de Ópera e Ballet de Leipzig. A cidade é conhecida pela sua importância histórica, pois nela teve lugar, em 1813, a Batalha das Nações, na qual Napoleão foi derrotado pelos exércitos da Rússia, Prússia, Áustria e Suécia. Visitei o grandioso monumento dedicado a essa batalha existente na cidade.

Também estive no prédio do Tribunal de Justiça, transformado em museu, onde teve lugar o Processo de Leipzig contra o dirigente da Internacional Comunista Jorge Dimitrov, acusado juntamente com mais três camaradas de incendiar o Reichstag (o parlamento alemão) em fevereiro de 1933. Havia uma grande exposição fotográfica e de documentos dedicada ao Processo de Leipzig, durante o qual Dimitrov desmascarou o governo de Hitler, que montara a provocação anticomunista do incêndio, e corajosamente se defrontou com Goering e Goebbels, dois dos mais importantes líderes nazistas. Assisti a um filme sobre o desenrolar do processo e a espetacular vitória de Dimitrov e da campanha mundial pela sua libertação, ao ser absolvido pelo tribunal fascista e enviado para a União Soviética[7].

---

[6] Efetuado durante a Segunda Guerra Mundial, entre 13 e 15 de fevereiro de 1945, o bombardeio de Dresden teve a autoria dos aliados da Força Aérea Real (RAF) e da Força Aérea do Exército dos Estados Unidos da América (USAAF). Foram quatro ataques-surpresa, nos quais chegaram a ser lançadas mais de 3.900 toneladas de bombas de alta capacidade explosiva e dispositivos incendiários. Como resultado, 39 quilômetros quadrados do centro de Dresden foram destruídos pela tempestade de fogo.

[7] Ver *Jorge Dimitrov – Leipzig 1933* (Sófia [Bulgária], Sofia Press, 1968).

No sul da RDA estive ainda em Weimar, cidade onde, após a Primeira Guerra Mundial, foi assinada a primeira Constituição republicana da Alemanha; seu nome foi adotado para designar o período da política alemã de 1918 a 1933, a República de Weimar. A cidade foi também centro do Iluminismo alemão: visitei as casas-museu dos principais personagens do gênero literário do classicismo de Weimar, os escritores Goethe e Schiller. A visita a essa bela cidade constituiu um verdadeiro banho de cultura.

Perto de Weimar, contrastando com sua rica herança cultural, ficava o campo de concentração de Buchenwald, também transformado em museu. A visita a esse memorial foi bastante impactante, pois estavam expostos instrumentos de tortura e objetos confeccionados com pele, ossos e dentes das vítimas do regime nazista. Nesse campo foi fuzilado em 1944 Ernest Thälmann, o dirigente máximo do Partido Comunista da Alemanha (KPD), que fora mantido preso desde a subida de Hitler ao poder.

Antes de regressar a Berlim e voltar ao Brasil, viajei até Rostock, no norte da Alemanha, cidade situada às margens do mar Báltico. Fazia um frio intenso à beira-mar. Recordo-me da visita ao Instituto para a Germanística da Universidade de Rostock – um centro de pesquisas para estudos sobre o continente latino-americano, onde tive uma longa conversa com um professor especialista em América Latina e Brasil.

Durante a viagem pela RDA, pude verificar grande entusiasmo com o esforço de construção de uma Alemanha socialista. Ao mesmo tempo, havia muito interesse pelo Brasil e pela situação política em nosso país. Não era fácil explicar a razão por que os comunistas brasileiros apoiaram a candidatura do marechal Lott contra a de Jânio Quadros, vitorioso nas eleições de outubro de 1960, pois Jânio, diferentemente de Lott, defendia o estabelecimento de relações diplomáticas com a União Soviética e outros países socialistas. Lembro que concedi numerosas entrevistas, inclusive à TV estatal, durante as quais me perguntavam sempre sobre meus pais, minha vida e também sobre o Brasil e a política brasileira.

O ano de 1961

Ao regressar ao Rio, tomei conhecimento de que fora eleita membro do Comitê Universitário[8] na conferência do setor universitário do PCB da Guanabara, realizada na minha ausência. Na conferência anterior, que tivera lugar um ano antes, meu nome fora proposto, mas eu não aceitara essa designação, pois considerava que ainda estava pouco familiarizada com a realidade do movimento estudantil.

---

[8]   Embora as organizações do PCB, como o Comitê Universitário da Guanabara, não fossem reconhecidas legalmente, na prática atuávamos numa quase legalidade.

Já em 1961, cursando o segundo ano da faculdade, não tinha mais como recusar a tarefa. Faziam parte do Comitê Universitário Givaldo Siqueira, secretário político e membro do Comitê Estadual da Guanabara, Aloízio Teixeira, José de Albuquerque Salles, Marly Vianna, Antônio Carlos Peixoto, Humberto Jansen Machado, Sérgio Moraes e vários outros estudantes universitários representando as numerosas organizações de base que o PCB criara no estado da Guanabara.

Tínhamos de levar adiante no movimento estudantil do nosso estado a orientação política aprovada no V Congresso do PCB e dedicar particular atenção à mobilização em torno da luta pela reforma universitária que estava posta na ordem do dia a partir da *Declaração da Bahia*, aprovada em maio de 1960 no 1º Seminário Nacional da Reforma Universitária promovido pela União Nacional dos Estudantes (UNE). Lutávamos pela autonomia universitária, pela abolição da cátedra vitalícia[9], pela adoção do regime de institutos e pela melhoria da formação dos professores. Reivindicávamos também a adoção de um critério de proporcionalidade na administração das universidades com participação dos alunos e dos funcionários técnico-administrativos e uma política assistencial que oferecesse a possibilidade de trabalho remunerado na própria universidade ou no campo profissional de cada um[10].

Nas palavras de Arthur José Poerner,

> em 1961, começa, efetivamente, a grande ascensão católica no movimento estudantil [...] com a eleição, para a presidência da entidade, do estudante paulista Aldo Arantes, e o crescente predomínio da AP (Ação Popular), que surgiu por volta de 1960, uma dissensão entre o grupo estudantil da JUC (Juventude Universitária Católica) e a hierarquia religiosa.[11]

Nesse período, que se estende até o golpe de abril de 1964, as duas principais forças políticas que disputavam o comando da UNE passaram a ser a AP e o PCB. Embora a AP tivesse a hegemonia no movimento, o PCB, através de intensos e acalorados entendimentos políticos, conseguia conquistar espaços significativos na direção da entidade nacional dos estudantes universitários. O Comitê Universitário da Guanabara, pela sua importância devido tanto ao

---

[9] Posição do docente de uma instituição de ensino superior ou universidade que tinha caráter contratual permanente e era destinada ao ensino e à investigação de uma determinada disciplina científica, assim como à coordenação dessas atividades. Uma vez conquistada, era garantida para a vida toda.

[10] Ver Arthur José Poerner, *O poder jovem: história da participação política dos estudantes brasileiros* (Rio de Janeiro, Civilização Brasileira, 1968), p. 199-203.

[11] Ibidem, p. 197.

O início dos anos 1960 (1961-1964)   101

elevado número de militantes que dirigia quanto à sua expressiva atividade política, participava ativamente desses entendimentos através de alguns dos seus membros mais destacados.

A mim nunca foi dado participar de tais entendimentos, pois era considerada uma militante "queimada", excessivamente comprometida com a causa comunista, cuja presença poderia prejudicar o diálogo com os aliados políticos. Minhas tarefas no Comitê Universitário se restringiam às questões internas da organização e finanças do Partido – tarefas árduas e trabalhosas, pois tínhamos bases de mais de cem militantes, como era o caso da Faculdade Nacional de Filosofia. Havia que zelar pelo funcionamento regular dessas bases, pelo recolhimento das finanças e pela participação dos nossos militantes nas tarefas que eram aprovadas pelo Comitê Universitário.

Junto com a luta pela reforma universitária participávamos ativamente de todas as iniciativas políticas adotadas pelo PCB, em particular na mobilização popular contra as medidas antipopulares que vinham sendo tomadas pelo recém-empossado (em 31 de janeiro de 1961) governo Jânio Quadros. O desgaste do novo governo acontecia rápido. Realizávamos inúmeras atividades voltadas para a divulgação da política dos comunistas – atos públicos, palestras, comandos em bairros populares e nas favelas para divulgar a imprensa do Partido e levantar as reivindicações populares. Promovíamos a exibição de filmes soviéticos, aproveitando para cobrar ingressos e arrecadar recursos para o Partido. Com o lançamento público de Manifesto de Prestes, em agosto de 1961[12], teve início a campanha pela coleta de 50 mil assinaturas para solicitar o registro legal do PCB, o que era exigência da Lei Eleitoral então em vigor. Os estudantes comunistas tiveram participação ativa nessa campanha, o que permitiu que fossem recolhidas mais assinaturas do que as exigidas pela Lei. Prestes chegou a encaminhá-las ao Tribunal Superior Eleitoral (TSE), que, entretanto, não as apreciou até o golpe de abril de 1964[13].

Ao mesmo tempo, em abril de 1961, com a ameaça e a concretização do desembarque em Cuba de mercenários sob a direção dos Estados Unidos, tomamos as ruas da cidade em massivas e vibrantes manifestações. Lembro-me de uma marcha grandiosa e entusiástica em solidariedade ao povo cubano em que caminhamos da Igreja da Candelária, no centro do Rio, até o Posto 6, em Copacabana, onde se situava a embaixada de Cuba. Em maio, nós, os comunistas brasileiros, saudamos a proclamação de Cuba como Primeira República Socialista da América por Fidel Castro através do *Novos Rumos*, o jornal do PCB, e de outras manifestações de apoio à revolução cubana[14]. Com frequência, a polícia do governador Lacerda

---

[12]   *Novos Rumos*, n. 127, 11-17 ago. 1961, p. 1 e suplemento.

[13]   Ver Anita Leocadia Prestes, *Luiz Carlos Prestes*, cit., p. 338-48.

[14]   Ibidem, p. 339-40.

nos atacava e, inclusive, lançava contra os manifestantes o chamado "brucutu", que jogava fortes jatos d'água sobre todos, nos obrigando a correr em busca de proteção. Certa vez, após uma dessas manifestações, cheguei em casa encharcada e encontrei meu pai conversando com uma delegação de deputados italianos, ocasião em que ele fez o seguinte comentário: "Vejam a democracia brasileira!".

Durante aqueles meses do governo Jânio Quadros, crescia no país o clima de anticomunismo e os setores de direita passaram a levantar a cabeça. O almirante Penna Botto, fundador da Cruzada Brasileira Anticomunista, manifestava-se abertamente denunciando o suposto perigo comunista; atentados eram cometidos com frequência contra as forças democráticas e de esquerda. Nossa casa em Botafogo foi pichada, durante a madrugada, pelo menos duas vezes, levando a direção do Partido a reforçar as medidas de segurança em torno de Prestes.

Com a renúncia de Jânio, em 25 de maio de 1961, a repressão movida pelas forças policiais – assim como por setores militares de direita – contra comunistas, patriotas e democratas foi desencadeada, principalmente no estado da Guanabara, sob a direção de Carlos Lacerda, seu governador. Os dirigentes do PCB, inclusive Prestes, tiveram de passar imediatamente à clandestinidade para não serem presos. Na madrugada do dia 26, nossa casa foi invadida por militares da Aeronáutica[15]. Dois companheiros do Partido que dormiam em cômodos localizados no fundo da casa foram despertados debaixo de pancadaria e levados presos. No recinto da casa estávamos apenas dona Maria, Lygia, eu e as crianças. Recusamo-nos a abrir as portas, que eram várias, e a partir de uma varanda situada no segundo andar passamos a gritar que estávamos sendo atacadas e éramos apenas um grupo de mulheres e crianças. Conseguimos despertar a vizinhança, que convocou a imprensa. O escândalo estava montado e foi noticiado nos jornais do dia seguinte. Os militares armados conseguiram entrar na casa arrombando uma das portas, e percorreram todos os cômodos de metralhadoras em punho tentando nos intimidar. Os jornalistas, entretanto, começaram a chegar, e assim os assaltantes recuaram e se retiraram.

Dias de terror se seguiram no estado da Guanabara, e avaliamos que era perigoso permanecer naquela casa. A família se dividiu entre as residências de vários companheiros e amigos. Minha tia Eloiza ficou encarregada de providenciar o conserto da porta arrombada, manter vigilância sobre o local e alimentar o cachorro que ajudava a guardar a residência. Lygia, eu e o pequeno João (meu irmão de sete anos) fomos acolhidos em Copacabana no apartamento de Sinval Palmeira e sua esposa, Lourdes Palmeira, velhos companheiros e amigos. Ali ficamos por uma semana, até avaliar que era possível voltar para casa. O centro do Rio era todos os dias abalado por manifestações populares a favor da posse

---

[15] Ibidem, p. 346.

O início dos anos 1960 (1961-1964)   103

do vice-presidente João Goulart na presidência da República, violentamente reprimidas pela polícia de Carlos Lacerda. Verdadeiras batalhas campais tiveram lugar naqueles dias. Por motivos de segurança, os companheiros me proibiram terminantemente de sair à rua e participar das manifestações, mas acompanhávamos os acontecimentos pelo rádio, principalmente pela *Cadeia da Legalidade*[16] criada por Leonel Brizola no Rio Grande do Sul e que desempenhou um papel decisivo na derrota dos golpistas e na garantia da posse de Jango.

Ao voltar para casa em Botafogo, continuávamos na expectativa do que iria acontecer no país, pois as cenas de violência se repetiam no centro da cidade e a situação continuava incerta, até o momento em que foi acertada a posse de Jango, no dia 7 de setembro. A junta militar formada com a renúncia de Jânio foi obrigada a afastar-se do poder, mas, ao mesmo tempo, o novo presidente aceitou a introdução do parlamentarismo – um expediente para limitar seus poderes. De qualquer maneira, após quinze dias de muita tensão, a situação voltava ao normal. Os dirigentes do PCB saíam da clandestinidade, meu pai voltou para casa e eu pude frequentar de novo a faculdade e retomar minhas atividades[17].

A segunda viagem a Cuba

Ao fim de 1961, terminado o ano letivo e tendo sido aprovada com sucesso em todas as provas, aceitei o convite para conhecer a Cuba socialista. Viajamos em avião do governo cubano; éramos uma delegação de mais de noventa brasileiros de diferentes profissões e regiões do Brasil, assim como de vários partidos e entidades. Os critérios da escolha dos visitantes foram bastante aleatórios e, já estando em Cuba, constatamos que no grupo havia se infiltrado um policial. Partimos do Rio no dia 30 de dezembro, desembarcando na ilha no último dia do ano, onde festejamos o *réveillon*.

Como convidados, ficamos hospedados às custas do governo cubano no Hotel Habana Riviera, também conhecido como Hotel Habana Libre, que antes pertencera aos magnatas estadunidenses. Presidia a delegação o eminente historiador comunista Caio Prado Júnior, que viajava na companhia do filho Caio Graco e da nora Susana. Havia um grupo grande de membros do PCB, incluindo muitos estudantes universitários; logo tratamos, sob a direção do companheiro Isaac Scheinvar, membro do Comitê Estadual da Guanabara, de nos reunirmos e pautarmos algumas normas para o comportamento do nosso grupo durante a estada em Cuba. A medida nos ajudou a manter uma certa ordem nessa delegação

---

[16] Ver Joaquim José Felizardo, *A legalidade: o último levante gaúcho* (Porto Alegre, Editora da UFRGS, 1988).

[17] Ver Anita Leocadia Prestes, *Luiz Carlos Prestes*, cit., p. 346-8.

extremamente heterogênea, como, por exemplo, o compromisso de procurar cumprir à risca a programação que os camaradas cubanos nos propunham seguir. Essa não foi uma tarefa fácil, pois grande parte dos brasileiros primava pela indisciplina e falta de disposição de acompanhar a delegação nos compromissos agendados.

No primeiro dia de 1962, assistimos à grande manifestação realizada na Praça da Revolução, em Havana, em comemoração ao terceiro aniversário da vitória da Revolução Cubana. O espetáculo foi impressionante: mais de 1 milhão de pessoas ouviram Fidel falar durante várias horas sob um sol inclemente, movidas por um entusiasmo contagiante. A oratória de Fidel Castro era particularmente vibrante e convincente, fazendo com que todos vibrássemos junto com o povo cubano ali reunido. Comemorava-se, em particular, o término exitoso do ano da alfabetização, com o resultado auspicioso da extinção do analfabetismo em Cuba: uma grande vitória do regime socialista implantado pela Revolução.

Também houve uma recepção oferecida pelo governo cubano aos delegados estrangeiros convidados para os festejos do terceiro aniversário da Revolução. Tivemos uma conversa com Fidel, que com seu estilo vibrante tratou de nos expor as conquistas alcançadas pelo povo cubano naqueles três anos, em que tivera de enfrentar a invasão da Baía dos Porcos pelos mercenários a serviço do imperialismo dos Estados Unidos, derrotando-os no decurso de poucas horas.

Durante a viagem pela ilha caribenha (a bordo de dois ônibus de turismo), visitamos escolas, universidades, fábricas e granjas coletivas, assim como vários museus, e participamos de inúmeros atos públicos tanto em Havana quanto em cidades por todo o país: Varadero, Matanzas, Santa Clara, Camagüey, Holgín, Santiago de Cuba e, na parte ocidental do país, Pinar del Rio. Era visível o entusiasmo popular com os resultados da Revolução. Apesar da grande ajuda econômica prestada pela União Soviética, as dificuldades ainda eram consideráveis, principalmente no que dizia respeito ao abastecimento da população. O povo cubano, muito semelhante ao brasileiro, é extremamente musical e, dado o grande entusiasmo existente com os êxitos da Revolução, os cubanos cantavam canções revolucionárias em todas as ocasiões possíveis: festas, comemorações, atos públicos, encontros com delegações estrangeiras.

Lembro que visitamos o famoso Quartel Moncada, onde praticamente teve início o processo revolucionário cubano, assim como a praia em que, em dezembro de 1956, ocorreu o desembarque do barco *Granma*, sob a direção de Fidel e Raúl Castro, com a participação de Che Guevara. Como é sabido, a partir desse feito heroico organizou-se a guerrilha na Sierra Maestra, cujo desempenho foi de grande importância para a vitória da Revolução em janeiro de 1959[18].

---

[18] Ver, por exemplo, Francisco Ignácio Taibo Mahajo, *Ernesto Guevara, também conhecido como Che* (São Paulo, Expressão Popular, 2008).

Tivemos oportunidade de participar da colheita de cana-de-açúcar, a cultura mais importante da economia cubana – atividade que na época era manual e, consequentemente, exigia um grande esforço físico.

Hospedados no Habana Riviera, numerosos delegados estrangeiros de vários países que se encontravam em Cuba por aqueles dias eram visitados pelo comandante Fidel quase todas as madrugadas; ele gostava de conversar com os amigos do exterior e de ouvir suas impressões sobre a situação na ilha. Sua chegada ao hotel causava sempre grande rebuliço. Numa dessas visitas, quando eu já dormia, fui despertada por um assessor de Fidel, que a pedido deste solicitava minha presença num dos recintos do hotel. Quando cheguei para esse encontro inesperado, a curiosidade e um certo ciúme dos conterrâneos foi muito grande; afinal, o Comandante queria pedir que transmitisse ao meu pai seu convite pessoal para que este voltasse a visitar Cuba, pois já estivera na ilha no início de 1961.

O regresso da nossa delegação ao Brasil foi tumultuado. Naquele momento, o governo cubano dispunha de apenas um avião em serviço, pois, devido ao bloqueio dos Estados Unidos, faltavam peças de reposição para garantir os voos de outras aeronaves, todas de fabricação estadunidense. Como teria lugar reunião da OEA em Punta del Este (Uruguai), o avião disponível deveria levar Fidel Castro e a delegação cubana para esse evento. Teríamos, então, de aguardar duas semanas para regressar ao Brasil. Diante disso, alguns membros do nosso grupo começaram a criar caso e a dizer, inclusive, que eram prisioneiros do governo cubano. Tivemos de enfrentar o problema e, por fim, os mais apressados e os que mais reclamavam puderam partir junto com a delegação governamental rumo ao Brasil. Nós, os comunistas, e outros membros da delegação, aguardamos o retorno da aeronave e aproveitamos para continuar visitando Cuba. Permanecemos na ilha durante seis semanas, o que foi ótimo para todos aqueles que estávamos interessados em conhecer melhor as conquistas da Revolução.

De 1962 a 1964

No início de 1962, tivemos de nos mudar por dois motivos: o proprietário da casa de Botafogo havia pedido que a desocupássemos e a direção do PCB resolvera que os membros da Comissão Executiva do Partido deveriam residir na capital paulista, pois nesse estado concentrava-se o maior e mais importante contingente operário do país, que seria alvo privilegiado das atenções da direção partidária. Os camaradas de São Paulo alugaram uma casa no bairro paulistano de Vila Mariana, para onde meu pai se mudou junto com dona Maria e as crianças. Os demais membros da Comissão Executiva, entretanto, continuaram no Rio, o que obrigava Prestes a passar a semana nesta cidade e viajar nos fins de semana para a capital paulista, se não tivesse outros compromissos no Rio de Janeiro. Nesta cidade alugou-se um apartamento em Botafogo, onde morávamos Lygia, eu e meu pai, quando ali se encontrava. Nas férias na faculdade ou em alguns feriados, a convite do pai, eu às vezes o acompanhava em suas viagens a São Paulo, pois não queria perder o contato com meus irmãos – embora dona Maria insistisse em afastá-los de mim e fizesse com que, no decorrer dos anos, eles se tornassem fingidos e hostis em relação a mim e às tias.

Nessa época, após um advogado da República Federal da Alemanha (RFA) ter me contatado no Brasil, recebi uma indenização paga pelo governo desse país aos herdeiros de famílias judaicas que haviam tido seus bens expropriados pelo regime nazista. Este fora o caso da minha avó Eugenie Gutmann Benario, assassinada em 1943 no campo de concentração de Theresienstad, e do seu filho Otto Benario, que teve o mesmo destino no campo de Auschwitz. Eu era a única herdeira direta viva e, por isso, tive direito a essa modesta indenização, se comparada com o valor do prédio situado em Munique de propriedade da família. Conforme a mentalidade em que eu fora educada, imediatamente informei ao meu pai que destinaria toda a quantia ao caixa do PCB. Ele ponderou, contudo, que o Partido gastaria essa importância em um mês, sem resolver seus grandes problemas financeiros. Considerava melhor eu investir esse dinheiro, que poderia ser útil numa hora de aperto para o próprio Partido, o que fiz com a ajuda de amigos que entendiam do assunto.

Depois do golpe, em 1965, o apartamento alugado em Botafogo nos foi pedido de volta pelo proprietário. Estávamos Lygia e eu então desempregadas, e a direção do PCB sem condições de continuar arcando com os aluguéis que haviam se tornado muito mais caros. Sob orientação do meu pai, obrigado a viver na clandestinidade, recorremos ao dinheiro da indenização para comprar um apartamento no mesmo prédio onde já morávamos. Restou-nos uma pequena quantia aplicada, que serviu para ajudar o Partido em alguns momentos de grandes dificuldades financeiras. Não foi nada fácil efetuar essa compra, pois os proprietários de vários imóveis que tivemos em vista, com medo do comunismo e da repressão desencadeada pela ditadura, se recusavam a realizar qualquer negócio comigo.

Em março de 1962, ingressei no terceiro ano da Escola Nacional de Química, quando optei pelo curso de Química Industrial. Continuava atuando no Comitê Universitário da Guanabara. Nessa ocasião realizou-se importante evento do movimento estudantil brasileiro: o Segundo Seminário Nacional de Reforma Universitária, que se reuniu em Curitiba e aprovou documento denominado *Carta do Paraná*. Alguns companheiros do nosso Comitê Universitário participaram desse conclave, ao qual eu mais uma vez não fui por ser considerada uma comunista excessivamente "escrachada", que poderia comprometer os entendimentos dos representantes do PCB com os aliados.

O INÍCIO DOS ANOS 1960 (1961-1964)   107

Na opinião de Arthur José Poerner, com a *Carta do Paraná* avançou-se no sentido de suprimir a lacuna deixada pela *Declaração da Bahia*, aprovada no ano anterior, ao propor uma universidade que fosse "expressão de um humanismo integral, a que repugna o homem dividido em compartimentos estanques". Tratava-se de lutar por uma universidade antidogmática, que fosse, ao mesmo tempo, "uma frente revolucionária e uma expressão do povo, imune, assim, a discriminação de ordem econômica, ideológica, política e social". Havia também a preocupação com "o ensino brasileiro de nível médio, protestando contra o seu caráter de mero estágio de preparação cultural para os cursos universitários"[19].

Ao realizar a crítica da universidade, a *Carta do Paraná* propunha a reformulação da sua estrutura viciada, reiterando "as proposições da *Declaração da Bahia*, acrescidas do veto à subvenção do ensino particular pelo Estado e com ênfase especial na participação dos alunos na administração das universidades". Essa participação, considerada fundamental, era fixada em um terço de representação nos órgãos colegiados[20]. Segundo o mesmo autor, a maior inovação das decisões aprovadas em Curitiba residia na afirmação da luta pela Reforma Universitária mediante sua inclusão entre as chamadas Reformas de Base que estavam sendo levantadas durante o governo João Goulart[21].

A partir das decisões tomadas com a *Carta do Paraná*, passamos a exigir a participação dos estudantes com direito a voto, na base de um terço, nos colegiados de administração da universidade – Congregação, Conselho Universitário e Conselhos Técnicos. Essa participação deveria ser regulamentada pelos estatutos das faculdades e universidades, pois já estava assegurada pela Lei de Diretrizes e Bases da Educação Nacional, aprovada em dezembro de 1961. Com o objetivo de conquistar a proporção de um terço, a gestão de Aldo Arantes na UNE levou adiante uma campanha de propaganda em todo o país, "percorrido pelas caravanas denominadas de 'UNE-Volante', que utilizavam, inclusive, para a melhor transmissibilidade de suas mensagens, encenações teatrais, como o *Auto dos 99%*"[22].

Recordo-me do debate que travamos no âmbito do Comitê Universitário da Guanabara a respeito da oportunidade de decretar uma greve geral dos estudantes caso os estatutos das universidades não fossem reformulados dentro do prazo estabelecido pela Lei de Diretrizes e Bases, fixado para junho de 1962. Na minha opinião, não existia um nível de mobilização estudantil que pudesse levar o movimento a ser vitorioso; achava prematura a decretação da greve, que foi aprovada pela maioria e despertou grande entusiasmo entre as lideranças. Contudo, eu

---

[19] Arthur José Poerner, *O poder jovem*, cit., p. 203.
[20] Ibidem, p. 204.
[21] Idem.
[22] Ibidem, p. 205-6.

verificava que a massa estudantil não participava das campanhas então promovidas e do entusiasmo de setores restritos do movimento estudantil e de suas lideranças.

Um relativo sucesso inicial do movimento levou as lideranças reunidas durante o 25º Congresso da UNE, realizado em julho daquele ano, a determinarem o prosseguimento da greve, já decorrido mais de um mês de sua deflagração. Nessa ocasião foi eleito Vinicius Caldeira Brant o novo presidente da entidade, consolidando-se assim a hegemonia da AP no movimento estudantil brasileiro, que um ano depois elegeu para presidente da UNE no seu 26º Congresso José Serra, também da AP. Com o evidente desgaste do movimento, em meados de agosto de 1962 o Conselho Extraordinário da UNE era forçado a recuar, suspendendo a greve[23].

Naqueles anos que antecederam o golpe civil-militar de 1964 a UNE desempenhou indiscutível papel de destaque na política nacional, participando ativamente da luta pelas Reformas de Base. Nesse sentido, foi importante a criação do Centro Popular de Cultura (CPC), que desenvolveu intensa atividade cultural de conscientização dos estudantes e de setores populares[24]. Havia uma grande ebulição política, mas falhava-se na organização popular e, no que diz respeito ao movimento estudantil, na organização, mobilização e conscientização dos contingentes de base dos estudantes nas diferentes escolas e faculdades. O movimento pecava, como era o caso também do movimento operário e sindical, pelo cupulismo, ou seja, por estar pouco enraizado entre as massas. Na ocasião do golpe, as lideranças não conseguiram levar as massas a impedi-lo[25].

Entre os setores mais politizados do movimento estudantil cresciam as repercussões da contenda que tomara conta da esquerda mundial: as divergências entre a China e a União Soviética, ou, melhor, entre o Partido Comunista da China (PCC) e o PCUS. A radicalização dos partidários de um lado e de outro era muito acentuada, particularmente entre os estudantes que militavam no PCB, e em especial os que estudavam na Faculdade Nacional de Filosofia. Muitos deles haviam adquirido um nível considerável de conhecimento dos escritos dos autores marxistas, mas a leitura dos clássicos nem sempre possibilitava avaliar corretamente a situação concreta do mundo e do Brasil.

A principal tese defendida pelos partidários do maoismo, ou seja, do pensamento de Mao Tsé-tung – que se caracterizava pela *ortodoxia revolucionária* –, consistia na acusação levantada contra os soviéticos e seus seguidores de *revisionismo burguês*[26]. Como é apontado pelo historiador Josep Fontana, Mao, "convencido

---

[23] Ibidem, p. 206-7.

[24] Ibidem, p. 209-11.

[25] Ver Anita Leocadia Prestes, *Luiz Carlos Prestes*, cit., capítulo XIV.

[26] Ver Josep Fontana, *Por el bien del imperio*, cit., p. 422; tradução minha.

de que a União Soviética pós-stalinista marchava de volta para o capitalismo, e perdidas as esperanças que havia depositado antes no movimento comunista mundial, queria manter viva a revolução lutando contra a degeneração burocrática do socialismo"[27]. Tais proposições influenciaram uma parte das esquerdas brasileiras, assim como de outras regiões do mundo, devido principalmente à desilusão com as revelações feitas por Nikita Khrushchov em 1956, no XX Congresso do PCUS. Uma das proposições aprovadas nesse Congresso – a possibilidade de *coexistência pacífica* entre os sistemas socialista e capitalista – embasava em parte as acusações de *revisionismo burguês* levantadas contra seus defensores.

Recordo-me que, numa conferência do setor universitário da Guanabara realizada naquele ano de 1962, a luta entre os defensores das posições soviéticas e das teses aprovadas no V Congresso do PCB – entre os quais eu me encontrava – e os partidários das posições "chinesas" foi violenta. Era evidente o esquerdismo destes últimos ao defenderem a radicalização do movimento, sem perceberem a inexistência de condições para isso; chegavam a propor o desencadeamento da luta armada para a conquista do poder. Suas posições se coadunavam com as que foram vitoriosas na Conferência Nacional do PCB realizada em São Paulo, em dezembro daquele ano, quando se definiu a luta *contra a conciliação de João Goulart* como o objetivo principal dos comunistas naquele momento. Na nossa conferência universitária, contudo, essas posições foram derrotadas pela maioria dos participantes. Esboçava-se, ainda assim, o início de um desvio esquerdizante na política do PCB, que viria a contribuir para a derrota das forças progressistas, democráticas e de esquerda em abril de 1964[28].

Atravessávamos um período particularmente conturbado da vida nacional. A luta pelas Reformas de Base agitava o panorama político e as dificuldades do governo Jango com o regime parlamentarista precipitavam as substituições frequentes de gabinete ministerial. Havia uma intensificação dos movimentos grevistas; a greve geral de 5 de julho de 1962 paralisou mais de 1 milhão de trabalhadores. Forçado pela pressão do movimento grevista e da opinião pública, inclusive de setores militares solidários com o presidente, o Congresso Nacional acabou aprovando a realização de plebiscito, em 6 de janeiro de 1963, para decidir a respeito da permanência ou não do regime parlamentarista. Facilitava-se assim a restauração das prerrogativas do presidencialismo, abolidas com a manobra do parlamentarismo, que garantira a posse do presidente na crise de agosto de 1961[29].

---

[27] Ibidem, p. 422-3; para mais considerações sobre Mao Tsé-tung e o maoismo, ver também p. 407-14 e 420-7.

[28] Ver Anita Leocadia Prestes, *Luiz Carlos Prestes*, cit., p. 361-3.

[29] Ibidem, p. 356-61.

O PCB se posicionou claramente pelo "não" ao Ato Adicional que havia instituído o parlamentarismo, mas deixava claro que a volta do regime presidencialista não significaria por si só a solução dos problemas nacionais. Os comunistas – incluindo nós, o setor estudantil do Partido – participamos ativamente dessa campanha, que teve como resultado a vitória estrondosa do presidencialismo no plebiscito. Também participamos da campanha eleitoral para as eleições legislativas de 7 de outubro de 1962 apoiando os chamados "candidatos de Prestes", que concorriam em legendas de partidos aliados como o PTB e o PST, uma vez que ainda não havíamos conquistado o registro eleitoral do PCB[30].

No estado da Guanabara obtivemos uma vitória expressiva com a eleição para a Câmara Federal do dirigente comunista Marco Antônio Coelho, até então pouco conhecido nesse estado, assim como de alguns deputados estaduais – os dirigentes sindicais do PCB Hércules Correia e João Massena Melo e o advogado Sinval Palmeira, também membro do Partido. Todos tiveram os mandatos cassados por ocasião do golpe de 1964. Recordo-me que durante a campanha tivemos de enfrentar a violência desencadeada contra os comunistas por elementos provocadores, em particular pelos adeptos do governador Carlos Lacerda. Procurávamos sair às ruas em grupos, para que pudéssemos nos defender das agressões frequentes de elementos movidos pelo anticomunismo que vinha se acentuando na sociedade brasileira.

Em outubro de 1962, diante da crise internacional provocada pela instalação de mísseis soviéticos em território cubano, o PCB declarou-se imediatamente a favor de Cuba, contra o bloqueio à ilha e em apoio à posição do governo brasileiro de repúdio a qualquer agressão ao povo cubano[31]. Nós, estudantes comunistas, mais uma vez saímos às ruas na defesa de Cuba, em concorridas passeatas e manifestações conduzidas sempre com grande entusiasmo.

No início de 1963, aproveitei os dois meses de férias na faculdade para iniciar um estágio na minha futura profissão de química industrial na fábrica de borracha Fabor, situada no município fluminense de Duque de Caxias e então pertencente à Petrobras e ao Estado brasileiro. Hoje, como tantas outras empresas, está nas mãos da iniciativa privada. Era uma atividade que me fascinava, pois participava de um grupo de pesquisadores que investigavam a composição de aditivos utilizados na fabricação da borracha, então importados. Tínhamos como objetivo substituí-los por componentes produzidos no Brasil, poupando, portanto, os recursos nacionais e contribuindo para a soberania do nosso país. Ao mesmo tempo, sentia-me atraída pela perspectiva de atuar na seção sindical

---

[30] Ibidem, p. 360-1 e 363.

[31] Ibidem, p. 360-1; Luiz Alberto Moniz Bandeira, *O governo João Goulart: as lutas sociais no Brasil, 1961-1964* (São Paulo, Editora Unesp, 2010), p. 186-96.

dos funcionários da empresa, entidade em que havia a possibilidade de realizar um trabalho a longo prazo de organização, mobilização e conscientização dos trabalhadores. No ano seguinte, quando ingressava no último semestre do curso de Química Industrial – nossa turma se formaria em junho de 1964 –, muito animada, voltei a estagiar na mesma empresa durante as férias. Os ônibus da Fabor apanhavam os empregados em suas casas entre cinco e seis horas da manhã, para estarmos no município de Duque de Caxias antes das sete horas, quando tinha início a jornada de trabalho que se encerrava às quatro da tarde; e éramos, então, levados de volta para casa. Os estagiários não recebiam nenhuma remuneração; apenas gozávamos da gratuidade do transporte e da alimentação que nos era servida no restaurante da empresa. Para mim, foi uma experiência inesquecível, pois me abriu uma perspectiva real de trabalho na profissão escolhida e de atividade política junto aos trabalhadores, conforme também era aspiração minha.

A vitória expressiva do "não" ao parlamentarismo – 9 milhões de eleitores, num total de 10 milhões – no plebiscito de 6 de janeiro contribuiu para que se intensificassem as articulações de setores do empresariado, juntamente com a CIA e a embaixada dos Estados Unidos, com o objetivo de desestabilizar o governo João Goulart. Foi o caso de entidades como o Instituto de Pesquisas e Estudos Sociais (Ipes) e o Instituto Brasileiro de Ação Democrática (Ibad), cuja atuação é hoje bem conhecida[32].

A crise econômica também se agravava, contribuindo para que aumentassem as pressões a favor da realização das Reformas de Base. O governo Jango vacilava entre as crescentes demandas dos trabalhadores e dos setores progressistas da sociedade e as articulações golpistas das forças entreguistas e de direita. A posição do PCB, de acordo com as decisões adotadas em sua Conferência Nacional de dezembro de 1962, era de reforçar o combate à *conciliação* do presidente Goulart, exigindo que do ministério presidencialista fossem afastados os elementos comprometidos com o entreguismo e se avançasse no sentido de pôr em prática as Reformas de Base. Para isso, entendíamos que Jango deveria recompor o governo formando um ministério de caráter *nacionalista e democrático,* conforme a orientação do V Congresso do PCB[33].

Nós, os comunistas, fazíamos oposição ao governo João Goulart: tentávamos aumentar a pressão dos setores populares para que o presidente empreendesse as mudanças que considerávamos necessárias no ministério, assegurando a realização das Reformas de Base. Assim, combatíamos o Plano Trienal elaborado por Celso Furtado, que o governo tentava aplicar com a formação do primeiro

---

[32] Anita Leocadia Prestes, *Luiz Carlos Prestes,* cit., p. 363; Luiz Alberto Moniz Bandeira, *O governo João Goulart,* cit., p. 205.

[33] Anita Leocadia Prestes, *Luiz Carlos Prestes,* cit., p. 364.

ministério presidencialista, no início de 1963. Denunciávamos que seus objetivos de dar continuidade ao desenvolvimento do Brasil, dentro de um programa anti-inflacionário baseado em uma recessão atenuada, eram impraticáveis sem a realização de reformas profundas, como já revelavam a disparada inflacionária e o aumento do custo de vida[34].

Os acontecimentos no país, contudo, se precipitavam. A ofensiva dos setores de direita com vistas à derrubada do governo Goulart tornava-se cada vez mais presente. Em março de 1963 Carlos Lacerda, governador da Guanabara, proibiu arbitrariamente o Encontro Nacional de Solidariedade a Cuba, em cuja preparação o PCB teve papel decisivo. Fomos obrigados a transferir o evento para Niterói, onde, apesar dos esforços de Lacerda, o conclave foi coroado de indiscutível sucesso[35].

Em abril, uma provocação golpista dirigida pelo ministro da Guerra, general Amaury Kruel, teve como pretexto um desagravo ao presidente por injúria que Lacerda lhe fizera. Tratava-se, segundo o grupo liderado por Kruel, de realizar uma intervenção federal na Guanabara, o que provocava o temor de que o governo federal viesse a intervir também em Pernambuco para derrubar o governador Miguel Arraes – eleito por setores nacionalistas e democráticos daquele estado. As consequências dessa medida eram imprevisíveis, portanto, de acordo com a orientação da direção do PCB, nos organizamos para denunciá-la e para impedir sua efetivação[36].

Ao mesmo tempo, nós, os comunistas, insistíamos na aprovação, pelo Congresso Nacional, de emenda constitucional que abrisse caminho para a reforma agrária radical, conclamando as massas a "arrancar do Congresso e do governo as reformas", pois as resistências para tal eram enormes[37].

Em setembro daquele ano, teve lugar em Brasília a revolta de cerca de quinhentos sargentos do Exército, da Marinha e da Aeronáutica, debelada pelo governo em poucas horas. Uma das suas principais motivações era a cassação dos mandatos de alguns desses sargentos, que haviam sido eleitos no pleito de 1962 – o Supremo Tribunal Federal se recusara a reconhecer sua elegibilidade. Nossa posição foi abertamente em defesa dos mandatos populares e das liberdades democráticas e de crítica às atitudes conciliatórias de Jango[38].

Na mesma ocasião, enquanto a instabilidade política se acentuava, eram divulgadas declarações do general Peri Bevilacqua, comandante do II Exército (sediado em São Paulo), em que eram atacados o Comando-Geral dos Trabalhadores (CGT) e outras entidades sindicais; tais declarações acarretaram a advertência oficial de

---

[34] Idem.
[35] Idem.
[36] Ibidem, p. 365.
[37] Idem.
[38] Ibidem, p. 368.

Bevilacqua pelo ministro da Guerra, general Jair Dantas Ribeiro. Imediatamente lideranças sindicais e populares se mobilizaram, assim como os comunistas, que denunciavam o avanço da conspiração golpista e a gravidade da situação política no país. Carlos Lacerda, um dos principais conspiradores naquele momento, chegou a declarar ao jornal estadunidense *Los Angeles Times*[39] que o governo de Goulart poderia cair antes do fim do ano, levando os ministros militares a propor a decretação do estado de sítio para que pudessem destituir Lacerda legalmente do governo do estado da Guanabara, processá-lo e julgá-lo. Pressionado pelos militares, Goulart enviou mensagem ao Congresso Nacional solicitando tal medida e alegando para justificá-la a iminente ameaça de comoção interna[40].

A reação do PCB foi imediata. Denunciávamos que o estado de sítio viria a dificultar a mobilização popular contra os setores de direita e a dar argumentos a Lacerda e a seu aliado Adhemar de Barros, então governador de São Paulo, que tentavam confundir a opinião pública apresentando-se como defensores da democracia. Diante da ampla mobilização de variados setores políticos pelo impedimento do estado de sítio, João Goulart foi compelido a retirar a solicitação dessa medida enviada ao Congresso Nacional. Configurava-se, assim, a conquista de uma importante vitória política das forças nacionalistas e democráticas[41].

No final daquele conturbado ano de 1963, enquanto se intensificava o movimento grevista em diversos pontos do país e em São Paulo – uma greve que durou quatro dias e mobilizou 700 mil trabalhadores, por exemplo, alcançou aumentos salariais de no mínimo 80% –, o PCB considerava ser possível exigir de Jango a implementação das Reformas de Base, para as quais pensávamos que ele contaria com o apoio dos trabalhadores e das forças progressistas do país. Acreditávamos que o presidente disporia de elementos suficientes para reformular o ministério, constituindo um outro sistema de forças, nacionalista e democrático. Como a prática revelou pouco tempo depois, inexistia um movimento popular em condições de respaldar tais medidas[42].

No início de 1964, durante as férias da faculdade, antes de assumir pela segunda vez minha função de estagiária na fábrica Fabor, passei o Ano-Novo e mais alguns dias em São Paulo na companhia de meu pai, meus irmãos e tia Lygia. Pudemos passear um pouco com as crianças, o que sempre era muito agradável para meu pai e para mim. No dia 3 de janeiro, aniversário natalício de Prestes, assisti à entrevista-sabatina por ele concedida no programa *Pinga-Fogo*, da TV

---

[39] Ver <https://www.fgv.br/cpdoc/acervo/dicionarios/verbete-bibliografico/carlos-frederico-werneck-de-lacerda>, acesso em: 30 set. 2019.

[40] Anita Leocadia Prestes, *Luiz Carlos Prestes*, cit., p. 368-9.

[41] Ibidem, p. 370-1.

[42] Ibidem, p. 371-2 e 380-5.

Tupi de São Paulo, que alcançou enorme repercussão no país. Na ocasião foram por ele reiteradas as posições que vinham sendo adotadas pela direção do Partido, revelando de maneira sutil, contudo, sua discordância em relação às teses de caráter reformista – que já vinham por ele sendo questionadas desde 1958[43] – aprovadas no V Congresso. Assim, reafirmou a necessidade de haver, no Brasil, um "salto revolucionário" e a disposição de lutar por um "governo revolucionário"[44].

Durante a entrevista, questionado sobre a frase que lhe fora amplamente atribuída e teria sido por ele proferida no Recife – "Já somos governo, falta-nos, porém, o poder" –, meu pai respondeu que jamais havia dito isso e que sua fala havia sido deturpada. "Estamos influindo cada vez mais no poder, isso estamos. Através da classe operária, através do movimento camponês, através do movimento sindical, em que a influência comunista é grande e tende a crescer."[45]

Em diversas ocasiões, frases falsas foram atribuídas a Prestes e depois repetidas ao longo do tempo por muitos políticos e acadêmicos. Nesse sentido, há poucos anos, o ex-dirigente comunista Marco Antônio Coelho afirmou, por exemplo, que meu pai teria lançado a candidatura de João Goulart à reeleição em 1965, o que seria inconstitucional[46]. Na realidade, na entrevista à TV Tupi, as palavras de Prestes foram as seguintes:

> Pensamos que devemos nos unir e chegar a um candidato apoiado pelas amplas forças nacionalistas e democráticas, particularmente se tiver o apoio do PTB e do presidente Goulart. [...] Talvez possa ser o governador Arraes... Agora, as dificuldades para essa unidade, sabemos que não são pequenas. E há outras dificuldades, porque o próprio presidente Goulart pode pretender ser candidato; talvez mesmo o candidato do presidente Goulart à presidência da República seja ele mesmo. Não sei como pretende chegar lá. Será através de uma reforma constitucional? Pode ser, não? Reformar a Constituição para permitir a reeleição. [...] E entre os candidatos das forças patrióticas, entre os que estão aí, talvez o presidente Goulart ainda seja mesmo o melhor, se a Constituição permitir.[47]

Fica evidente que, para Prestes, a candidatura de Jango era apenas uma possibilidade entre outras.

---

[43] Ibidem, p. 319; Prestes, sendo secretário-geral do PCB, não podia externar publicamente suas divergências com a direção do Partido.

[44] Ibidem, p. 372.

[45] Idem.

[46] Marco Antônio Coelho, "Era possível evitar o golpe de 64" (entrevista concedida a Luiz Carlos Azedo), *Correio Braziliense*, Brasília, 28 mar. 2014.

[47] Anita Leocadia Prestes, *Luiz Carlos Prestes*, cit., p. 372-3.

O INÍCIO DOS ANOS 1960 (1961-1964)   115

Os primeiros meses de 1964 foram marcados pelo aguçamento das tensões no clima político no país. Embora tivesse havido um esforço de parte dos comunistas e de setores simpáticos ao governo Goulart no sentido de elaborar uma plataforma unitária de soluções de caráter programático para que o presidente levasse adiante as Reformas de Base, havia resistência significativa de grupos mais à direita, como políticos do Partido Social Democrático (PSD). O ex-ministro San Tiago Dantas tendia a conciliar com tais setores, o que era inaceitável para as forças de "esquerda", junto aos quais o deputado Leonel Brizola exercia forte influência. O PCB insistia numa solução unitária, que, entretanto, viria a fracassar[48].

Em 13 de março daquele ano realizou-se o célebre comício da Central do Brasil, no qual cerca de 200 mil pessoas aplaudiram o discurso de Jango proclamando a necessidade de mudanças na Constituição, que legalizava uma "estrutura econômica superada, injusta e desumana". O presidente anunciou a assinatura de vários decretos, entre os quais a encampação das refinarias particulares, o tabelamento dos aluguéis dos imóveis desocupados e a desapropriação de terras valorizadas pelos investimentos públicos – ou seja, das terras às margens dos eixos rodoviários e dos açudes, ou que pudessem tornar produtivas áreas inexploradas[49]. Estava posto o cenário esperado pelos golpistas para acelerar a derrubada de João Goulart.

Naquele 13 de março eu estava trabalhando na Fabor, completando os últimos dias do meu estágio. Lembro que na saída, quando embarcávamos nos ônibus da empresa para regressar para casa, foi divulgada uma determinação do sindicato para que todos os funcionários fossem transportados diretamente para o comício na Central do Brasil; ninguém seria levado para casa. No trajeto de Duque de Caxias ao centro da cidade do Rio, uma parte considerável dos passageiros do meu ônibus ia reclamando da decisão do sindicato e dizendo que, ao chegar no local do comício, iria embora. Esse episódio chamou minha atenção, pois revelava que pelo menos uma parte, talvez minoritária, dos trabalhadores da Petrobras não estava disposta a defender o governo João Goulart nem tinha compreensão do risco que todos corríamos com a sua derrubada[50]. O espetáculo proporcionado pela grandiosidade do comício e o entusiasmo dos seus participantes, entretanto, nos permitiam acreditar na "força do movimento de massas", que segundo o jornal *Novos Rumos*, editado pelo PCB, atingira "um nível sem precedentes"[51].

Cabe lembrar que o pretexto decisivo para desencadear o golpe foi a comemoração do aniversário da Associação dos Marinheiros e Fuzileiros Navais,

---

[48]   Ibidem, p. 373-80.

[49]   Ibidem, p. 375-6.

[50]   É necessário considerar que as greves desse período aconteciam principalmente nas empresas estatais, e que os grevistas não tinham seus salários cortados.

[51]   Anita Leocadia Prestes, *Luiz Carlos Prestes*, cit., p. 376.

desacatando proibição do almirante Sílvio Mota, ministro da Marinha, que ordenara a prisão de seus organizadores. Uma série de lances dramáticos teve lugar a seguir, contribuindo para que no dia 31 de março começasse o levante militar em Minas Gerais[52], que levou à rápida derrocada do governo Goulart. Foram, assim, frustradas as esperanças de que as massas não permitiriam tal desfecho. Na verdade, conforme declarou vinte anos mais tarde Waldir Pires, consultor-geral da República do governo então deposto, "havia muito mais retórica dos discursos do que propriamente uma ação organizada para preservar o processo democrático"[53].

[52] Ibidem, p. 378-9.
[53] Waldir Pires, citado em ibidem, p. 382.

VII
O GOLPE DE 1964 E OS ANOS
SEGUINTES (1964-1968)

O golpe de 1º de abril de 1964

Ainda no dia 31 de março, ao tomar conhecimento do levante militar em Minas e da marcha da tropa do Exército, sob o comando do general Olímpio Mourão Filho, em direção ao estado da Guanabara, a Comissão Executiva Nacional do PCB concovou uma reunião extraordinária. O encontro deu-se no nosso apartamento de Botafogo, onde meu pai permanecia na ocasião, evitando assim o risco de um deslocamento para o escritório mantido pela direção no centro da cidade. Decidiu-se que Prestes telefonaria para o brigadeiro Francisco Teixeira, membro do PCB e comandante da 3ª Zona Aérea, sediada no Rio de Janeiro, para examinar a possibilidade de ataque aéreo à coluna do general Mourão, ou, pelo menos, de bombardeio do Palácio Guanabara. A resposta do brigadeiro foi taxativa: "Os tenentes, meus subordinados, já passaram todos para o outro lado". Estava, pois, descartada qualquer resistência militar ao golpe[1].

Naquele mesmo dia, por decisão da Comissão Executiva, Prestes passou mais uma vez para a clandestinidade, no próprio estado da Guanabara, onde permaneceu até partir para o exílio em março de 1971. Durante esses anos viajou algumas vezes a São Paulo, onde participou de atividades partidárias, e ao exterior, para reuniões do movimento comunista internacional em países socialistas do Leste Europeu.

Em sua última edição, do dia 1º de abril de 1964, o *Novos Rumos* divulgou a declaração do CGT de greve geral em todo o país, publicando, ao mesmo tempo, nota em que o PCB se dirigia à nação, conclamando o povo a "esmagar o golpe reacionário, defender as liberdades, depor os governadores golpistas". Mas a greve geral não se concretizou, e o apelo do Partido caiu no vazio[2].

---

[1] Anita Leocadia Prestes, *Luiz Carlos Prestes*, cit., p. 379.

[2] Ibidem, p. 379-80.

Recordo-me de uma reunião do Comitê Universitário da Guanabara realizada uns dias antes do golpe. Na ocasião, respondendo à pergunta de um companheiro sobre o que faríamos em caso de um golpe desfechado pela direita, Jover Telles, assistente da direção do PCB e integrante da Comissão Executiva Nacional, respondeu: "O Partido mobilizará seus batalhões de operários e camponeses!". A prática nos mostrou que essa afirmação não passava de fantasia...

Nós, universitários comunistas, passamos grande parte da noite de 31 de março e da madrugada de 1º de abril na sede da UNE, na Praia do Flamengo, onde havia um mundo de gente de esquerda na expectativa dos próximos acontecimentos. Aguardávamos o desfecho dos entendimentos entre o general Amaury Kruel, comandante do II Exército (com sede em São Paulo), e o presidente Goulart. Alimentávamos a esperança de apoio ao presidente da parte do general – o qual dizia ser amigo pessoal de Jango –, coisa que não aconteceu, pois o primeiro mandatário do país não aceitou as condições impostas pelo general: afastamento das esquerdas e medidas de repressão contra os movimentos operário, estudantil e camponês – enfim, contra as forças populares.

Na madrugada de 1º de abril, com a participação dos governadores dos três estados mais importantes da União – Carlos Lacerda (Guanabara), Adhemar de Barros (São Paulo) e Magalhães Pinto (Minas Gerais) – e a adesão do comandante do II Exército, de grande peso na área militar, o êxito dos golpistas parecia irreversível. Mas João Goulart permanecia no Rio e viajou à tarde para Brasília, onde, apesar das pressões exercidas sobre ele, não assinou a renúncia à presidência. Continuava sendo o presidente constitucional do Brasil e, nessa condição, partiu para Porto Alegre; ali, o ex-governador Brizola estava disposto a iniciar a resistência ao golpe. Contava com o apoio do general Ladário Pereira Telles, recém-nomeado comandante do III Exército.

Enquanto o presidente Goulart viajava para o Rio Grande do Sul, permanecendo, portanto, em território nacional, uma sessão extraordinária do Congresso Nacional era convocada para a uma hora da madrugada do dia 2 de abril de 1964, ocasião em que Auro de Moura Andrade, presidente do Congresso, declarou ter João Goulart abandonado o governo. Nas palavras do deputado Almino Affonso, então líder do governo na Câmara, Andrade, com esse gesto, apunhalou a República. Logo a seguir, era investido no cargo máximo da nação o até então presidente da Câmara dos Deputados Ranieri Mazzili. "Assim se concretizava o Golpe de Estado: a 2 de abril de 1964, à 01h30."[3]

Pelos relatos hoje conhecidos, grande parte das unidades militares sediadas no estado do Rio Grande do Sul não se dispuseram a acompanhar a resistência

---

[3] Almino Affonso, *1964 na visão do ministro do trabalho de João Goulart* (São Paulo, Fundap, Imprensa Oficial do Governo do Estado de São Paulo, 2014), p. 592-3.

O GOLPE DE 1964 E OS ANOS SEGUINTES (1964-1968)   119

ao golpe, proposta pelo general Ladário Telles e pelo deputado Leonel Brizola. Também havia a ameaça da intervenção militar do governo dos Estados Unidos, o que desencadearia uma guerra civil. João Goulart declarou em Porto Alegre, naquele 2 de abril de 1964, que não desejava derramamento de sangue em defesa do seu mandato. Seguiu para São Borja e, ameaçado de prisão, atravessou a fronteira com o Uruguai. Qualquer resistência estava fora de cogitação[4].

No Rio de Janeiro, embora a greve geral convocada para o dia 1º de abril não houvesse acontecido, uma parte dos transportes coletivos foi paralisada, o que dificultou muito a movimentação dos estudantes comunistas, voltada para a deflagração de greve nas universidades e escolas superiores. Mesmo assim, conseguimos naquela tarde decretar greve na Escola Nacional de Química, onde eu estudava. A orientação recebida era dirigir-se ao centro da cidade para manifestar-se contra o golpe. Antes disso, porém, telefonei para casa para falar com a tia Lygia, que me informou estar Carlos Lacerda se pronunciando pela televisão, anunciando a vitória do golpe. Pediu-me que não fosse ao centro e voltasse imediatamente para ajudá-la em providências que se haviam tornado necessárias. Praticamente tive de ir a pé da Praia Vermelha a Botafogo[5], por conta da falta de transporte.

Em casa, Lygia já estava empacotando grande quantidade de documentos do Partido, inclusive muitas cadernetas com anotações do meu pai[6], pois esperávamos que não tardaria uma busca policial. Os pacotes foram levados ao apartamento de um casal vizinho de companheiros do Partido, Caio Nogueira de Abreu e a esposa Hélia, que se mostraram extremamente solidários, revelando muita coragem e disposição durante os anos da ditadura que se instalava. Levaram naquela mesma

---

[4]   Ibidem, p. 595-601.

[5]   Essa distância era em geral percorrida de ônibus numa viagem que durava de vinte a trinta minutos.

[6]   Na residência de Prestes em São Paulo a polícia apreendeu toda a biblioteca, assim como diversos documentos e dezenove cadernetas manuscritas, que serviram de base para inquérito policial militar instaurado contra Prestes e numerosas pessoas citadas nessas cadernetas. O secretário-geral do PCB encontrava-se no Rio e determinara que os camaradas de São Paulo providenciassem a retirada de todos os papéis de sua casa, mas o plano falhou. Dona Maria e os filhos tinham saído de casa, deixando a residência abandonada, o que facilitou o saque policial. Em maio de 1965, na primeira reunião do CC após o golpe, Prestes explicou que essas cadernetas continham anotações feitas por ele durante reuniões e encontros políticos anteriores ao golpe. Tratava-se de informações e de pessoas citadas que, na sua maioria, já eram do conhecimento da polícia. Mais tarde, ele lembraria que o processo então movido com base nas cadernetas não tinha nenhuma base jurídica, como foi reconhecido pelo STF em acórdão unânime, ao anular a sentença do Conselho de Justiça Militar que condenou o cientista Mário Schemberg. Baseados no mesmo acórdão, outros condenados nesse processo obtiveram igualmente ganho de causa no STF (Luiz Carlos Prestes, "Entrevista", *Jornal do Brasil*, 10 jan. 1978).

noite os pacotes comprometedores para a casa da mãe de Hélia, pessoa totalmente insuspeita de qualquer participação política. Não havia tempo nem condições para liquidar rapidamente tão volumosa documentação – o que foi feito algumas semanas depois, quando já tivera lugar a busca policial em nosso apartamento. Pouco a pouco os pacotes foram sendo trazidos de volta e Lygia e eu atravessamos algumas noites rasgando bem miúdo aquela papelada toda, para misturá-la com o lixo e jogá-la aos poucos na lixeira. Felizmente, conseguimos realizar com sucesso essa tarefa.

Ao mesmo tempo, na tarde de 1º de abril, os manifestantes reunidos no centro do Rio eram surpreendidos pelos tanques e metralhadoras do Exército que chegavam não para garantir sua segurança, como haviam se acostumado durante o governo Jango, mas para atirar contra eles e dispersá-los. Na praia do Flamengo a sede da UNE era incendiada por vândalos anticomunistas, assustando a todos que por ali passavam. A Faculdade de Direito, localizada na praça da República, foi cercada e invadida por tropas que lançaram grande quantidade de gás lacrimogêneo contra centenas de estudantes ali reunidos. Tinha início a repressão contra as forças democráticas: lideranças sindicais e estudantis, trabalhadores, estudantes e militantes da esquerda, sobretudo comunistas.

No dia 2 de abril, pela tarde voltei à faculdade para participar da mobilização estudantil durante a greve, que havia sido decretada na véspera. O clima era de provocação anticomunista por parte de elementos da direita favoráveis ao golpe. Já se sabia que a sede da UNE fora incendiada. Os colegas mais próximos me aconselharam a ir embora, receosos do que poderia me acontecer. Na volta para casa, cruzei em Botafogo com a "Marcha pela família com Deus pela liberdade", que vinha de Copacabana em direção à praia de Botafogo e ao centro da cidade. Organizada pela Igreja católica e os setores favoráveis ao golpe, no Rio foi encabeçada pelo marechal Eurico Gaspar Dutra e chegou a mobilizar cerca de 1 milhão de pessoas, em sua maioria membros da chamada classe média influenciados pela violenta propaganda anticomunista e favoráveis à deposição de João Goulart. Pude observar como o ódio ao comunismo era externado pelos manifestantes e seus apoiadores, que acenavam das janelas da rua Voluntários da Pátria, cobertas de faixas com dizeres anticomunistas e favoráveis à dita "revolução" que acabaria com o comunismo e a corrupção – os dois lemas mais importantes dos "revolucionários de 1964".

Desinformados do que efetivamente se passava no Rio Grande do Sul, muitos de nós contávamos com o início da resistência armada no sul do país e nos dispúnhamos a ir para lá. Correra a notícia de que seriam entregues armas, distribuídas entre os militantes do Partido pelo brigadeiro Francisco Teixeira. Convocada pelo Comitê Universitário, do qual era membro efetivo, desloquei-me às quatro da madrugada de um daqueles primeiros dias de abril para um "ponto" previamente estabelecido numa esquina de Botafogo, ansiosa por ser incorporada aos voluntários dispostos a lutar de armas na mão contra os golpistas. Lygia ficou em casa, extremamente preocupada com o que poderia me acontecer. Minha decepção foi grande quando veio ao meu encontro um companheiro do Comitê Universitário avisar-me que qualquer resistência fracassara e iríamos nos reunir mais tarde para decidir nossa atuação futura. Voltei para casa desolada.

Diante da situação criada, havia o temor das minhas tias de que eu viesse a ser presa. A pedido de Lygia, saí de casa e me escondi no apartamento de um velho amigo do meu pai e seu companheiro dos tempos da Coluna, o coronel da reserva do Exército Aristides Correa Leal, que residia com a esposa na avenida Rui Barbosa. Ali permaneci menos de uma semana, pois os dias se passavam e, embora as prisões já estivessem lotadas de dirigentes sindicais e estudantis e de militantes de esquerda, ainda não acontecera busca policial em nossa casa e eu também não fora procurada. No dia 9 de abril resolvi voltar e me preparar para dar continuidade ao meu curso na faculdade, pois faltavam poucos meses para concluí-lo. A vida parecia normalizar-se com a volta dos estudantes às aulas.

Naquela mesma noite os policiais da Divisão da Ordem Política e Social (DOPS) bateram à nossa porta. Não pareciam dispostos a prender ninguém e ficaram assustados com a quantidade de livros existentes no apartamento. Teriam de encostar um caminhão para levar tudo aquilo. Perguntaram se havia material subversivo e Lygia prontamente respondeu que não, de forma alguma. Telefonaram então para o chefe solicitando permissão para não carregar os livros, pois "o homem já tinha tudo aquilo na cabeça". Não me reconheceram e perguntaram por mim; respondemos que estava viajando. Minha tia Eloiza estava conosco, pois havia fraturado um braço. Tratamos de metê-la na cama e protestamos contra a invasão de uma residência onde estavam apenas mulheres e uma senhora gravemente enferma. Os policiais se desculparam, revistaram o apartamento e apreenderam o passaporte legal do meu pai, com o qual ele havia viajado no início daquele ano. Pude observar que se tratava de uma turma de delegacia de bairro, inexperiente nesse tipo de ação e mobilizada para realizar buscas em casas de supostos subversivos, pois havia um número muito grande de locais a visitar e a DOPS não tinha mãos para cumprir todos os mandatos expedidos. No Rio e em São Paulo, nesse período inicial pós-golpe, a polícia política ainda estava bastante despreparada para a repressão, que mais tarde viria a adquirir características de grande violência.

Um mês depois, num domingo do início de maio, nosso apartamento foi novamente invadido. Não era mais um grupo de policiais inexperientes, mas um comando do Serviço Secreto do Exército sob a direção de um coronel que se apresentou nessa condição, exibindo suas credenciais. Havia uns dez homens que se dividiram entre a ocupação do apartamento, a parte externa e o rol do edifício. Nunca soubemos as razões dessa visita, pois nessa altura ninguém vinha à nossa casa, a não ser a família. O coronel e seus comandados nada nos informaram. Foi revistado o apartamento todo e nos foi dito que o local estava ocupado: ninguém podia entrar ou sair nem atender ou usar o telefone. Permanecemos nessa situação, sob tensão e forte expectativa, das duas da tarde às onze da noite daquele domingo. De quando em quando o coronel usava o telefone para falar com alguém através de códigos; não sei se isso tinha algum sentido ou se o objetivo era apenas causar pressão psicológica sobre nós. Afinal, tarde da noite a turma se retirou sem nos dar qualquer explicação.

Não fui presa, nem minhas tias, todas militantes do PCB. Meu pai foi o primeiro da lista de cassações dos direitos políticos por dez anos, anunciada com a decretação do Ato Institucional n. 1 (AI-1) editado pelo governo ditatorial que resultara do golpe. Em São Paulo, dona Maria também não foi molestada pela polícia. Embora tivesse saído de casa com os filhos, a polícia política lhe deu garantias de que poderia regressar ao lar sem qualquer problema. Tais entendimentos foram realizados com a participação da minha tia Eloiza, que se deslocou à capital paulista especialmente para ajudar a garantir a volta da cunhada e dos sobrinhos à residência que, abandonada, havia sido saqueada pela polícia.

Voltei aos estudos; tinha de me preparar para as provas finais do curso de Química Industrial, que seria concluído em junho de 1964. Ao mesmo tempo, continuava participando das reuniões e das atividades do Comitê Universitário. Éramos forçados a atuar na clandestinidade; nossos encontros passaram a ser em casas de companheiros e amigos do Partido, com o cuidado de não sermos seguidos por agentes policiais. Evitávamos telefonemas de casa, principalmente do meu apartamento, com certeza vigiado pelas forças repressoras.

Nas fileiras do PCB reinava grande perplexidade com a rapidez da vitória dos golpistas. Num primeiro momento, a militância recebeu um manifesto de Prestes, em que ele afirmava que "o dever supremo de todos os brasileiros nesta hora é a defesa intransigente das liberdades democráticas contra os atentados da reação". Conclamava à unidade de todos os "patriotas e democratas", de

> todas as correntes políticas que não aceitam a ditadura, num poderoso movimento de massas capaz de conduzir à derrota dos golpistas e à conquista de um governo nacionalista e democrático, representante das forças que lutam pela liberdade, a independência e o progresso de nossa Pátria.

Referia-se também à necessidade de os comunistas contribuírem para a organização popular, sem, entretanto, em nenhum momento recorrer à palavra de ordem de derrubada violenta da ditadura, ou seja, um apelo à luta armada[7].

---

[7]   Anita Leocadia Presttes, *Luiz Carlos Prestes*, cit., p. 389.

O GOLPE DE 1964 E OS ANOS SEGUINTES (1964-1968)   123

Logo a seguir, recebemos um documento intitulado *Esquema para discussão*, elaborado pela Comissão Executiva do PCB, que se reunira com a participação apenas de alguns de seus membros, pois Prestes e os demais estavam sob condições de rigorosa clandestinidade. Os esquerdistas estavam em maioria, o que ficou refletido no documento aprovado. Sua tônica, à diferença do manifesto de Prestes, era justamente a "derrubada da ditadura". Afirmava-se que o PCB havia cometido erros de "direita", que teriam favorecido a vitória do golpe. Reafirmava--se a posição da Conferência de 1962: o principal objetivo do Partido deveria ter sido o combate à *política de conciliação* de Jango. Em resumo, o documento postulava a necessidade de nos prepararmos para a "possibilidade de ter de enfrentar a reação no terreno da luta armada"[8].

A visível contradição entre o manifesto de Prestes e o documento da Comissão Executiva provocou maior perplexidade ainda nas fileiras partidárias. Qual seria a análise correta? E o que nos caberia fazer? Entre os estudantes, incluindo membros do PCB, acentuaram-se rapidamente o desespero com a situação criada pela vitória da reação, o radicalismo de esquerda e as tendências voluntaristas de desencadear imediatamente a luta armada contra a ditadura.

Recordo-me que no âmbito do Comitê Universitário predominaram as posições defendidas por Prestes: mobilizar as massas em torno das suas reivindicações mais sentidas e lutar pelas liberdades democráticas denunciando o golpe e as arbitrariedades cometidas pela ditadura, considerando que não havia condições naquele momento para recorrer à luta armada. Com a derrota sofrida pelos setores populares e democráticos em abril de 1964 e a sua consequente desorganização, era necessário iniciar um longo processo de reorganização e acumulação de forças. Entretanto, não era fácil defender essas posições nas bases existentes nas escolas superiores, pois numerosos companheiros se pronunciavam a favor do apelo imediato às armas. Discutiam apenas a tática, ou seja, a forma de luta a ser aplicada, enquanto a estratégia etapista da revolução *nacional e democrática* não era em absoluto questionada. Naquelas circunstâncias, muitos jovens abandonaram nossas fileiras e foram mais cedo ou mais tarde juntar-se aos diferentes grupos que aderiam a métodos violentos destinados à derrubada do regime militar.

De 1964 a 1966

Minha formatura, em julho de 1964, ocorreu sob um clima de muita apreensão, pois as medidas repressivas da ditadura tendiam a acentuar-se, com a instauração inclusive dos chamados Inquéritos Policiais Militares (IPM) voltados à investigação e à condenação arbitrária de pessoas dos mais variados setores da população.

---

[8]   Ibidem, p. 389-90.

Os mais perseguidos eram as lideranças dos sindicatos operários, do movimento camponês e dos estudantes; ninguém, contudo, estava livre de ser chamado a depor ou ser preso e torturado, como foi o caso, em Pernambuco, do militante comunista Gregório Bezerra. Nessas condições, poucos amigos puderam comparecer à cerimônia de formatura – entre eles me recordo de Antônio Rollemberg, grande amigo da nossa família, militante do PCB e capitão do Exército que havia participado do levante de novembro de 1935, fora expulso das Forças Armadas e trabalhava como engenheiro civil; o dr. Heráclito Fontoura Sobral Pinto, que se considerava meu segundo pai; e o dirigente bancário Pedro Paulo Sampaio de Lacerda, grande amigo de Prestes. A cerimônia foi muito simples, realizada numa sala do prédio da Companhia de Pesquisa de Recursos Naturais, situado na avenida Pasteur e vizinho da então Escola Nacional de Química da UFRJ. Não houve nenhuma comemoração, pois o clima não era propício para tal. Eu estava satisfeita por ter concluído meu curso, mas apreensiva, prevendo as dificuldades que iria enfrentar ao tentar pôr em prática os conhecimentos adquiridos. Em respeito às opções religiosas dos meus colegas e dos seus familiares, compareci à missa na capela da reitoria da UFRJ e à cerimônia religiosa numa sinagoga de Botafogo.

Surgia para mim o problema de encontrar trabalho na profissão. Com a vitória do golpe, ficara excluída minha contratação pela Fabor, cujo quadro de funcionários, da mesma maneira que na Petrobrás, havia sido radicalmente afetado pelas demissões em massa de todos os suspeitos de desenvolver supostas atividades "subversivas" – entre os quais se encontravam, em primeiro lugar, os comunistas. Mesmo munida de cartas de recomendação de professores da Escola de Química, que me conheciam como boa aluna e alguém que trabalharia com seriedade, não obtive sucesso junto a empresas privadas, na sua maioria de capital estrangeiro, pois meu nome provocava terror nos empregadores. Todas as portas se fecharam para mim.

Diante disso, aceitei o convite do professor Cláudio Costa Neto, um dos docentes da Escola Nacional de Química, para ingressar no mestrado de Química Orgânica, recém-inaugurado no Instituto de Química da então Universidade do Brasil. Por recomendação dele, que aceitou ser meu orientador, tornei-me bolsista da Capes, o que foi importante para assegurar minha sobrevivência e a da tia Lygia, que estava desempregada. A função remunerada que ela deveria exercer em um dos escritórios do Partido não mais existia, uma vez que, com o golpe, todas as sedes partidárias haviam sido fechadas.

Em uma de minhas idas à sede da Capes para realizar um trâmite burocrático, a funcionária que me atendeu pediu (inadvertidamente) que eu levasse meu prontuário a um outro funcionário – ali pude consultá-lo e verifiquei que, entre outros documentos, havia uma ficha do Serviço Nacional de Informações (SNI) atestando meu suposto perfil "subversivo". Esse foi apenas um exemplo da interferência do SNI em todos os setores da vida nacional nos anos de regime militar em nosso país.

Durante dois anos desenvolvi pesquisa que me permitiu, em junho de 1966, concluir e defender minha dissertação de mestrado intitulada *Comportamento fotoquímico de benzoínas,* aprovada com louvor pela banca examinadora. Nesse período estabeleci um bom relacionamento com meus colegas de mestrado, alguns deles com posicionamento político à esquerda. Num momento em que a cada dia se agravava a situação do país sob o tacão dos generais "gorilas", essas relações se mostraram muito valiosas.

Ao mesmo tempo, continuava a atuar no Comitê Universitário da Guanabara, participando da luta ideológica e política cada vez mais intensa contra as tendências esquerdizantes e voluntaristas de grande parte dos nossos companheiros. Recordo-me de, na qualidade de assistente do Comitê Universitário em algumas das organizações de base estudantis, ter de enfrentar posições e atitudes extremamente violentas dos partidários da luta armada imediata, que em geral se recusavam a ouvir argumentos contrários e pretendiam impor seu ponto de vista a qualquer custo.

A repressão contra o movimento estudantil não se fez esperar. Ainda no início do governo militar do marechal Castello Branco, foi decretada a Lei n. 4.464, de 9 de novembro de 1964, conhecida como Lei Suplicy de Lacerda, nome do então ministro da Educação. Conforme assinalado pelo jornalista Arthur José Poerner, estudioso do tema:

> A Lei Suplicy de Lacerda visou, especialmente, à extinção do movimento estudantil brasileiro. Para acabar com a participação política dos estudantes, a Lei procurou destruir a autonomia e a representatividade do movimento, deformando as entidades estudantis, em todos os escalões, ao transformá-las em meros apêndices do Ministério da Educação, dele dependentes em verbas e orientação.[9]

A aprovação dessa lei contribuiu para mobilizar os estudantes na luta pelas liberdades e pela reconquista dos direitos e avanços perdidos depois do golpe. No Comitê Universitário, decidimos aproveitar o esperado comparecimento do ditador Castello Branco à aula inaugural da Universidade do Brasil[10], em março de 1965, para promover uma manifestação de repúdio à ditadura que obtivesse repercussão nacional e internacional. Tratamos de mobilizar nossos companheiros de algumas bases, mantendo o cuidado para que nada transpirasse na organização

---

[9] Arthur José Poerner, *O poder jovem*, cit., p. 242.

[10] A presença do presidente da República, assim como do corpo diplomático acreditado na capital da República, era tradição na inauguração dos cursos da Universidade do Brasil.

da ação, prevista para o dia 9 de março no salão nobre da Escola Nacional de Arquitetura, na ilha do Fundão.

Pretendíamos que alguns de nossos estudantes espalhassem uma substância em pó que provocaria um cheiro horroroso no recinto; para confeccioná-la ficaram responsáveis companheiros do curso de Química, que, entretanto, não conseguiram cumprir a tarefa. Outra ideia que nos empolgou a todos foi a preparação de um macaco (símbolo dos "gorilas") vestido com a faixa presidencial, para ser usado como surpresa durante a cerimônia. Fizemos uma finança especial para adquiri-lo na feira de Caxias, e os companheiros da faculdade de Medicina se responsabilizaram por administrar ao animal um sonífero que o faria adormecer até a chegada ao Fundão. Ali, novamente o pessoal da Medicina daria ao macaco uma injeção para despertá-lo e o colocariam na bolsa-cesta (que era moda na época) de uma das nossas estudantes que adentraria o salão. Com a ajuda de outros colegas, a portadora deveria lançar o animal sobre a mesa da presidência na hora em que Castello Branco adentrasse o recinto. Lamentavelmente, erraram na dose do sonífero, o macaco acordou antes da hora dentro do Fusca de quem o transportava para o Fundão e tornou-se necessário amarrá-lo e levá-lo de volta para a casa de um companheiro. Apesar do fracasso da iniciativa, houve a vaia estrondosa recebida por Castello Branco durante a aula inaugural de 1965 na Universidade do Brasil.

Cinco companheiros foram presos na ocasião e ameaçados de serem torturados pela polícia do Exército; a repercussão da vaia, no entanto, fora enorme, noticiada inclusive no *Le Monde* de Paris e em outros jornais europeus. Os estudantes presos receberam solidariedade dos Diretórios Acadêmicos e da União Metropolitana dos Estudantes – que, a propósito, emitiu nota oficial de protesto, o que garantiu a soltura deles. Dias depois incidente semelhante repetiu-se na aula inaugural da Faculdade Nacional de Filosofia, durante a qual quase todos os alunos se retiraram ao ser anunciada a palavra do ministro Luis Viana Filho, chefe da Casa Civil da Presidência da República, também devidamente vaiado[11]. Nunca mais um presidente da República compareceu à aula inaugural da Universidade do Brasil, cujo nome seria posteriormente substituído por Universidade Federal do Rio de Janeiro (UFRJ).

Transcorridos alguns meses do golpe, meu pai conseguiu organizar um esquema clandestino para que, de tempos em tempos, eu e Lygia, assim como as tias Clotilde e Eloiza, pudéssemos visitá-lo. Da mesma maneira, dona Maria e os filhos, que se revezavam de dois em dois, iam de São Paulo ao Rio com esse intuito. Severino Teodoro Mello, antigo camarada, dirigente do Partido e nosso conhecido de longa data, era o responsável por esse esquema. De nossa parte,

---

[11] Arthur José Poerner, *O poder jovem*, cit., p. 270-1.

O GOLPE DE 1964 E OS ANOS SEGUINTES (1964-1968)   127

tomávamos todos os cuidados possíveis para não sermos seguidas por agentes policiais, o que nunca aconteceu durante aqueles anos em que Prestes permaneceu clandestino até sair do país, em março de 1971. Nesses encontros, tínhamos a oportunidade de trocar ideias sobre a situação nacional e internacional e, em especial, sobre o Partido e a atuação dos comunistas no regime de exceção que vivíamos. Durante os períodos mais ou menos longos em que por algum motivo não era possível encontrar-me com meu pai, não deixávamos de nos corresponder, abordando sempre – embora em linguagem às vezes metafórica – as questões políticas que enfrentávamos na luta partidária.

Desde maio de 1964, *O Globo* e outros jornais que apoiaram o golpe começaram a publicar matérias provocativas contra a UNE, acusando-a de estar a serviço do "comunismo internacional", recorrendo para isso à divulgação de materiais apreendidos pela polícia na sede dessa entidade, na Faculdade Nacional de Filosofia e em outros locais em que houve batidas policiais. Entre tais documentos eram apresentados dois recibos por mim assinados, que atestavam o recolhimento de modestas contribuições financeiras da base do PCB na Faculdade Nacional de Filosofia. Na qualidade de secretária de finanças do Comitê Universitário, eu havia sido aconselhada pelos camaradas do Comitê Estadual da Guanabara a emitir tais recibos como garantia de que o pagamento fora feito. Sem dúvida, um erro revelador do nosso despreparo para uma situação de grande repressão como aquela advinda do golpe de 1º de abril[12].

Em janeiro de 1966, através de edital do Ministério da Educação e Cultura referente ao IPM da Faculdade Nacional de Filosofia, fui intimada, junto com cerca de cem colegas e companheiros, a comparecer no prazo de dez dias ao Ministério da Educação e Cultura, a fim de prestar depoimento[13]. Embora alguns dos intimados não tivessem atendido à convocação, achei melhor me apresentar, apesar do receio de uma possível prisão. Lygia fez questão de me acompanhar e aguardar na sala de espera enquanto era eu interrogada, com visível rispidez, pelos militares que faziam parte do chamado IPM da Filosofia. Num primeiro momento, eles me mostraram uma prova assinada por mim e requisitada da Escola de Química para que sua autenticidade fosse por mim reconhecida – coisa que me neguei a fazer, alegando que o documento poderia ter sido forjado para aquela ocasião. Logo a seguir me apresentaram os recibos com minha assinatura, que afirmei serem falsos. Fizeram-me várias perguntas a respeito do Comitê Universitário; neguei conhecer essa entidade e me recusei a aceitar a acusação de

---

[12] "A UNE gastava milhões na subversão a serviço do comunismo internacional", *O Globo*, Rio de Janeiro, 11 maio 1964, p. 1 e 18.

[13] Ministério da Educação e Cultura – Edital – *Inquérito Policial Militar da Faculdade Nacional de Filosofia*, Rio de Janeiro, 21 jan. 1966.

que fizera parte dessa organização. Os interrogadores, com ar debochado, riram na minha presença, mas fui logo liberada, para grande alívio meu e de Lygia.

Em maio de 1966, era publicada na imprensa notícia de que haviam sido indiciadas cem pessoas no IPM da Filosofia; na lista constava o meu nome. No relatório apresentado pelo tenente-coronel Celso dos Santos Meyer afirmava-se que essa faculdade "desempenhou papel de destaque no plano de agitação e subversão da chamada *Revolução Brasileira*". O processo, composto de vinte volumes, foi imediatamente encaminhado ao promotor Eudo Guedes Pereira para oferecimento de denúncia[14].

Em junho daquele ano eu havia concluído meu mestrado, sem nenhuma possibilidade de conseguir trabalho nem mesmo na Escola de Química, onde alguns dos mestres recém-formados poderiam ser convidados a dar aulas. Minha situação de "subversiva" impedia tal solução. A única perspectiva possível era um doutorado a convite de um professor da Faculdade de Farmácia da Universidade do Brasil, que me conhecia através do professor Cláudio Costa Neto. Tratava-se, contudo, de uma temática que não despertava meu interesse. Ao mesmo tempo, havia a ameaça de ser condenada e presa em consequência do julgamento do IPM da Filosofia[15].

Diante de tal situação, aceitei a proposta apresentada por meu pai e a direção do Partido de viajar a Moscou para fazer o curso de marxismo-leninismo de dois anos na escola destinada à formação política de comunistas estrangeiros, mantida pelo PCUS. Todos os anos seguiam turmas de camaradas brasileiros para estudar nessa escola, então denominada Instituto de Ciências Sociais.

A ida para Moscou

Indiciada no IPM da Faculdade Nacional de Filosofia, havia o risco de que me fosse negado passaporte para sair do país. Por essa razão a direção do Partido me encaminhou aos companheiros que providenciavam documentos falsos aos militantes que, por variados motivos, precisavam assumir uma outra identidade para cumprir suas tarefas partidárias com segurança. Com tal objetivo me desloquei à cidade de São Paulo; ali, orientada pelos companheiros, consegui obter uma documentação "quente", ou seja, legalmente concedida pelas autoridades policiais, mas com nome e dados que não eram os meus.

Mesmo munida dessa documentação, era arriscado partir de algum aeroporto em território nacional, pois estavam todos submetidos a rigoroso controle. Viajei

---

[14] *Correio da Manhã*, Rio de Janeiro, 13 maio 1966; *Diário da Noite*, Rio de Janeiro, 13 maio 1966; *Última Hora*, Rio de Janeiro, 13 maio 1966.

[15] Em 1968, o IPM da Faculdade de Filosofia, como alguns outros, foi arquivado sem que nenhum dos implicados fosse condenado.

de carro com um casal de companheiros do Partido: saímos de São Paulo no início de outubro de 1966, atravessamos os estados do sul do país e, no Rio Grande do Sul, após enfrentar chuvas torrenciais e ficar atolados em regiões pantanosas, conseguimos atravessar a fronteira do Brasil com o Uruguai na cidade de Santana do Livramento. A fronteira passa pelo meio de uma rua que separa essa cidade, no Brasil, de Rivera, no Uruguai. Sob chuva intensa, não havia nenhum controle de documentos ao passar para o país vizinho. De lá seguimos , sempre de automóvel, até Montevidéu, onde nos hospedamos num hotel. Havia que tomar cuidados redobrados na capital uruguaia – onde viviam e conspiravam muitos exilados brasileiros, como era o caso de Leonel Brizola –, pois sabidamente estava infestada de agentes policiais a serviço do SNI, grande parte deles no ofício de taxistas. Por fim embarquei para Paris, mas ainda tive de fazer um voo de conexão a Buenos Aires, de onde partiria para a Europa um voo direto da Air France que não pararia no Brasil.

Na capital francesa era necessário aguardar o visto da União Soviética, que demorou vários dias. Isso me permitiu visitar alguns pontos turísticos dessa bela cidade, que até então eu não conhecia. Viajei a Moscou de avião, onde cheguei em meados de outubro. Durante toda a viagem usei o mesmo passaporte tirado no Brasil. O curso que eu iria fazer havia começado em setembro, mas com algum esforço pude logo superar esse pequeno atraso.

Passei a fazer parte de uma turma de companheiros brasileiros bastante heterogênea, pois havia desde pessoas com formação universitária até algumas que haviam estudado apenas o primário. Outros camaradas brasileiros cursavam o segundo ano ou estavam matriculados em curso mais compacto, com duração de um ano. Ao todo, éramos uns trinta ou quarenta brasileiros, em sua maioria camaradas perseguidos pela ditadura e que teriam de regressar clandestinos ao Brasil. Todos usávamos codinomes e a norma era não falar a respeito da vida pregressa no Brasil e, em particular, das atividades que cada um desenvolvia em nosso país. Certamente alguns já se conheciam do Brasil e, portanto, a regra para eles era inócua. Pretendia-se, dessa forma, contribuir para um regresso mais tranquilo e para a segurança das atividades futuras de cada um.

Todos os alunos do Instituto de Ciências Sociais ficavam alojados no próprio prédio da escola ou em outro próximo. Havia habitações bastante confortáveis destinadas a um, dois ou três estudantes, conforme o caso. Recebi um quarto individual, onde fiquei bem instalada. Tínhamos um excelente refeitório, onde era possível fazer todas as refeições, e recebíamos uma bolsa suficiente para cobrir as despesas necessárias. Havia liberdade para sair e mover-se pela cidade de Moscou; exigia-se apenas que à noite estivéssemos de volta. No nosso caso, militantes de um partido clandestino e perseguido no Brasil, havia uma série de recomendações para sermos cuidadosos com a segurança de cada um, evitando contatos suspeitos com pessoas desconhecidas fora do instituto.

130   Viver é tomar partido

Do programa do nosso curso constavam quatro disciplinas: filosofia marxista, economia política, história do movimento operário mundial e história do PCUS. As aulas eram ministradas por professores soviéticos em espanhol ou português. Na biblioteca havia parte da bibliografia nesses idiomas. Eu levava vantagem por saber russo, uma vez que podia ter acesso a uma bibliografia muito mais ampla nesse idioma e podia também conversar em russo com os professores, os tradutores – que, em alguns casos, quando não havia professores que falassem espanhol ou português, traduziam as aulas – e os funcionários do instituto. Pude assim ler *O capital* de Marx em russo, edição considerada uma das melhores traduções existentes, e também a obra de Lênin no original.

Os professores eram competentes e compreensivos quanto às dificuldades enfrentadas por muitos companheiros, cuja carência de uma cultura livresca lhes tornava difícil a assimilação da temática abordada nas aulas e nos textos recomendados para leitura, embora os aspectos fundamentais de cada disciplina estivessem expostos em apostilas distribuídas entre todos os estudantes. O perfil do curso era marcado pelo esquematismo e pelo dogmatismo que afetavam o movimento comunista da época, ou seja, estudavam-se os clássicos da literatura marxista sem a necessária visão crítica, sem examinar seus ensinamentos à luz da realidade da época que estávamos vivendo e que pretendíamos transformar. Um problema sério consistia no desconhecimento muito grande, por parte dos professores, do contexto latino-americano e, em particular, do brasileiro, embora nosso grupo de compatriotas tentasse dirigir os debates para, a partir dos conhecimentos adquiridos, abordar as questões que enfrentávamos em nossa atividade política e partidária no Brasil.

Recordo-me da situação criada pela chegada de um companheiro brasileiro, um camponês cearense cujo codinome passou a ser Cazuza e que tinha instrução primária incompleta. Embora fosse muito inteligente, estranhou o ambiente do instituto e não tinha condições de acompanhar o curso. Formamos um pequeno grupo para, com a concordância dos professores soviéticos, ministrar-lhe algumas aulas em linguagem mais acessível. Foi uma experiência interessante, reveladora de que os cursos do Instituto de Ciências Sociais não correspondiam às necessidades da formação de quadros de grande parte da militância do Partido Comunista de um país como o nosso, onde o atraso cultural era flagrante e havia numerosos militantes analfabetos ou semianalfabetos. Cazuza não pôde permanecer muito tempo no instituto, mas, em certa medida, aproveitou as aulas que lhe ministramos – o que comprovei muitos anos depois, quando o reencontrei em visita ao Nordeste do Brasil e ele se mostrou muito agradecido pelo esforço do nosso grupo.

Fazia parte da minha turma um jovem, então com 22 anos, de codinome Maurício. Inteligente e simpático, filho de uma família nordestina humilde,

José Montenegro de Lima, seu verdadeiro nome, fizera o curso de técnico em Construção de Estradas em Fortaleza, a capital do seu estado natal, e participara ativamente do movimento estudantil antes do golpe de 1964. Mostrava-se extremamente interessado pelos estudos e disposto a enfrentar grandes desafios na luta pelos objetivos do Partido. Tornamo-nos amigos e chegamos a nos encontrar mais de uma vez após o regresso ao Brasil, onde ele ajudou a organizar a Secretaria Juvenil, vinculada ao CC e, em 1975, assumiu a responsabilidade de retomar a produção do *Voz Operária*, jornal mensal do PCB que tivera suas gráficas desmanteladas pela ditadura. Instalado em São Paulo, usou um mimeógrafo para imprimir as edições do *Voz Operária* de fevereiro, março e abril daquele ano, últimos exemplares produzidos no Brasil. Em setembro de 1975, Montenegro foi sequestrado e conduzido a um sítio em Araçariguama, no interior de São Paulo, um porão de torturas clandestino mantido pelo Exército Brasileiro. Torturado e morto com uma injeção para sacrificar cavalos, teve o corpo atirado nas águas do Rio Novo, em Avaré, mesmo destino de outros militantes assassinados pela ditadura[16].

Ao recordar aqueles dois anos passados no Instituto de Ciências Sociais de Moscou, posso dizer que, no meu caso, a principal contribuição desse curso foi a oportunidade de ler e estudar obras fundamentais de Karl Marx, Friedrich Engels e Vladímir Ilitch Lênin. Ao mesmo tempo, foi enriquecedor o convívio e a troca de opiniões e de experiências com comunistas de numerosos países do mundo capitalista, muitos deles dirigentes dos seus respectivos partidos, pois os camaradas dos países socialistas estudavam em outra escola, com a qual não tínhamos contato. Lembro-me, em particular, da convivência muito estreita com os camaradas do Partido Comunista Português (PCP); conhecer sua experiência de trabalho clandestino durante a ditadura de Salazar foi interessante e bastante útil para nós. Também foram muito valiosos o intercâmbio de opiniões com os soviéticos que trabalhavam no instituto, as oportunidades de visitar diferentes locais e instituições de Moscou e as viagens a outras cidades e repúblicas soviéticas.

Em julho de 1967, durante as férias de verão no instituto, nosso grupo de brasileiros, junto com os camaradas portugueses, realizou uma excursão de quinze dias à Ucrânia, uma das repúblicas que faziam parte da União Soviética. Fomos a Kiev, a capital, e também a outras cidades. Viajávamos à noite de trem e, pela manhã, éramos recebidos no novo destino pelos dirigentes locais do PCUS. Pudemos conhecer fábricas, escolas e institutos superiores, entidades culturais, museus e diferentes lugares históricos. Foi particularmente interessante a visita

---

[16] Ver Marcelo Godoy, "Noite e neblina: a ofensiva contra o PCB", em *A Casa da Vovó: uma biografia do DOI-CODI (1969-1991), o centro de sequestro, tortura e morte da ditadura militar. Histórias, documentos e depoimentos dos agentes do regime*, 2. ed. (São Paulo, Alameda, 2015), p. 447-8.

aos *kolkhozes* (cooperativas agrícolas geridas por comunidades camponesas) e *sovkhozes* (empresas agrícolas de propriedade do Estado). Nessa época, a prosperidade da agricultura na Ucrânia era impressionante; os trabalhadores rurais gozavam de alto padrão de vida, o que pudemos constatar ao visitar suas casas, suas escolas, seus locais de trabalho, seus clubes e centros culturais. A alimentação era farta e diversificada. Ficamos impactados com as conquistas alcançadas pelos trabalhadores, tanto do campo, quanto da cidade, no regime socialista vigente na República Socialista Soviética da Ucrânia, uma das quinze repúblicas integrantes da União Soviética – fato ainda mais relevante se levássemos em conta a destruição causada pela invasão nazista durante a Segunda Guerra Mundial nessa região.

Ainda naquelas férias de verão, junto com outros camaradas, pude passar uns dias de descanso numa praia de Gagra, pequena cidade localizada na Abecásia, na costa nordeste do mar Negro. Conseguimos aproveitar o sol dos subtrópicos antes de regressar à capital e enfrentar o rigoroso inverno moscovita.

Durante o ano de 1967, nós, comunistas brasileiros alunos do Instituto de Ciências Sociais de Moscou, acompanhamos com interesse e participamos, embora de longe, dos debates preparatórios do VI Congresso do PCB, realizado em dezembro daquele ano. Desde junho de 1966 as *Teses*[17] para esse conclave eram divulgadas pela imprensa partidária, e assim podíamos apreciá-las e discuti-las.

Nas *Teses* afirmava-se que "o golpe de 1º de abril implantou em nosso país a ditadura militar das forças mais reacionárias e antinacionais – os agentes do imperialismo, a burguesia ligada aos monopólios norte-americanos e os representantes do latifúndio", considerando que "a burguesia nacional perdeu posições no governo e no aparelho do Estado". Adiante, declarava-se que "a ditadura repousa essencialmente sobre os comandos reacionários das Forças Armadas, os quais exercem o governo de fato, sob a inspiração da embaixada dos Estados Unidos". Dizia-se ainda que "a ditadura [...] vem modificando a estrutura política do país e impondo um novo regime, fascistizante"[18].

Nesse documento, era mantida no fundamental a orientação política aprovada no V Congresso do PCB, reafirmando-se que "a atual etapa da revolução brasileira é [...] anti-imperialista e antifeudal, nacional e democrática". Ressaltava-se que "o proletariado disputa com a burguesia nacional a hegemonia da revolução anti-imperialista e antifeudal"; continuava, portanto, a vigorar na direção do PCB a tese da existência de uma suposta *burguesia nacional* no Brasil[19]. No capítulo referente à tática do Partido, repetiu-se a orientação defendida nos documentos anteriores:

---

[17] *Teses*, *Voz Operária*, n. 19, 20 jul. 1966, suplemento especial, 16 p.
[18] Ibidem, p. 4.
[19] Ibidem, p. 7.

O golpe de 1964 e os anos seguintes (1964-1968)   133

Nas condições atuais, nossa tarefa mais importante consiste em mobilizar, unir e organizar a classe operária e demais forças patrióticas e democráticas para a luta contra a ditadura, pela *sua derrota e pela conquista das liberdades democráticas*, condição essencial para alcançar os objetivos da revolução em sua etapa atual e para o desenvolvimento da luta da classe operária pelo socialismo.[20]

No que se refere à avaliação dos erros cometidos pelo Partido que teriam contribuído para o revés sofrido em 1964, esses eram atribuídos a "uma falsa concepção da revolução brasileira, de fundo pequeno-burguês e golpista. [...] É uma concepção [...] que consiste em admitir a revolução não como fenômeno de massas, mas como resultado da ação das cúpulas ou, no melhor dos casos, do Partido"[21].

Nas *Teses* reconhecia-se também a presença de tendências de direita nas atividades dos comunistas anteriores ao golpe, mas afirmava-se que "seria completamente falso" atribuir a essas tendências a causa fundamental dos erros cometidos "na aplicação da linha política do V Congresso":

> Esses erros [...] decorrem de uma posição subjetivista, da pressa pequeno-burguesa e do golpismo, que nos levaram a supor possível a vitória fácil e imediata, a contribuir com nossa atividade política para precipitar os acontecimentos, sem que existissem as condições que pudessem assegurar a vitória da classe operária e das forças nacionalistas e democráticas.[22]

O documento, preparatório do VI Congresso, faz a autocrítica do combate promovido à "política de conciliação do governo Goulart", reconhecendo que:

> Considerávamos a luta contra a política de conciliação como a forma concreta pela qual devia ser combatido, nas condições existentes, o maior inimigo de nosso povo – o imperialismo norte-americano. Semelhante posição só poderia levar ao desvio do golpe principal, transferindo-o do imperialismo norte-americano para a burguesia nacional, representada no governo por Goulart.[23]

Em resumo, as *Teses* para o VI Congresso registram a derrota, no CC do PCB, dos partidários da "tendência revolucionária" e a continuidade da orientação aprovada no V Congresso. Para que não restem dúvidas a respeito, o texto

---

[20] Ibidem, p. 8; grifos meus.
[21] Ibidem, p. 11.
[22] Ibidem, p. 12.
[23] Ibidem, p. 13.

afirma: "No momento que atravessamos, o perigo principal está no radicalismo pequeno-burguês, no esquerdismo e no sectarismo, no que se refere à aplicação da linha política e tática do Partido"[24].

A partir das posições expostas nas *Teses* para o VI Congresso, teve início o debate registrado nas páginas da chamada *Tribuna de Debates*[25] do VI Congresso, publicada quinzenalmente no suplemento de *Voz Operária*, de setembro de 1966 a maio de 1967. O exame dos artigos então publicados revela as posições da chamada "corrente revolucionária": a defesa da adoção imediata da *luta armada*, visando à *derrubada da ditadura* pela *insurreição armada* e a instauração de um governo *revolucionário*. A estratégia da revolução nacional e democrática não estava em discussão, não sendo contestada pelos dirigentes da "corrente revolucionária", como Marighella e Mário Alves, embora ambos se mostrassem críticos ao papel até então atribuído pelo PCB à "burguesia nacional"[26]. A grande questão consistia na tática, na defesa do emprego imediato da luta armada.

Ao combater essas teses, Prestes escreveu:

> As condições atuais de nosso país, quando se intensifica a repressão, diminuem as possibilidades de atuação legal e as massas ainda não oferecem uma resistência organizada à ditadura, nada efetivamente mais atraente e embriagador para o radicalismo pequeno-burguês do que falar em luta armada, em derrubada da ditadura, em insurreição armada, a fim de instaurar um governo revolucionário. As Teses do CC são criticadas principalmente porque não chamam desde já as massas à luta armada, porque não apresentam como "receita" para a classe operária chegar ao poder, obrigatoriamente, a insurreição armada.[27]

A seguir, o secretário-geral do PCB salientava:

> Nosso povo (a classe operária e as demais forças democráticas e patrióticas) sofreu um duro golpe. Suas organizações foram praticamente destruídas pela reação. O recuo foi inevitável e, na verdade, nem mesmo a resistência à ditadura, que apesar do seu crescente isolamento continua avançando, foi ainda possível organizar. Os acontecimentos revelaram que estávamos nós, comunistas, desligados das massas

---

[24] Ibidem, p. 14.

[25] *Tribuna de Debates*, *Voz Operária*, n. 2-17, suplemento.

[26] Carlos Marighella, *Escritos de Carlos Marighella* (São Paulo, Livramento, 1979), p. 49, 58, 63 e 104; Gustavo Falcón, *Do reformismo à luta armada, a trajetória política de Mário Alves (1923-1970)* (Salvador, Versal, 2008), p. 223 e 227.

[27] Antônio Almeida (codinome de Prestes), "Em defesa das Teses contra o dogmatismo e a frase revolucionária", *Voz Operária*, n. 12, 15 fev. 1967, suplemento *Tribuna de Debates*.

O GOLPE DE 1964 E OS ANOS SEGUINTES (1964-1968)   135

trabalhadoras, das forças fundamentais da revolução, as quais ainda se encontravam, como se encontram, sob a influência política e ideológica da burguesia.[28]

Diante de tal realidade, Prestes denunciava a "sarna" da fraseologia revolucionária afirmando que "a luta pelos objetivos revolucionários da classe operária (Tese 42), que inclui a luta pelo governo revolucionário anti-imperialista e antifeudal, assume agora a forma de luta pela conquista das liberdades democráticas, pelo isolamento e derrota da ditadura". E acrescentava:

> Isso só será possível através da ação de massas, o que exige dos comunistas não fazer nada que os afaste das massas. Lutando contra a passividade, impulsionando as lutas contra a ditadura, sabem os comunistas que devem descer ao nível de consciência das massas para elevá-lo, através da própria experiência, ao nível de consciência da vanguarda.[29]

No nosso "coletivo" de comunistas brasileiros no Instituto de Ciências Sociais de Moscou, aparentemente, não houve maiores divergências quanto à orientação política defendida por Prestes e consubstanciada nas *Teses* para o VI Congresso do PCB. Da mesma maneira, que eu me lembre, os documentos aprovados no Congresso, que representaram uma vitória dessas posições e uma derrota da "corrente revolucionária"[30], não provocaram questionamentos significativos. Entretanto, as pessoas não percebiam algo que aparecia apenas de maneira sutil nesses documentos, pois o secretário-geral não podia tornar públicas suas reservas a certas colocações feitas nas resoluções do Congresso[31].

Prestes tentava levar adiante a luta em duas frentes, tendo em vista preservar a unidade partidária. Identificando nas tendências esquerdistas a principal ameaça à sobrevivência do PCB, ele fazia, desde 1958, concessões às posições reformistas – embora procurando sempre combatê-las e neutralizá-las –, como acontecera quando da elaboração e aprovação da *Declaração de março* daquele ano e, posteriormente, durante a realização do V Congresso[32], ocasião em que os dirigentes mais comprometidos com as teses esquerdistas foram afastados da direção do Partido.

Durante o VI Congresso, uma vez derrotadas as teses esquerdistas, o embate se daria entre Prestes e a maioria, partidária das concepções nacional-libertadoras

---

[28] Idem.
[29] Idem.
[30] Ver Anita Leocadia Prestes, *Luiz Carlos Prestes*, cit., p. 408-13.
[31] Ibidem, p. 412-20.
[32] Ibidem, cap. XII e XIII.

e reformistas predominantes na direção do PCB. Anos mais tarde, ao recordar os trabalhos da Comissão de Resoluções durante a realização do Congresso, Prestes afirmou:

> A Comissão de Resoluções estava reunida havia quinze dias e não se conseguira chegar a um acordo. A disputa era entre o secretário-geral, que era eu, que achava não ser possível continuar afirmando que o Brasil era um país semicolonial, e a maioria da comissão, defensora dessas teses. Era indispensável terminar com a reunião, o congresso não podia persistir por mais tempo, a ameaça policial era evidente, apesar de todas as precauções que havíamos tomado.[33]

A seguir Prestes acrescentou:

> De maneira que a "Resolução política" do VI Congresso é profundamente contraditória. Algumas das minhas opiniões foram aceitas e inscritas nessa resolução, mas outras eram da maioria da comissão, que não concordava que o Brasil fosse já um país capitalista, como eu afirmava. É claro que minha posição ainda era inconsequente, eu via o Brasil como um país capitalista, mas não desenvolvia suficientemente, não tive força enfim para convencer os demais membros do Comitê Central e da Comissão de Resoluções para que essa tese fosse vitoriosa.[34]

O conflito entre as posições defendidas por Prestes e a maioria dos delegados ao VI Congresso fica evidente quando comparamos algumas formulações da "Resolução política" aprovada nesse conclave com outras, presentes no "Informe de balanço do CC", redigido e apresentado pelo secretário-geral. Assim a seguinte formulação consta tanto do Informe[35] quanto da resolução[36]: "Os comunistas, que orientam sua ação no sentido da conquista de um governo revolucionário, participarão, no entanto, junto com as demais forças que se opõem ao atual regime, da luta pela constituição de um governo das forças antiditatoriais".

Observamos, contudo, a ausência na "Resolução política" e nas *Teses* apresentadas para discussão de um trecho importante introduzido por Prestes no

---

[33] Instituto Cajamar, *Socialismo em debate: 1917-1987* (São Paulo, Instituto Cajamar, 1988), p. 234.

[34] Idem; também *Entrevistas concedidas por Luiz Carlos Prestes a Anita Leocadia Prestes e Marly de Almeida Gomes Vianna*, gravadas em fita magnética e transcritas para o papel, Rio de Janeiro, 1981-1983. LCP, fita n. 20.

[35] "Informe de balanço do CC ao VI Congresso (dez. 1967)", em *PCB: vinte anos de política (1958-1979)* (São Paulo, Livraria Editora Ciências Humanas, 1980), p. 133.

[36] "Resolução política do VI Congresso (dez. 1967)", em *PCB: vinte anos de política*, cit., p. 183.

"informe de balanço", que expressava a concepção da estratégia revolucionária do PCB por ele defendida:

> [...] ao lutarmos pela revolução nacional e democrática, *não lutamos pelo desenvolvimento capitalista*, mas por um desenvolvimento econômico democrático e independente, que abrirá caminho para o socialismo. Atualmente, toda revolução anti-imperialista é parte integrante da revolução socialista mundial. [...] Marchamos assim para uma *solução revolucionária que repele o capitalismo como perspectiva histórica*, mas não exige de modo imediato a passagem para o socialismo. Vamos conquistar um poder revolucionário das forças anti-imperialistas e democráticas, que não terá ainda o caráter de ditadura do proletariado, mas será capaz de cumprir seu papel histórico e abrir caminho para o avanço ulterior, rumo ao socialismo.[37]

Tais diferenças não eram percebidas nem discutidas em nosso "coletivo", inclusive eu não me dava conta de que por trás dessas sutilezas havia divergências que se aprofundariam nos anos seguintes[38]. Em janeiro de 1968, Prestes esteve em Moscou para participar de uma reunião do movimento comunista internacional, ocasião em que pudemos conversar demoradamente sobre essas questões. As explicações dele me possibilitaram uma visão mais clara da gravidade do confronto ideológico que se travava no âmbito da direção do Partido. Prestes compreendia que na luta contra o "esquerdismo" haviam sido feitas sérias concessões às posições reformistas da maioria do CC. Isso, contudo, não podia ser discutido abertamente com a militância, pois, de acordo com os estatutos do Partido, o secretário-geral, como todos os demais dirigentes partidários, devia cumprir a disciplina e defender a orientação aprovada pela maioria no Congresso. Por essa razão, eu também não podia transmitir ao nosso coletivo informações que me haviam sido dadas pelo meu pai, em confiança, durante conversas de caráter estritamente pessoal. Quando voltei ao Brasil, pude dar continuidade à troca de ideias com ele sobre a orientação política adotada pelo PCB, o que sempre foi muito enriquecedor para mim.

Em novembro de 1967, tive oportunidade de assistir a um evento grandioso: o desfile militar e civil em comemoração ao quinquagésimo aniversário da Revolução Russa, ocorrido no dia 7 de novembro na Praça Vermelha, no centro de Moscou. Embora eu já houvesse assistido a outros desfiles comemorativos da data, esse teve uma particularidade importante: marcharam os diferentes destacamentos do Exército Vermelho que participaram tanto da Guerra Civil na virada dos anos

---

[37] "Informe de balanço do CC ao VI Congresso (dez. 1967)", cit., p. 97; grifos meus.
[38] Ver Anita Leocadia Prestes, *Luiz Carlos Prestes*, cit., p. 415-20.

1920 quanto os que combateram durante a Segunda Guerra Mundial e tomaram Berlim, todos com a indumentária e os armamentos de suas respectivas épocas. Recordo-me em particular da cavalaria de Budioni, intensamente aplaudida pelo público presente na Praça Vermelha. Ao final, foram arrastadas pela praça as bandeiras tomadas do inimigo durante o avanço das tropas soviéticas rumo a Berlim. Um espetáculo impressionante e inesquecível!

No início de 1968, nossa turma do Instituto de Ciências Sociais fez uma visita a Leningrado, que, entretanto, foi muito prejudicada pelo frio intenso, de trinta graus negativos. Mesmo assim, pudemos visitar alguns lugares históricos e pontos turísticos dessa belíssima cidade, berço da Revolução de Outubro de 1917.

Durante os dois anos então vividos em Moscou, alguns membros de nosso grupo de brasileiros mantiveram laços de amizade com o casal de companheiros Sebastião Baeta Henriques e Olga Bohomoletz Henriques. Ambos cientistas renomados na área de bioquímica e ex-professores da Universidade de São Paulo (USP), foram forçados por suas atividades "subversivas" a viver no exílio, para onde foram levando os três filhos menores. Em Moscou, trabalhavam num instituto de ciências, onde continuavam a desenvolver as pesquisas interrompidas no Brasil. A residência do casal na capital soviética era um espaço de convivência dos brasileiros exilados: ali discutíamos os problemas do nosso país e falávamos também de cultura, arte, cinema, teatro etc. Tornei-me grande amiga dessa família, relacionamento que mantivemos durante anos até o falecimento de Sebastião e Olga, nos anos 1990.

Nessa época fui procurada por Tamara Kojevnikova, uma engenheira de aviação soviética, comunista como o marido Anatoli Kojevnikov, herói da União Soviética, título conquistado por seu desempenho como piloto de aeronaves militares de bombardeio que derrubara aviões nazistas durante a Segunda Guerra. Tamara havia sido colega e amiga de minha mãe na Academia Zhukovski da Força Aérea, sediada em Moscou, no curso de paraquedismo e pilotagem de aviões no início dos anos 1930. Oito anos mais moça que Olga, ela guardara boas recordações da amiga, que, contava, a ajudara a enfrentar as dificuldades do curso e em especial a distância da família – Tamara era natural da Geórgia, onde deixara os pais e demais familiares. Passei a frequentar a residência dos Kojevnikov, onde fui sempre recebida com grande carinho e muita hospitalidade. Tornei-me amiga deles e da sua filha Tatiana, linguista e tradutora, dez anos mais nova do que eu. Continuamos amigas, mesmo após o falecimento dos seus pais.

A chegada a Moscou do meu pai, no início de 1968, foi uma grande alegria. Pudemos matar um pouco as saudades, conversar bastante e também visitar amigos antigos, assim como assistir juntos a alguns espetáculos teatrais. Nessa

•O GOLPE DE 1964 E OS ANOS SEGUINTES (1964-1968)   139

ocasião, tratamos da minha volta ao Brasil. A ditadura se consolidara e não havia nenhuma perspectiva de trabalho legal para mim. Concordamos que eu deveria ingressar na clandestinidade e dedicar-me ao trabalho ilegal do Partido, que, após a saída dos elementos da "corrente revolucionária" derrotados no VI Congresso, vivia momentos de grandes dificuldades, precisando de novos quadros para levar adiante a orientação política aprovada no Congresso. Acertamos que em setembro, ao término do curso no instituto, eu voltaria ao Brasil para me incorporar às atividades partidárias como profissional do PCB. Meu pai discutiria esse assunto com a direção quando voltasse ao país, o que se deu logo a seguir, pois sua estada em Moscou foi de menos de um mês.

Em agosto de 1968, minha turma concluiu o curso de marxismo-leninismo e cada um de nós apresentou uma monografia sobre tema de livre escolha. Optei pela crítica do ultra-esquerdismo então presente nas esquerdas brasileiras e latino-americanas, fortemente influenciadas pelo livro de Regis Debray *Revolução na revolução?*, em que o autor defendia as teses foquistas: um *foco revolucionário* poderia desencadear um *processo revolucionário*. A Revolução Cubana era falsamente apresentada como paradigma do foquismo, e procurei mostrar no meu trabalho que isso não correspondia à realidade. Desenvolvi também a argumentação de que no Brasil, nas condições de então, não existiam os pressupostos necessários para o desencadeamento da luta armada contra a ditadura, como pretendiam lideranças de diferentes grupos – entre eles Carlos Marighella, Mário Alves e Carlos Lamarca.

Um pouco antes do meu regresso ao Brasil, em agosto daquele ano, tiveram lugar trágicos acontecimentos na Tchecoslováquia, quando tropas soviéticas ocuparam esse país, uma *democracia popular* estabelecida após o fim da Segunda Guerra Mundial. Na época, sem conhecer a fundo a situação, considerei que os soviéticos estavam certos, da mesma maneira que uma grande parte do movimento comunista internacional, incluído o PCB. Hoje penso que tais acontecimentos anteciparam, em certa medida, a derrota do *socialismo real* na União Soviética e nos países do Leste Europeu, nos anos 1990. Como escreveu o destacado dirigente comunista salvadorenho Schafik Hándal,

> a causa principal do fracasso do socialismo na União Soviética se origina porque *a dirigência deixou de ser revolucionária*. Anulou a democracia, reduziu a zero as opiniões da sociedade, instaurou o verticalismo e o burocratismo. Nas direções daqueles partidos que estavam no poder, se impuseram os interesses pessoais.[39]

---

[39] Schafik Hándal, *Legado de un revolucionário: del rescate de la historia a la construcción del futuro* (Havana, Editorial de Ciencias Sociales, 2015), p. 320; tradução e grifos meus.

Hándal escreveu ainda que

o burocratismo foi se gestando no período de Leonid Ilich Brézhnev, época do estancamento e da condução de arranjos: acordos com este e com aquele, ocultando a verdadeira problemática. Foi nomeado secretário-geral provisoriamente para sair do apuro após a derrocada de Nikita Khrushchov, mas se converteu num dirigente eterno. [...] A derrocada do "socialismo real" foi produto do processo que se foi propagando ao longo de muitos decênios, e o personagem que o encabeçou foi Brézhnev. [...] Se não existe uma vanguarda revolucionária socialista se abre espaço para uma ebulição de ideias antissocialistas. Isso explica por que caiu tão rapidamente o bloco socialista.[40]

O historiador marxista espanhol Josep Fontana, ao analisar os acontecimentos de 1968 na Tchecoslováquia, assinala que nesse país estava se desenvolvendo

um clima de reforma dentro do sistema, que aspirava a criar um socialismo em que a propriedade coletiva dos meios de produção (em uma economia reformada, com certa participação do mercado) fosse compatível com uma política muito mais democrática e pluralista: "talvez o tipo de socialismo que pregavam alguns partidos comunistas da Europa ocidental".[41]

Adiante, o mesmo autor esclarece:

À frente do setor reformista estava Alexander Dubcek, secretário do Partido Comunista eslovaco [...] que despertava confiança nos círculos soviéticos do poder, e muito especialmente no próprio Brézhnev [...]. Logo, entretanto, os soviéticos começaram a inquietar-se, à medida que os dirigentes tchecos passaram a desenvolver seus planos de reforma. [...] A própria ideia do "socialismo com rosto humano" inquietava, não apenas aos soviéticos, mas também aos demais dirigentes do Leste Europeu, que temiam as reivindicações que poderiam surgir em seus próprios países.[42]

Quando o chamado "Plano de ação", ou seja, o programa do "caminho tchecoslovaco ao socialismo" foi aprovado, em abril de 1968,

com seu conteúdo de reformas econômicas e de promessas de democratização, cresceram ao mesmo tempo o mal-estar dos soviéticos e de seus satélites e o entusiasmo de uma população tcheca que pedia ainda mais reformas.[...] Em

---

[40] Ibidem, p. 320, 322 e 325.
[41] Josep Fontana, *Por el bien del Imperio*, cit., p. 391-2; tradução minha.
[42] Ibidem, p. 392-3.

O GOLPE DE 1964 E OS ANOS SEGUINTES (1964-1968)   141

3 de agosto, uma reunião em Bratislávia com dirigentes de outros países pareceu acalmar as coisas, com a aceitação da posição de Dubcek de que era preciso admitir que cada partido buscasse o caminho ao socialismo de acordo com as condições do seu próprio país. Entretanto, os membros pró-soviéticos da direção do partido tcheco pediam ajuda aos russos contra "os avanços da contrarrevolução".[43]

A acusação de que na Tchecoslováquia haveria uma ofensiva da reação, com o apoio do imperialismo, que estaria ameaçando o socialismo, pesava fortemente contra os dirigentes tchecos alinhados com Dubcek. Estes, entretanto, alegavam que o socialismo não corria risco algum em seu país e reafirmavam tanto sua lealdade à União Soviética e à comunidade dos países socialistas, quanto seu desejo de prosseguir pelo caminho das reformas[44].

Josep Fontana registra que

Moscou finalmente perdeu a confiança numa solução política, e uma reunião do Politburo decidiu em 17 de agosto a intervenção militar. Na noite de 20 para 21 de agosto vinte divisões dos países do Pacto de Varsóvia cruzaram a fronteira e esmagaram o movimento tcheco sem luta. [...] Era posta em ação a chamada "doutrina Brézhnev" de soberania limitada, que sustentava que, quando forças hostis ao socialismo ameaçassem o regime de um país socialista e pretendessem realizar um retrocesso para o capitalismo, o assunto não deveria dizer respeito somente ao país afetado, mas ao conjunto dos países do campo do socialismo.[45]

Concluindo sua análise, o mesmo autor escreveu: "Ficou demonstrado que o sistema [soviético] era incapaz de aceitar esse tipo de reformas democratizadoras, que pretendiam recuperar os valores com que se havia posto em marcha o projeto das democracias populares ao final da Segunda Guerra Mundial"[46].

Por outro lado, muitos anos depois, já no início do século XXI, Fidel Castro declarou ao jornalista Ignacio Ramonet que na época considerava que "na Tchecoslováquia se caminhava para uma situação contrarrevolucionária, para o capitalismo e para os braços do imperialismo". Mas, ao mesmo tempo, registrou nesse depoimento:

As primeiras coisas que se estabeleceram na Tchecoslováquia eram incontestáveis: aperfeiçoar o socialismo. A denúncia que se fez dos métodos do governo, da

---

[43] Ibidem, p. 394-5.
[44] Ibidem, p. 394.
[45] Ibidem, p. 395.
[46] Ibidem, p. 396; ver o texto completo do autor sobre o tema em ibidem, p. 389-96.

política burocrática, o divórcio das massas, todas essas questões eram indiscutivelmente corretas. *Mas de propostas justas se chegou a uma política francamente reacionária.* E nós, amargamente, dolorosamente, tivemos de aprovar aquela intervenção militar.[47]

No início de outubro de 1968, eu embarcava de volta ao Brasil.

---

[47] Ignacio Ramonet, *Fidel Castro: biografia a duas vozes* (trad. Emir Sader, São Paulo, Boitempo, 2006), p. 501-2; grifos meus.

VIII
O REGRESSO AO BRASIL E A
CLANDESTINIDADE (1968-1973)

O regresso ao Brasil: os primeiros tempos

Segundo as regras da clandestinidade, regressar ao Brasil, ainda que portando documentação "quente", constituía algo complicado e demorado. Seguindo as instruções dos camaradas soviéticos, viajei de avião a Copenhague (Dinamarca), onde passei dois dias, dali embarcando para Colônia (República Federal Alemã) e seguindo depois para Buenos Aires em voo direto, sem escala no Brasil. Da capital argentina, tomei um voo para Montevidéu. Passei a noite na capital uruguaia e no dia seguinte fui de ônibus para Porto Alegre, onde, após um dia de espera, viajei em outro ônibus para a capital paulista. Nessa cidade fiquei hospedada na casa do dr. Joaquim Gomes dos Reis, antigo militante do Partido e grande amigo do meu pai. Afastado havia algum tempo de qualquer atividade política, disponibilizava sua residência como ponto de apoio para Prestes e alguns outros dirigentes do PCB, todos na clandestinidade.

Permaneci em São Paulo umas duas semanas, aguardando instruções da direção partidária. Durante aqueles dias de outubro de 1968 realizava-se o 30º Congresso Nacional da UNE no município de Ibiúna (São Paulo), quando ocorreu sua "queda" provocada pela repressão policial. Foram detidos cerca de oitocentos estudantes, provenientes de todas as regiões do país. Segundo Jean Marc von der Weid, um dos candidatos à presidência da UNE apresentados em Ibiúna, a entidade saiu bastante abalada do processo: além de precisar retomar toda a montagem do congresso, com a prisão dos delegados fez-se o "fichamento de mais de mil lideranças em todo o Brasil", o que formou a base de dados sobre a qual se assentou a repressão no período de 1969 a 1974[1]. Percebia-se o avanço da repressão e o despreparo das "esquerdas" para enfrentá-la.

---

[1] Jean Marc von der Weid, "30ª Gestão: 1969-1970", em Nilton Santos (org.), *História da UNE: depoimentos de ex-dirigentes* (São Paulo, Livramento, 1980), p. 86.

144 Viver é tomar partido

Considerando o sério abalo provocado na estrutura orgânica do PCB por ocasião do seu VI Congresso e pela cisão provocada pelo grupo de Carlos Marighella, ficara acertado, desde o encontro com meu pai em Moscou, que provavelmente eu seria indicada para reforçar o trabalho de reorganização partidária no estado de São Paulo. Foi-me informado, entretanto, que de imediato os novos dirigentes do Comitê Estadual de São Paulo teriam de superar algumas dificuldades, e seria melhor eu aguardar instruções no Rio de Janeiro. Após devolver à direção a documentação falsa com que havia viajado, me desloquei para nosso apartamento no Rio, uma vez que o processo judicial em que estivera envolvida tinha sido arquivado durante aquele ano e, em tais condições, me era possível voltar à legalidade. Ao mesmo tempo havia a possibilidade de prestar assistência à tia Lygia, que naquele momento enfrentava problemas de saúde.

Logo depois, em 13 de dezembro de 1968, houve a decretação do Ato Institucional n. 5 (AI-5) pelo governo militar do general Artur da Costa e Silva. A partir de então a ditadura liquidaria os resquícios de democracia ainda existentes no país. Naqueles dias viveram-se momentos de terror, com prisões indiscriminadas, novas cassações de mandatos parlamentares e de direitos políticos e rigorosa censura aos meios de comunicação. Lembro-me de todas as noites sintonizar a Rádio América, dos Estados Unidos, para tentar saber o que se passava em nosso país; embora se tratasse de uma fonte de informações nada imparcial, era a única maneira de, em certa medida, driblar a censura vigente no Brasil.

Ao analisar essa nova conjuntura, a direção do PCB destacou que o AI-5 constituíra um "novo golpe militar", por meio do qual "os setores mais reacionários da ditadura reforçaram seu controle sobre o governo". Para o documento do CC, esses setores

destruíram o aparelho constitucional que a própria ditadura havia imposto à nação. Eliminaram os últimos vestígios de soberania do Poder Legislativo e do Poder Judiciário. Anularam o que restava de garantias constitucionais conservadas pela Constituição de 1967 [...]. Houve [...] mudanças no regime ditatorial, com a acentuação do seu caráter reacionário. Vivemos hoje sob uma ditadura policial militar *fascistizante*.[2]

Confirma-se nesse trecho que, a partir do AI-5, a direção do PCB voltara a definir o regime ditatorial brasileiro como *fascistizante*, sendo que, a partir de 1970, essa definição seria substituída pela caracterização do regime como de *tipo fascista*,

---

[2] Comitê Central do PCB, *Todos unidos contra o AI-5 pela derrota da ditadura!*, fev. 1969 (documento datilografado original, 11 p., arquivo particular da autora); *Todos unidos contra o AI-5 pela derrota da ditadura!*, fev. 1969 (folheto impresso, 15 p.); grifos meus.

apontando, inclusive, para o fato de a junta militar – que assumiu o poder em agosto de 1969 devido ao impedimento de Costa e Silva por motivos de saúde – ter outorgado outra Constituição "mais reacionária que a anterior, mantendo o Ato Institucional n. 5, que instaurou o regime de arbítrio e de um Estado de fato"[3].

Aproveitando o período que permaneci no Rio à espera de um chamado da direção do PCB, fiz um curso de datilografia, que mais adiante foi de grande utilidade para minhas atividades no Partido. Pude desfrutar do reencontro com as minhas tias e demais familiares e ajudar tia Lygia a se recuperar dos problemas de saúde que enfrentava. Houve alguns encontros com meu pai, clandestino num subúrbio do Rio, durante os quais continuamos discutindo os problemas enfrentados pelo PCB e as crescentes divergências de Prestes com o Comitê Central[4].

Também revi companheiros e amigos, alguns vivendo na clandestinidade, como o casal Marly Vianna e José Salles. Ambos haviam passado pelo mesmo curso que eu em Moscou, mas num período anterior ao meu, tendo regressado ao Brasil um ano antes. Foi uma alegria revê-los, pois considerava que existia entre nós uma amizade sólida e indestrutível; lamentavelmente, acontecimentos posteriores revelaram que eu me enganara.

Finalmente, no início de abril de 1969 fui avisada de minha designação para trabalhar junto ao Comitê Estadual do PCB em São Paulo. Viajei de carro, conduzido por um antigo militante do Partido, o camarada baiano Célio Guedes, que atuava junto à direção partidária, era irmão de Armênio Guedes, membro do CC do PCB, e seria brutalmente assassinado pela ditadura em 1972. Fui levada a um sobrado no bairro de Campo Belo, na zona sul da capital paulista – um aparelho do PCB entregue aos cuidados de um casal de militantes vindos do interior do estado, onde residia também um filho adulto deles, que trabalhava fora. Essa família não me conhecia nem sabia quem eu era, pois, por motivos de segurança, tive de adotar um codinome: Alice Gomes. Desde minha chegada, senti que não me receberam com simpatia e certamente temiam as consequências de nossas atividades clandestinas naquele clima de medo generalizado. Eram pessoas de poucas letras e bastante desconfiadas.

Os anos de atividade clandestina em São Paulo (1969-1973)

No dia seguinte à minha chegada fui contatada por Dinarco Reis, dirigente do PCB, membro da Comissão Executiva Nacional. Ele fora escolhido para

---

[3] Comitê Central do PCB, *O avanço do processo de fascistização do país*, abr. 1970 (documento datilografado original, 11 p.; arquivo particular da autora); ver também Anita Leocadia Prestes, *Luiz Carlos Prestes*, cit., cap. XVI.

[4] Ver Anita Leocadia Prestes, *Luiz Carlos Prestes*, cit., p. 412-20.

146 VIVER É TOMAR PARTIDO

reorganizar o Comitê Estadual do PCB em São Paulo, seriamente atingido e desfalcado pela cisão de Carlos Marighella à época do VI Congresso do Partido. Dante (o codinome de Dinarco Reis), que era o responsável pelo aparelho que me fora destinado como moradia, me fez um relato da situação partidária no estado e me pôs em contato com os principais comitês municipais e distritais em processo de reorganização em São Paulo.

A tarefa que me foi atribuída consistia em levar adiante o trabalho de educação política junto às organizações partidárias do estado, o qual estava havia tempo paralisado. Com esse objetivo foi elaborada pela Seção de Educação do CC uma cartilha, posteriormente conhecida como "Cartilha da margarida", pois, para despistar os órgãos de segurança, apresentava capa azul com uma margarida branca estampada e sem dizeres de qualquer espécie. O livreto resultara da colaboração de um grupo de professores mobilizados por Renato Guimarães, responsável pelo trabalho de educação do CC do PCB, e tinha como base a orientação política aprovada no VI Congresso do Partido. Para uma melhor assimilação pelos militantes das organizações de base do Partido, o conteúdo da cartilha era apresentado por meio de recursos didáticos e de fácil compreensão, como ilustrações.

Tratei de imediatamente entrar em ação. Em pouco tempo pude verificar que, na sua maioria, a militância das organizações intermediárias e das bases do PCB no estado de São Paulo ficara restrita aos membros mais idosos, menos preparados ideológica e politicamente e bastante acomodados, com pouca disposição para lutar contra a repressão do regime militar. A passividade era sua marca registrada. Os jovens militantes haviam, em grande medida, se afastado das fileiras partidárias e acompanhado Marighella e a Ação Libertadora Nacional (ALN), entidade por ele criada, voltada para o desencadeamento imediato da luta armada e a derrubada violenta da ditadura. Embora o voluntarismo e a fraseologia pseudorrevolucionária houvessem empolgado esses jovens, na realidade as condições para a prática dessas formas de luta inexistiam à época, como os acontecimentos futuros tragicamente revelariam.

O curso baseado na "Cartilha da margarida" – que cheguei a promover em praticamente todas as organizações do Partido existentes naquele período no estado de São Paulo – era dividido, em geral, em seis aulas, ministradas em casas de companheiros do Partido. Além da capital paulista, viajei regularmente a cidades como Jundiaí, Sorocaba, Santos, São Bernardo do Campo, Santo André e Mauá. Antes de abordar a temática da cartilha, procurava apresentar rapidamente alguns conceitos relacionados à teoria marxista do Estado, estrutura de classes, luta de classes, revolução e assim por diante. Preocupada com a insuficiência do conhecimento dos camaradas envolvidos nessas aulas, recorri à obra de Paulo Freire. Procurei utilizar sua metodologia, incentivando a participação dos alunos e conduzindo as aulas de maneira que eles respondessem a questões propostas com base na leitura prévia dos textos da cartilha. Apesar de assim conseguir um melhor rendimento das turmas, eu tinha consciência das insuficiências de assimilação teórica do marxismo pela maioria dos membros do PCB do estado de São Paulo – a maior concentração do operariado fabril brasileiro e, por isso, considerado ponto fundamental para o trabalho político dos comunistas.

Um público diferente era formado pelos estudantes universitários organizados em bases do PCB em algumas instituições de ensino superior daquele estado. O curso da "Cartilha da margarida" precisou ser por mim adaptado para desenvolver o trabalho com esses jovens, considerando em particular a principal questão então debatida por eles: adotar ou não a luta armada com o objetivo de combater a ditadura.

Entre todas as organizações do PCB em São Paulo com as quais estabeleci contato naquele período, a que mais atraiu minha atenção e despertou meu interesse foi a base do Partido recentemente formada na empresa automobilística da Volkswagen, situada no município de São Bernardo do Campo. Chegou a congregar mais de trinta trabalhadores, principalmente ferramenteiros, jovens e com nível de escolaridade correspondente ao segundo grau, engajados politicamente e com invejável disposição de luta, não obstante a rigorosa vigilância policial a que eram submetidos nessa multinacional. Liderados por Lúcio Antônio Bellentani, jovem ferramenteiro que exercia a função de secretário político da organização de base, esses trabalhadores empenhavam-se na mobilização dos colegas para lutar por suas reivindicações, distribuíam clandestinamente o jornal do PCB dentro da empresa e procuravam recrutar novos membros para o Partido. Revelavam grande interesse pelas aulas em que discutíamos algumas questões da teoria marxista e, mais especificamente, a orientação política aprovada no VI Congresso do PCB.

Era com indescritível entusiasmo que me reunia com eles na casa de um ou outro daqueles operários, que desfrutavam de um nível de vida relativamente bom se comparado ao da maioria dos trabalhadores brasileiros à época. Sempre procurei seguir à risca as normas de segurança nas atividades clandestinas. Havia que considerar os riscos que todos corríamos, dada a intensificação da repressão policial contra o movimento operário e sindical, principalmente quando se tratava de uma grande empresa do porte da Volkswagen. Hoje sabemos que essa multinacional colaborou diretamente com a repressão, entregando nomes dos seus funcionários à polícia[5].

Meu entusiasmo era justificado, pois levava a sério a decisão tomada no VI Congresso a respeito do "desafio histórico" dos comunistas naquele momento:

---

[5] "Volkswagen cooperou com a repressão no Brasil, conclui historiador da empresa", *O Estado de S. Paulo*, 24 jul. 2017.

construir o Partido, ou seja, células do PCB nas grandes empresas fabris, em especial no estado de São Paulo, onde estava a maior concentração do proletariado brasileiro à época. Entendia que um partido forte nas grandes empresas seria a base para avançar na luta contra a ditadura e pelos objetivos estratégicos dos comunistas. Procurei dedicar atenção especial à formação ideológica e política desses militantes, pois apostava que muitos deles poderiam transformar-se em futuros quadros dirigentes do Partido e da revolução. Tive o cuidado de discutir com eles as normas de segurança que deviam ser respeitadas para que o trabalho partidário não corresse o risco de ser golpeado pela repressão, assim como o comportamento do comunista no caso de ser preso.

Embora estivesse profundamente motivada, não foi fácil a adaptação às minhas novas condições de vida: isolamento da família e dos amigos; convívio diário com os responsáveis pelo aparelho em que passei a residir – personagens pouco simpáticos, que estavam sempre reclamando de alguma coisa e fazendo exigências cada vez mais absurdas no que se referia à minha participação nos afazeres domésticos; relacionamento extremamente limitado com pessoas que pudessem representar riscos não só à minha segurança, mas também à dos aparelhos que frequentava e dos camaradas com quem mantinha contato; permanente vigilância, evitando ser seguida por agentes policiais ou deixar alguma pista que pudesse levar os órgãos de repressão a localizar o aparelho em que morava ou outros locais utilizados pelo Partido, como casas de companheiros ou simpatizantes que usávamos para nos encontrar.

Os contatos com os companheiros tanto da direção quanto das bases, em geral, eram feitos nos chamados "pontos" de rua em diferentes lugares da capital paulista ou, dependendo do caso, em outras cidades do estado. Os encontros deviam ter aparência de normalidade, acontecer em espaços públicos e não chamar atenção ou provocar suspeitas dos transeuntes – em particular, dos agentes dos órgãos de segurança. Era necessário ser pontual para demorar o menos possível no "ponto"; uma vez realizado o encontro com outro companheiro, ambos deveriam trocar informações rapidamente, deslocando-se a pé e mantendo naturalidade, tudo para evitar qualquer tipo de suspeita. Esses "pontos" deviam ser mudados com certa frequência, contribuindo assim para aperfeiçoar a segurança e evitar maiores riscos de identificação, não só pelos agentes da repressão, como também pelos numerosos elementos civis que prestavam serviços ao SNI em troca de polpudas remunerações – os informantes da polícia sempre criados durante os regimes de exceção. Tenho ainda presente o impacto causado pelo assassinato de Carlos Marighella, na cidade de São Paulo, em 4 de novembro de 1969; o dirigente da ALN foi covardemente trucidado em plena rua pelos agentes policiais comandados pelo delegado da DOPS e célebre torturador Sérgio Paranhos Fleury.

O regresso ao Brasil e a clandestinidade (1968-1973)   149

Minhas oportunidades de descontração eram os poucos relacionamentos privados que consegui manter nesse período: as visitas à casa do meu primo Roberto, filho da tia Lúcia, que residia com a família na capital paulista e estava afastado de qualquer atividade política, assim como as idas à residência do dr. Joaquim Gomes dos Reis – ele e a esposa grandes amigos, que sempre me receberam com muito carinho e hospitalidade. Às vezes conseguia encontrar-me com alguns amigos, companheiros do Partido que também atuavam na clandestinidade e com os quais não era possível manter contato regular. De tempos em tempos minhas tias vinham a São Paulo e hospedavam-se na casa do sobrinho; assim conseguia me encontrar com elas. Enquanto não houve denúncia policial contra mim, pude algumas vezes viajar ao Rio e passar uns dias com as tias. Também foram organizados encontros no Rio com meu pai, clandestino, mas a maior parte do tempo nos comunicávamos através de cartas levadas por companheiros que se reuniam com ele.

Durante aqueles anos de vida clandestina, tratei de ocupar as horas livres das atividades partidárias com o estudo principalmente da realidade brasileira. Embora, como todos os demais profissionais da organização, recebesse uma modesta "ajuda de custo" do Partido, com a colaboração de minhas tias consegui montar uma pequena biblioteca com livros sobre história do Brasil. Cheguei a ler várias obras de autores como Caio Prado Jr., Nelson Werneck Sodré, Florestan Fernandes, Fernando Henrique Cardoso e Celso Furtado[6]. A troca de opiniões com meu pai cada vez mais me levava a questionar se a orientação política do PCB correspondia à situação do país e a valorizar o estudo da realidade nacional para melhor formular os caminhos de sua transformação – embora de início, durante esse período, ainda me mantivesse favorável às teses da revolução em duas etapas, conforme postulado nos documentos do Partido.

Recordo-me de uma longa conversa com o pai em 1969, quando ele, em viagem a Moscou, onde iria participar de uma reunião do movimento comunista internacional, passou por São Paulo e encontrou-se comigo na casa do dr. Gomes dos Reis. Nessa ocasião, tive oportunidade de lhe falar das minhas atividades nas organizações do Partido no estado e de ser por ele informada de sua crescente

---

6   Algumas obras lidas por mim naquele período: *Evolução política do Brasil, História econômica do Brasil* e *Formação do Brasil contemporâneo*, de Caio Prado Júnior; *Formação histórica do Brasil, As razões da Independência, A ideologia do colonialismo, O que se deve ler para conhecer o Brasil, Introdução à revolução brasileira*, de Nelson Werneck Sodré; *Sociedade de classes e subdesenvolvimento, Capitalismo dependente e classes sociais na América Latina*, de Florestan Fernandes; *Mudanças sociais na América Latina, Empresário industrial e desenvolvimento econômico*, de Fernando Henrique Cardoso; *Dependência e desenvolvimento na América Latina*, de Fernando Henrique Cardoso e Enzo Faletto; *Formação econômica do Brasil, Desenvolvimento e subdesenvolvimento, Dialética do desenvolvimento, Formação econômica da América Latina*, de Celso Furtado.

150 VIVER É TOMAR PARTIDO

preocupação com as tendências reformistas que se acentuavam na direção do PCB, aproveitando nosso encontro para me mostrar o documento por ele proposto à apreciação do CC, que este se recusara a discutir[7]. Nesse documento, após apresentar longa argumentação, Prestes concluía:

> Cabe [...] ao Comitê Central decidir se, a pretexto da tática, devemos, em nossa agitação e propaganda, nos referir *exclusivamente* às reivindicações imediatas mobilizadoras das massas, à plataforma unitária da frente única antiditatorial e à luta por um eventual governo das forças antiditatoriais; ou se devemos utilizar a agitação e propaganda *igualmente* (e, em alguns casos, principalmente) para levar ao conhecimento da classe operária e seus aliados o programa revolucionário, anti-imperialista e antifeudal, de nosso Partido e a necessidade de lutar, independentemente dos compromissos que possamos realizar com as demais forças antiditatoriais, pela conquista de um governo revolucionário, capaz de dar início à aplicação daquele programa.[8]

A recusa do CC do PCB em apreciar e discutir o documento proposto por seu secretário-geral revelava o conflito ideológico e político então vivido, e que viria a se aguçar nos anos seguintes. Na qualidade de dirigente máximo do Partido, contudo, Prestes estava impedido de divulgar suas posições contrárias às da maioria do CC, razão pela qual o referido documento não se tornou conhecido à época. Um exemplar foi guardado em lugar seguro por minha tia Lygia e outro enviado secretamente para Moscou, quando meu pai, em 1971, se exilou na União Soviética.

Em 1970, o Comitê Estadual do Estado da Guanabara foi seriamente atingido pela repressão. A ditadura militar passava a concentrar esforços no desmantelamento do PCB. Minha tia Eloiza, ativa militante do Comitê da Zona Sul do Partido nesse estado, junto com outros companheiros, foi indiciada em processo judicial e acusada de desenvolver atividades subversivas, incursa na Lei de Segurança Nacional. Participava de sua defesa o dr. Heráclito Fontoura Sobral Pinto, que fora defensor de Prestes durante o Estado Novo e continuava a sê-lo nos vários IPMs em que meu pai fora indiciado a partir do golpe de 1964. Dado o clima de insegurança, de constantes prisões e torturas generalizadas contra os presos políticos, consideramos que Eloiza, então com setenta anos, deveria se afastar do Rio. Ficou uma temporada na casa do sobrinho Roberto

---

[7] Antônio Almeida (codinome de Prestes), sem título, 8 abr. 1969 (documento original, 23 p.; arquivo particular da autora; fotocópia, Arquivo Edgard Leuenroth/Unicamp, coleção Luiz Carlos Prestes, pasta 009); ver também Anita Leocadia Prestes, *Luiz Carlos Prestes*, cit., p. 415-20.

[8] Idem; grifos do original.

O REGRESSO AO BRASIL E A CLANDESTINIDADE (1968-1973)   151

em São Paulo, sendo posteriormente excluída do processo por falta de provas. O esforço dos advogados que atuaram no processo ao lado do dr. Sobral, como Antônio Modesto da Silveira, Vivaldo Vasconcelos e Sinval Palmeira, em muito contribuiu para tal desfecho.

Durante o ano de 1970 o ambiente no aparelho em que eu residia tornava--se cada dia mais tenso. Visivelmente os responsáveis pela casa estavam com receio de serem atingidos pela crescente repressão no país e, em particular, no estado de São Paulo, e buscavam pretextos para forçar minha saída. Por fim, com a concordância do camarada Dante, responsável pelo aparelho, decidimos desativá-lo – o que significava que eu deveria me mudar. Consegui alugar um outro sobrado, distante do primeiro, mas também situado na zona sul da cidade, localização que cumpria os requisitos necessários de segurança. Por recomendação de companheiros da direção do Partido, foi destacada para morar comigo uma militante comunista originária do Triângulo Mineiro, Lucília Soares Rosa, que se revelou extremamente corajosa e disposta a enfrentar todos os percalços inerentes às atividades clandestinas dos comunistas naquele período. Em pouco tempo nos tornamos amigas, embora ela tivesse idade para ser minha mãe. A casa foi alugada em seu nome, sendo fiador o dr. Gomes dos Reis, que declinou do direito de conhecer o endereço, revelando excepcional espírito de solidariedade e desprendimento no apoio que nos proporcionava. Esse foi um aparelho extremamente seguro, conhecido apenas pelas duas moradoras e pelo camarada Dante.

Ainda naquele ano de 1970 foi necessário enfrentar as tendências nacionalistas de direita que atingiram setores do PCB, inclusive alguns dos seus dirigentes. Sob influência dos acontecimentos no Peru – onde, por meio de golpe militar, assumira o poder em 1968 o general nacionalista Juan Velasco Alvarado –, surgiu em certos meios de esquerda, inclusive no Partido, a tendência a apostar nas posições nacionalistas de alguns generais brasileiros; o mais citado era o general Afonso de Albuquerque Lima, integrante da chamada "linha-dura" do Exército, que se destacava por suas posições nacionalistas de direita. Muitos chegaram a cultivar a esperança de que esse militar se tornasse o líder de um "golpe salvador", abrindo caminho no Brasil para uma solução semelhante à de Alvarado no Peru.

Nesse sentido, vale lembrar o lançamento do semanário de circulação legal *Fato Novo*, editado em São Paulo durante o ano de 1970[9]. Seus diretores eram o dirigente comunista Jarbas de Holanda e o jornalista militante do PCB Milton Coelho da Graça; participava como assistente da elaboração do jornal

---

[9]   *Fato Novo*, São Paulo, Verde Amarelo, 1970. Há 34 números disponíveis no Arquivo Edgard Leuenroth/Unicamp.

152   Viver é tomar partido

Luiz Ignácio Maranhão Filho, membro do CC do PCB[10]. *Fato Novo* adotava uma linha declaradamente nacionalista, atribuindo um papel supostamente progressista às Forças Armadas. Em suas páginas eram exaltados os exemplos de militares nacionalistas como Velasco Alvarado, no Peru, e o ministro da Defesa da Bolívia, Juan José Torres[11]. Além disso, desde o primeiro número ficara evidente o apoio da publicação ao governo de Garrastazu Médici, o que me deixou indignada. Resolvi escrever um artigo que, aprovado pela Comissão Executiva Nacional do PCB, foi publicado no *Voz Operária*[12]:

> O processo eleitoral em curso é apresentado pelo jornal como um confronto entre a ditadura, de um lado, e a "oligarquia" e a "classe política", de outro. E ele se engaja ao lado do general Médici, que, "estudioso de nossa história republicana", vai aplicando uma "estratégia cautelosa" no processo que impõe às sucessões estaduais. Partindo dessa posição, *Fato Novo* chega a apoiar o AI-5, e aplaudir as cassações de mandatos parlamentares, a defender a nomeação dos governadores pelo ditador.

Ao denunciar o "namoro escandaloso" de *Fato Novo* com o governo Médici, tratei de mostrar no artigo que os redatores do semanário pretensamente nacionalista, na prática, estavam defendendo a política "entreguista" da ditadura de submissão crescente aos interesses dos monopólios estrangeiros[13]. O artigo teve repercussão junto à militância partidária.

As ilusões depositadas em um "golpe salvador" de militares nacionalistas também foram combatidas por Prestes em artigo publicado em *Voz Operária*[14]. Nesse artigo, o secretário-geral do PCB deixava clara sua postura de combate às posições de direita que, uma vez derrotado o radicalismo de esquerda, haviam se tornado o maior perigo nas fileiras do Partido. Segundo Prestes, a luta contra o imperialismo era inseparável da luta pela democracia e, portanto, contra o oportunismo de direita. Assim, em vez de apostar na ação dos militares nacionalistas,

---

[10] Maria de Conceição Pinto de Góes, *A aposta de Luiz Ignácio Maranhão Filho: cristãos e comunistas na construção da utopia* (Rio de Janeiro, Editora da UFRJ, 1999), p. 220.

[11] *Fato Novo*, n. 2, 6-12 maio 1970.

[12] Jorge Ferreira (codinome de Anita Leocadia Prestes), "Namoro escandaloso", *Voz Operária*, n. 64, jun. 1970, p. 3.

[13] Ver também Eduardo Sá (outro codinome de Anita Leocadia Prestes), "Algumas considerações sobre o nacionalismo no Brasil", *Estudos*, n. 3, SAP, dez. 1971, p. 74-81 (trata-se de revista teórica editada pela direção do PCB).

[14] Antônio Almeida, "A luta contra o imperialismo é inseparável da luta contra o oportunismo", *Voz Operária*, n. 67, set. 1970, p. 4-5; Edgard Carone, *O PCB*, v. 3: *1964-1982* (São Paulo, Difel, 1982), p. 103-8.

O regresso ao Brasil e a clandestinidade (1968-1973)   153

para os comunistas era necessário mobilizar as grandes massas populares pelas liberdades democráticas e contra a submissão aos monopólios estrangeiros, procurando inclusive atrair setores das Forças Armadas para a luta contra a ditadura e o regime fascista implantado no país[15].

No início de 1971, realizou-se reunião do CC do PCB em que, junto à aprovação de várias resoluções políticas e sobre o trabalho de direção do Partido, decidiu-se afastar do país um terço dos membros do comitê, levando em consideração a segurança da organização. Previa-se que os companheiros alocados no exterior pudessem reorganizar a direção, caso a repressão atingisse o CC no país. Resolveu-se que Prestes, o mais visado de todos os dirigentes, deveria viajar imediatamente. O secretário-geral do PCB foi para Moscou ainda em março daquele ano[16].

Embora houvesse informações de que os órgãos da repressão concentrariam esforços para golpear profundamente o PCB e sua direção, meu pai teve a sensação de que a decisão sobre sua saída do país visava também a afastá-lo do posto, abrindo caminho para o avanço das posições oportunistas de direita – ou seja, para o reformismo que vinha se acentuando a partir do VI Congresso. Ao passar por São Paulo rumo ao sul do país, onde deveria atravessar a fronteira e, a partir de Buenos Aires, seguir para Paris e Moscou em voo sem escalas no Brasil, ele se hospedou no meu aparelho junto com o médico Fued Saad, o camarada que o acompanhava na viagem ao exterior. Conversamos longamente e pude perceber sua insatisfação com a decisão de afastá-lo do país. Mais tarde, ele recordaria:

> Eu não protestei, aceitei a decisão, mas compreendi que se tratava de uma medida discriminatória para me afastar do Partido. Desde esse momento, o companheiro Giocondo Dias assumiu a secretaria-geral porque, lá de Moscou, eu não tinha condições, de forma alguma, de intervir na direção e na orientação do Partido.[17]

Apesar da grande distância e da clandestinidade em que me via obrigada a viver, continuei a me corresponder com o pai através de amigos residentes na Europa ocidental, indicados pelos partidos comunistas desses países. Era uma importante forma de solidariedade internacional entre os comunistas, que garantia as comunicações seguras com Prestes e outros companheiros também exilados na União Soviética, uma vez que, devido à censura vigente

---

[15] Ver Anita Leocadia Prestes, *Luiz Carlos Prestes*, cit., p. 432-3.
[16] Dona Maria e os filhos menores de Prestes já se encontravam em Moscou desde 1970.
[17] Instituto Cajamar, *Socialismo em debate: 1917-1987*, cit., p. 235; ver também Anita Leocadia Prestes, *Luiz Carlos Prestes*, cit., p. 435-7.

nos correios do Brasil, tornara-se inconveniente e perigoso corresponder-se diretamente com os países socialistas.

Em 1971 chegou a São Paulo o camarada Walter de Souza Ribeiro (codinome Beto), ex-militar expulso do Exército no início da década de 1950 acusado de atividades subversivas. Membro do CC do PCB, foi designado para substituir Dante no trabalho de reorganização do Comitê Estadual de São Paulo. Pouco tempo depois, realizou-se uma conferência estadual do Partido em que uma nova direção estadual foi eleita – da qual passei a fazer parte, embora não tenha participado do referido encontro. Walter Ribeiro foi eleito secretário político do Comitê Estadual. Assim como eu, ele não era conhecido em São Paulo, uma vantagem do ponto de vista da segurança das nossas atividades clandestinas. Minha tarefa continuava a ser o trabalho de educação, mas passei também a "assistir"[18] algumas bases partidárias. Tornou-se ainda imperativo ativar as finanças partidárias; fui mobilizada para prestar ajuda nesse campo, contatando amigos e companheiros que pudessem colaborar com tais atividades.

Recordo-me do medo reinante em diversos setores da sociedade, pois a repressão se acentuava com a realização frequente de *blitze* policiais, com a prisão, pelas forças militares, de transeuntes e de pessoas consideradas "suspeitas", com a revista constante de automóveis. Era comum a simulação de fuga de "subversivos" presos para justificar o assassinato de militantes de organizações de esquerda, como foi o caso de Joaquim Câmara Ferreira, ex-dirigente do PCB que fazia parte do comando da ALN. Apesar da repressão cada vez mais gritante, contando em particular com a colaboração de agentes infiltrados nos movimentos de oposição, continuávamos nossas atividades de organização, de distribuição dos materiais e do jornal do Partido e realizávamos reuniões do Comitê Estadual para discutir a situação política e as tarefas correntes.

Nesses anos, as reuniões do Comitê Estadual eram realizadas em casas alugadas por temporada no litoral paulista – em Praia Grande, por exemplo, onde era possível garantir um certo grau de segurança aos participantes. Havia que tomar muito cuidado para não chamar a atenção da vizinhança, pois tratava-se de um grupo de mais de vinte pessoas em que eu era a única mulher. A maioria dos companheiros entrava de carro, à noite e de olhos fechados para não reconhecer o lugar. Lembro-me de que, como única mulher presente, durante o dia devia aparecer do lado de fora da casa para aparentar normalidade à vizinhança – supostamente, seríamos apenas uma família em férias.

Já no dia a dia das atividades dos camaradas da direção, tanto do CC como do Comitê Estadual de São Paulo e das organizações intermediárias do Partido,

---

[18] O "assistente" era o dirigente do Partido responsável por levar a determinadas bases a orientação da direção e transmitir a ela as opiniões, as críticas e as demandas dessas bases.

as normas de segurança eram frequentemente desrespeitadas. Os encontros de rua eram muitas vezes demorados e os "pontos" repetidos com frequência exagerada; muitos companheiros assumiam numerosas tarefas, o que os levava a conhecer grande parte dos militantes e das organizações existentes (um alto risco caso esse camarada fosse preso); era corrente o hábito de falar demasiado a respeito da atividade de cada um, o que dificultava a compartimentação das informações. Na realidade, a própria direção do PCB subestimava o empenho da ditadura em desmantelar o Partido, como logo a seguir se evidenciaria. Alimentava-se a ilusão de que a repressão, em certa medida, nos pouparia, pois éramos contrários ao recurso às armas para derrubar a ditadura, como pregavam as organizações de esquerda estigmatizadas pelo governo militar como "terroristas".

Conforme advertira meu pai, o reformismo tornara-se evidente e passara a predominar entre os dirigentes do Partido. Certa vez, fiquei chocada durante uma conversa com o nosso secretário político, o camarada Beto, muito dedicado e empenhado nas tarefas partidárias, com o qual eu passara a fazer "ponto" regularmente e informar sobre o trabalho político e de educação que vinha realizando. Quando revelei preocupação com a melhor forma de organizar os trabalhadores de uma grande empresa, como a Volkswagen – o "desafio histórico" dos comunistas, segundo a Resolução do VI Congresso do PCB –, Beto me respondeu que, naquele momento, eu não deveria estar tão voltada para essa questão, pois o mais importante era derrotar a ditadura; mais tarde pensaríamos no "desafio histórico". Na realidade, esse dirigente, como outros com quem tive oportunidade de conversar, estava muito mais preocupado com os chamados "entendimentos políticos" com líderes do Movimento Democrático Brasileiro (MDB) ou com setores militares aparentemente dissidentes do que com a realização do "desafio histórico". Na época esse desvio não ficou suficientemente explícito para mim; fui compreendê-lo melhor algum tempo depois. Tratava-se de uma concepção ideológica profundamente arraigada em nossas fileiras: a subestimação da organização dos trabalhadores e do seu papel na luta por um poder revolucionário que apontasse para as transformações de caráter socialista.

Dadas as condições adversas em que o PCB foi fundado, de grande atraso cultural do país e de inexistência de um movimento operário com tradições marxistas, a repercussão da Revolução Russa de 1917 mostrou-se decisiva para que um pequeno grupo de lideranças anarcossindicalistas, tendo à frente Astrojildo Pereira, tomasse a iniciativa de criar um partido comunista no Brasil. A débil presença do marxismo no meio da intelectualidade brasileira, contudo, aliada à grande influência do pensamento nacionalista, contribuiu decisivamente para que o PCB se tornasse um partido *nacional-libertador*, sem nem mesmo ter conseguido se transformar num partido revolucionário do proletariado[19]. Como advertiu Eric Hobsbawm, "o perigo real para os marxistas é o de aceitar o nacionalismo como ideologia e programa, ao invés de encará-lo realisticamente como um fato, como condição de sua luta como socialista"[20].

Ainda naquele ano de 1971, um acontecimento que impressionou profundamente toda a esquerda brasileira foi o bárbaro assassinato do capitão Carlos Lamarca, ocorrido em 17 de setembro em Ipupiara (Bahia). Sua execução, perpetrada por forças do Exército, revelou o trágico isolamento dos remanescentes das organizações guerrilheiras que haviam recorrido à luta armada contra o regime militar e, ao mesmo tempo, a ofensiva dos órgãos de repressão contra todos os que resistiam à inaudita violência da ditadura.

Em meados de 1972 recebi a tarefa da Seção de Educação do CC de ministrar o curso da "Cartilha da margarida" aos camaradas do Rio Grande do Sul, com o objetivo de formar quadros intermediários capazes de levar adiante esse trabalho junto às bases do Partido no estado. Passei o mês de julho daquele ano entre Porto Alegre, Caxias do Sul e algumas outras cidades gaúchas, tentando cumprir a tarefa que me havia sido confiada, sem ter alcançado (no meu entender) grande sucesso em sua realização. Assim como em São Paulo, a desmobilização da militância e a ausência de comunistas no meio operário e popular eram visíveis. À frente do trabalho político nesse estado estava o membro do CC Salomão Malina (codinome Joaquim), velho conhecido com quem tive oportunidade de conversar bastante. Nessas conversas, contudo, senti falta de qualquer contribuição que me ajudasse a esclarecer as graves questões que cada vez mais me inquietavam, seja na compreensão do capitalismo vigente na sociedade brasileira da época, seja no que dizia respeito à orientação política adotada pelo PCB.

De regresso a São Paulo, em agosto de 1972, deparei-me com uma nova situação da organização partidária no estado. Os companheiros da base da Volkswagen haviam sido todos presos, inclusive Lúcio Bellentani, e estavam sendo barbaramente torturados nas dependências da DOPS. Tratava-se de um golpe violento contra o PCB em São Paulo, não só pela inquestionável importância da base operária de uma empresa como a Volkswagen, como também pelo fato de que o camarada Bellentani, em especial, recebera e desempenhara tarefas variadas no âmbito do Comitê Estadual – circunstância equivocada, a meu ver, e que tornava toda a organização estadual extremamente vulnerável às investidas dos órgãos da repressão.

---

[19] Ver Anita Leocadia Prestes, "A Revolução Russa e a fundação do Partido Comunista no Brasil", em Ivana Jinkings e Kim Doria (orgs.), *1917: o ano que abalou o mundo* (São Paulo, Boitempo/ Editora do Sesc, 2017), p. 137-49.

[20] Eric Hobsbawm, "Nacionalismo e marxismo", em Jaime Pinsky (orgs.), *Questão nacional e marxismo* (São Paulo, Brasiliense, 1980), p. 310.

O regresso ao Brasil e a clandestinidade (1968-1973)   157

Por intermédio dos advogados que assumiram a defesa desses companheiros e a assistência às suas famílias, ficamos sabendo que, submetidos a torturas sobre-humanas, haviam revelado à polícia grande quantidade de informações sobre nossa atividade no estado. Entre os nomes "entregues", a repressão ficara sabendo da existência de uma dirigente chamada Alice, que dava assistência e ministrava aulas aos membros da base da empresa. Para minha sorte, nem Bellentani nem os demais camaradas conheciam a identidade verdadeira de Alice, que passara a ser procurada pela polícia principalmente na região de São Bernardo do Campo. Tratei de me ausentar daquele município e de redobrar os cuidados com a segurança.

Também em julho de 1972 foram presos vários dirigentes do Comitê Estadual de São Paulo, inclusive Moacir Longo, antigo militante que conhecia praticamente toda a organização partidária nesse estado e, como outros camaradas, havia cursado ainda nos anos 1950 a chamada "escola do partido" ou "escola leninista" em Moscou. Quando os advogados encarregados da sua defesa tiveram acesso ao depoimento por ele prestado, liberado pela DOPS e que fora obtido sob tortura nas dependências do Departamento de Operações de Informações do Centro de Operações de Defesa Interna (DOI-CODI)[21], ficamos sabendo que Longo informara às autoridades policiais os nomes de grande parte dos dirigentes do Partido no estado e dos locais usados em reuniões partidárias. No que me dizia respeito, informara que a Alice que estava sendo procurada pelos órgãos de repressão era Anita Leocadia Prestes, filha de Luiz Carlos Prestes.

Logo depois meu nome seria estampado com grande escândalo em manchetes dos principais jornais do estado de São Paulo como a responsável pela "subversão" na Volkswagen em São Bernardo do Campo[22]. Para sorte minha, não chegaram a publicar nenhuma foto, o que certamente me ajudou a não ser localizada. Tive de redobrar os cuidados e limitar ao mínimo possível minha circulação pela capital do estado, deixando de viajar a outras localidades e, em particular, ao Rio de Janeiro. Tomei medidas para me disfarçar e consegui não ser localizada pelos órgãos da repressão.

Tornara-se evidente que a ditadura concentrara esforços com o objetivo de golpear profundamente o PCB, desarticulando sua estrutura orgânica. Pude observar que o Comitê Estadual do Estado de São Paulo estava na prática

---

[21] DOI-CODI foi um orgão (subordinado ao Exército) de inteligência e repressão do governo brasileiro durante o regime inaugurado com o golpe militar de 1964.

[22] "DOPS destrói cúpula da subversão comunista – pedida a prisão preventiva da filha de Prestes", *Folha da Tarde*, São Paulo, 19 out. 1972; "Subversão: pedidas as prisões de 21 pessoas", *Jornal da Tarde*, São Paulo, 19 out. 1972; "DOPS pede preventiva para dezoito do PCB", *Folha de S.Paulo*, 19 out. 1972; "Auditoria pede prisão para 17 acusados do PCB", *Tribuna da Imprensa*, Rio de Janeiro, 28 out. 1972.

mapeado pela repressão e era questão de tempo para que a direção partidária paulista fosse toda atingida. Na minha opinião, era necessário retirar do estado os dirigentes que ainda não haviam sido localizados e renovar toda a organização do Partido. No entanto, pude perceber que a resistência desses companheiros era muito grande; ninguém queria deixar seus cargos e as tarefas que realizava. Havia uma ilusão bastante generalizada de que seria possível sobreviver naquelas condições.

Em conversa com o camarada Beto, fiquei sabendo que ele estava animado por seu nome não ter sido citado no depoimento de Moacir Longo. Entretanto, sabíamos que a polícia disponibilizava aos advogados depoimentos em que algumas informações eram omitidas para não prejudicar o prosseguimento das investigações. Para mim, parecia óbvio que se tratava do caso de Beto: sendo ele o secretário político do Comitê Estadual, não era possível que Longo não o tivesse nomeado, uma vez que os interrogadores sempre pediam pelo dirigente máximo da organização; pelo depoimento liberado, ficara evidente o detalhamento da organização partidária. Não consegui, no entanto, convencer Beto dessa teoria, da mesma maneira como ele não gostou muito da ideia, defendida por mim na mesma ocasião, de eu sair do estado e, provavelmente, viajar para a União Soviética. Também argumentei que era necessário, a meu ver, retirar a maioria dos camaradas que estavam correndo riscos evidentes de serem localizados pela repressão, enviando-os para outros estados ou, em alguns casos, para o exterior. Para mim, urgia uma mudança radical na organização do Partido no estado, e pedi a Beto que transmitisse minha opinião ao CC.

Ademais dos riscos que corríamos, ficara impraticável pôr em prática as tarefas partidárias, como era o caso do trabalho de educação que eu vinha realizando. No que me dizia respeito, sendo filha de Prestes, se fosse presa certamente seria muito torturada, até mesmo assassinada ou "desaparecida" – o que, hoje sabemos, aconteceu com numerosos camaradas. Opinei que não estava disposta a me tornar mártir sem proveito para o Partido. Indo para o exterior, poderia estudar e contribuir para um melhor entendimento da realidade brasileira e a elaboração da nossa orientação política.

Passadas algumas semanas, soube que a direção do PCB concordara com a minha saída do país e tomaria as medidas para viabilizar o plano. Quanto à necessidade de mudar toda a composição da direção estadual, nada foi decidido nem realizado. Beto continuava desenvolvendo as mesmas atividades e correndo os riscos, que se tornavam cada vez maiores. Cerca de um ano e meio mais tarde, em abril de 1974, ele e Luiz Maranhão foram presos e "desapareceram" para sempre. Outros camaradas denunciados tiveram o mesmo destino. Hoje sabemos que certamente foram liquidados nas chamadas "casas da morte" mantidas pelo DOI-CODI, como a que funcionou em Petrópolis (Rio de Janeiro).

O regresso ao Brasil e a clandestinidade (1968-1973)   159

Logo depois explodiu em nosso meio mais uma "bomba": uma reportagem publicada no *Jornal do Brasil* de 3 de dezembro de 1972[23] com as declarações de Adauto Freire, o "agente Carlos". Antigo militante do PCB, pessoa de completa confiança da direção do Partido, trabalhava na Seção Internacional do CC e era também funcionário das Nações Unidas, circunstância que supostamente facilitaria suas atividades no exterior do país. Na reportagem, Adauto dizia-se arrependido de ter colaborado com o PCB e revelava informações sigilosas a respeito do trabalho da direção, apontava aparelhos e pessoas, inclusive um sítio no Rio de Janeiro que servira para encontros com Prestes. Depois ficamos sabendo que ele trabalhava para a CIA, como o próprio viria a confessar em reportagem publicada no *Jornal do Brasil* e citada pela *Istoé*[24]. Tratava-se de mais um exemplo da ofensiva declarada das forças de repressão contra o PCB e, em particular, contra sua direção. O "agente Carlos" conhecia o funcionamento não só da Seção Internacional do CC, como tinha muitos contatos com os partidos comunistas de outros países – o que deixaria nossos camaradas no exterior alarmados e cautelosos quanto às relações que mantinham conosco.

Tempos depois fiquei sabendo que a esposa de Adauto Freire já o havia denunciado a Giocondo Dias, mas os companheiros da direção desconsideraram a denúncia, alegando que se tratava de briga do casal. Prestes também já havia desconfiado de Adauto, pois este o seguira na viagem para a Europa no início de 1971 transportando documentos sigilosos até Paris, de onde os deveria remeter a Moscou através da mala diplomática da embaixada soviética. Adauto, entretanto, insistia com Prestes, que já chegara à capital soviética, para que levasse pessoalmente esses documentos. A insistência chamou a atenção do meu pai, que avisou a direção do Partido no Brasil. A suspeita, mais uma vez, foi desconsiderada.

Em dezembro daquele ano, eu me preparava para partir rumo ao exílio na União Soviética. Era necessário desativar o aparelho onde morava, distribuir os poucos móveis de que dispúnhamos, transferir os livros para outro lugar – o escolhido foi a casa do dr. Gomes dos Reis, que se dispôs a guardá-los –, queimar papéis comprometedores que guardava em casa e preparar a pequena bagagem que levaria comigo, considerando os riscos de atravessar o sul do Brasil e passar clandestinamente a fronteira com a Argentina sem ser identificada pelas barreiras

---

[23] Ver "Agente do PCB denuncia a subversão no Brasil", *Jornal do Brasil*, Rio de Janeiro, 3 dez. 1972, p. 1 e 5; disponível em: <http://memoria.bn.br/DocReader/DocReader.aspx?bib=0300 15_09&PagFis=73867&Pesq=Agente%20Carlos%20-%203%20de%20dezembro%20de%20 1972>, acesso em: 30 set. 2019.

[24] Ver Amaury Ribeiro Jr., Eugênio Viola e Tales Faria, "Traição e extermínio", em *Istoé*, 31 mar. 2004; disponível em: <https://istoe.com.br/27963_Traicao+E+Exterminio/>, acesso em: 30 set. 2019.

policiais. A companheira Lucília, que morara comigo nessa casa, ficou encarregada de devolvê-la ao proprietário, encerrando o contrato de aluguel existente, e depois regressar a Minas Gerais para ficar com sua família e evitar o risco de ser presa – o que, felizmente, conseguiu realizar com sucesso.

Antes de viajar, uma vez entregue a casa em que morara, fiquei uns dias no aparelho ocupado pelo casal José Salles, então suplente do CC, e Marly Vianna. Ambos foram muito solidários comigo naquele momento difícil. Na mesma ocasião, fui convidada por eles para participar de uma reunião com alguns membros da Assessoria do CC, que havia sido recentemente criada com o objetivo de contribuir com a direção do Partido na análise da realidade do país e na elaboração de suas diretrizes políticas. Que eu me lembre, além do casal participou da reunião um camarada baiano, Nemésio Salles, chegado havia pouco tempo de Moscou, que ao concluir o curso no Instituto de Ciências Sociais defendera tese sobre o capital financeiro e a oligarquia financeira no Brasil[25]. Trocamos ideias sobre as transformações em curso no sistema capitalista brasileiro e a necessidade de melhor estudá-las, pois o papel do Estado na economia e o peso dos monopólios nacionais e estrangeiros na vida nacional haviam passado por visíveis mudanças. Fui instada a aproveitar o exílio e a oportunidade de voltar a estudar no Instituto de Ciências Sociais de Moscou para me aprofundar nessas questões, tentando contribuir para definir melhor as tarefas da revolução brasileira no momento que vivíamos.

---

[25] Augusto Moraes (codinome de Nemésio Salles), *Introdução ao estudo do capital financeiro e da oligarquia financeira no Brasil*, Tese (São Paulo, 1972, mimeografado).

Minha turma na Escola n. 59 – chamada Gogol – de Moscou. Sou a segunda de pé, da esquerda para a direita. Junho de 1957.

Concedendo entrevista à imprensa durante a campanha pela revogação da prisão preventiva de Prestes e demais dirigentes comunistas. À minha direita, a jornalista Jurema Finamour. Rio de Janeiro, dezembro de 1957.

Concedendo entrevista na Associação Paulista de Imprensa durante a campanha pela revogação da prisão preventiva de Prestes e demais dirigentes comunistas. São Paulo, janeiro de 1958.

IX
O exílio (1973-1975)

A viagem para Moscou (anos 1970)

Minha viagem foi marcada para o início de 1973. Ainda pude me despedir da tia Lygia, que, tomando cuidado para não ser seguida, deslocou-se do Rio a São Paulo, onde nos encontramos rapidamente na casa do dr. Reis e dona Gessy, como sempre solidários e solícitos, não obstante a onda repressora que inquietava a todos.

Nos primeiros dias de janeiro, parti de São Paulo num fusca dirigido por Severino Teodoro Mello (codinome Vinicius), antigo militante e dirigente do Partido que, nesse período, atuava na Seção de Organização do CC. Fora ele o encarregado de me conduzir até Uruguaiana (Rio Grande do Sul), onde poderia atravessar a fronteira com a Argentina, seguindo para Buenos Aires. Como sempre, ia munida de documento de identidade falso, com a recomendação de contatar os companheiros do Partido Comunista da Argentina (PCA). Certamente eles estavam bastante preocupados com as revelações do "agente Carlos", pois durante muito tempo haviam mantido contato com ele. Entretanto, existia um entendimento dos dirigentes do PCA com a direção do PCB no sentido de fornecerem passaporte brasileiro "frio"[1] aos camaradas do nosso Partido que precisassem viajar ilegalmente para a Europa, o que constituía uma inestimável ajuda, levando em conta a situação de intensa repressão que vivíamos no Brasil.

A travessia do sul do país correu sem maiores percalços. Em Uruguaiana Severino Mello me apresentou ao camarada que, residente nessa cidade, tinha a tarefa de organizar com a devida segurança a passagem de nossos companheiros

---

[1] À diferença do "quente", o passaporte "frio" era um documento não concedido pelas autoridades policiais.

procurados pela polícia para Passo de los Libres, na Argentina. Conduzida por um taxista conhecido desse camarada, atravessei a ponte sobre o rio Uruguai que liga os dois países sem despertar atenção, nem ser abordada pelos guardas--fronteiras do lado brasileiro. Em Passo de los Libres, embarquei para Buenos Aires no primeiro voo disponível.

Uma vez na capital argentina, consegui contatar sem delongas os companheiros da Seção Internacional do PCA. No país vizinho, havia nesse momento uma situação de certa abertura democrática com a expectativa de regresso do exílio de Juan Domingo Perón e de sua previsível eleição para a presidência da República, o que favorecia a atuação dos comunistas. Fui recebida pelo secretário-geral do PCA, Gerónimo Arnedo Alvarez, que me alojou no luxuoso apartamento de um casal de empresários ligados ao Partido, onde permaneci durante uma semana até prosseguir viagem. Durante esses dias fui também recebida pelo dirigente comunista Rodolfo Ghioldi e sua esposa Carmen, participantes dos acontecimentos de 1935 no Brasil[2]. Acompanhada pelo casal que me hospedou, pude visitar alguns pontos turísticos da capital portenha.

Com passaporte brasileiro "frio" e passagem até Paris fornecida pelos camaradas do PCA, viajei de avião para Santiago do Chile. Era o caminho possível para evitar o risco de um voo Buenos Aires-Paris que pudesse fazer escala inesperada em aeroporto brasileiro, como acontecera dois anos antes com meu pai em sua ida para a Europa. Naquela ocasião, por sorte, ele e seu acompanhante Fued Saad conseguiram não descer do avião, não foram reconhecidos e não precisaram apresentar passaportes.

Ao mesmo tempo eu desejava visitar o Chile, pois a experiência do governo do presidente Salvador Allende, eleito em 1970 pela Unidade Popular – uma coligação de esquerda entre o Partido Socialista, ao qual o presidente pertencia, o Partido Comunista e outras forças de esquerda –, despertava grande interesse de toda a esquerda latino-americana. Era uma tentativa de chegar ao socialismo por via eleitoral e pacífica, que, como é sabido, foi tragicamente derrotada com o golpe militar de setembro de 1973.

Passei uma semana em Santiago, hospedada primeiro no apartamento do casal Armênio Guedes e Zuleika Alambert, ambos membros do CC do PCB, exilados no Chile e meus velhos conhecidos. Os dois ou três últimos dias fiquei na casa de Ivan de Otero Ribeiro, também membro do Partido e funcionário da Unesco, cujo pai então já falecido fora da direção do PCB.

A situação política no Chile era preocupante, pois as forças de direita no país, apoiadas pelo imperialismo, agiam abertamente com o objetivo de desestabilizar economicamente o país, provocando o desabastecimento da população

---

[2] Ver Anita Leocadia Prestes, *Luiz Carlos Prestes*, cit., cap. VII.

O EXÍLIO (1973-1975)   163

e a consequente insatisfação generalizada, principalmente dos setores médios. Era visível a conspiração dos inimigos da Unidade Popular, que tinham como objetivo sua derrubada. Por outro lado, havia sérios problemas no interior dessa frente, com destaque para as divergências entre a orientação do Partido Comunista (PC) e a do Partido Socialista (PS). A divisão das esquerdas favorecia o avanço da direita chilena. Tive oportunidade de conversar com alguns camaradas sobre os acontecimentos que se desenrolavam nesse país e compareci a dois atos públicos: um comício do PC, cujo público era de operários que chegavam à manifestação agrupados em suas organizações; e outro, convocado pelo PS, cujos participantes davam a impressão de pertencerem ao lumpesinato de Santiago, pela aparência que tinham e o comportamento desorganizado e radicalizado, marcado por atitudes inconsequentes. Fiquei impressionada com o contraste entre as duas manifestações.

De Santiago parti para Paris em voo com escalas em Lima, Quito e Caracas. Na última semana de janeiro de 1973, estava na capital francesa. Logo estabeleci contato com meu pai em Moscou, que tratou de providenciar o visto para que eu pudesse viajar à capital soviética, o que demorou alguns dias, como era habitual. Em Paris me encontrei com o companheiro Agliberto Vieira de Azevedo, membro do CC do PCB, que estivera exilado em Buenos Aires e fora deslocado pela direção do Partido para a capital francesa, onde coordenava as atividades dos comunistas brasileiros que lá se encontravam. Estive com o arquiteto Oscar Niemeyer, companheiro do PCB e amigo do meu pai, no escritório que havia montado em Paris, pois a ditadura lhe criara grandes dificuldades para trabalhar no Brasil. À noite do mesmo dia, tive o prazer de uma longa conversa com o famoso arquiteto, pois ele me convidara a visitá-lo em sua residência. Também visitei, acompanhada pelo jornalista brasileiro Ivan Alves a pedido do arquiteto, a sede do Partido Comunista Francês, obra grandiosa de Niemeyer situada na Place du Colonel-Fabien, no 19º *arrondissement*, e que fora concluída em 1971.

No último dia de janeiro, chegava a Moscou. Meu pai me esperava no aeroporto de Sheremetievo. Fui levada ao *Hotel Oktiabrskaia*[3], situado no bairro de Arbat, onde se hospedavam os comunistas estrangeiros.

O exílio em Moscou: os primeiros anos (1973-1975)

Permaneci uma semana no hotel, aguardando minha transferência para o Instituto de Ciências Sociais, onde estudara de 1966 a 1968[4]. A alegria expressa

---

[3]   *Hotel Oktiabrskaia*: Hotel Outubro (em homenagem à Revolução de Outubro de 1917).

[4]   Ver, neste volume, a seção "A ida para Moscou", especialmente p. 128-39.

por meu pai, amigos e companheiros era grande, pois eu conseguira escapar da repressão policial no Brasil e, certamente, das bárbaras torturas praticadas contra os presos políticos, assim como de um provável assassinato e consequente desaparecimento. Minha chegada a Moscou sã e salva era vista por todos como uma vitória contra a ditadura.

Levada por meu pai ao apartamento onde residia com a família, na rua Górki, no centro de Moscou, fui friamente recebida por dona Maria e meus irmãos, que se mostraram distantes e indiferentes. Apesar das restrições de uma viagem clandestina, em que a bagagem não deveria ser volumosa, eu lhes trouxera presentes do Brasil – recordo-me do último disco do Paulinho da Viola –, o que, contudo, não contribuiu para melhorar o clima da recepção. Embora nos primeiros tempos de Moscou tivesse me esforçado para me aproximar deles, isso se tornou impraticável, pois meus irmãos, à medida que cresciam, eram cada vez mais envenenados contra mim por dona Maria. Tanto mãe quanto filhos continuavam a me hostilizar, mas sabiam fingir perante o pai. Para garantir a paz doméstica, tratei de evitar encontros frequentes com eles. Mantinha contato quase diário com meu pai e o visitava seguidamente, o que minha madrasta não conseguiu impedir. Os anos de exílio foram de convívio estreito com meu pai e de intensa troca de ideias e opiniões, principalmente sobre o Brasil e o futuro do PCB.

Não encontrei dificuldade de me adaptar às normas do Instituto de Ciências Sociais, às quais me acostumara nos dois anos em que lá permanecera durante os anos 1960[5]. Os conhecimentos que adquirira naquele período e o desempenho que tivera durante o curso então concluído levaram os professores do instituto a sugerir que eu elaborasse tese de doutorado em Economia Política. Escolhi o tema que era então do meu interesse, assim como do meu pai e de alguns companheiros: as transformações ocorridas no capitalismo brasileiro.

Ingressei imediatamente no curso sobre *O capital* oferecido com brilhantismo pelo professor Anastácio Mansilla[6]. Tive o privilégio de ter aulas particulares, pois na ocasião não havia outros alunos matriculados com ele. Após a leitura individual de cada capítulo da obra de Marx, as aulas consistiam na discussão do seu conteúdo, que se dava em russo ou em espanhol, idiomas

---

[5]   Idem.

[6]   Anastácio Mansilla nasceu na Espanha e quando adolescente foi enviado para a União Soviética junto com numerosas crianças espanholas salvas pelo governo soviético dos horrores da Guerra Civil Espanhola (1936-1939). Estudou na União Soviética e doutorou-se em Economia pela Universidade de Moscou. Era comunista e professor do Instituto de Ciências Sociais – cargo de confiança da direção do PCUS, uma vez que era encarregado de orientar os estudos de Economia de comunistas de outros países. No início dos anos 1960 esteve em Cuba, onde foi professor de Fidel Castro e de Che Guevara.

que tanto o professor quanto a aluna dominavam. Para mim foi uma experiência inesquecível de aprendizado. Nas leituras e pesquisas sobre o tema da minha tese fui orientada por Mansilla, o orientador oficial da tese, e por Oleg Tsukanov, também professor do instituto, estudioso da economia brasileira, que falava o português com perfeição. Também fiz leituras de filosofia marxista sob orientação do professor Zakharov, com quem tinha consultas periódicas sobre os temas abordados.

Foram quase três anos de estudos intensos, durante os quais pude definir o tema da minha tese – "O Capitalismo Monopolista de Estado no Brasil e suas particularidades" –, defendida em outubro de 1975. A biblioteca do instituto possuía um acervo considerável não só dos clássicos do marxismo como de autores brasileiros, cuja leitura foi para mim indispensável: Celso Furtado, Caio Prado Júnior, Nelson Werneck Sodré, Paul Singer, Fernando Henrique Cardoso, Luiz Carlos Bresser-Pereira, Alberto Passos Guimarães, Florestan Fernandes, Otávio Ianni, Otávio Gouveia de Bulhões, Eugenio Gudin, Hélio Jaguaribe, Maria da Conceição Tavares, Mário Henrique Simonsen, José Serra, Theotônio dos Santos etc. Muitos livros e obras de referência sobre a economia brasileira foram enviados por minhas tias pelo correio ou através de portadores, atendendo a solicitações feitas por mim e pelo meu pai.

As teorias do Capitalismo Monopolista de Estado (CME) estavam então em discussão na Europa ocidental e também entre alguns especialistas soviéticos. Com certa frequência tal debate era relacionado com a problemática das experiências de regimes fascistas tanto na Europa quanto na América Latina. Uma vez que o PCB tinha definido a ditadura brasileira como de caráter fascista[7], havia interesse de nossa parte de relacionar essa questão com a possível formação do Capitalismo Monopolista de Estado no Brasil, considerando, entretanto, suas particularidades, em especial a dependência do capital internacionalizado. Recordo que, para mim, foram importantes as leituras de obras de Antonio Gramsci, Palmiro Togliatti e Jorge Dimitrov sobre o fascismo. Acompanhava também o debate sobre o CME em curso no âmbito do Partido Comunista Francês e tive acesso à obra *Le Capitalisme monopoliste d'État. Traité marxiste d'economie politique*[8], publicada pela editora desse partido.

Ponto de partida significativo para minha pesquisa foi a tese do camarada brasileiro Nemésio Salles (codinome Augusto Moraes) intitulada *Introdução ao estudo do capital financeiro e da oligarquia financeira no Brasil*, defendida em 1972 no Instituto de Ciências Sociais. Também serviram de referência para meu trabalho algumas teses produzidas nos países socialistas durante aqueles anos: *El*

---

[7]   Ver Anita Leocadia Prestes, *Luiz Carlos Prestes*, cit., p. 427 e seg.
[8]   Paris, Ed. Sociales, 1971.

surgimiento de elementos del Capitalismo Monopolista de Estado en el Brasil y su influencia en la situación de la clase obrera, de K. C. Göthner (Alemanha, 1974); *Fascismo y lucha antifascista en América Latina*, de E. F. Hackethal (Leipzig, 1974); *El Capitalismo Monopolista de Estado y las contradicciones sócio-economicas de España contemporanea*, de R. C. Peña (Moscou, 1972).

A troca de ideias com meu pai e com alguns companheiros brasileiros que estudavam no Instituto de Ciências Sociais muito contribuíram para meu trabalho. Tais debates tinham lugar à luz dos problemas políticos que enfrentávamos na luta contra a ditadura e pelos objetivos revolucionários do PCB. Tratava-se, em particular, de tentar superar a concepção etapista da revolução brasileira, consagrada na Resolução do VI Congresso do Partido e motivo de divergências cada vez mais acentuadas entre Prestes e a maioria do CC. Para mim e também para meu pai e outros companheiros tornara-se evidente que tal concepção estava superada pelo processo de desenvolvimento capitalista em curso no Brasil, tornando inviável a conquista no país de um capitalismo autônomo, livre da dominação do capital internacionalizado.

Afirmava eu na tese que o CME se tornara uma das características principais da economia brasileira, destacando que, nas condições específicas de desenvolvimento capitalista desse país, cuja particularidade mais importante era a dependência do imperialismo, seria necessário identificar essas particularidades. Acrescentava que a formação do CME resultara de uma tendência objetiva, fruto do desenvolvimento das contradições do capitalismo no Brasil, e fundamentava essa tese ao revelar que a intervenção do Estado na economia adquirira um caráter qualitativamente novo no decurso daqueles anos.

Ressaltava que o desenvolvimento do capitalismo no país levara à formação de monopólios nacionais e, inclusive, do capital financeiro[9]. O Estado contribuíra tanto para a formação do capital financeiro de origem nacional quanto para a crescente penetração do capital monopolista estrangeiro. Este era dominante na estrutura socioeconômica do país, forçando os monopólios nacionais a se tornarem seus sócios menores, subordinando também a seus interesses o Estado e o setor não monopolista. As relações pré-capitalistas, particularmente o latifúndio, estariam também em posição subordinada em relação aos monopólios, principalmente os estrangeiros, sendo pouco a pouco transformadas a partir "de cima" em capitalistas e monopolistas.

Dizia eu que esse novo caráter da intervenção estatal, quando o Estado se une aos monopólios e é subordinado aos interesses destes últimos, permitia identificar

---

[9]   Conceito adotado por Lênin em *O imperialismo: fase superior do capitalismo* [1917], em *Obras escolhidas*, t. 2 (Lisboa/Moscou, Avante!/Progresso, 1984); disponível em: <https://www.marxists. org/portugues/lenin/1916/imperialismo/index.htm>, acesso em: 30 set. 2019.

O EXÍLIO (1973-1975)   167

a presença do CME no Brasil. A seguir eram examinadas na tese as principais particularidades do CME que, a meu ver, se formara no país. Considerava que o advento de um regime fascista no Brasil estaria profundamente ligado ao fenômeno do CME. Afirmava que se formara no país um *CME de tipo fascista*. Fazia uma apreciação das principais características do fascismo brasileiro e considerava a derrota do regime fascista uma condição prévia para a conquista de um poder antimonopolista, anti-imperialista e antilatifúndio.

Transcorridos mais de quarenta anos, ao analisar retrospectivamente esse meu trabalho, o entendo como válido naquele momento e nas condições que então atravessávamos. Teria sido necessário aprofundar a pesquisa realizada, o que nunca cheguei a fazer. Atualmente tenho dúvidas quanto à adequação da tese do CME ao caso brasileiro, ainda que seja justo o reconhecimento da estreita articulação entre Estado, monopólios nacionais e estrangeiros e a integração do latifúndio (hoje agronegócio) nesse sistema, mas considero que condicionei de maneira excessivamente mecanicista a conquista de um poder antimonopolista, anti-imperialista e antilatifúndio à superação do regime fascista. A realidade revelou-se mais complexa do que eu imaginava.

Durante o decorrer do meu trabalho de pesquisa e elaboração da tese de doutorado tive a oportunidade de conversar com alguns especialistas soviéticos, professores do Instituto de Ciências Sociais ou integrantes do Instituto da América Latina e de outras entidades de pesquisa. Entretanto, de maneira geral, era grande o desconhecimento a respeito do Brasil.

A tese foi aprovada com distinção e, em 1986, quando afinal consegui que meu diploma soviético de doutorado em Economia Política fosse revalidado no Brasil[10], o conselho deliberativo – formado com o objetivo de apreciá-lo na Faculdade de Economia da UFRJ e composto pelos professores doutores Antônio Barros de Castro, Carlos Ribeiro de Lessa e Maria Bárbara Levy – também avaliou a tese positivamente, reconhecendo que estava, "em todos os aspectos, à altura dos melhores trabalhos defendidos em nossas Universidades", segundo parecer da professora Maria Bárbara[11].

O Instituto de Ciências Sociais propiciava aos alunos a oportunidade de assistir a conferências de cientistas sociais soviéticos e estrangeiros, assim como de destacados dirigentes do movimento comunista internacional. Meu pai várias

---

[10] Antes disso, segundo a legislação em vigor nos anos da ditadura civil-militar, as autoridades do Ministério da Educação avaliaram que a tese "não correspondia aos interesses nacionais" e, portanto, o diploma não poderia ser reconhecido no Brasil.

[11] Pareceres datilografados dos professores da Faculdade de Economia da UFRJ relativos ao Processo n. 6322/80: doutores Maria Bárbara Levy (RJ, 31 jul. 1985), Carlos Ribeiro de Lessa (RJ, 2 fev. 1986) e Antônio Barros de Castro (RJ, 21 ago. 1986).

vezes falou para a plateia do instituto, composta de camaradas de diversos partidos comunistas do mundo capitalista[12]. O ambiente favorecia o contato com membros desses partidos, com quem trocávamos ideias e opiniões que poderiam ser valiosas para a atividade política de cada um de nós.

Nessa época o grupo de brasileiros no instituto era numeroso, constituído por camaradas que frequentavam os cursos de um e de dois anos de duração. Quase todos, em maior ou menor grau, eram submetidos a difíceis condições no Brasil, considerados "subversivos" e procurados pelos órgãos de repressão. Tal situação contribuía para que o critério de escolha dos militantes a serem enviados para os cursos políticos em Moscou ficasse condicionado a essa questão: quem estava sem condições de sobrevivência legal no Brasil e não interessava à direção partidária que permanecesse clandestino era, muitas vezes, "despachado" para o Instituto de Ciências Sociais de Moscou. Alguns dirigentes do PCB também integraram as turmas de brasileiros à época, entre eles Luís Tenório de Lima (codinome Fernando) e Hércules Correia (codinome Macedo), ambos ex-dirigentes sindicais. Após o golpe de direita no Chile, em setembro de 1973, começaram a chegar companheiros brasileiros que conseguiram escapar da repressão movida pelo governo Pinochet e não poderiam regressar ao Brasil, onde também eram procurados pela polícia.

O clima no grupo brasileiro no instituto era pesado. Conforme costuma acontecer em situações de exílio, as pessoas viviam tensas e preocupadas com os acontecimentos no Brasil e com as dificuldades para o regresso à pátria, com a situação das famílias e, de uma maneira geral, com o futuro de cada um e de todos. Tal situação contribuía para que se aguçassem os conflitos pessoais, os desentendimentos, as rusgas por questões menores. O chamado "coletivo brasileiro" era dirigido por um secretariado, composto à época que cheguei por Luís Tenório de Lima, membro do CC, e mais dois companheiros eleitos pelo coletivo. Logo no início fui uma das escolhidas para essa função bastante desagradável, pois se perdia tempo discutindo problemas menores, examinando desavenças e conflitos pessoais. Houve, por exemplo, o caso de um membro do coletivo que não admitia a presença de um Papai Noel na nossa confraternização de final do ano, alegando que comunistas, por serem materialistas, não deveriam acreditar em tal personagem. O fato provocou intensos debates. Afinal, tratava-se apenas de promover um evento que contribuísse para descontrair o ambiente no coletivo. Após alguns meses, consegui ser liberada dessa ingrata tarefa. Durante aqueles anos de exílio, pude observar como os defeitos das pessoas ficavam mais visíveis, o que, em grande medida, resultava do convívio diário forçado e, muitas vezes, desgastante.

---

[12] Os comunistas dos países socialistas estudavam em outra escola.

O EXÍLIO (1973-1975)   169

Algo que afligia a todos do nosso grupo era a falta de notícias do Brasil, pois tanto a imprensa soviética quanto a dos Partidos Comunistas da Itália e da França, assim como de Cuba, à qual tínhamos acesso, eram pouco informativas a respeito do país. Tal situação seria em certa medida amenizada pelo envio regular de recortes dos principais jornais de São Paulo e do Rio e de algumas revistas com noticiário político, feito pelas minhas tias Lygia e Eloiza. O correio, no entanto, era demorado e as informações nos chegavam com considerável atraso. Esse material era recebido pelo meu pai, que após sua leitura o disponibilizava para mim e para os demais companheiros do nosso coletivo. Constituía a principal forma de acompanharmos os acontecimentos no Brasil.

Fora do instituto, sempre que podia visitava Gregório Bezerra, meu conhecido de muitos anos e também exilado em Moscou desde sua troca (juntamente com outros presos políticos) pelo embaixador estadunidense por ocasião do sequestro deste, em setembro de 1969, organizado por grupos da esquerda armada. Idoso e com a saúde abalada devido às torturas que sofrera ao ser preso em 1964, Gregório permanecia firme em suas convicções de militante comunista. Ao mesmo tempo, era uma pessoa afável, compreensiva e extremamente solidária. Para mim, foi sempre um prazer conversar com ele e conhecer sua rica experiência de vida e de militância. Gregório costumava nos visitar no instituto e a convivência com ele era extremamente útil para todos os camaradas, especialmente os mais jovens. Durante aqueles anos de exílio pude acompanhar o trabalho de escrita de suas *Memórias*, redigidas à mão por ele mesmo, copiadas à máquina por camaradas voluntários e publicadas no Brasil em 1979 e 1980 pela editora Civilização Brasileira[13]. Seus editores reconheceriam que foi praticamente desnecessário mexer no texto de Gregório, tais eram sua clareza e correção.

Junto com meu pai eu costumava visitar Júlio Gomes[14], camarada soviético e amigo da família desde os anos 1930. Ele e a esposa Klava sempre se mostravam satisfeitos em nos receber e demonstravam grande interesse pela luta dos comunistas no Brasil. Meu pai apreciava enormemente esses momentos de convívio com amigos verdadeiros, como sabia que era o caso deles. Costumávamos ir à casa de Júlio e Klava de bonde, meio de transporte preferido por meu pai, que frequentemente abria mão do carro posto à sua disposição pela Seção Internacional do PCUS para locomover-se de metrô, ônibus ou bonde – algo que durante muitos anos, no Brasil, não pôde fazer. Sempre que possível, gostava de andar a pé.

---

[13] Gregório Bezerra, *Memórias*, v. 1 e 2 (Rio de Janeiro, Civilização Brasileira, 1979, 1980); *Memórias*, 2. ed. (São Paulo, Boitempo, 2011).

[14] Ver, neste volume, cap. IV, p. 79, nota 13.

170 VIVER É TOMAR PARTIDO

Durante esse meu novo período em Moscou, retomei contato com a família de Tamara e Anatoli Kojevnikov[15]. Sua filha Tatiana se tornara grande amiga desde minha estada anterior na capital soviética, entre 1966 e 1968. Íamos juntas a teatros e espetáculos culturais; também frequentava a casa deles, que ficava perto do instituto. Havia outros soviéticos com os quais mantinha relações, como o professor do nosso instituto Oleg Tsukanov e sua esposa Liudmila, amigos muito próximos, à residência dos quais era convidada com certa frequência.

Em junho de 1973 fui condenada pelo Conselho Permanente de Justiça Militar da 1ª Auditoria de Guerra, no estado de São Paulo, a quatro anos e seis meses de reclusão e perda dos direitos políticos por dez anos[16]. Na denúncia destacava-se que se tratava da filha do "líder" Luiz Carlos Prestes, acusada de "formação das células do PCB no sindicato dos metalúrgicos, na base da Volkswagen e no comitê de São Bernardo do Campo" e de comparecer "às reuniões feitas, já descritas, para ensinar aos assistentes a 'Cartilha do PCB'". Por esses "fatos" fui acusada de crime previsto no artigo 43 da Lei de Segurança Nacional de "tentativa de reorganização de entidade subversiva". Foram condenados outros dirigentes e militantes do PCB, inclusive membros do Comitê Central do Partido, como Dinarco Reis e Osvaldo Pacheco, todos a penas menores do que aquela a mim imposta. O dr. Sobral Pinto, que defendera meu pai e os comunistas diversas vezes, veio especialmente do Rio de Janeiro para a capital paulista para minha defesa e teve como auxiliares os advogados Modesto da Silveira, Marcelo Cerqueira, Aldo Lins e Silva e alguns outros na defesa dos demais réus.

Esse processo resultara das prisões dos membros da base do PCB na empresa da Volkswagen e do volumoso material obtido pelos órgãos da repressão com a prisão e tortura de grande número de militantes comunistas no estado de São Paulo. Confirmava-se minha previsão de que o Comitê Estadual do Partido nesse estado estava mapeado pela repressão e seria muito difícil dela escapar[17]. Ao sair do país, tinha me salvado a tempo. A tia Lygia esteve presente na seção

---

[15] Ver, neste volume, a seção "A ida para Moscou", especialmente p. 138.

[16] "Filha de Prestes é condenada a 4 anos e meio", *O Estado de S. Paulo*, 26 jun. 1973; "Filha de Prestes foi condenada a 4 anos", *Diário de S. Paulo*, 28 jun. 1973; "Anita, filha de Carlos Prestes, condenada na Justiça Militar", *O Globo*, Rio de Janeiro, 28 jun. 1973; "Filha de Carlos Prestes é condenada a 4,5 anos", *Jornal do Brasil*, Rio de Janeiro, 28 jun. 1973; "Justiça militar", *O Jornal*, Rio de Janeiro, 28 jun. 1973; "Justiça absolve 16 e condena filha de Prestes", *Diário de Notícias*, Rio de Janeiro, 28 jun. 1973; "Justiça Militar julga em S. Paulo", *Última Hora*, Rio de Janeiro, 28 jun. 1973; "Condenada Anita Prestes a cuatro años, en Brasil", *Granma*, Havana, 15 jul. 1973; *Memorial* – Anita Leocadia Prestes – Processo n. 784/72 da 1ª Auditoria da 2ª CJM, Rio de Janeiro, junho de 1973 (documento datilografado, 9 p.; arquivo particular da autora).

[17] Ver, neste volume, a seção "Os anos de atividade clandestina em São Paulo (1969-1973)", especialmente p. 157-8.

da Justiça Militar em que fui condenada e constatou a encenação de um acerto de contas com o PCB e com seu secretário-geral ao condenar sua filha à pena máxima, embora entre os réus houvesse dirigentes com maior responsabilidade no Partido do que eu. Condenada à revelia, festejei em Moscou com os amigos mais próximos esse acontecimento, pois era motivo de orgulho para mim a condição de perseguida pela ditadura fascista que dominava nossa pátria.

Na mesma ocasião meu pai viajou a Cuba à frente de uma delegação do Comitê Central do PCB, que incluía Luís Tenório de Lima, para um encontro com o Partido Comunista da ilha, algo que não acontecia havia cerca de dez anos. Deu-se, na prática, o restabelecimento de relações normais entre os dois partidos, interrompidas pela política dos dirigentes cubanos de apoio aberto a organizações e aos grupos radicais da ultraesquerda brasileira engajados em promover a derrubada armada da ditadura, contrariando as diretrizes políticas do PCB. Prestes recordaria que, no encontro com Raúl Castro, este fizera uma autocrítica muito séria dos erros cometidos pelos dirigentes cubanos[18].

Durante os anos de exílio forçado, meu pai levou adiante uma campanha de denúncias da política econômica da ditadura no Brasil, das arbitrariedades e dos crimes por ela perpetrados, assim como de solidariedade aos presos e aos perseguidos políticos no país. Bateu-se permanentemente pela organização de uma campanha pela anistia ampla, geral e irrestrita que, no exterior, pudesse contribuir para a luta pela anistia local. Seus esforços, no entanto, esbarravam na resistência dos dirigentes soviéticos e dos países socialistas, para os quais as relações diplomáticas e comerciais com o governo brasileiro eram consideradas prioritárias – sendo subestimado esse aspecto da solidariedade revolucionária aos perseguidos políticos e aos comunistas no Brasil.

Prestes estava impedido de viajar para fora do campo socialista, pois o governo brasileiro não lhe concedia passaporte. Somente a partir de 1976, após participar da Conferência dos Partidos Comunistas da América Latina e do Caribe realizada em Havana, em junho de 1975, e do I Congresso do Partido Comunista de Cuba, no final do mesmo ano, o governo cubano, num gesto de solidariedade internacionalista, lhe concedeu, assim como a Gregório Bezerra, passaportes diplomáticos cubanos para que pudessem se deslocar além das fronteiras dos países socialistas. Ambos puderam então estender suas atividades políticas à Europa ocidental e a alguns países do continente africano, como Moçambique, Angola e Guiné-Bissau[19].

No início de 1974 recebemos a visita da tia Lygia, que passou um mês conosco. Pudemos matar um pouco as saudades, receber notícias frescas da família,

---

[18] Anita Leocadia Prestes, *Luiz Carlos Prestes*, cit., p. 453.
[19] Ibidem, p. 449 e 453-6.

dos amigos e da situação brasileira. Conversamos muito sobre os mais variados assuntos, assistimos nos teatros moscovitas a diversos espetáculos e tivemos de nos separar novamente sem saber quando seria possível nos reencontrarmos – e, mais ainda, sem qualquer previsão para meu regresso à vida legal no Brasil. Tais circunstâncias eram extremamente penosas para Lygia[20], minha dedicada segunda mãe. Em junho/julho daquele ano foi a vez de as tias Clotilde e Eloiza nos visitarem. Como sempre, uma alegria revê-las, matar as saudades e receber notícias do Brasil. Quando se preparavam para regressar, soubemos que Clotilde corria o risco de ser presa ao desembarcar de volta, pois fora delatada pelo camarada que mantinha contato com ela no trabalho de arrecadação de recursos financeiros para o Partido – Dimas Perrin, membro do CC do PCB, submetido a bárbaras torturas como muitos outros presos políticos. Extremamente contrariada, pois era militante comunista ativa e empenhada, Clotilde teve de permanecer exilada em Moscou até 1978, quando o processo em que fora incluída foi encerrado sem que sua condenação tivesse sido decretada.

Em março de 1974, tomara posse na presidência do Brasil o general Ernesto Geisel. Embora muitos tivessem acreditado nas promessas feitas pelo ditador de plantão de uma "distensão lenta, gradual e segura", na realidade a fúria repressora não foi interrompida e a perseguição aos dirigentes do PCB adquiriu maiores proporções[21], com a prisão, a tortura e o desaparecimento de diversos membros do CC, como David Capistrano da Costa, Luiz Ignácio Maranhão Filho, Walter de Souza Ribeiro e João Massena Melo. Também foram atingidos nesse ano dirigentes intermediários e militantes do Partido. Ao mesmo tempo, o MDB, o partido da oposição consentida à ditadura, congregara amplos setores insatisfeitos com a situação do país, infringindo uma estrondosa derrota ao regime ditatorial nas eleições de 15 de novembro de 1974, que reconhecidamente adquiriram caráter plebiscitário[22].

Foi nos marcos desse quadro que se evidenciavam e se agravavam as divergências entre Prestes e a direção do PCB. Enquanto as resoluções do Comitê Central estavam voltadas exclusivamente à luta contra a ditadura e à formação de uma frente ampla que viesse a derrotá-la através da crescente mobilização das

---

[20] Lygia também foi perseguida, interrogada nas dependências do Cenimar (Centro de Informações da Marinha), ameaçada pelos militares e seguida durante vários meses por agentes da repressão. Não chegou a ser denunciada ou presa.

[21] "Documento da CIA recentemente divulgado confirma que Geisel autorizou execução de opositores durante ditadura"; disponível em: <https://g1.globo.com/politica/noticia/em-memo rando-diretor-da-cia-diz-que-geisel-autorizou-execucao-de-opositores-durante-ditadura. ghtml>, acesso em: 20 jun. 2018>.

[22] Ver Anita Leocadia Prestes, *Luiz Carlos Prestes*, cit., p. 443-4.

O EXÍLIO (1973-1975)   173

massas, Prestes tratava de ressaltar o papel revolucionário que, segundo ele, o Partido deveria desempenhar. Escrevia ele no manifesto lançado por ocasião do quinquagésimo aniversário do início da Marcha da Coluna Invicta:

> A conquista de um regime democrático não deverá significar [...] uma simples volta ao passado. A frágil e vulnerável democracia de 1964 não corresponde mais aos anseios do povo. A luta de todos os patriotas e democratas só pode ter por fim a derrota definitiva do fascismo e a inauguração de uma *nova democracia*, que assegure amplas liberdades para o povo, uma democracia econômica, política e social, que possibilite a solução dos problemas nacionais mais graves e imediatos.[23]

A seguir esclarecia o conteúdo dessa *nova democracia* por ele proposta:

> Trata-se da conquista de uma democracia que seja estável, que impeça a volta do fascismo. Para isso, a *nova democracia* terá que tomar medidas que limitem o poder econômico dos monopólios e dos latifundiários e que se orientem no sentido de sua completa liquidação. [...] A *nova democracia* deverá ser o regime estabelecido por um governo das forças da frente única patriótica e antifascista, abrirá caminho para as profundas transformações de caráter democrático e anti-imperialista, já hoje exigidas pela sociedade brasileira.[24]

Prestes entendia que um partido revolucionário não deveria se limitar a lutar contra a ditadura, mas orientar sua ação, permanentemente, para a preparação das forças sociais e políticas capazes de levar adiante o processo revolucionário – apontando, em última instância, para o socialismo[25].

No final de 1974 chegaram ao nosso instituto para participar de um curso de três meses sobre *O capital*, oferecido por Anastácio Mansilla, uns quinze membros da Assessoria do Comitê Central do PCB criada no Brasil sob a direção de José Salles, membro suplente do CC. Faziam parte do grupo Marly Vianna, esposa de Salles, Carlos Nelson Coutinho e a esposa Amélia, Luiz Werneck Vianna e a esposa Maria Lúcia, José Braz de Araújo, Ana Malin, além de outros militantes da área da intelectualidade do Partido. Nessa época as posições eurocomunistas e a tese da "democracia como valor universal" de parte de alguns desses intelectuais ainda não estavam suficientemente explicitadas. Recordo que eram pessoas questionadoras que travavam longas discussões com Mansilla e com outros

---

[23] Luiz Carlos Prestes, "Manifesto de Prestes" (19 out. 1974), *Voz Operária*, suplemento, n. 118, dez. 1974; grifos meus.

[24] Idem; grifos meus.

[25] Ver Anita Leocadia Prestes, *Luiz Carlos Prestes*, cit. p. 446-8.

professores do instituto. Sua estada foi breve e quase todos regressaram logo ao Brasil, com exceção de Salles e Marly, cuja volta se tornara arriscada, com a intensificação da perseguição policial aos dirigentes do PCB, e do casal Carlos Nelson Coutinho e Amélia, também sob ameaça de prisão se desembarcassem no país. Enquanto Salles e Marly permaneceram no instituto, Carlos Nelson e Amélia se deslocaram para Itália, França e Portugal.

No início de 1975 a repressão ao PCB acentuou-se drasticamente. Em 11 de janeiro foi preso em São Paulo Raimundo Alves de Souza, responsável pela gráfica clandestina, logo depois localizada e invadida, onde era impresso o jornal do Partido *Voz Operária*. Em 18 de janeiro foi a vez de Marco Antônio Coelho, membro da Comissão Executiva Nacional, ser sequestrado. Seguiram--se as prisões, sequestros e desaparecimentos de outros membros da Executiva Nacional – Osvaldo Pacheco, Jaime Miranda e Orlando Bonfim Jr. –, assim como dos dirigentes do Comitê Central – Elson Costa, Hiram de Lima Pereira e Itair José Veloso. Em abril de 1976, foi sequestrado e assassinado o membro suplente do CC Nestor Veras. Outros dirigentes e militantes do PCB tiveram o mesmo destino, como aconteceu com o jornalista Vladimir Herzog e o operário Manoel Fiel Filho[26].

Fruto de tal situação, a saída forçada do Brasil da maior parte dos membros do CC que conseguiram escapar da repressão levou a que, no final de 1975, se encontrassem na Europa quinze membros e suplentes da direção[27]. Em maio do ano seguinte, numa operação de resgate organizada a partir de fora do país, Giocondo Dias, o substituto de Prestes na secretaria-geral do PCB no Brasil, se juntou aos demais dirigentes nacionais no exílio[28].

Entre esses dirigentes, lembro-me bem da chegada a Moscou de Severino Teodoro Mello, também conhecido como "Pacato". Já me referi a ele, pois o conhe-cera como responsável pelos aparelhos de Prestes na clandestinidade, tanto em 1950, quando eu e Lygia fomos nos despedir do meu pai, quanto mais tarde, após o golpe de 1964[29]. Era um velho comunista, pessoa de confiança da direção e, em particular, de Prestes. Foi ele quem me levou de carro até Uruguaiana, quando precisei sair do país clandestinamente em janeiro de 1973.

---

[26] Cf. *Voz Operária*, n. 120, fev. 1975; n. 121, mar. 1975; n. 122, abr.-maio 1975; Marcelo Godoy, *A Casa da Vovó*, cit., p. 423-49.

[27] Os quinze membros e suplentes do CC no exterior em 1975: Luiz Carlos Prestes, Armênio Guedes, Zuleika Alambert, José Salles, Severino Teodoro Mello, Dinarco Reis, Salomão Malina, Orestes Timbaúba, Luís Tenório de Lima, Agliberto Azevedo, Armando Ziller, Roberto Morena, Hércules Correia, Givaldo Siqueira, Almir Neves.

[28] João Falcão, *Giocondo Dias, a vida de um revolucionário* (Rio de Janeiro, Agir, 1995), p. 310-21.

[29] Ver, neste volume, p. 69-70 e p. 126.

Ao chegar a Moscou, Vinicius (Severino) contou uma história estranha: havia esquecido num táxi, na capital paulista, uma pasta com documentos comprometedores tanto para ele pessoalmente quanto para outros camaradas, inclusive aqueles que respondiam pela preparação de documentos falsos para os dirigentes driblarem a perseguição policial. Dizia que, apesar disso, conseguira escapar da repressão e sair do país. Vinicius criara a fama de esquecido e "pacato" e, dessa forma, foi desculpado por uma falta muito grave, a meu ver. Sempre me perguntei: como um dirigente do CC pôde cometer tal descuido e ficar impune diante da direção partidária?

Vinicius passou a residir em Moscou em um apartamento que lhe foi destinado pela Seção Internacional do PCUS, situação análoga a de alguns outros membros do CC do PCB exilados na União Soviética. Fez parte do Comitê Central reorganizado no exterior e foi eleito para compor a Comissão Executiva e o Secretariado do CC. Continuou a ser pessoa da mais completa confiança da direção do Partido.

Hoje sabemos a verdade sobre Vinicius: ele não nos revelou sua prisão em 1974, tortura e ameaça de morte e de desaparecimento, como aconteceu com a maioria dos dirigentes do PCB capturados pelos agentes da repressão. Na linguagem desses agentes, Vinicius havia virado "cachorro", ou seja, informante – segundo uma agente do DOI-CODI, quem não aceitava se tornar informante era morto por efeito de uma injeção de curare, dada para sacrificar cavalos, e tinha o corpo jogado num rio no interior de São Paulo.

Segundo o jornalista Marcelo Godoy:

entre 2015 e 2016, durante quatro conversas gravadas, Severino Teodoro Mello reconheceu que foi preso em fevereiro de 1974 e fez um acordo com os militares das Forças Armadas que o detiveram e o ameaçaram de morte caso não colaborasse. Foi solto e passou a atuar como informante aqui no Brasil, em seu exílio na União Soviética e ao voltar ao país, depois da anistia. Revelou informações reservadas sobre seus colegas de Partido e segredos do PCB. Os militares usaram as informações obtidas por meio de Mello nas ações que levaram ao sequestro e assassinato de dirigentes do Comitê Central entre 1974 e 1975. Depois, com a ajuda de Mello, eles mantiveram o Partido e sua direção sob vigilância. Além da confissão de Mello, um coronel, um capitão, uma tenente e três sargentos que trabalharam nos Destacamentos de Operações de Informações (DOIs) do 1º e 2º Exércitos (Rio e São Paulo), no Centro de Informações do Exército (CIE) e no Centro de Informações de Segurança da Aeronáutica (Cisa) confirmaram o papel dele como informante. Todos afirmaram ter mantido contato com Mello. Um disse saber do papel desempenhado por ele em razão do cargo que ocupava – o coronel, um oficial do Exército, que chefiou a Seção de Operações do CIE. Quatro dos agentes deram depoimentos gravados, um por escrito e outro não quis fazer nem uma coisa nem outra. Um documento de dez páginas feito por um desses oficiais traz um relato minucioso de reunião da executiva do Partido em 1982, ainda durante a clandestinidade, na qual Mello estava presente.[30]

Severino Teodoro Mello, que manteve no aparelho repressor o mesmo codinome de Vinicius que usava no Partido, nas palavras de Marcelo Godoy, "teve a tentação de viver. Em troca, permitiu que lhe sequestrassem toda uma vida. No relato dos agentes, traiu e ficou vivo". Segundo esses agentes, na ofensiva assassina contra os dirigentes do PCB, nada ajudou tanto quanto a prisão de Vinicius, o maior informante que o DOI-CODI teve dentro do PCB[31].

Fiquei profundamente chocada quando há poucos anos tomei conhecimento da história de Vinicius; ele sempre a negara, mas acabou reconhecendo perante Marcelo Godoy que as denúncias feitas por vários agentes eram verdadeiras[32]. Ficaram explicadas as prisões e o desaparecimento de dez membros do CC delatados por ele. Ficou esclarecida a história do esquecimento da pasta num táxi, mero expediente usado para desviar a atenção de sua traição. Ficou-se sabendo que no final de 1974 o DOI-CODI decidiu enviar Vinicius para Moscou: uma equipe o acompanhou até Uruguaiana e, a partir da chegada à capital soviética, o novo informante infiltrado na direção do PCB passou a mandar informações aos agentes da repressão através de contatos com militares nos países ocidentais por onde viajou e também por cartas, pelo menos uma enviada da Tchecoslováquia[33].

Nem eu, nem meu pai e, certamente, ninguém no Partido chegou a desconfiar de Vinicius, embora eu estranhasse sua "pacatice", seus constantes esquecimentos, sua ira quando alguém lembrava o caso da pasta deixada no táxi em São Paulo. Agora está claro que o DOI-CODI, a partir de 1975, recebeu periodicamente informações fidedignas sobre a direção do PCB no exílio. Ficamos inteiramente mapeados pelos órgãos da repressão a serviço da ditadura no Brasil. Hoje sabemos que as suspeitas sobre Givaldo Siqueira, que à época foram difundidas, consistiram em operação de contrainformação realizada pelo DOI-CODI com o objetivo de afastá-las de Vinicius[34].

---

[30] Informações passadas à autora por Marcelo Godoy em junho de 2018.

[31] Marcelo Godoy, *A Casa da Vovó*, cit., p. 424, 425 e 433.

[32] Entrevista com Marcelo Godoy, Rio de Janeiro, jan. 2016.

[33] Marcelo Godoy, *A Casa da Vovó*, cit., p. 452. Para mais detalhes a respeito da traição de Vinicius, ver os capítulos 2 e 3 do livro de Marcelo Godoy. Também: informações passadas à autora por Marcelo Godoy em julho de 2018.

[34] Entrevista com Marcelo Godoy, Rio de Janeiro, jan. 2016.

No que me dizia respeito, diante dos graves golpes sofridos pelo Partido, mantive sempre o propósito de regressar clandestinamente ao Brasil com o objetivo de contribuir para a reorganização partidária na classe operária, principalmente nas grandes empresas capitalistas. Para isso, seria necessário preparar cuidadosamente esse retorno e observar normas de segurança que permitissem a sobrevivência dessas bases frente às investidas dos órgãos de repressão. Entendia que os militantes envolvidos em tal atividade teriam de se manter afastados da estrutura partidária existente, violentamente atingida pela ditadura. Tendo em vista tal perspectiva, procurei me manter clandestina, evitando contatos desnecessários que pudessem facilitar a minha identificação pela polícia na volta ao Brasil. Esses propósitos eram compartilhados com meu pai e também com José Salles (codinome Marcelo) e Marly Vianna (codinome Sonia), companheiros de total confiança e que se mostravam inclinados a seguir o mesmo caminho para o soerguimento do PCB. Não podíamos imaginar que estivéssemos todos sendo delatados ao DOI-CODI por Vinicius.

Com o desaparecimento de dez membros do CC e a prisão de outros tantos, a direção do PCB achava-se, na prática, fora do Brasil. Sua reorganização foi empreendida no decorrer de 1975. Assim criou-se, com Prestes à frente, uma Comissão Coordenadora dos membros do Partido no exterior[35], à qual coube a tarefa de preparar a primeira reunião do CC do PCB no estrangeiro, com a concordância dos poucos membros que ainda estavam em liberdade no Brasil[36].

Prestes ficou com a tarefa de preparar o informe político; eu (codinome Tania) e Marly fomos chamadas pela Comissão Coordenadora a colaborar na redação desse e dos demais documentos a serem apresentados nessa reunião, consultando, ao mesmo tempo, outros camaradas da direção que iam chegando a Moscou. Tratava-se de tarefa árdua, pois estávamos longe do Brasil, contando com informações precárias sobre a situação no país e, ademais, enfrentando sérias divergências no próprio CC – ou do que dele sobrevivera e se encontrava no exílio.

Concomitantemente, prosseguiam os debates sobre as transformações em curso no sistema capitalista em nosso país, do qual participavam Prestes, Marcelo, Sonia e eu (Tania) – que estava escrevendo a tese sobre o CME –, alguns

---

[35] Faziam parte dessa comissão, além de Prestes (Alfredo), Hércules Correia (Macedo), Severino Teodoro Mello (Vinicius), Salomão Malina (Joaquim) e Orestes Timbaúba (Caio), todos membros efetivos do CC do PCB.

[36] Luiz Carlos Prestes, *Informe de abertura da reunião do CC de janeiro de 1976* (documento datilografado fotocopiado, 5 p.; Arquivo Edgard Leuenroth/Unicamp, coleção Luiz Carlos Prestes, Manuscritos, PCB-CC, pasta 081). Diferentemente do que afirma Armênio Guedes (Mauro Malin, *Armênio Guedes: um comunista singular*, Rio de Janeiro, Ponteio, 2018, p. 280 e 305), Prestes empenhou-se na reorganização da direção do Partido no exterior.

soviéticos, professores do nosso instituto, e companheiros brasileiros que eventualmente foram consultados. Em junho de 1975, ao participar da Conferência dos Partidos Comunistas da América Latina e do Caribe, realizada em Havana, Prestes, sem utilizar diretamente o conceito de CME, apoiou-se em suas características essenciais para explicar a implantação do fascismo no Brasil, revelando que o secretário-geral do PCB havia avançado consideravelmente no processo de revisão e abandono da concepção etapista e nacional-libertadora da revolução brasileira consagrada na "Resolução política" do VI Congresso do Partido[37]. Prestes afirmava que "nas condições do Brasil, em que os monopólios estrangeiros são os que dominam, submetendo econômica e politicamente o Estado a seus interesses, a grande burguesia monopolista brasileira está reduzida à condição de sócio-menor do imperialismo"[38]. Ao concluir seu informe, o secretário-geral do PCB declarou que "temos sempre presentes a perspectiva e o objetivo de um futuro socialista para o país", acrescentando que "a derrota do fascismo representará um golpe no poder dos monopólios, cujos interesses representa". A seguir, reafirmou a tese da luta pela conquista de um *novo tipo de democracia*, que não significasse uma volta ao passado, ou seja, à democracia liberal, mas uma *forma de transição* a um poder revolucionário[39].

Em julho/agosto de 1975 completavam-se quarenta anos do histórico VII Congresso da Internacional Comunista, quando à luz do informe então apresentado por Jorge Dimitrov aprovou-se a tática da frente única antifascista na luta contra o fascismo. Como é sabido, tratou-se de uma importante virada tática na política do movimento comunista internacional[40]. Diversos eventos foram programados e realizados, em particular nos países socialistas. A *Revista Internacional*, órgão coletivo do movimento comunista internacional com sede em Praga, promoveu seminário dedicado ao tema do VII Congresso e à América Latina, com a participação de convidados de vários países do nosso continente, especialmente dirigentes dos partidos comunistas dessa região. Fui designada pela Comissão Coordenadora dos membros do nosso Partido no exterior a representar o PCB nessa reunião. Na minha intervenção procurei relacionar o VII Congresso da Internacional à formação da ANL e à luta contra o fascismo no Brasil em 1935. Uma vez que me apresentei fazendo uso de codinome, não fui reconhecida pela maioria dos participantes do conclave como filha de Prestes – o que muito me

---

[37] *Intervención del delegado de Brasil*, jun. 1975 (documento datilografado, 17 p.; arquivo particular da autora).

[38] Idem.

[39] Idem. Ver também Anita Leocadia Prestes, *Luiz Carlos Prestes*, cit., p. 453-6.

[40] Ver *Fascismo, democracia y frente popular: VII Congreso de la Internacional Comunista – Moscú, 25 de julio - 20 de agosto de 1935*, Cuadernos de Pasado y Presente, v. 76, México, Siglo veintiuno, 1984.

agradou, pois dessa maneira minha participação ficou livre de prejulgamentos. Recordo-me que achei as falas de grande parte dos representantes dos partidos comunistas excessivamente burocráticas e pouco criativas: a tradicional repetição de chavões. Após o término do seminário, os delegados presentes foram convidados pelas autoridades tchecas a visitar diferentes regiões do país. No meu caso, tive a oportunidade de conhecer Karlovy Vary, uma cidade termal situada na parte ocidental da hoje República Tcheca, a qual, antes do estabelecimento de um regime de democracia popular, era frequentada pela alta burguesia mundial; quando a visitei, tornara-se acessível aos trabalhadores dos países socialistas. Uma região de extraordinária beleza natural, naquela época muito bem preservada.

De regresso a Moscou, retomei a escrita da tese e as atividades preparatórias do informe que Prestes deveria apresentar na programada primeira reunião do CC no exterior. O clima entre os brasileiros no nosso instituto e entre os membros da direção do Partido residentes em Moscou ou de passagem pela cidade era pesado e carregado de inquietações com as notícias que chegavam do Brasil: prisões, torturas, desaparecimento de companheiros e amigos. Também me afligiam as divergências cada vez mais sérias entre meu pai e seu pequeno grupo de apoio (Marcelo, Sonia e Tania) e outros dirigentes do Partido estabelecidos em Moscou ou de passagem por lá. Era difícil ou, melhor, impossível prever como se desdobrariam os acontecimentos, fosse no Brasil, fosse no PCB.

Nesse ambiente de grandes inquietações, pude vivenciar momentos que foram descritos por um poeta do nosso continente:

para ser alguien entre cielo y suelo
y salvarse del odio y sus resabios
nada como el amor y su consuelo[41]

Do ponto de vista sentimental, o relacionamento que estabeleci a partir de 1975 com Ariel Bignami[42], intelectual argentino e militante comunista que também estudou em nosso instituto, foi a melhor coisa que me ocorreu na vida. Nada semelhante acontecera em relacionamentos anteriores. Tivemos de nos separar e, conforme certa vez ele me escreveu, a história dos nossos países não quis que estivéssemos juntos. Quando era possível, nos encontrávamos e

---

[41] Mario Benedetti, *La vida ese paréntesis* (Buenos Aires, Editorial La Página, 2011), p. 48.

[42] Militante do Partido Comunista da Argentina (PCA), intelectual marxista estudioso das obras de Antonio Gramsci e José Carlos Mariátegui, que ajudou a difundir, colaborador de Héctor Agosti (conhecido pensador marxista do PCA). Autor de vasta produção bibliográfica sobre arte, política e cultura. Atuou na imprensa comunista e dirigiu revistas comunistas e de esquerda, como *Cuadernos de Cultura* e *Contexto*.

nos correspondíamos. Após minha aposentadoria pude visitá-lo em Buenos Aires com certa frequência. Consegui comparecer ao seu enterro em julho de 2013.

No final de outubro de 1975 defendi minha tese de doutorado no Instituto de Ciências Sociais. O trabalho foi muito elogiado e aprovado com louvor[43]. Tendo em vista a reunião do CC a realizar-se no início de 1976, conseguimos, com a colaboração dos camaradas soviéticos do nosso instituto, a reprodução do número necessário de exemplares para destinar um a cada membro da direção. Havia a expectativa de que o texto fosse lido por todos os participantes da reunião e pudesse contribuir para a discussão do informe a ser apresentado por Prestes e, de uma maneira geral, para um debate mais aprofundado da orientação política do PCB, com base na apreciação das transformações ocorridas no capitalismo brasileiro. Os acontecimentos que se seguiram revelaram que tais expectativas foram frustradas, pois houve desinteresse praticamente geral: meu trabalho não foi lido, comentado ou criticado; apenas ignorado.

Em novembro daquele ano completavam-se quarenta anos dos levantes antifascistas de 1935 no Brasil. O coletivo brasileiro considerou necessário comemorar a data. Foram pesquisadas músicas e canções revolucionárias da época, apresentadas por alguns companheiros em evento então promovido. Para pronunciar conferência sobre o tema foi convidado Boris I. Koval, professor do nosso instituto, diretor do Instituto do Movimento Operário Mundial, colaborador do Instituto da América Latina e de outras entidades científicas da União Soviética, considerado na época grande especialista em movimento operário brasileiro e, de uma maneira geral, em história do Brasil. Suas obras, entretanto, desmentem o renome por ele adquirido, revelando a falta de seriedade que imperava em certos círculos dedicados aos estudos das ciências sociais na União Soviética – fruto, em grande medida, da mediocridade resultante das restrições impostas à liberdade de pensamento e de pesquisa no período do chamado stalinismo. A conferência de Koval foi um desastre, repleta de desinformação e de afirmações absurdas. Sonia e eu não conseguimos conter uma estrondosa gargalhada, quando o conferencista citou Osvaldo Cordeiro de Farias[44] como dirigente da ANL e dos levantes de novembro de 1935. Imaginamos que possivelmente àquela hora o conhecido general golpista estivesse homenageando as "vítimas" dos comunistas em cerimônia

---

[43] Em abril de 1976, foi publicado artigo meu sobre o CME no Brasil na revista do movimento comunista internacional, editada em Praga em vários idiomas. Ver Rogério Freitas (pseudônimo de Anita Leocadia Prestes), "Existe el Capitalismo Monopolista de Estado en Brasil?", *Revista Internacional (Problemas de la Paz y del Socialismo)*, Praga, n. 4, abr. 1976, p. 68-71.

[44] Ex-tenente, um dos comandantes da Coluna Prestes, que se tornou anticomunista ferrenho, ascendeu na carreira militar a general e foi um dos conspiradores que contribuíram para o golpe de 1964.

que se realizava todos os anos na Praia Vermelha, no Rio de Janeiro. Sonia e eu fomos duramente criticadas no secretariado do coletivo pelo "desrespeito ao camarada soviético"... Um exemplo da sabujice de muitos dirigentes do PCB.

Ainda em novembro de 1975, antes da reunião do CC, marcada para os primeiros dias de janeiro do ano seguinte, o clima no coletivo brasileiro do nosso instituto ficou particularmente tenso: Hércules Correia (Macedo), usando as prerrogativas de membro da Comissão Coordenadora dos membros do PCB no exterior, espalhou a notícia de que todos os camaradas brasileiros teriam de deixar imediatamente o instituto e voltar ao Brasil. O pânico instalou-se em nosso grupo, pois todos se sentiram ameaçados pela ação repressora da ditadura. Mais tarde se soube que Macedo pretendia regressar logo ao país, contando para tal com a colaboração desses camaradas: seria uma iniciativa despreparada e que poderia pôr em risco muitas vidas, inclusive a dele próprio; tratava-se, enfim, de uma aventura. Sabedora de que a Comissão Coordenadora estava reunida, tratei de avisar meu pai; a comissão, que não havia sido informada das medidas que estavam sendo empreendidas por Macedo, imediatamente as desautorizou. Alegando suposta indisciplina de minha parte, esse dirigente, conhecido pelo comportamento autoritário e "mandonista", quis que eu fosse punida pela direção partidária. Sua proposta não foi levada em consideração, pois de acordo com os estatutos do PCB todo militante tinha direito de encaminhar críticas às instâncias superiores do Partido.

X
O EXÍLIO (1976-1979)

Meu ingresso no Comitê Central: de 1976 a 1978

A primeira reunião do CC no exterior realizou-se em Moscou, no início de 1976. Por motivos de segurança, os documentos nela discutidos e aprovados foram datados de dezembro de 1975. Sonia e eu, que havíamos ajudado na elaboração dos documentos apresentados pela Comissão Coordenadora dos membros do PCB no exterior e vínhamos colaborando em suas atividades, fomos convidadas a participar da reunião. Dado o número reduzido de membros do CC no exterior e a necessidade de reforçar sua composição, nós duas fomos cooptadas[1] para essa direção. Também foi cooptado Gregório Bezerra, embora Prestes se opusesse, considerando a urgência de renovar a direção, sabidamente envelhecida, com militantes mais jovens, como era o meu caso e o de Sonia. Prestes argumentou na ocasião que achava justo homenagear um militante histórico como Gregório – um "patrimônio do Partido", em suas palavras –, mas isso deveria ser feito de outra maneira e não pela inclusão do camarada no CC. Pensava que tal decisão poderia constituir um precedente perigoso, mas votou a favor da medida, tendo em vista a vontade da maioria e para não dar a impressão de que estaria contra Gregório[2].

No decorrer dos debates que tiveram lugar nessa reunião iriam aflorar as divergências entre o secretário-geral do Partido e a maioria dos presentes. Algumas teses apresentadas por Prestes no Informe Político não foram aceitas nem introduzidas na "Resolução política" então divulgada, embora, numa atitude conciliatória, os dois documentos tivessem sido aprovados. Na resolução omitia-se,

---

[1] Cooptação: termo usado no PCB para designar militantes do Partido integrados na direção sem terem sido eleitos em Congresso devido à impossibilidade de realizá-lo nas condições de clandestinidade.

[2] Posteriormente foram cooptados Lindolfo Silva e Régis Fratti.

por exemplo, a tese defendida por Prestes da formação no Brasil de *um novo sistema de dominação dos monopólios*, que "abrangia a economia, assim como a vida social, política, ideológica e cultural da nação", garantindo a reprodução do capital monopolista em novas bases, quando "o Estado se torna um elemento indispensável ao próprio processo de reprodução", o que asseguraria a conservação do sistema capitalista no país. Na realidade, a maioria do CC não compreendia as transformações ocorridas no sistema capitalista no Brasil e a importância adquirida pelos monopólios nacionais e estrangeiros, profundamente articulados com o Estado brasileiro. Disso decorria a recusa em substituir a concepção estratégica da revolução nacional e democrática por outra visão, mais atualizada, do processo revolucionário com vistas à derrota do capital monopolista e ao início da transição para o socialismo no Brasil[3].

Da mesma maneira, a maioria do CC não aceitava a tese defendida por Prestes de que os comunistas estariam abdicando de seu papel revolucionário caso se empenhassem apenas por uma volta à democracia burguesa existente no Brasil até o golpe de 1964, sem lutar pela conquista de um *novo tipo de democracia*, mais avançado e que pudesse constituir uma *forma de transição* a um poder de caráter revolucionário. Para Prestes, a ausência de tal empenho descaracterizava o PCB como partido revolucionário, contribuindo para que este se dissolvesse no meio da oposição liberal-burguesa à ditadura[4].

Uma das principais questões discutidas durante os trabalhos que então tiveram lugar foi a da relação entre fascismo e Capitalismo Monopolista de Estado (CME) no caso brasileiro[5]. Todos aceitavam a caracterização da ditadura brasileira como *fascista*, definição aprovada pela direção do PCB ainda em 1973. Entretanto, a maioria defendia uma acentuada dissociação entre fascismo e regime burguês, cuja consequência era a ideia de que a derrota da ditadura fascista não deveria vir acompanhada da derrota do capitalismo, tese que contribuía para que se desconsiderasse a necessidade de o PCB organizar e dirigir a classe operária e seus aliados rumo a um "governo revolucionário", como afirmava Prestes no Informe Político então apresentado. Alguns dos participantes, fazendo alusão às posições defendidas pelo secretário-geral e por mim, chegaram a nos atribuir a tese de que no Brasil o capitalismo só poderia se desenvolver com fascismo. Armênio Guedes (codinomes Júlio e Genaro), por exemplo, diria: "Queremos a derrubada do fascismo, que não é a derrubada do poder da burguesia". Acrescentava que não concordava com a tese de *uma nova democracia*, proposta por Prestes no Informe

---

[3] Ver Anita Leocadia Prestes, *Luiz Carlos Prestes*, cit., p. 458.

[4] Ibidem, p. 459.

[5] Ver, neste volume, a seção "O exílio em Moscou: os primeiros anos (1973-1975)", especialmente p. 165-7.

Político. Na minha fala, procurei mostrar que estávamos diante de um processo no qual a derrota do fascismo só seria consequente se aliada à luta contra o poder dos monopólios, ou seja, contra o sistema constituído pelo CME. Dependeria, em grande medida, da nossa atuação como comunistas a transição mais ou menos rápida da derrota do fascismo à conquista de um governo revolucionário que pudesse ser caracterizado como a *nova democracia* defendida por Prestes[6].

Nessa reunião, a maioria dos componentes do CC revelou que não estava disposta a iniciar uma discussão aprofundada das transformações ocorridas na sociedade brasileira e das mudanças necessárias na política do PCB. Embora buscando sempre uma solução conciliatória com o secretário-geral, na realidade estava empenhada em manter o *status quo* daquela direção, temendo mudanças na composição do próprio CC.

Os problemas relacionados à reorganização do Partido no Brasil e do funcionamento do CC, forçado a permanecer no exterior devido à feroz repressão no país contra os dirigentes do PCB, ocuparam grande parte dos debates nessa reunião. As informações vindas do Brasil revelavam que a organização partidária havia sido profundamente golpeada e não se sabia até que ponto os órgãos de repressão da ditadura tinham localizado os organismos de base e os comitês intermediários do Partido, provavelmente submetidos à vigilância policial.

Duas posições extremas se confrontaram durante a reunião. De um lado, Hércules Correia (Macedo), favorável a enviar imediatamente militantes que se encontravam no exterior para iniciar a reorganização no país. Ele mesmo, em atitude precipitada e aventureira, pretendia para lá deslocar-se; no fundo, desejava assumir a liderança desse processo e projetar-se como futuro secretário-geral do PCB. De outro lado, Armênio Guedes (Júlio ou Genaro) considerava que de imediato não haveria condições para reorganizar o Partido no interior do país e defendia a ideia de que uma política correta, traçada pela direção no exterior e divulgada através de seu jornal *Voz Operária*, a ser editado fora do país, levaria os militantes do PCB no Brasil a reorganizar o Partido. Segundo ele, a reanimação do movimento de massas no país criaria as condições para a reorganização da organização partidária. Tratava-se de uma posição marcada pela espontaneidade e que subestimava o papel do trabalho organizativo dos comunistas – em síntese, uma posição de direita[7].

Prestes, contando com o apoio do nosso pequeno grupo, constituído por Salles (Marcelo), Marly (Sonia) e eu (Tania), defendeu a necessidade de iniciar um trabalho de reorganização do Partido no Brasil que, entretanto, levaria algum tempo e deveria ser conduzido sem precipitações nem ações aventureiras. Para a

---

[6] Sobre a primeira e a última reunião do CC no exílio com a participação de Prestes, consultei, entre outros documentos, CD com a gravação (incompleta) dessas reuniões.

[7] Idem.

segurança do processo seria necessário conduzi-lo de forma compartimentada, ou seja, desligado dos setores partidários que estariam mapeados pelos órgãos de repressão. Tratava-se de tarefa complexa, a ser empreendida sem pressa e observando-se rigorosas normas de atividade clandestina. Com tal objetivo, logo após a reunião do CC foi criado o Grupo de Trabalho para o Brasil, do qual faziam parte Salles (responsável pelas tarefas de organização na Comissão Executiva do CC), Marly e eu, assim como Régis Fratti (codinome René), jovem camarada exilado na Europa e que havia se destacado no trabalho juvenil do Partido no Brasil[8]. Algum tempo depois, o Grupo de Trabalho foi transformado em Seção de Organização, sendo então incorporados Dinarco Reis (Dante) e Almir Neves (Mário), membros do CC estreitamente ligados a Giocondo Dias (Neves), que iria se transformar na principal liderança do "pântano"[9], ou seja, da maioria do CC, em oposição crescente às ideias defendidas por Prestes. Posteriormente, ficaria claro para mim que essa incorporação fora uma jogada conciliatória promovida por Marcelo junto a Neves com o objetivo de aumentar o respaldo da maioria do CC à Seção de Organização. Na prática, a nova composição dessa Seção se revelaria um grave obstáculo à realização de sua função precípua: a reorganização do PCB prioritariamente nas grandes empresas, com o objetivo de atingir os setores mais importantes do proletariado brasileiro.

Outra questão abordada nessa primeira reunião do CC no exterior foi o comportamento na prisão de alguns dirigentes do PCB, dos quais já se conheciam os depoimentos prestados aos órgãos da repressão, enviados pelos advogados que os defendiam. Na ocasião externei minha preocupação com as numerosas "quedas" de dirigentes ocorridas no país, questionando a razão de não terem sido adotadas medidas para impedi-las, especialmente quando houve quem avisasse a respeito da situação de perigo iminente – como eu havia feito. Dizia que não considerava uma fatalidade histórica as prisões em grande número ocorridas naqueles últimos anos. Cobrava do CC e da Comissão Executiva que as responsabilidades fossem apuradas, coletivas e individuais. Criticava o fato de a direção não aplicar as medidas punitivas existentes nos estatutos do Partido, permitindo que a impunidade se tornasse prática corrente do trabalho de direção. Concluía que as coisas não podiam ficar por isso mesmo, nem se deveria "passar uma esponja" nos erros, pois um dia o Partido iria cobrar da direção por que não foram tomadas medidas a tempo.

---

[8] Na segunda reunião do CC no exílio, realizada em março de 1977, ele seria cooptado juntamente com Lindolfo Silva.

[9] Termo empregado por Lênin e por mim adotado para caracterizar a maioria do CC composta de elementos conservadores, acomodados, sem posições definidas e, por essa razão, aferrados a uma suposta defesa da linha do VI Congresso do PCB. Ver Anita Leocadia Prestes, *Luiz Carlos Prestes*, cit., p. 468.

O EXÍLIO (1976-1979)   187

Embora a maioria dos presentes na reunião se mostrasse inclinada a não adotar medidas punitivas contra os dirigentes que haviam capitulado diante do inimigo, revelando segredos do Partido e denunciando companheiros, a insistência de Prestes e de nosso grupo de apoio permitiu que fossem aprovadas as expulsões de Moacir Longo e Marco Antônio Coelho do Partido; Fued Saad foi afastado do CC até que se obtivessem maiores esclarecimentos a respeito do seu comportamento na polícia. Mais tarde, com a volta da direção ao Brasil e após o rompimento de Prestes com o CC, esses elementos foram reintegrados às fileiras partidárias, revelando a inconsequência dessa direção na defesa dos interesses do Partido e da revolução, denunciada por Prestes em sua *Carta aos comunistas*[10].

Ao final da reunião de janeiro de 1976, foi eleita uma nova Comissão Executiva para atuar no exterior: Prestes (Alfredo), Malina (Joaquim), Guedes (Júlio ou Genaro), Dias (Neves) e Salles (Marcelo). Para suplentes foram escolhidos Mello (Vinicius) e Agliberto Vieira (Sá). Na ausência de Neves (que só chegou a Moscou em maio daquele ano), Vinicius assumiu seu cargo na Executiva. Também foi eleito um Secretariado para dirigir as atividades cotidianas da direção, aplicando as decisões do CC e da Comissão Executiva, sediado em Moscou e composto por Prestes, Vinicius e Sonia. Os demais dirigentes estavam localizados em várias cidades da Europa: Praga, Paris, Roma, Lisboa, além de Moscou.

Uma das maneiras de fortalecer a oposição do CC às teses defendidas por Prestes foi a criação de uma Assessoria do Comitê Central, dirigida por Guedes (Júlio ou Genaro), membro da Comissão Executiva[11]. Com sede em Paris, a nova Assessoria foi composta por alguns intelectuais[12] do PCB residentes em países europeus e simpatizantes em geral das teses do chamado eurocomunismo[13], então em voga principalmente entre setores das esquerdas europeias. Sua criação era justificada pela necessidade de assessorar o trabalho do CC, contribuindo para a formulação da política do PCB e, em particular, para a elaboração dos projetos de resolução a serem discutidos e, se aceitos pela maioria, aprovados pela direção. Uma parte dos membros da Assessoria compunha a redação do *Voz Operária*, também com sede em Paris, que a partir de abril de 1976 passou a ser editado na Europa e enviado ao Brasil por diferentes meios. Armênio Guedes era o

---

[10] Luiz Carlos Prestes, *Carta aos comunistas* (São Paulo, Alfa-Ômega, 1980).

[11] A Assessoria criada no Brasil, com as quedas e o exílio de numerosos militantes, se dissolvera.

[12] Faziam parte da Assessoria Carlos Nelson Coutinho, Leandro Konder, Aloysio Nunes Ferreira, Antônio Carlos Peixoto, Ivan de Otero Ribeiro, Luiz Hildebrando Pereira, Milton Temer, Mauro Malin, entre outros.

[13] Sobre o eurocomunismo, ver, por exemplo, Enrico Berlinguer, *A questão comunista* (Lisboa, Edições 70, 1976); Giorgio Napolitano, *La politique du parti communiste italien: entretien avec Eric J. Hobsbawm* (Paris, Éditions Sociales, 1976); Santiago Carrillo (org.), *Un futuro para España: la democracia económica y política* (s.l., s.e., 1968).

responsável pelo setor de agitação e propaganda do CC e dirigia o *Voz Operária* e outras publicações do Partido no exterior. Tive oportunidade de comparecer a algumas reuniões da Assessoria em ocasiões que estive em Paris. O tema predominante nos debates então promovidos era o da defesa de uma democracia "sem adjetivos", conforme diziam aqueles intelectuais, ou seja, a *democracia burguesa*. Algum tempo depois, as discussões giravam em torno da tese da "democracia como valor universal" proposta por Carlos Nelson Coutinho e divulgada por ele em artigo publicado na revista *Encontros com a Civilização Brasileira*[14].

As matérias publicadas no *Voz Operária*, no decorrer daqueles anos de exílio, passaram a refletir cada vez mais as teses defendidas pela Assessoria. Se por um lado havia um exagerado otimismo quanto ao fim da ditadura – apontava-se "a crise do regime militar", que estaria se tornando "mais aguda", "a perda de substância do regime ditatorial", "a crise política e institucional da ditadura militar"[15] –, por outro, como consequência de tal visão, os objetivos perseguidos pelos comunistas deveriam ficar limitados às demandas da oposição liberal-burguesa à ditadura (ao "estabelecimento de uma *democracia plena*" ou de "um *regime de liberdades democráticas plenas*"[16], cujo significado não era definido). Tais objetivos deveriam ficar restritos a um mero retorno à democracia burguesa, ou seja, à reconquista das liberdades existentes antes do golpe de 1964. Nas páginas do *Voz Operária* não se falava mais da estratégia da revolução nacional e democrática nem do objetivo final socialista. Pensava-se apenas na derrota da ditadura, ainda que fosse necessário conceder ao máximo para atingir tal objetivo[17]. Segundo o jornal, os comunistas, em vez de agir para o avanço da frente antiditatorial rumo a posições mais avançadas, deveriam, na prática, ficar a reboque do MDB e da oposição burguesa ao regime militar.

Durante o ano de 1976 tive oportunidade de visitar, junto com um grupo de brasileiros do nosso instituto, uma das então repúblicas soviéticas: a República Socialista Soviética da Moldávia. Vizinha da Romênia, então país socialista, a Moldávia era uma região de terras muito férteis com importante produção de frutas e, em especial, de vinhos de qualidade. Possuía uma indústria diversificada e era admirável o bem-estar de sua população, o que pudemos constatar ao visitar numerosos *kolkhoses* e *sovkhoses*, assim como algumas empresas fabris. Também passei vinte dias na praia do balneário de Varna, às margens do mar Negro, na

---

[14] Carlos Nelson Coutinho, "A democracia como valor universal", *Encontros com a Civilização Brasileira*, mar. 1979.

[15] *Voz Operária*, n. 133, abr. 1977, p. 3.

[16] Editorial, *Voz Operária*, n. especial, abr. 1977, p. 1; editorial e "O impasse histórico continua. Não há saída com o fascismo", *Voz Operária*, n. 134, maio 1977, p. 1 e 3; grifos meus.

[17] Ver edições do *Voz Operária* dos anos 1977 e 1978.

República Democrática da Bulgária, país socialista na época. A direção do PC búlgaro, como de outros partidos comunistas dos países socialistas, destinava regularmente cotas para que dirigentes e militantes dos partidos comunistas irmãos visitassem seu país e passassem um período de descanso em alguma de suas pousadas. Varna era um lugar belíssimo, com praias que lembravam as do Brasil. Pude conhecer a capital Sófia e visitar outras regiões do país, que, como a Moldávia, se destacava pela produção de frutas e de vinhos de excelente qualidade.

Após a reunião de janeiro do CC, havia que iniciar as atividades do Grupo de Trabalho para o Brasil; as tarefas, no entanto, atrasaram, já que Marcelo, seu principal responsável, estava viajando, empenhado na retirada de Dias (Neves) do Brasil[18]. Somente em maio os dois chegaram a Moscou. Para começar as atividades do Grupo de Trabalho e impulsionar as medidas voltadas à reorganização do Partido no país, era necessário estabelecer contatos seguros com o Brasil, tarefa da qual se encarregou de imediato Marcelo, com a ajuda de René, a partir de meados de 1976. Era o caminho que nosso grupo considerava mais acertado, em contraposição às ideias aventureiras de Hércules Correia (Macedo) e Salomão Malina (Joaquim). Macedo pretendia montar imediatamente uma organização no Brasil e Joaquim pensava estabelecer uma base no Uruguai[19], perto da fronteira brasileira[20]; havia me convidado para, junto com ele, inspecionar a fronteira em busca de passagens seguras. Após conversa com meu pai resolvi recusar o convite absurdo, pois certamente esta não seria a maneira de remontar o aparelho para ingresso clandestino de dirigentes e militantes do Partido no Brasil, desbaratado com as "quedas" de 1974 e 1975. Enquanto aguardávamos os resultados dos contatos que Marcelo e René deveriam fazer, Sonia estava voltada principalmente para as tarefas do Secretariado, ao lado de Prestes e Vinicius, e eu me ocupava de assessorar meu pai na preparação de documentos partidários que estavam ao seu cargo.

Em novembro de 1976 houve uma derrota significativa da ditadura nas eleições municipais, fato destacado em *Declaração da Comissão Executiva do PCB*, assinada por Prestes no *Voz Operária* de fevereiro de 1977[21]. O documento ressaltava que o resultado eleitoral fora uma "demonstração da força crescente da oposição" e que "a condenação da ditadura, principalmente pela

---

[18] Ver João Falcão, *Giocondo Dias, a vida de um revolucionário*, cit., p. 310-21.

[19] No Uruguai havia se estabelecido a partir do golpe de Estado de 1973 um violento regime ditatorial militar com a colaboração dos militares brasileiros.

[20] Informação confirmada por Armênio Guedes. Ver Mauro Malin, *Armênio Guedes: um comunista singular*, cit., p. 280.

[21] "Declaração da Comissão Executiva do Partido Comunista Brasileiro", *Voz Operária*, n. 131, fev. 1977, p. 4-5; também publicada em Edgard Carone, *O PCB*, v. 3, cit., p. 181-6.

massa trabalhadora dos centros urbanos e industriais mais importantes do país, é a conclusão fundamental que se deve tirar das eleições de 15 de novembro"[22]. Diferentemente das análises publicadas no mesmo jornal, em que eram externadas opiniões exageradamente otimistas quanto a uma possível "falência do regime", a um suposto "fôlego curto" das medidas da ditadura, afirmando-se, inclusive, a existência de um "declínio do regime"[23], a declaração elaborada por Prestes afirmava que se entreviam "os primeiros sintomas" de exaustão da ditadura – o que não significava que ela estaria moribunda. Ao contrário, ainda dispunha de "forças suficientes para contra-atacar, e contra-ataca com violência". Alertava que não nos devíamos iludir quanto às "suas possibilidades de recuperação"[24].

Essa *Declaração* reafirmava as principais teses aprovadas pelo CC em janeiro daquele ano, acrescentando que "a coligação antiditadura" proposta pelos comunistas para "liquidar a ditadura militar-fascista" não tinha apenas caráter tático; seus objetivos eram mais amplos, deveriam ser projetados no futuro e, após a queda do fascismo, ser transformados "numa aliança para solucionar graves e antigos problemas nacionais, muitos dos quais foram extremamente agravados por mais de doze anos de um poder arbitrário e ditatorial". Concluía o documento afirmando que era necessário evitar que as forças antifascistas e patrióticas, que tivessem se coligado para a derrota do regime, se dividissem e se dispersassem, debilitando dessa forma o esforço para extinguir as raízes da reação e construir *"um regime democrático avançado"*[25]. A contrapelo da maioria do CC, Prestes continuava a defender a ideia de que a derrota da ditadura não deveria se configurar como uma volta à democracia liberal-burguesa de antes de 1964: era necessário lutar para abrir caminho para transformações mais profundas da sociedade brasileira.

Em março de 1977 realizou-se em Moscou a segunda reunião do CC do PCB no exterior. O *Projeto de Resolução política*[26] apresentado por Prestes à Comissão Executiva foi rejeitado pela maioria dos seus membros. Consubstanciava-se uma contraofensiva da parte de Guedes e da Assessoria por ele dirigida, que ficou encarregada de elaborar uma "Abertura política" para ser levada à discussão no CC. O prazo era escasso, e os membros do CC receberam esse documento em cima da hora, não dispondo de tempo suficiente para uma apreciação cuidadosa.

O contraste entre os dois documentos era gritante. Enquanto no projeto elaborado por Prestes destacava-se o avanço do processo de formação da *frente antifascista*

---

[22] Idem.

[23] *Voz Operária*, n. 131, fev. 1977, p. 3.

[24] "Declaração da Comissão Executiva do Partido Comunista Brasileiro", cit.

[25] Idem; grifos meus.

[26] Comitê Central do PCB, *Projeto de Resolução política*, fev. 1977 (documento datilografado, 12 p.; arquivo particular da autora).

O exílio (1976-1979)   191

e patriótica proposta pelo PCB desde 1973, na "Abertura política" apresentada pela Assessoria haviam sido eliminadas as "referências a uma posição anterior do Partido tão importante como a que diz respeito ao conceito de frente antifascista e patriótica", nas palavras de Prestes[27], ao falar na reunião. A seguir, ele reafirmaria sua posição apresentada no projeto inicial, destacando que, apesar de o processo de formação dessa frente "estar avançando, as suas forças ainda não são suficientes para derrotar a ditadura"[28]. Prestes reconheceu que a movimentação de diferentes setores oposicionistas ainda se configurava "no nível de correntes de opinião pública, não coordenadas e que sofrem falta de uma ação organizada e unificada da classe operária e, fundamentalmente, das consequências do golpe sofrido por nosso Partido"[29].

Segundo Prestes, afirmar o avanço do processo de formação da *frente antifascista e patriótica* não significava cair no *voluntarismo*, conforme crítica feita por Guedes ao projeto apresentado pelo secretário-geral, mas "dar o sentido político, o conteúdo principal do processo em desenvolvimento". Acrescentava: "Dizer apenas que *cresce a resistência e amplia-se a oposição à ditadura*[30] é ficar na simples constatação dos fatos, sem apontar seu conteúdo político"[31].

Prestes considerava que, do ponto de vista tático, "devemos insistir que o fascismo não se transformará jamais por si mesmo em democracia, que somente um poderoso movimento de massas organizadas e unidas o derrotará. Insistir, portanto, na necessidade de avançar no processo de organização da frente antifascista e patriótica"[32].

Na crítica que fez ao documento apresentado pela Assessoria, Prestes afirmou ser "inadmissível chamar a classe operária à luta pela '*democracia burguesa*', por um suposto *desenvolvimento capitalista independente*". Deixou claro que "lutamos pelas liberdades democráticas, visando alcançar *um regime que abra caminho para o socialismo*". E argumentou:

> É claro que a luta contra o fascismo não é monopólio de ninguém nem de nenhuma classe social. Elementos da burguesia podem, em dadas circunstâncias, iniciar essa luta e, mesmo que exista uma correlação de forças que não seja favorável à classe operária, devemos fazer esforços para levar as massas trabalhadoras a dela

---

[27] *Intervenção de Prestes no Pleno do CC do PCB*, 25 mar. 1977 (documento datilografado fotocopiado, assinado por "Antônio", 4 p.; Arquivo Edgard Leuenroth/Unicamp, coleção Luiz Carlos Prestes, Manuscritos, PCB-CC, pasta 125).

[28] Comitê Central do PCB, *Projeto de Resolução política*, cit.

[29] *Intervenção de Prestes no Pleno do CC do PCB*, cit.

[30] Formulações presentes no texto de "Abertura política" elaborado pela Assessoria do CC; grifos meus.

[31] *Intervenção de Prestes no Pleno do CC do PCB*, cit.

[32] Idem.

participar, não ter medo de realizar compromissos, mas *visando sempre fazer o processo político avançar para a frente*, lutando sem desfalecimento pela hegemonia do proletariado, que é a força consequente na luta contra o fascismo.[33]

Prestes mantinha-se firme no combate às tendências reformistas, defendendo permanentemente a tese de que, na luta pelas liberdades democráticas, os comunistas deveriam bater-se por *um regime mais avançado*, que permitisse criar as condições para a revolução socialista. No *Projeto de Resolução política*, rejeitado pela Comissão Executiva, ele afirmava que, "em quaisquer circunstâncias", continuaremos nos batendo por "*uma democracia que não seja apenas política, mas também econômica e social*, e prepare as condições para a futura chegada ao socialismo, nosso objetivo supremo"[34].

As divergências no CC eram grandes e sérias, mas a maioria, mais uma vez, preferiu a conciliação. Nosso grupo – formado por Salles (Marcelo), Marly (Sonia) e eu (Tania), contando com os votos de Agliberto (Sá) e Gregório – apoiava Prestes, mas estávamos em flagrante minoria. Hoje compreendo que Salles, diferentemente do que eu pensava na época, jogava dos dois lados: aparentava estar conosco, mas fazia concessões e conciliava com Dias e Guedes, o que é confirmado por Armênio Guedes e pelo próprio Salles em entrevista recente[35]. Nessa reunião de março de 1977, realizada nas redondezas de Moscou, na *datcha* de Stálin, foram aprovados documentos confusos e contraditórios, tendo como base a "Abertura política" elaborada pela Assessoria, à qual se acrescentaram algumas formulações apresentadas por Prestes[36]. Estava consagrado o isolamento político do secretário-geral do PCB.

Diante da decretação pelo governo Geisel do recesso do Congresso, medida incluída no chamado "pacote de abril" de 1977[37], o *Voz Operária* publicou editorial[38] em que eram reafirmadas teses defendidas pela Assessoria de que o regime fascista

---

[33] Idem; grifos meus.

[34] Comitê Central do PCB, *Projeto de Resolução política*, cit.; grifos meus.

[35] Ver Entrevista de José de Albuquerque Salles a *Opera Mundi/Revista Samuel*, em três partes, concedida em janeiro de 2015, e artigo encaminhado posteriormente a *Opera Mundi*; Mauro Malin, *Armênio Guedes: um comunista singular*, cit., p. 334, 354, 372 e 398-9.

[36] "Pleno do Comitê Central do PCB (mar. 1977) – Resolução política – Manifesto à nação – Nota do PCB sobre questões atuais das relações entre Brasil e EUA", *Voz Operária*, n. especial, abr. 1977, p. 1-4; citado em Edgard Carone, *O PCB*, v. 3, cit., p. 186-98 e *PCB: vinte anos de política*, cit., p. 251-7.

[37] Alzira Alves de Abreu, Israel Beloch et al. (coords.), *Dicionário histórico-biográfico brasileiro pós-1930*, v. 3 (Rio de Janeiro, Editora da FGV, 2001), p. 2.517.

[38] "Diante da escalada do fascismo: unir para reforçar a resistência e defender conquistas" (editorial), *Voz Operária*, 2. ed., n. 133, abr. 1977, p. 1.

estaria vivendo "seu período de descenso inegável" e de que haveria "sintomas de exaustão do regime". Nas páginas do jornal defendia-se um "regime de democracia plena"[39] ou, em outras palavras, fazia-se a apologia da democracia burguesa e limitava-se à defesa da volta ao regime anterior ao golpe de 1964, omitindo-se a necessidade da formação da *frente patriótica e antifascista*[40]. A Comissão Executiva seguia o mesmo caminho, divulgando nota[41] também nesse sentido.

Durante aquele ano, passamos a receber informações do Brasil a respeito da confusão e da desorientação que pairavam sobre os militantes comunistas no Brasil, o que levou Prestes a dirigir uma carta[42] ao Partido. Embora considerasse a ofensiva repressora do regime fascista, ao abordar "alguns dos nossos problemas orgânicos", ele reconhecia que "não foram tomadas, no terreno orgânico, medidas que pudessem evitar os danos causados pelo golpe, que, cedo ou tarde, fatalmente viria", e que "o grau de nossas ligações com as massas populares, particularmente com a classe operária era insuficiente", apesar das declarações, feitas nos documentos partidários, de que "a classe operária deveria constituir o centro de nosso trabalho". Prestes criticou a atitude de preferirmos, muitas vezes, "os entendimentos de cúpula, os acordos 'pelo alto', que, sendo necessários, têm de estar forçosamente apoiados num amplo e poderoso movimento popular, garantia básica de um encaminhamento vitorioso da luta contra o fascismo". Insistia ainda na importância da formação da *frente patriótica e antifascista*[43].

Nesse ambiente de ofensiva repressora no Brasil e de crescentes divergências no CC, surgira a questão do destino a ser dado ao arquivo de Astrojildo Pereira[44], que, no país, corria o risco de ser descoberto e apreendido pela polícia[45]. José Luiz Del Roio, escritor e então militante do Partido, ex-senador na Itália, conta em entrevista recente[46] que Prestes, preocupado, se dirigiu a ele, em busca de uma instituição na Europa para onde a documentação reunida por Astrojildo – uma

---

[39] Ver, por exemplo, *Voz Operária*, n. 138, set. 1977, p. 3.

[40] Ver as edições do *Voz Operária* do ano de 1977.

[41] "Nota da Comissão Executiva do PCB", *Voz Operária*, n. 135, jun. 1977, p. 4-5; citada em Edgard Carone, *O PCB*, v. 3, cit., p. 198-204.

[42] "Carta de Prestes ao Partido" (ago. 1977), *Voz Operária*, n. 138, set. 1977, p. 4-5; citada em Edgard Carone, *O PCB*, v. 3, cit., p. 207-11.

[43] Idem; grifos meus.

[44] Um dos fundadores do PCB, ex-secretário-geral do Partido, destacado intelectual e pesquisador que colecionou documentos e jornais do movimento operário brasileiro desde o início do século XX; falecido em 1965.

[45] Ver a respeito Maria Ciavatta (coord.), *Luta e memória: a preservação da memória histórica do Brasil e o resgate de pessoas e de documentos das garras da ditadura* (Rio de Janeiro, Revan, 2015).

[46] Entrevista de José Luiz Del Roio à TV 247; disponível em: <https://www.youtube.com/watch?v=7A6bR8gUBZ0>, acesso em: 13 jul. 2018.

coletânea valiosa de documentos e jornais do movimento operário brasileiro – pudesse ser transferida e abrigada com segurança[47]. Segundo Del Roio, Prestes não desejava que o referido arquivo fosse encaminhado para um país socialista, pois dizia que, uma vez entregue, não sairia mais desse local. Del Roio conseguiu a guarda dessa documentação pela Fundação Feltrinelli, situada em Milão (Itália), de onde mais tarde foi transferida para a Universidade Estadual Paulista (Unesp), na cidade de São Paulo.

Nos marcos do conflito ideológico e político que se acentuava entre a maioria do CC do PCB e o secretário-geral, transcorriam os debates preparatórios da terceira reunião do CC no exterior. Recordo-me que, a partir de meados de 1977, após receber a visita das tias Lygia e Eloiza, viajei a Praga, Roma e Paris com o objetivo de ouvir as opiniões de membros do CC e da Assessoria sobre a situação política no Brasil e os anteprojetos de documentos em preparação para esse terceiro encontro da direção no exterior. Com exceção de alguns componentes da Assessoria, defensores de posições próximas ao eurocomunismo, os demais evitavam, de uma maneira geral, comprometer-se com posições definidas, privilegiando a repetição de lugares-comuns e generalidades. Percebi que seria difícil, se não impossível, obter contribuições significativas daqueles dirigentes do Partido para a discussão em curso.

Após ter regressado a Moscou empreendi novas viagens, ainda em setembro daquele ano, a Lisboa e a Maputo (Moçambique), com o objetivo de obter passaportes "quentes" para companheiros nossos que precisassem entrar no Brasil clandestinamente. Contatos anteriores estabelecidos por Prestes com Samora Machel, então presidente de Moçambique, e em Lisboa por Accácio Salvador Caldeira (codinome Paulo), militante do PCB que estivera exilado em Portugal e na época estudava no Instituto de Ciências Sociais de Moscou, permitiram que minha missão obtivesse êxito. Como se tratava de tarefa confidencial e arriscada, somente Prestes, Salles (Marcelo) e Marly (Sonia) estavam a par dos verdadeiros objetivos do meu deslocamento para esses países. O sigilo provocou indignação de alguns membros da Comissão Executiva, habituados às práticas, que tanto haviam prejudicado o Partido no Brasil, de não compartimentar as tarefas – em particular as que envolviam alto grau de periculosidade. Da mesma maneira, houve protestos quando souberam que Marcelo, com o conhecimento de Prestes, fora clandestinamente ao Brasil para estabelecer contatos, necessários para levar adiante as tarefas da Seção de Organização do CC[48].

---

[47] O testemunho de José Luiz Del Roio quanto ao interesse de Prestes em salvar o arquivo de Astrojildo, confirmado por Marly Vianna (Maria Ciavatta, *Luta e memória*, cit., p. 44), desmente declarações contrárias de Armênio Guedes (Mauro Malin, *Armênio Guedes*, cit., p. 316).

[48] Ver, por exemplo, Mauro Malin, *Armênio Guedes*, cit., p. 353.

O EXÍLIO (1976-1979) 195

Nesse período, Prestes dedicou especial atenção ao estudo e à análise da realidade brasileira sobre a qual os comunistas deveriam atuar. Em intervenção feita no seminário latino-americano promovido por ocasião do sexagésimo aniversário da Grande Revolução de Outubro[49], defendeu a tese de que a "fascistização do Estado" desempenhara no Brasil papel decisivo "na transição do capitalismo subdesenvolvido ao Capitalismo Monopolista de Estado dependente e associado ao imperialismo". Após apresentar um panorama da complexidade do processo de fascistização do Estado brasileiro, Prestes fez uma apreciação dos conflitos correntes no regime ditatorial, destacando que, "enquanto existir a máquina fascista do Estado", suas contradições internas continuarão sendo "o meio através do qual o regime se reproduz", aguçando "as tensões sociais e amadurecendo as condições e as forças que hão de aboli-lo". Ao referir-se às condições necessárias, segundo ele, para a derrota do fascismo no Brasil, declarava:

> Para os comunistas, a história é sempre feita pelas massas. Para que as condições e as forças em conflito desemboquem num resultado, o regime fascista tem que ser removido pelas forças que prejudica, num processo difícil e longo de luta e organização das massas populares, primordialmente dos proletários urbanos e rurais, e dos estudantes, intelectuais e demais setores próximos.[50]

Segundo Prestes, o mais importante para os comunistas deveria ser o empenho na organização e na mobilização das massas para que a derrota do fascismo não significasse a volta a um tipo de democracia liberal-burguesa, como afinal acabou acontecendo, por conta da debilidade e da desorganização do movimento popular no país.

Em dezembro de 1977, realizou-se em Budapeste (Hungria) a terceira reunião do CC no exterior. Na ocasião, foi aprovada uma nova "Resolução política"[51] elaborada pela Assessoria e que contou com o apoio do "pântano", ou seja, da maioria do CC capitaneada por Giocondo Dias (Neves). Era um documento anódino, revelador da atitude conciliatória seguida pela maioria do CC em relação ao secretário-geral. A resolução fazia uma única referência à luta "pela

---

[49] Luiz Carlos Prestes, *Brasil: a fascistização do Estado na transição do capitalismo subdesenvolvido ao Capitalismo Monopolista de Estado dependente e associado ao imperialismo (Intervenção no seminário latino-americano realizado em Moscou, a 8/11/1977, por ocasião do 60º aniversário da Grande Revolução de Outubro)* (documento datilografado original, 6 p.; arquivo particular da autora).

[50] Idem; ver Anita Leocadia Prestes, *Luiz Carlos Prestes*, cit., p. 466-7.

[51] *Resolução política do Comitê Central do Partido Comunista Brasileiro*, dez. 1977 (fotocópia de folheto, 24 p.; arquivo particular da autora), citado em *Voz Operária*, n. 142, jan. 1978, p. 3-6, e *PCB: vinte anos de política*, cit., p. 259-76.

196 VIVER É TOMAR PARTIDO

constituição de uma frente antifascista e patriótica"[52] – uma concessão às posições de Prestes – e nela predominavam teses que vinham sendo divulgadas pela Assessoria nas páginas do *Voz Operária*: a apologia da *democracia em geral*, sem uma definição de seu caráter de classe, o que significava, na prática, a defesa da democracia burguesa. O documento afirmava, por exemplo, que "só a democracia, eliminando os mecanismos institucionais e repressivos em que se assenta o poder fascista em nosso país, poderá abrir caminho para as transformações de que o Brasil necessita urgentemente"[53]. Ao mesmo tempo, defendia a necessidade de uma campanha pela Constituinte "livre e democraticamente eleita", sem definir precondições para tal eleição – o que poderia ser interpretado como a aceitação de sua realização nos marcos do regime ditatorial[54].

A correlação de forças dentro do CC havia se definido no transcorrer dos debates realizados e das resoluções tomadas desde o início do seu funcionamento no exterior. Num extremo ficou Prestes, o secretário-geral, apoiado por nosso pequeno grupo – Salles, Marly, Anita e Régis Fratti –, contando com os votos de Agliberto e Gregório; o seu empenho na defesa das posições que lhe pareciam mais justas e no combate ao reformismo não o impediu de batalhar pela unidade da direção e do Partido. No outro extremo postou-se Armênio Guedes (Julio), com o apoio de Zuleika Alambert (Márcia), simpáticos ao eurocomunismo e isolados no âmbito do CC, mas detentores do controle da redação do *Voz Operária* e do respaldo da Assessoria. No centro permanecia o "pântano", composto de elementos conservadores, acomodados, sem posições definidas e, por essa razão, aferrados a uma suposta defesa da "linha do VI Congresso" do PCB. Sob a direção de Neves, buscavam a manutenção do *status quo*, ou seja, de seus cargos na direção do Partido, batendo-se pela conciliação dos extremos, principalmente com Prestes, cuja presença na secretaria-geral era considerada importante para a sobrevivência do CC frente ao Partido no Brasil, ao PCUS e aos demais partidos comunistas. Conforme já foi por mim assinalado, hoje sabemos que Salles jogava em todas as frentes, incluindo os grupos de Dias e de Guedes e também a Assessoria, esforçando-se por uma conciliação que lhe permitisse se projetar na disputa pela secretaria-geral do PCB[55].

Salles (Marcelo) havia estabelecido contatos com camaradas do PCB que estavam tentando reorganizar o Partido em alguns estados do país. Marcara pontos de encontro com eles em Buenos Aires para os meses de janeiro e fevereiro

---

[52] *Resolução política do Comitê Central do Partido Comunista Brasileiro*, dez. 1977 (fotocópia de folheto), cit., p. 19.

[53] Idem.

[54] Ibidem, p. 18.

[55] Ver nota 35 deste capítulo, à p. 192.

de 1978, ocasião em que a Seção de Organização do CC deveria contatá-los, levando-lhes a orientação da direção e recolhendo suas informações e opiniões. Eu (Tania) e Régis Fratti (René) fomos destacados para executar essa tarefa na capital portenha. Missão arriscada, já que a Argentina se encontrava, desde março de 1976, sob o domínio de uma ditadura militar sangrenta. Havia repressão violenta contra qualquer elemento que parecesse suspeito aos militares argentinos, e os agentes brasileiros do SNI agiam ativamente em busca de "subversivos" originários do nosso país. Por motivos de segurança, afora Marcelo, somente Prestes e Sonia sabiam da nossa viagem, que empreendemos separados, com documentos falsos, chegando eu a Buenos Aires uns dias antes de René. Para maior despiste das autoridades policiais, saí de Paris em voo que fazia conexão no Rio, pois poderia chamar atenção uma brasileira partir da Europa em direção a Buenos Aires evitando parada em seu país de origem. Em trânsito, os passageiros não precisavam apresentar seus documentos nem identificar-se: pude circular pelo aeroporto do Galeão e comprar jornais e revistas sem ser reconhecida nem despertar qualquer suspeita.

Uma vez estabelecidos em apartamentos distantes um do outro na capital argentina, evitando qualquer ligação entre nossos lugares de residência, passamos a preparar a recepção dos camaradas que chegariam do Brasil. Para isso, fomos alugando apartamentos por temporada, usados para realizar as reuniões com eles. Após o encontro com um grupo ou um representante de uma determinada organização, o local não era mais usado. Recorríamos a um novo lugar a cada grupo que chegava, desativando-o após sua utilização durante dois ou três dias. Um grupo de companheiros ou um camarada que estivesse sozinho não tinha contato com os demais provenientes do Brasil. Dessa forma, pudemos garantir a segurança de todos e a volta dos camaradas a seus lugares de origem, embora naquele período as batidas das forças policiais e militares fossem constantes em Buenos Aires.

Nos encontros com esses companheiros, passávamos as decisões tomadas na última reunião do CC e ouvíamos suas considerações a respeito da situação no Brasil e em suas regiões de atuação, assim como as opiniões deles a respeito da política no país e a situação do Partido, em particular do setor em que desenvolviam atividades partidárias ou sindicais. De minha parte, procurava orientá-los no sentido de organizar o Partido nas empresas e junto a setores populares em torno de suas reivindicações mais sentidas, articulando esse trabalho com a luta contra a ditadura, pela formação da frente patriótica e antifascista e a conquista de uma democracia o mais avançada possível, que não significasse apenas uma volta à situação pré-golpe de 1964.

Mais tarde, pude perceber que o material humano com que contávamos no Brasil – companheiros em geral dedicados e com disposição de luta – não estava preparado para reconstruir o PCB em novas bases, enraizado na classe operária e voltado para a formação de forças sociais e políticas (o "bloco histórico" de que falava Gramsci[56]) capazes de conduzir os trabalhadores numa perspectiva socialista. A trajetória percorrida pela militância do Partido estivera sob a influência de concepções *nacional-libertadoras*, presentes historicamente nas consecutivas direções que estiveram à frente do PCB[57].

René e eu permanecemos em Buenos Aires até março de 1978, correndo o risco de sermos localizados e sequestrados pela repressão, incluindo a hoje bem conhecida "Operação Condor"[58]. Caso houvesse a possibilidade de um sequestro, devíamos nos abrigar em um luxuoso apartamento no bairro de Palermo – cuja chave foi entregue por Marcelo a René – e ligar, do telefone ali existente, para Sonia em Paris, de onde seriam tomadas medidas para nosso resgate. De pronto, considerei a proposta estranha e nosso possível resgate improvável. Fizemos uma visita ao referido apartamento (luxuosamente mobiliado, mas desabitado) e considerei que, caso percebêssemos que estávamos sendo vigiados, ir para aquele local seria cair numa arapuca. Tratei de buscar outra solução: a melhor seria apelar para as embaixadas do México ou da Venezuela, países com tradição de conceder asilo a perseguidos políticos do nosso continente. A representação mexicana estava cercada por forças policiais devido à presença do ex-presidente argentino Héctor Campora, ali refugiado desde o golpe militar de 1976. Localizei então a embaixada da Venezuela e estudei o melhor modo de alcançá-la rapidamente, o que, para nossa sorte, não foi necessário. Pudemos regressar à Europa sem maiores percalços, levando comigo um embrulho com papéis – relatórios dos debates promovidos em Buenos Aires e documentos trazidos pelos camaradas brasileiros que vieram ao nosso encontro – que consegui alojar no avião longe da minha bagagem de mão, a fim de preservar a segurança no caso de eu ser submetida a revista. O voo novamente fez escala no Rio de Janeiro, o que me permitiu comprar jornais e revistas no aeroporto do Galeão.

O ano de 1978 seria marcado pelas greves operárias que se iniciaram em maio na região do ABC paulista, pelo avanço do movimento de oposição à ditadura e pelas eleições parlamentares de 15 de novembro. Diante das crescentes

---

[56] Ver Anita Leocadia Prestes, *Luiz Carlos Prestes*, cit., p. 325-6.

[57] Anita Leocadia Prestes, "A Revolução Russa e a fundação do Partido Comunista no Brasil", em Ivana Jinkings e Kim Doria (orgs.), *1917: o ano que abalou o mundo*, cit., p. 137-49.

[58] "Operação Condor" foi uma aliança político-militar criada por iniciativa do governo chileno de Pinochet. Envolvia os regimes militares vigentes nos anos 1970 e 1980 na América do Sul – Brasil, Argentina, Chile, Bolívia, Paraguai e Uruguai – e a CIA estadunidense. O objetivo da operação era coordenar a repressão aos opositores dessas ditaduras e eliminar lideranças de esquerda nos países do Cone Sul.

dificuldades enfrentadas pelo regime ditatorial fascista Geisel antecipou a escolha de seu sucessor, que, apesar da resistência encontrada mesmo nas hostes governistas, recaiu sobre o general João Baptista Figueiredo, chefe do SNI. A candidatura de Figueiredo foi imposta à convenção da Aliança Renovadora Nacional (Arena), o que garantiu sua "eleição" no Congresso Nacional em 15 de outubro. Geisel também conseguiu impor a aprovação, pelo Congresso, de mais um "pacote de reformas", as chamadas "salvaguardas constitucionais", de acordo com as quais o AI-5 era substituído pelo "estado de emergência"; ele introduziu ainda algumas outras reformas[59]. A ditadura procurou, assim, mascarar seu verdadeiro caráter fascista e enganar amplos setores da população, na tentativa de evitar a derrota eleitoral prevista para 15 de novembro.

Diante desses acontecimentos, a Comissão Executiva do CC do PCB divulgou nota[60] a propósito da campanha eleitoral, em que, sob influência de Prestes, era adotada uma posição mais avançada se comparada à "Resolução política do CC" de dezembro de 1977; nela se postulava a convocação de uma Assembleia Constituinte, desde que precedida por "algumas medidas democráticas", exigidas pela "esmagadora maioria da opinião pública nacional". Tais precondições eram apresentadas pela primeira vez: anistia ampla e irrestrita; fim de todos os atos e leis de exceção; restabelecimento do *habeas corpus* em sua plenitude; respeito à livre organização partidária, sem discriminação de nenhuma espécie; completa liberdade sindical[61].

Nas matérias publicadas no *Voz Operária*, as tendências reformistas, em grande parte inspiradas pelas teses oriundas do eurocomunismo, tinham presença crescente. A chamada "questão democrática", entendida como a defesa de uma democracia abstrata e desprovida de conteúdo de classe, tornara-se um dos principais temas abordados no órgão central do PCB[62]. Identificado com tais posições, o escritor Leandro Konder se referiu a uma "retomada da reflexão sobre a questão democrática" nas páginas do *Voz Operária*[63].

A partir de meados de 1978, como um reflexo do desgaste ditatorial e da intensa movimentação pré-eleitoral no país, a imprensa brasileira passou a revelar interesse crescente pelas opiniões de Luiz Carlos Prestes. Inúmeros jornalistas o procuraram, e diversas entrevistas foram publicadas à época, enquanto outras

---

[59] Alzira Alves de Abreu, Israel Beloch et al. (coords.), *Dicionário histórico-biográfico brasileiro pós-1930*, v. 3, cit., p. 2.518-9.

[60] "Nota da Comissão Executiva do PCB a propósito da campanha eleitoral", *Voz Operária*, n. 146, maio 1978, p. 4-5, citada em Edgard Carone, *O PCB*, v. 3, cit., p. 215-21 e *PCB: vinte anos de política*, cit., p. 277-84.

[61] Idem.

[62] Ver edições de *Voz Operária* do ano de 1978.

[63] Leandro Konder, *A democracia e os comunistas no Brasil* (Rio de Janeiro, Graal, 1980), p. 123; ver também Anita Leocadia Prestes, *Luiz Carlos Prestes*, cit., p. 470-1.

eram vetadas pela Censura. Em relação à convocação de uma Constituinte, Prestes declarava, expressamente, que esta só seria representativa dos interesses do povo brasileiro se fosse precedida pela conquista da anistia, das liberdades democráticas, do livre debate e da livre manifestação do pensamento, quer dizer, da "queda do atual regime" e, portanto, da "tirania de Geisel"[64].

Em depoimento prestado ao jornalista Getúlio Bittencourt, da *Folha de S.Paulo*, Prestes esclareceu o tipo de democracia pela qual, segundo ele, os comunistas deveriam lutar:

> À classe operária, aos trabalhadores e seus aliados, quer dizer, à grande maioria da população, interessa construir no Brasil uma *democracia* que permita o avanço em direção a profundas transformações econômicas, sociais e políticas de caráter antimonopolista, o que, por sua vez, abrirá caminho para que essa democracia possa se desenvolver até a *democracia socialista*. É tendo sempre presente essa meta que nosso Partido, como partido revolucionário da classe operária, luta pela democracia e pela unidade da classe operária, de todos os trabalhadores e demais forças sociais que se colocam em oposição ao fascismo e aspiram ao progresso social.[65]

De volta a Moscou após a estada em Buenos Aires, ao mesmo tempo que participava do debate sobre a elaboração dos documentos para a quarta reunião do CC no exterior, tratava de organizar minha transferência para Paris, onde Sonia já se encontrava[66] e onde considerávamos que os membros da Seção de Organização deveriam ficar naquele momento, a fim de facilitar o contato com o Brasil. A partir de maio daquele ano me estabeleci na capital francesa, tendo alugado um *studio* (apartamento de uma peça) bastante barato no nome de uma brasileira amiga do PCB, pois eu me mantinha clandestina, com documentação falsa. Fiquei à disposição da Seção de Organização, que, entretanto, raramente se reunia; Marcelo, seu responsável, estava sempre viajando e tornara-se difícil conversar com ele e traçar planos para nossa atividade conjunta. Essa situação me desagradava, assim como o funcionamento da direção da qual passara eu a fazer parte. Percebia que eram tomadas decisões dificilmente postas em prática;

---

[64] "Prestes, um depoimento no exílio" (entrevista concedida em junho de 1978 e publicada um ano depois), *O Globo,* Rio de Janeiro, 1º jul. 1979.

[65] Getúlio Bittencourt, "O panorama visto do exílio" (entrevista com Luiz Carlos Prestes), em *A quinta estrela: como se tenta fazer um presidente no Brasil* (São Paulo, Ciências Humanas, 1978), p. 40; grifos meus.

[66] Sonia, separada de Marcelo, estava casada com o comunista espanhol Ramon Peña Castro; René morava em Bruxelas e Marcelo também tinha residência em Paris, embora a maior parte do tempo estivesse viajando.

O EXÍLIO (1976-1979)   201

não havia controle da sua execução nem cobrança pelo seu descumprimento. Cada vez mais eu ficava com a impressão de inoperância dos dirigentes do CC; ainda acreditava, contudo, que nosso grupo, junto com Prestes, poderia mudar aquela realidade e contribuir para a reorganização do Partido no Brasil em novas bases, superando o reformismo e a acomodação da direção. Em carta às tias, referindo-me àquele contexto, escrevi:

> A verdade é que as deformações [...] são muito grandes e chego a ser cética de que possamos ver algum dia as coisas de outro jeito. Ainda vai correr muita água... A impressão que tenho é de fim de festa, de decadência total e crescente. Uma questão a estudar e sobre a qual tenho pensado muito ultimamente é por que chegamos a tal ponto, como isso pôde acontecer. Por enquanto, não vou sair, continuarei lutando, tentando influir no sentido que acho justo. Mas se me convencer definitivamente que estou perdendo tempo à toa, ajudando a manter um cadáver, irei fazer outra coisa na vida. A verdade é que a maioria não quer ver a verdade de frente, não quer reconhecer a situação real, procura justificativa para tudo e para um tipo de atividade que frequentemente não leva a nada a não ser a manutenção de um certo *status quo*. Sinto-me como cercada de múmias; será que eu já sou uma delas? Antes de passar definitivamente a sê-lo, tratarei de, pelo menos, ser uma pessoa que ganhe honestamente sua vida. Mas, não se impressionem com estas considerações. Hoje em dia alcancei um grau bastante elevado de serenidade para evitar rompantes estapafúrdios.[67]

Durante aquele ano meu pai esteve em Paris várias vezes, seja para encontrar-se com a direção do Partido Comunista Francês, seja para reuniões da Comissão Executiva, para entrevistas ou encontros com personalidades brasileiras, como o ex-governador de Pernambuco Miguel Arraes; algumas vezes Prestes esteve de passagem na cidade para ir a Itália, Grécia, Portugal etc. Quando ele permanecia em Paris por alguns dias, eu era encarregada por Marcelo de cuidar de sua hospedagem e acompanhá-lo nos encontros programados. Eram momentos que aproveitávamos para trocar ideias sobre o Brasil e a situação do Partido.

O conflito entre as posições estampadas nas páginas do *Voz Operária* e as defendidas por Prestes tendia a se aprofundar e se manifestaria novamente, com maior intensidade, no transcurso das discussões preparatórias da quarta reunião plenária do CC no exterior. Essa reunião foi adiada diversas vezes, pela dificuldade de os sucessivos anteprojetos, elaborados pela Assessoria, serem aprovados na Comissão Executiva com a concordância do secretário-geral.

---

[67] Anita Leocadia Prestes, *Carta às tias*, Paris, 14 out. 1978 (documento original, datilografado, 1 p.; arquivo particular da autora).

Os membros da Comissão Executiva se recusavam a avalizar um documento que não contasse com a aprovação de Prestes. Durante uma das reuniões para discutir anteprojeto escrito pela Assessoria e recusado por Prestes, Salles não compareceu, pois tinha viajado ao Brasil com o conhecimento de meu pai para supostamente encaminhar tarefas da Seção de Organização – missão arriscada que, por essa razão, não fora comunicada aos demais membros da Comissão Executiva[68], como sempre contrários à compartimentação de tarefas. Estiveram nessa reunião, além de Prestes, Dias, Malina, Guedes e Mello (suplente, substituindo Salles). De volta a Paris, Salles participou da comissão escolhida para refazer o anteprojeto rejeitado, junto com Dias, Guedes e Carlos Nelson Coutinho (da Assessoria). Conforme relatado por Guedes, Salles teria concordado com a nova redação do documento por eles elaborado; mas quando, em Moscou, Prestes novamente rejeitou esse anteprojeto – pois não poderia concordar com a tese nele incluída de uma "democracia como valor universal" –, o único voto favorável na Comissão Executiva foi o de Guedes. Salles votou com Prestes, assim como Dias, Malina e Mello[69].

Um dos últimos anteprojetos redigidos sob a influência de Guedes e da Assessoria afirmava que havia "uma desagregação da ditadura" e que "estamos nos encaminhando para um período de transição", sendo essa a "tendência principal" naquele momento. A tarefa dos democratas deveria ser a de "centrar seus esforços no sentido de desenvolver a tendência principal e de preparar-se para as tarefas que serão colocadas pelo período de transição". Por isso, os integrantes da frente democrática eram conclamados a "evitar, nesta fase, qualquer acirramento de tensões inúteis, capazes de levar – em condições desfavoráveis para o conjunto da oposição – a derrotas e retrocessos". Entre outras teses difundidas pela Assessoria nas páginas do *Voz Operária*, constava no documento a proposta de "um pacto democrático", a ser feito "entre todas as forças que se dispõem a respeitar as regras do jogo estabelecidas por uma Constituição alcançada através do consenso e do debate democrático de todas as correntes de opinião"[70], formulação vaga e imprecisa que em nada contribuía para impulsionar a luta por uma frente de caráter efetivamente democrático e antifascista.

---

[68] Soube-se mais tarde que Salles se encontrara no Rio de Janeiro, no Hotel Nacional, com Dimitri Pastukhov, o soviético responsável em Moscou pelos contatos de Prestes e da direção do PCB com a Seção Internacional do PCUS – algo impensável do ponto de vista da segurança. Além disso, ele pusera esse soviético em contato com Renato Guimarães, membro do CC que estivera preso em 1975-1976, para organizar na casa de Oscar Niemeyer reunião de intelectuais com a delegação soviética da qual Pastukhov fazia parte. Ainda por cima, Salles teria batido com um carro alugado em Ipanema, na Zona Sul do Rio de Janeiro (fatos informados ao CC em reunião realizada de 30 de janeiro a 3 de fevereiro de 1979).

[69] Mauro Malin, *Armênio Guedes*, cit., p. 372-3.

[70] *Projeto de Resolução política* (documento datilografado, 15 p.; arquivo particular da autora).

O EXÍLIO (1976-1979)   203

Após a rejeição de vários anteprojetos, finalmente, com a participação pessoal de Prestes, foi elaborado e aprovado na Comissão Executiva um projeto de resolução apresentado para discussão na reunião do CC, que se realizou na cidade búlgara de Sófia em outubro de 1978[71]. Ao abrir a reunião, fazendo a apresentação do projeto de resolução encaminhado pela Comissão Executiva, Prestes deixou claro que o documento não representava a opinião unânime da Executiva; fora aprovado pela maioria, com o voto contrário de Armênio Guedes[72]. Lembrou que a resolução a ser aprovada na reunião só seria conhecida no Brasil após o pleito de 15 de novembro, apesar de a Executiva haver procurado orientar o Partido, chamando atenção com grande antecedência para a importância dessas eleições.

Prestes assinalou que no projeto de resolução "admitimos que se criou uma situação nova no país" e que "na raiz das alterações havidas no quadro político" estava "o crescente agravamento da situação econômica e social do país". Adiante, destacou a necessidade de "acentuar particularmente, dentro das manifestações de quase todos os setores da sociedade brasileira contra o fascismo e pela conquista das liberdades democráticas, a importância das greves operárias iniciadas em maio no ABC paulista". No entanto, o secretário-geral do PCB alertou que

essa situação nova deve ser apreciada com o necessário equilíbrio. Ainda é insuficiente o nível de organização das massas e de coordenação das forças antifascistas. De outro lado, a ditadura, embora enfraquecida, ainda tem iniciativa, e *não nos parece justo que esteja em desagregação, em decomposição ou em fenecimento.*[73]

Prestes chamou atenção para o fato de que a unidade da Arena não havia sido abalada, pois seus parlamentares votaram "maciçamente a favor das reformas propostas por Geisel e na candidatura de seu sucessor", e concluiu que, nessa situação, dava-se um aguçamento da luta política e de classes no país; não havia, portanto, motivo para pensar

num suposto *período de transição* – expressão desnecessária que, no entanto, pode levar à ideia de uma evolução pacífica ou tranquila do atual regime a um

---

[71] Por questões de segurança, as resoluções aprovadas nessa reunião foram datadas de novembro de 1978.

[72] Luiz Carlos Prestes, *Anotações datilografadas da intervenção de abertura na reunião do CC*, out. 1978 (fotocópia, 6 p.; arquivo particular da autora); ver também *Atas da reunião do CC (IV pleno no exterior)*, Sófia, out. 1978 (documento manuscrito, 32 p.; Arquivo Edgard Leuenroth/Unicamp, coleção Luiz Carlos Prestes, Manuscritos, PCB-CC, pasta 089).

[73] Luiz Carlos Prestes, *Anotações datilografadas da intervenção de abertura na reunião do CC*, out. 1978 (fotocópia, 6 p.; arquivo particular da autora); grifos meus.

regime democrático, à ideia antidialética de que o crescimento do movimento de massas traga forçosamente a diminuição da resistência e violência do fascismo.[74]

Em sua fala, Prestes abordou também o problema da democracia ao dizer:

Na atual etapa da luta contra o fascismo é indispensável [...] que nosso Partido, justamente porque deve saber colaborar e unir-se com todas as forças antifascistas, não arria suas próprias bandeiras, os objetivos estratégicos de um partido revolucionário da classe operária. Daí a necessidade atual do capítulo em que afirmamos que não são idênticos os conceitos democráticos das diversas forças que lutam agora contra o fascismo e pelas liberdades democráticas. A luta pela democracia não pode cessar com a derrota do fascismo. Para não retroceder, para defender as conquistas alcançadas, deve avançar, com a ampliação e o aprofundamento da democracia, tendo em vista sempre a democracia antimonopolista e o socialismo.[75]

Nessa reunião, em resposta à crítica que lhe havia sido feita por Guedes – de que repetia o "estribilho" "sobre os objetivos da luta de nosso Partido na atual etapa da Revolução" e considerar que isso significava "separar a tática da estratégia" –, Prestes afirmou tratar-se de um sofisma. E argumentou:

A reafirmação dos objetivos estratégicos é o que distingue nosso Partido como partido revolucionário da classe operária, e é dizendo a verdade sobre nossos objetivos, e não tentando ocultá-la, que devemos lidar com os aliados. Como dizia Lênin, é bem se conhecendo mutuamente que se consegue uma aliança séria.[76]

Na mesma fala de abertura da reunião em Sófia, o secretário-geral do PCB, ao abordar a questão das "tendências nocivas" que poderiam surgir na luta contra o fascismo, disse pensar ser suficiente alertar contra as posições aventureiras de "querer avançar palavras de ordem sem forças para sustentá-las, como também deixar-se levar pela lentidão conciliadora com o que acenam os perigos da linha dura [sic]". Prestes considerava que tal "forma concreta de colocar o problema" era "a única acertada, e não a afirmação, geral e abstrata, de que somos contra quaisquer golpes militares, cuja eclosão independe de nossa vontade ou de nossas palavras", formulação esta que constava dos anteprojetos apresentados pela Assessoria[77].

---

[74] Idem; grifos meus.

[75] Idem.

[76] Luiz Carlos Prestes, *Notas manuscritas* (incompletas), reunião do CC, out. 1978 (2 p.; Arquivo Edgard Leuenroth/Unicamp, coleção Luiz Carlos Prestes, Manuscritos, PCB-CC, pasta 125).

[77] Luiz Carlos Prestes, *Anotações datilografadas da intervenção de abertura na reunião do CC*, cit.

A "Resolução política"[78] de novembro de 1978 significou uma inflexão em relação à aprovada um ano antes e, em certa medida, uma reafirmação da "Resolução política" de dezembro de 1975. Refletia a conciliação presente naquele Comitê Central, no qual a maioria evitava uma ruptura com Prestes. O único dirigente que defendia abertamente as posições apresentadas nos anteprojetos elaborados pela Assessoria era Armênio Guedes, com o apoio de Zuleika Alambert. O "pântano" permanecia em cima do muro e evitava uma definição. Se nas duas reuniões anteriores, realizadas em 1977, seus componentes haviam aprovado os documentos apresentados pela Assessoria, em 1978, diante da forte reação de Prestes, que conseguira derrotar na Comissão Executiva as posições reformistas e claramente influenciadas pelo eurocomunismo, essa mesma maioria optara por votar com o secretário-geral.

Tal situação condicionou o conteúdo da "Resolução política" de 1978, documento no qual, conforme levantado por Prestes em sua fala de abertura da reunião do CC, foram incluídos alguns pontos positivos. Entre eles, avançava-se na definição do conceito de democracia adotado pelos comunistas, embora sua posição de classe revolucionária não ficasse suficientemente explícita; caracterizava-se melhor a nova situação do país, destacando-se a importância das greves operárias no ABC; apesar de apontar o desgaste acentuado do regime, evitava-se alimentar ilusões acerca de uma transição tranquila do fascismo para a democracia; enunciavam-se as condições indispensáveis para a eleição de uma Assembleia Constituinte dotada de legitimidade; condenava-se o uso de "palavras de ordem sem forças para respaldá-las", assim como "deixar-se levar pela lentidão conciliadora dos 'liberais cuidadosos' que, acenando sempre com os perigos da 'linha dura', desconfiam das massas, defendem acordos de cúpula e paralisam o avanço democrático"[79].

A "Resolução política" de 1978 era, por outro lado, um documento com formulações ambíguas. Resultara de um processo demorado de elaboração, que levara vários meses, constituindo, por fim, uma espécie de colcha de retalhos de anteprojetos e emendas. Prestes conseguiu incluir algumas teses que, na resolução aprovada, ficaram diluídas e mescladas com formulações oriundas dos projetos iniciais. O "pântano" aprovara tal mixórdia para manter a aparente unidade do CC, conciliando com as teses eurocomunistas – que não contavam com sua simpatia – e, principalmente, evitando uma ruptura, que vinha se esboçando por parte de Prestes.

---

[78] *Resolução política do Comitê Central do Partido Comunista Brasileiro*, nov. 1978 (fotocópia de folheto, 20 p.; arquivo particular da autora); *Voz Operária*, n. 152, nov. 1978, p. 1-5, citado em Edgard Carone, *O PCB*, v. 3, cit., p. 230-42, e *PCB: vinte anos de política*, cit., p. 285-99.

[79] Idem.

A recusa das teses eurocomunistas pelo "pântano" ficaria evidente durante a discussão (promovida na reunião de Sófia) sobre o órgão central do PCB, o jornal *Voz Operária*, ocasião em que foi aprovada a "Resolução sobre *Voz Operária*"[80]. Com o objetivo de manter a unidade da direção em torno de Prestes, a maioria do CC reconheceu que, "em várias matérias de orientação política, de responsabilidade da redação do *Voz Operária*, indicações nelas contidas não correspondiam, em medidas variáveis, às decisões da direção central do Partido, expressas em seus documentos oficiais"[81]. A resolução continha algumas outras críticas ao jornal: omissão ou má colocação dos princípios do internacionalismo proletário; abordagem superficial dos problemas da classe operária e dos países do campo socialista; divulgação de ideias críticas à linha política do Partido e às decisões de sua direção nacional – sem explicitar, entretanto, a essência das divergências existentes.

A orientação política do CC sofrera uma inflexão na reunião de Sófia, mas, na realidade, a redação do *Voz Operária* continuou fiel às resoluções aprovadas nas duas reuniões do CC realizadas em 1977. O imobilismo, assim como o conservadorismo e a defesa do *status quo*, mascarados pela defesa da linha política do VI Congresso do PCB, levavam o "pântano" a não aceitar as "inovadoras" teses eurocomunistas estampadas nas páginas do jornal do Partido. Aproveitando a derrota imposta a tais posições nessa reunião, o "pântano" declarou apoio a Prestes e a seus poucos aliados para aprofundar tal derrota, atingindo seu expoente máximo, Armênio Guedes, assim como a Assessoria e a redação do jornal dirigidas por ele.

Uma das decisões aprovadas na reunião de Sófia foi a designação de uma delegação do CC, na qual eu fui incluída, para discutir com o coletivo do *Voz Operária*, "a fim de lhe comunicar e explicar as medidas tomadas pela direção do Partido em relação ao seu órgão central de imprensa"[82]. A reunião dessa delegação com a redação do jornal seria em Paris, no final de novembro de 1978.

Antes disso, havia que tomar uma série de providências para que as resoluções tomadas em Sófia atingissem a militância do PCB no Brasil o mais rapidamente possível. Em primeiro lugar, um manifesto intitulado "Apelo ao povo brasileiro", assinado por Prestes, em que eram conclamados "todos os democratas e patriotas" a votar no MDB nas eleições de 15 de novembro. Com esse objetivo, logo após a reunião do CC, Sonia e eu viajamos de volta a Paris. Lembro que um funcionário

---

[80] Comitê Central do PCB, *Resolução sobre "Voz Operária"*, nov. 1978 (documento datilografado fotocopiado, 4 p.; Arquivo Edgard Leuenroth/Unicamp, coleção Luiz Carlos Prestes, Manuscritos, PCB-CC, pasta 081).

[81] Idem.

[82] Idem.

do PC da Bulgária nos conduziu separadas dos demais passageiros ao avião que nos levaria a Zurique, onde faríamos conexão para Bruxelas. Desta cidade iríamos de trem para a capital francesa. Essas medidas eram consideradas necessárias para garantir nossa segurança. Entretanto, assim que nos alojamos nos lugares que nos haviam sido reservados no avião, ao consultar as passagens entregues pelo funcionário búlgaro, verifiquei que nelas estava escrito em russo: "Oferta do Partido Comunista da Bulgária"... Resolvemos enfrentar a situação: em Zurique comparecemos ao balcão da companhia aérea separadamente; por sorte, a funcionária que nos atendeu nada percebeu e pudemos prosseguir viagem normalmente.

Na reunião entre a delegação do CC, da qual eu fazia parte, e a redação do jornal, seus componentes se mostraram incomodados com as críticas apresentadas pela direção, mostrando, ao mesmo tempo, terem compreendido o significado da "Resolução sobre *Voz Operária*": a mudança da orientação política do CC em relação à resolução de dezembro de 1977, considerada por eles como "uma das resoluções que haviam provocado maior entusiasmo nas fileiras do Partido" e cuja orientação vinha sendo adotada nas matérias publicadas no *Voz Operária*[83]. Mais tarde, um dos redatores da publicação escreveria que o documento do CC do PCB de dezembro de 1977, "em cujo centro está, claramente, a questão democrática", representara "a grande ruptura" na política do PCB[84]. Ficara evidente que, naquele momento, o CC escolhera se aliar com Prestes contra os adeptos do eurocomunismo, o que não significava, contudo, que o "pântano" se dispusesse a empreender uma luta baseada nos princípios revolucionários de um partido comunista – como defendido por Prestes – contra as concepções reformistas divulgadas nas páginas do *Voz Operária*.

A "Resolução de organização" aprovada em Sófia afirmava que, "por sua ideologia, o Partido se orienta pelo marxismo-leninismo e, por sua política – sendo a parte mais organizada e consciente da classe operária –, expressa seus interesses de classe", acrescentando que "repudiamos o 'obreirismo', considerando-o uma caricatura, mas não somos o partido de todas as classes ou mesmo de algumas classes. Somos o partido de uma classe: o proletariado". Tratava-se de formulações aprovadas pelo CC por insistência de Prestes e dos dirigentes mais ligados a ele, que constituíam sua base de sustentação[85].

O secretário-geral defrontava-se com uma situação de extrema gravidade: tinha dificuldades para reorganizar o PCB no Brasil; sofria com a repressão fascista; era

---

[83] Anita Leocadia Prestes, *Anotações da reunião da delegação do CC com o coletivo de* Voz Operária, Paris, 29 nov. 1978 (documento manuscrito; arquivo particular da autora).

[84] *Voz da Unidade*, São Paulo, n. 60, 13-20 jun. 1981, p. 7.

[85] "Resolução de organização", *Voz Operária*, n. 152, nov. 1978, p. 5-6, incluído em *PCB: vinte anos de política*, cit., p. 301-4.

repetidamente golpeado pela direção nacional do Partido no exterior, na qual predominavam os elementos do "pântano"; e enfrentava a pressão ideológica e política das tendências eurocomunistas de intelectuais ligados ao Partido. Prestes tentou uma saída para a crise que se esboçava na direção do PCB através de sua reorganização, aprovada na reunião de Sófia. Para tal, tirou proveito de um momento especial, quando o "pântano" mostrou-se temeroso de um possível rompimento dele com o CC.

O secretariado do CC foi abolido e, em sua substituição, foi criado o cargo de "coordenador da Comissão Executiva, em ligação e subordinado ao secretário-geral, camarada Prestes". Para o cargo foi eleito Salles (Marcelo), com a atribuição de coordenar os trabalhos da Comissão Executiva, de seus membros, das seções do CC e dos membros do CC. Ficou decidido também que a Comissão Executiva adotaria medidas para "a criação de uma direção especial no país, subordinada ao CC no exterior e à Comissão Executiva". Resolveu-se que essa direção só iniciaria seu funcionamento após uma discussão específica sobre o assunto no CC[86]. Prestes, contando com Salles e os poucos membros do CC que o apoiavam, esperava pôr em prática medidas concretas que levassem à reorganização do Partido, rompendo com as tendências reformistas que haviam impedido até então sua inserção na classe operária.

Embora a maioria do CC tivesse aprovado as medidas de reorganização da direção propostas por Prestes, imediatamente após aquela reunião foi deflagrada uma campanha de bastidores contrária às decisões tomadas, alegando que o secretário-geral e seu grupo de apoio pretendiam estabelecer uma "direção paralela"[87] ao CC – o que, de acordo com os estatutos do Partido, era inadmissível. Continuo pensando que aquela tentativa – que pode ser chamada pelo nome da preferência de cada um – era a única possível, naquelas circunstâncias, com vistas a iniciar a implantação do Partido no meio da classe operária, com propostas efetivamente revolucionárias rumo à conquista do socialismo. Apenas não contávamos com o episódio lamentável protagonizado por Salles[88], que pôs abaixo as escassas expectativas ainda existentes no soerguimento do PCB em bases revolucionárias.

---

[86] *Documento interno e reservado "CC do PCB"*, Sófia, out. 1978 (documento datilografado fotocopiado, 1 p.); *Resoluções de organização*, nov. 1978 (documento datilografado fotocopiado, 2 p.; Arquivo Edgard Leuenroth/Unicamp, coleção Luiz Carlos Prestes, Manuscritos, PCB-CC, pasta 090).

[87] Ver, por exemplo, Mauro Malin, *Armênio Guedes: um comunista singular*, cit., p. 397; João Falcão, *Giocondo Dias: a vida de um revolucionário*, cit., p. 346.

[88] Ver a próxima seção deste texto, "Minha demissão do CC, a anistia e a partida para o Brasil: o ano de 1979", à p. 209.

O exílio (1976-1979)   209

Mesmo reconhecendo a vitória alcançada na reunião de Sófia por Prestes e pelo nosso grupo, tanto no terreno ideológico e político quanto no de organização, minha insatisfação era grande. Percebia uma acentuada inoperância dos membros do CC e, em particular, da nossa Seção de Organização, dirigida por Salles. Tornara-se quase impossível encontrá-lo, reunir a Seção e traçar planos para nossa atividade. Tinha a impressão de que Salles ficara dominado pela ambição de alcançar a qualquer custo a secretaria-geral. Considerando a idade avançada do meu pai, então com mais de oitenta anos, cheguei mesmo a pensar que o melhor quadro para substituí-lo nessa tarefa seria Salles; não esperava, contudo, que essa possibilidade viesse a se transformar em meta perseguida com sofreguidão, conforme se tornaria cada vez mais evidente.

Minha demissão do CC, a anistia e a partida para o Brasil: o ano de 1979

Em dezembro de 1978 vivenciamos graves acontecimentos, que atingiram seriamente o CC e a organização partidária. Tomamos conhecimento do envolvimento de Salles (Marcelo) com uma argentina de pais búlgaros, Victoria Manovski – ele a conhecera em 1972 –, com quem pretendia conseguir comissões para o Partido em negócios de exportação e importação de trigo e outros produtos entre a Argentina e a Bulgária. Prestes sabia dessas negociações, que poderiam futuramente contribuir com as finanças do Partido. Victoria, entretanto, chegara a Paris no final desse ano, quando Salles estava de partida para o México, onde passaria o Natal com a mãe e o irmão. Nessas circunstâncias, ele pediu a Marly que se encontrasse com Victoria e a ajudasse no que fosse preciso. Durante esse encontro, Marly percebeu que a argentina estaria envolvida com tráfico de drogas e, como dizia ter perdido o passaporte e o dinheiro, solicitava ajuda para conseguir um novo documento e um empréstimo de 4 mil dólares, que Salles lhe teria prometido. Marly ficou alarmada com o risco de Salles estar envolvido com o tráfico e tratou de comunicar a situação aos membros da Seção de Organização e do CC que estavam em Paris. Tomamos a providência de imediatamente chamar Prestes a essa cidade para reunião, em que foram informados os fatos do conhecimento de Marly e de Régis Fratti (René), que também tivera contato com a argentina. Foi convocada reunião extraordinária do CC para discutir o assunto, a qual se realizou em Praga entre os dias 30 de janeiro e 3 de fevereiro de 1979.

Antes do CC reuniu-se a Comissão Executiva, que aprovou Comunicado dirigido ao Comitê. Salles participou das duas reuniões, durante as quais se evidenciaram a irresponsabilidade e a leviandade com que agira: ele pretendia realizar negócios que pudessem ajudar as finanças do Partido, mas para isso mantinha contato com uma pessoa que lhe confessara envolvimento, através do namorado, com o tráfico de drogas; além disso, prometeu emprestar dinheiro do caixa partidário a essa moça. Por sugestão de Prestes, no Comunicado dirigido ao CC, aprovado por unanimidade na Comissão Executiva, Salles era destituído da comissão, do cargo de coordenador e de responsável pela Seção de Organização do CC "em virtude do seu comportamento irresponsável no desempenho de suas funções". Foi rejeitada, contudo, a proposta de Prestes de excluí-lo do CC. Na opinião do secretário-geral, como Salles conhecia muitos segredos do Partido e tinha sido comprovadamente inconsequente, seria uma manifestação de liberalismo mantê-lo no CC, participando de suas reuniões.

Salles adotou posição defensiva, apelando para sofismas: estaria sendo acusado de traficar com drogas, de ser chefe de quadrilha de tráfico internacional de entorpecentes; seria, também, consumidor de drogas. Estava claro, entretanto, que ninguém lhe dirigira tais acusações. Salles era criticado e deveria ser punido pelo aventureirismo, pela irresponsabilidade e leviandade em suas atividades partidárias.

O Comunicado da Comissão Executiva foi reproduzido na Resolução aprovada no CC, na qual se dizia também que fora decidido "designar uma comissão para apurar, no prazo de seis meses, prorrogáveis a critério da direção, os fatos relacionados com as atividades do camarada [Salles] no desempenho de suas funções e de maneira a que o Comitê Central possa chegar a uma resolução definitiva"[89]. Para uma direção partidária clandestina, com membros vivendo em Moscou ou espalhados ilegalmente por vários países europeus, era impossível, na prática, apurar a veracidade da denúncia, rejeitada pelo acusado. Efetivamente, nada foi apurado, sendo que desde o início ficou claro para todos os membros do CC que esse seria o desfecho de tal medida.

Na reunião, Prestes apresentou uma autocrítica muito séria de seu próprio desempenho à frente do CC, ressaltando que as causas profundas não só do caso em apreço naquele momento, como também de muitos outros presentes nas atividades partidárias, eram fruto de todo um "sistema de métodos de direção errados", pelo qual ele se sentia o principal responsável[90]. Reconheceu, em particular, sua responsabilidade pela criação do cargo de coordenador da Comissão Executiva e por sua designação como responsável, "na esperança – que hoje verifico ser errônea – de poder assim melhor dinamizar a direção do Partido".

---

[89] *Resolução da reunião plenária extraordinária do CC (30/1 a 3/2/1979)* (documento datilografado fotocopiado, 3 p.; Arquivo Edgard Leuenroth/Unicamp, coleção Luiz Carlos Prestes, Manuscritos, PCB-CC, pasta 103).

[90] *Intervenção de Prestes na reunião plenária extraordinária do CC (30/1 a 3/2/1979)* (documento datilografado original, 4 p., arquivo particular da autora; fotocópia, 10 p., Arquivo Edgard Leuenroth/Unicamp, coleção Luiz Carlos Prestes, Manuscritos, PCB-CC, pasta 008).

O EXÍLIO (1976-1979)   211

Ao deter-se no exame do "sistema de métodos de direção errôneos" adotados pelo CC, Prestes admitiu tratar-se de

> um sistema de caráter personalista e em que não damos nenhuma atenção à planificação do trabalho e ao indispensável controle das tarefas a realizar, à responsabilidade de cada um. Na verdade, em vez de buscar a aplicação das decisões políticas na planificação, indispensável para que se realize o necessário controle, nos baseamos numa ou noutra pessoa, com base na confiança em que nela depositamos.[91]

Prestes continuou o exame autocrítico de sua atuação na direção do PCB lembrando que haviam se sucedido à frente do Partido os chamados "homens de confiança" – Diógenes Arruda, Giocondo Dias e, naquele momento, José Salles –, assinalando que "cada caso é diferente do outro, mas todos levaram a insucessos sumamente prejudicais ao Partido", e acrescentou:

> Todos mantiveram, como eu próprio, o mesmo sistema de métodos de direção, que se baseia numa concepção errônea, negação da direção coletiva e da planificação e que leva, inevitavelmente, à falta de controle coletivo e individual de todas as tarefas atribuídas a cada organização, órgão e membro do Partido. Esse sistema leva, assim, tanto ao "liberalismo" como ao "mandonismo" – características que cada vez mais se acentuam na direção do Partido.[92]

Ainda na reunião do CC, Prestes questionou os membros da direção:

> Faço um esforço autocrítico, mas sinto-me também autorizado a perguntar aqui nessa reunião do CC o que fizeram os demais camaradas do CC e principalmente da Comissão Executiva para modificar o sistema errôneo de métodos de direção? Predominam, sem dúvida, entre todos nós, a omissão e a conciliação, a conivência e a complacência.[93]

Estava deflagrada a crise do CC, que levaria à sua desagregação. Prestes se mostrou disposto a realizar transformações profundas tanto na orientação política do PCB quando em seu trabalho de direção, entendendo que a mudança de métodos de direção estava condicionada, em grande medida, ao abandono da orientação reformista, etapista e nacional-libertadora que fora ratificada no

---

[91] Idem.
[92] Idem.
[93] Idem.

VI Congresso. A maioria dos membros do CC, porém, rejeitava tais mudanças, recusava-se a fazer uma autocrítica e, acima de tudo, estava preocupada com os abalos que poderiam atingir sua própria sobrevivência enquanto direção. O comportamento deles diante do "episódio Salles" foi esclarecedor para Prestes: tratava-se de, mais uma vez, conciliar tanto com o secretário-geral quanto com o próprio Salles, a respeito do qual nada seria apurado; poucos meses depois, ele estaria plenamente reintegrado ao CC[94].

Minha fala nessa reunião revelou a indignação que me acometera diante daquele contexto. Logo de início afirmei que Marly e eu não tínhamos acusado Salles de ser traficante ou consumidor de drogas; mas haviam ficado claras sua irresponsabilidade e leviandade, demonstradas ao misturar a atividade partidária com uma pessoa envolvida em tráfico de entorpecentes. Considerava inviável a permanência de Salles nos cargos de direção que ocupava, inclusive no CC.

A seguir, afirmei que avaliava o acontecimento em discussão como extremamente grave, mas causado por grande irresponsabilidade de Salles. Denunciei a quantidade de mentiras que os membros do CC difundiram a respeito em Paris e continuavam a fazê-lo durante os trabalhos daquela reunião. Disse que a gravidade excepcional do fato exigia uma reflexão profunda sobre suas causas: seria um fato casual, algo que aconteceu por acaso? Teria havido um simples engano com a pessoa de Salles? Valia a pena recordar que não era a primeira vez na história do Partido que homens irresponsáveis, aventureiros e carreiristas empolgaram os cargos de direção, citando apenas alguns: Arruda, Marco Antônio e Odon, em São Paulo, e Corvo, em Santos[95]. A questão que se colocava era por que isso acontecia. Para responder a essa questão com seriedade, considerava necessário evitar dois comportamentos igualmente errôneos: transformar Salles em bode expiatório ou repetir que era preciso fazer autocrítica em geral, mas não fazê-la de fato, analisando os erros concretos, definindo as responsabilidades de cada um e de todos.

Fiz finca-pé de que o caso em discussão representava mais um exemplo de todo um sistema de direção equivocado, personalista, em que cada dirigente era um caudilho e tinha seu feudo, sendo a promoção de quadros baseada na simpatia deste ou daquele dirigente e em compromissos sem princípios. Acrescentei que

---

[94] Ver foto da última reunião do CC no exterior, de setembro de 1979, na qual José Salles está presente; Mauro Malin, *Armênio Guedes: um comunista singular*, cit., p. 471. Ver também matérias sobre o regresso ao Brasil de José Salles, na qualidade de primeiro membro do CC designado a fazê-lo, em *Istoé*, 26 set. 1979, p. 8-9; *O Globo*, Rio de Janeiro, 21 set. 1979; *Jornal do Brasil*, Rio de Janeiro, 21 set. 1979.

[95] Diógenes de Arruda Câmara e Marco Antônio Coelho, dirigentes do CC do PCB; Odon Pereira e Luiz Rodrigues Corvo, dirigentes do Comitê Estadual de São Paulo do PCB que, como Marco Antônio Coelho, não foram capazes de resistir diante dos órgãos da repressão.

não existia direção coletiva no Partido; ali, cada um fazia o que queria, num estilo profundamente antidemocrático. Afirmei que, segundo a visão predominante no PCB, exercer a direção não era efetuar a direção política, mas fazer ponto. Antes se fazia ponto no Brasil; agora, voando pelo mundo.

Insisti que a luta interna não se travava em torno de posições políticas, mas por cargos. Havia um clima de conchavos, de politicagem barata, de omissão. Afirmei que a omissão contava pontos na direção partidária: ficava-se em cima do muro, observando quem levaria a melhor. Os calados eram prestigiados e, pelo contrário, quem defendia sua opinião caía em desgraça. O caso Salles fora descoberto por acaso; se não fosse, o sistema continuaria funcionando. Prestes tinha razão quando propusera um balanço profundo do sistema, que, para ser digno desse nome, deveria recuar pelo menos até 1945. Insisti que todos nós fôramos responsáveis pelo acontecido, pois o CC não funcionava como direção, a Comissão Executiva não exercia seu papel e o Partido não operava com um mínimo de eficácia.

De minha parte, assumi que estava profundamente comprometida com os métodos aplicados nos três anos anteriores desde que fora cooptada para o CC. Reconheci ter me empenhado na promoção de Salles, pois na época pensei estar ajudando a estabelecer uma direção coletiva e democrática. Tive, contudo, uma visão errada do que deveria ser dirigir o Partido, de como deveriam ser enfrentados seus problemas. Apesar de estar descontente com o trabalho da Seção de Organização, não tinha levantado essas questões nos organismos coletivos, limitando-me a discuti-los pessoalmente com Salles. Na verdade, não soube separar amizade do trabalho partidário. Tivera a visão de que um "salvador", no caso Salles, poderia resolver os problemas do Partido, mas foi preciso que um fato de enorme gravidade me fizesse refletir com maior profundidade. Por isso, levando minha autocrítica às últimas consequências, encaminhava nessa ocasião meu pedido de demissão do CC. Fiz, no entanto, questão de afirmar que não tomava tal decisão pelo caso Salles, mas pela compreensão de que havia no CC todo um sistema de funcionamento errôneo, com o qual eu não queria continuar compactuando.

Estava convencida de que deveria assumir minha responsabilidade nos erros e desvios existentes na direção, mas não podia deixar de questionar o conjunto do CC, pois seria muita pretensão achar que só eu deveria fazer autocrítica. Por isso, questionei os momentos críticos que tiveram lugar nos anos anteriores: as sucessivas prisões e os sucessivos "furos" na segurança que eram sempre lamentados, mas nunca devidamente apurados. Cobrei responsabilidades por um processo de direção não planificado e não controlado. Disse que todo mundo ali fora conivente, inclusive o secretário-geral; não podia aceitar a tese de que não seria possível uma autocrítica profunda porque esta atingiria o camarada

Prestes. Concordava com o que ele mesmo declarara: era o principal responsável pela situação em que nos encontrávamos. Mas perguntava eu: o que tinham feito os outros dirigentes; por que haviam deixado que Prestes recorresse a métodos personalistas? Que haviam feito os membros da Comissão Executiva para que a direção se tornasse efetivamente coletiva? Para que houvesse planificação e controle? Que controle tinha a Comissão Executiva de cada frente de trabalho? E da Seção de Organização? Havia controle sobre o *Voz Operária*? E a Assessoria de Paris? E as tarefas do camarada Dias? E seus entendimentos políticos? Tem-se noção do que é feito? E o camarada Malina? O que faz? Ou serão atividades tão secretas que só ele sabe? E as atividades do camarada Prestes? Quais são e quem as controla? O CC alguma vez controlou? E a Seção Feminina, a Seção Sindical, todas as frentes de trabalho? O que planificamos? O que controlamos? Eu mesma? Quem controlou minhas atividades?

Voltei a citar algo que já havia mencionado em reuniões anteriores: a prisão de praticamente todo o Comitê Estadual de São Paulo, que fora por mim prevista ainda em 1972, antes de sair do país. Naquela ocasião ficara claro que os órgãos de repressão tinham localizado a direção do Partido nesse estado e se tornara necessário tomar medidas urgentes. Eu encaminhara essa opinião à Comissão Executiva do CC, pois no Comitê Estadual minha posição fora desconsiderada e vencida. Perguntava, então: que medidas foram tomadas para evitar as sucessivas quedas e o desaparecimento de camaradas? Dez membros do CC, um terço dos seus efetivos, morreram e é como se nada tivesse acontecido. Os fatos não eram apurados. O CC não se emocionou com isso; tudo continuou como se nada houvesse ocorrido. E o caso da prisão e do assassinato do camarada Célio Guedes, foi investigado? Que providências foram tomadas? E o caderno com denúncias redigido por Hércules Correia, alguém respondeu? E a pasta do camarada Mello que foi perdida, comprometendo camaradas? Tudo continuara como dantes; Mello permanecia no CC, na Comissão Executiva, inclusive.

Na minha fala, me refiri em particular à Seção de Organização, da qual fazia parte, criticando Salles por ter concentrado praticamente todo o trabalho em suas mãos e, parcialmente, nas de Régis Fratti. Mas as atividades de nossa Seção nunca foram controladas pela Comissão Executiva e houve omissão generalizada quanto aos métodos errôneos no trabalho de direção. No meu entender, a orientação aprovada para a política de organização do Partido era correta, mas não foi aplicada, embora na Seção de Organização tivessem sido discutidos vários aspectos dessa política, inclusive a questão da compartimentação das tarefas secretas devido a problemas de segurança. Insisti que o erro principal fora a não aplicação das decisões tomadas.

Uma das questões mais discutidas nessa reunião do CC foi a acusação levantada contra a Seção de Organização de ter patrocinado a criação de uma "direção

O EXÍLIO (1976-1979)   215

paralela", constituída pelo grupo formado por Salles, Marly, Anita e Fratti. Assim como Marly, rejeitei essa crítica na minha fala, mostrando que o trabalho de direção estava profundamente viciado pela ausência de planificação e controle das atividades de todas as seções do CC, assim como dos seus membros. Cada qual fazia o que queria, cumprindo ou descumprindo as decisões dos órgãos dirigentes do Partido. Segundo essa perspectiva, haveria na direção cinco, seis ou mais "direções paralelas", e ninguém ali tinha moral para dirigir tal acusação à nossa Seção.

Salles e Fratti, em suas falas na reunião do CC – sob a pressão do "pântano", assim como de Guedes e Zuleika –, reconheceram a formação de uma "direção paralela" na Seção de Organização, voltada para a construção de um "partido novo" no Brasil, separado do PCB existente, que estaria mapeado pelos órgãos da repressão. Disseram que ambos, nas viagens feitas ao Brasil durante aquele último ano e nos contatos lá estabelecidos com os militantes do Partido, haviam percebido o equívoco da visão de que para reconstruir o PCB seria necessária uma organização paralela, desligada da militância existente. Acrescentaram que essa militância na prática estaria se reorganizando e reconstruindo o PCB a partir do que restara das investidas policiais ocorridas de 1974 a 1976.

Para mim, entretanto, ficaria cada vez mais evidente que a reorganização partidária louvada por Salles e por Fratti, assim como por outros membros do CC, significava na realidade o renascimento do mesmo tipo de *organização nacional-libertadora* que fora sempre a marca registrada do PCB – um partido que, devido em grande parte às condições objetivas da sua formação, não conseguira se enraizar na classe operária, direcionando sua política para a realização da revolução socialista em nosso país[96]. Os acontecimentos subsequentes revelaram que o PCB foi conivente com a transição pactuada do regime fascista para uma democracia extremamente limitada, liderada pelos setores liberais das classes dominantes. O PCB ficaria a reboque do partido da oposição consentida pela ditadura, o MDB. Diferentemente do que Prestes defendera, não se alcançou a derrota do fascismo, mas uma transição lenta, gradual e segura para um regime que manteve a impunidade dos torturadores e a vigência da Lei de Segurança Nacional – uma espada de Dâmocles ameaçadora, levantada contra os trabalhadores e as forças democráticas, um regime que consagrou na Constituição de 1988 a tutela militar sobre os poderes da República[97].

Minha demissão do CC, assim como a de Marly, embora admitida, pois era um direito garantido pelos estatutos do PCB, foi condenada por quase todos os

---

[96] Ver Anita Leocadia Prestes, "A Revolução Russa e a fundação do Partido Comunista no Brasil", em Ivana Jinkings e Kim Doria (orgs.), *1917: o ano que abalou o mundo*, cit.

[97] Ver a respeito Luiz Carlos Prestes, "Um 'poder' acima dos outros", *Tribuna da Imprensa*, Rio de Janeiro, 28 set. 1988.

presentes naquela reunião. Como foi em certo momento apontado por Prestes, a maioria presente na reunião de Praga teria preferido que Marly e eu tivéssemos ficado caladas. Os camaradas mais próximos, como Gregório e Agliberto, achavam que deveríamos permanecer no CC para ajudar a superar os erros apontados. A maioria estava preocupada com as possíveis repercussões junto à militância partidária, principalmente no meu caso, por ser filha de Prestes.

Marly e eu fomos chamadas pela Comissão de Resoluções, dirigida por Malina, para que nos explicássemos sobre nosso pedido de demissão, sendo insistentemente pressionadas a rever essa decisão. Na realidade estavam todos alarmados, pois sentiram que o *status quo* fora abalado e, possivelmente, o secretário-geral também viria a romper com aquela direção. Quanto a Salles, saiu da reunião comprometido com o "pântano", que garantia sua permanência no CC e decidira preservá-lo na tentativa de manter sua própria sobrevivência.

Pude perceber o quanto aqueles personagens temiam a perda dos cargos no Comitê Central, pois haviam se burocratizado a tal ponto que nada mais eram capazes de realizar caso isso acontecesse. Em suas falas se mostravam dispostos a fazer autocrítica, se diziam incompetentes, incapazes e humildes, mas na realidade estavam apenas preocupados com a própria sobrevivência nos cargos de direção partidária. Nas reuniões primavam pela moderação e frequentemente pelo silêncio, enquanto nos bastidores praticavam todo tipo de indignidades, dedicando-se a difundir intrigas e calúnias, a jogar uns companheiros contra os outros, seguindo a máxima de dividir para reinar. Pude observar como grande parte deles evitava assumir compromissos, procurando falar depois que a posição majoritária estivesse definida para então apoiá-la. Dessa forma, havia longas pausas entre uma fala e outra: todos aguardavam que os demais assumissem a iniciativa de se pronunciar. Saí da reunião com a impressão de que estivera cercada de cadáveres políticos, e estava decidida a não virar mais um entre eles. Permanecer junto àqueles personagens seria suicídio, pois constatara a impossibilidade de com eles mudar a situação do Partido.

Ao pensar retrospectivamente no CC que conhecera no exílio, considerei de grande valia as ideias de Gramsci concernentes "à capacidade de o Partido reagir contra o espírito consuetudinário, isto é, contra as tendências a se mumificar e se tornar anacrônico". O dirigente comunista italiano escreveu:

> Os partidos nascem e se constituem como organização para dirigir a situação em momentos historicamente vitais para suas classes, mas nem sempre eles sabem se adaptar às novas tarefas e às novas épocas, nem sempre sabem se desenvolver de acordo com o desenvolvimento do conjunto das relações de força [...] no país em questão ou no campo internacional. [...] A burocracia é a força consuetudinária e conservadora mais perigosa; se ela chega a se constituir como um corpo solidário,

voltado para si mesmo e independente da massa, o partido termina por se tornar anacrônico e, nos momentos de crise aguda, é esvaziado do seu conteúdo social e resta como que solto no ar.[98]

Palavras adequadas à caracterização da crise que atingiu o PCB no final dos anos 1970 e levou Luiz Carlos Prestes a romper com o CC, como veremos adiante.

Após a reunião de Praga, fui a Moscou devolver o apartamento que me fora destinado, como membro do CC, pela Seção Internacional do PCUS e regressei imediatamente a Paris para dar início aos trâmites legais para obtenção da condição de refugiada política junto ao Alto Comissariado das Nações Unidas para os Refugiados. Em pouco tempo recebi passaporte concedido por essa entidade, o que me permitiu viver legalmente na França e viajar com meu verdadeiro nome. Havia que reorientar minha vida: ingressei em curso gratuito de idioma francês para exilados políticos e tentei encontrar trabalho em Paris, o que verifiquei ser praticamente impossível devido ao alto índice de desemprego nesse país. Com a ajuda de amigos, estabeleci contatos na área universitária com o objetivo de ingressar em curso de doutorado em história ou ciência política. Fui apresentada ao grande historiador marxista Pierre Vilar e tive a satisfação não só de assistir na universidade a algumas de suas brilhantes conferências – na época, ele estava abordando questões relacionadas com a caracterização dos regimes fascistas –, como de ser recebida por ele para um primeiro contato, ocasião em que me apresentou as possibilidades existentes na área acadêmica da França de acordo com meus interesses e objetivos. Durante todo o ano de 1979, cogitou-se abertamente uma anistia no Brasil, mas dada a incerteza a respeito, considerei que não deveria desperdiçar meu tempo e procurei dirigir meus esforços para um possível ingresso na universidade.

Ao mesmo tempo, tentei manter a militância no PCB. Ingressei na base do Partido existente em Paris, que congregava uns trinta ou quarenta camaradas brasileiros, em grande parte exilados políticos. O secretário político da base era o cientista Luiz Hildebrando Pereira da Silva, renomado sanitarista expulso da USP depois do golpe de 1964, que trabalhava no Instituto Pasteur. Armênio Guedes era o assistente da direção junto à base e a socióloga Cecília Comegno, companheira de Armênio[99], a secretária de organização. Adeptos das ideias eurocomunistas, assim como grande parte dos demais membros da base, os três dirigiam a organização com mão de ferro. Nas reuniões era impossível expor

---

[98] Antonio Gramsci, *Cadernos do cárcere*, v. 3 (Rio de Janeiro, Civilização Brasileira, 2000), p. 61-2.

[99] Armênio Guedes havia se separado de Zuleika Alambert e, a partir de 1977, Cecília Comegno tornara-se sua companheira. Ver Mauro Malin, *Armênio Guedes*, cit., p. 295.

posições diferentes às professadas por eles e discordar das teses eurocomunistas. Enquanto faziam a defesa da democracia "como valor universal", apelavam para métodos autoritários contra quem ousasse questionar as atitudes por eles assumidas. Aproximava-se a conquista da anistia no Brasil e surgira a perspectiva de regresso ao país – o que me levou a me afastar dessa base, onde percebi ser impossível exercer os direitos de militante do Partido.

Desde que consegui me legalizar na França, achei que deveria me incorporar ao trabalho do Comitê Brasileiro pela Anistia (Comité Brésil Amnistie ou CBA), então existente em Paris, que fora fundado em 1970 e agrupava brasileiros de diversas organizações de esquerda, entre elas o PCB. Cheguei a participar de reuniões e de atividades da entidade, como a realização de entrevistas coletivas à imprensa para denunciar a repressão no Brasil e a situação dos presos políticos no país. Entretanto, como membro do PCB, minha atuação deveria estar subordinada às decisões da base do Partido. Tendo em vista atrair os companheiros da base para atividades programadas pelo CBA, solicitei um encontro com Hildebrando Pereira, agendado por ele no horário de almoço num pequeno restaurante próximo ao Instituto Pasteur. Durante a conversa, Hildebrando me disse que o CBA estava nas mãos de "esquerdistas" e que não havia razão para colaborarmos com eles. Argumentei que a política do PCB era congregar forças na luta contra a ditadura, pelas liberdades democráticas e pela anistia no Brasil. Deveríamos, portanto, contribuir para a unidade com todos que estivessem dispostos a lutar pela anistia, como era o caso dos "esquerdistas" do CBA. Hildebrando ficou furioso com minha audácia de contradizê-lo, deu um murro na mesa e disse que não era o meu pai para me obedecer; como eu não havia almoçado, apenas tomara um café para acompanhá-lo, acrescentou que não pagaria meu café. Diante disso, paguei o café e fui embora. Esse era o comportamento de um defensor da democracia "como valor universal"...

Mesmo residindo em Paris, mantive contato permanente com meu pai, que permanecia em Moscou, e não deixei de procurar ajudá-lo nos embates que se seguiram no âmbito do CC. Sempre estive ao seu lado, esforçando-me por contribuir para o êxito de seu empenho na preparação de novos militantes capazes de levar adiante a luta pelo socialismo em nosso país.

As esperanças de Prestes em reorganizar o Partido apoiado em Salles e em nosso pequeno grupo, que constituía sua base de sustentação no CC, haviam fracassado. Ficara claro para ele e para mim que era impossível levar o Comitê a se transformar na direção de um partido efetivamente comprometido com a revolução e os ideais socialistas e comunistas. Chegara a hora de o secretário-geral do PCB romper com a conciliação, deixando de lado a fidelidade a uma falsa unidade comprometida com o imobilismo, o conservadorismo e, principalmente,

O EXÍLIO (1976-1979)   219

com o abandono dos objetivos revolucionários consagrados nos documentos partidários. Ao final da reunião de Praga, a maioria do CC, alarmada com um possível rompimento de Prestes, concedeu-lhe um voto de confiança ao decidir por sua permanência na secretaria-geral e ao designar, num simulacro de autocrítica, uma comissão para elaborar projeto de balanço da direção desde 1973 até aquela data. Tal documento deveria ser discutido na reunião seguinte do CC, marcada para abril de 1979[100].

Prestes pensava em se afastar da direção do PCB. Entretanto, admitindo ser o principal responsável pela crise deflagrada, considerava necessário ouvir previamente a militância partidária – oportunidade que parecia estar próxima, uma vez que a anistia estava prevista para aquele mesmo ano de 1979 e havia, então, a possibilidade de regresso ao Brasil. Por isso, permaneceu provisoriamente no CC e participou de uma reunião da Comissão Executiva preparatória da plenária do CC marcada para abril (mas realizada em maio), à qual ele já não compareceu.

Nessa reunião da Comissão Executiva, Prestes apresentou proposta englobando um conjunto de questões políticas que, segundo sua opinião, deveriam ser apreciadas na reunião plenária do CC. Uma vez discutidas, o secretário-geral, "tomando em conta a opinião da maioria vencedora", daria uma entrevista à grande imprensa brasileira, que assim poderia "mais fácil e rapidamente chegar ao conhecimento de todo o Partido e das grandes massas populares". O documento apresentado por Prestes à Comissão Executiva abordava as seguintes questões políticas: a luta pela anistia geral, ampla e irrestrita; a necessidade de opinar sobre o novo governo federal (Figueiredo); a luta pela unidade do MDB; a necessidade de defender o calendário eleitoral; e a luta pela legalidade do PCB[101].

A proposta do secretário-geral, no entanto, foi rejeitada pelos demais membros da Comissão Executiva; foi aprovado um projeto de "Resolução política", encaminhado ao CC e aprovado na reunião de maio realizada em Paris. Diante da posição assumida pela maioria da Comissão Executiva, Prestes enviou carta aos membros do CC, dizendo:

> Cumpro o dever de comunicar-lhes, com a necessária antecedência, que discordei do projeto de "Resolução política" a ser discutido na próxima reunião do CC. Com o referido documento, adotou a maioria da Comissão Executiva uma orientação política que, em minha opinião, é a negação da que foi aprovada há apenas

---

[100] *Resolução da reunião plenária extraordinária do CC (30/1 a 3/2/1979)*, cit.

[101] Luiz Carlos Prestes, *Aos membros do CC*, 14 mar. 1979 (documento original datilografado, 7 p., arquivo particular da autora; borrador inicial, Arquivo Edgard Leuenroth/Unicamp, coleção Luiz Carlos Prestes, Manuscritos, PCB-CC, pasta 083).

220 VIVER É TOMAR PARTIDO

cinco meses, em novembro de 1978, pelo CC (com apenas dois votos contra). Trata-se de uma verdadeira revisão, de voltar atrás à mesma orientação que foi difundida pela *Voz Operária* durante o ano de 1978 e criticada pelo CC em sua reunião de novembro daquele ano. É de notar que a mudança de orientação se dá sem o balanço de sua aplicação e dos resultados obtidos, sem que a Comissão Executiva tenha realizado uma discussão de fundo daquela orientação e sem levar em conta a opinião do Partido no Brasil sobre os documentos aprovados na reunião de novembro do CC.[102]

No final de sua carta aos membros do CC, Prestes propôs "a abertura imediata de um amplo debate nas fileiras partidárias – extensivo a todos os patriotas e democratas que dele queiram participar – como o primeiro passo para a realização do VII Congresso do nosso Partido". Adiante, acrescentou que "os documentos aprovados pelo CC em novembro de 1978 servirão de base para início da discussão"[103].

Os argumentos apresentados por Prestes não impediram o CC de aprovar o projeto encaminhado pela Comissão Executiva. Diante do agravamento da crise na direção do PCB, quando o secretário-geral entrou em conflito aberto com a maioria do CC e dois de seus membros haviam se demitido – fatos que começavam a repercutir entre a militância no Brasil –, o "pântano" optou por voltar-se para a conciliação com as posições eurocomunistas, defendidas pelo *Voz Operária* e pela Assessoria, sob a direção de Armênio Guedes. A "Resolução política do Comitê Central"[104] de maio de 1979 é reveladora de tal opção, podendo ser caracterizada como mais um documento anódino, semelhante aos aprovados pelo CC durante o ano de 1977.

O "pântano", capitaneado por Giocondo Dias, pretendia ganhar tempo para, no momento propício, desvencilhar-se dos eurocomunistas e de suas ideias "inovadoras", o que não tardaria a acontecer após o regresso de todos ao Brasil[105]. Tal afirmação é confirmada pela análise de documento intitulado "Balanço do trabalho de direção do CC do PCB do período de 1973-1979"[106], elaborado para

---

[102] Luiz Carlos Prestes, *Carta aos membros do Comitê Central*, 25 abr. 1979 (documento original datilografado, 2 p.; arquivo particular da autora).

[103] Idem.

[104] "Resolução política do Comitê Central" (maio 1979), *Voz Operária*, n. 159, jun. 1979, p. 3-6, citado em Edgard Carone, *O PCB*, v. 3, cit., p. 242-53, e *PCB*, cit., p. 315-27.

[105] Em maio de 1980, após a ruptura de Prestes com o CC, Armênio Guedes foi afastado da direção partidária. Ver João Falcão, *Giocondo Dias, a vida de um revolucionário*, cit., p. 361; *Jornal do Brasil*, Rio de Janeiro, 21 maio 1980, p. 4; *Folha de S.Paulo*, 21 maio 1980.

[106] *Balanço do trabalho de direção do CC do PCB do período de 1973-1979* (documento datilografado fotocopiado, 19 p., anexo de 7 p., arquivo particular da autora; fotocópia, Arquivo Edgard

O EXÍLIO (1976-1979)   221

a reunião do CC de maio de 1979. Nesse documento evidencia-se a tendência conciliatória do "pântano" ao optar por um amálgama de posições opostas: de um lado, a orientação defendida pelo secretário-geral e o reduzido contingente de sua base de apoio; de outro, as posições reformistas de direita adotadas pelo jornal *Voz Operária*, a Assessoria e seu dirigente Armênio Guedes. Com o rompimento de Prestes, o "pântano" pretendia continuar à frente do Partido, precisando para isso, entretanto, afastar os adeptos das teses eurocomunistas. Ao redigir algumas notas sobre o "Balanço do trabalho de direção", Prestes avaliou:

> Os erros do trabalho do Partido no exterior são consequência das posições errôneas do VI Congresso. Só podem ser corrigidos com a apreciação crítica da orientação do VI Congresso, através de um debate livre em todo o Partido. Necessitamos de uma nova concepção de Partido e de sua organização.[107]

Essas considerações de Prestes deixavam entrever o caminho que por ele seria trilhado dali em diante: uma vez reconhecida a falência daquela direção do PCB, adotar "uma nova concepção do Partido e de sua organização", ou seja, lutar pela formação de um núcleo dirigente voltado para a construção de um partido verdadeiramente revolucionário, capaz de dirigir as massas trabalhadoras rumo à revolução.

Nos meses que antecederam a anistia e seu regresso ao Brasil[108], Prestes concedeu entrevistas à imprensa brasileira[109], nas quais reafirmou suas posições políticas, evitando, contudo, abordar a crise desencadeada na direção partidária. Segundo ele, isso só deveria ser feito após a volta ao país e o reencontro com a militância do PCB.

Ao mesmo tempo, o *Voz Operária* manteve a orientação que havia sido criticada na resolução do CC aprovada na reunião de Sófia no final de 1978[110]. Era evidente a conciliação do "pântano" com as tendências eurocomunistas da

---

Leuenroth/Unicamp, coleção Luiz Carlos Prestes, Manuscritos, PCB-CC, pastas 081 e 084).

[107] *Anotações de Prestes sobre "Balanço"* (documento original manuscrito, 3 p.; Arquivo Edgard Leuenroth/Unicamp, coleção Luiz Carlos Prestes, Manuscritos, PCB-CC, pasta 084); grifos meus.

[108] A anistia foi decretada em 29 de agosto de 1979, e o regresso de Prestes ao Brasil se deu em 20 de outubro daquele ano, dia em que desembarcou na cidade do Rio de Janeiro proveniente de Paris. Assim que a anistia foi decretada, Prestes resolveu voltar ao Brasil, enquanto numerosos membros do CC vacilavam em fazê-lo (diferentemente do que afirma Mauro Malin, *Armênio Guedes*, cit., p. 417), temerosos de trocar o conforto de um exílio bancado pela solidariedade dos países socialistas pelas agruras de uma realidade em que vigorava a Lei de Segurança Nacional.

[109] Ver, por exemplo, *Coojornal*, ano 4, n. 37, jan. 1979, p. 22-4; *Jornal de Brasília*, Brasília, 8 abr. 1979, suplemento *Política*, p. 1; *Movimento*, n. 207, 16-22 jun. 1979, p. 9-10.

[110] Ver *Voz Operária*, dez. 1978-ago. 1979.

Assessoria do CC e de Armênio Guedes. Este último escreveu que o PCB era "um partido pluralista", que almejava "conquistar uma *democracia política* na qual convivam e floresçam correntes e partidos políticos diferentes"[111]. Em resposta a tal defesa da democracia burguesa, publiquei no mesmo jornal um artigo que refletia as concepções defendidas por Prestes:

> Nosso Partido proclama abertamente seu objetivo final como sendo o socialismo ou, em outras palavras, a *democracia socialista* – a democracia mais completa e avançada que conhecemos, a democracia mais ampla em todos os terrenos: econômico, social e político; a democracia para a classe operária e todos aqueles que de uma forma ou de outra são hoje atingidos pela opressão capitalista.[112]

Adiante, escrevi que:

> Será a força do movimento dos trabalhadores da cidade e do campo, manuais e intelectuais, que determinará o perfil da democracia a ser conquistada com a derrota da ditadura. Será o nível de organização e unidade do movimento de massas (e a capacidade da classe operária de ir conquistando a liderança desse movimento) que garantirá não só a manutenção e consolidação das liberdades democráticas, mas assegurará que se avance para formas de democracia cada vez mais amplas e desenvolvidas.[113]

Essas afirmações não passavam, entretanto, de voz solitária nas páginas do órgão central do PCB, refletindo o isolamento de Prestes na direção do Partido. Com a anistia, teve lugar o regresso ao Brasil de um Comitê Central do PCB convulsionado por grave crise interna, reveladora de sua falência ideológica, política e organizativa.

Diante do desgaste da ditadura no Brasil, crescia o interesse da imprensa do país em divulgar as posições dos comunistas, em especial de Luiz Carlos Prestes, mas também de outros dirigentes do PCB. Ao transpirarem notícias sobre divergências no CC no exílio, esse interesse se acentuou, aguçando a curiosidade de editores e jornalistas. Em junho de 1979, fui convidada pelo jornalista Araújo Neto, então correspondente do *Jornal do Brasil* em Roma, a conceder entrevista que seria publicada um mês depois em *Caderno Especial* de oito páginas sob a

---

[111] Armênio Guedes, "PCB não é só partido de propaganda, é sobretudo partido de ação política", *Voz Operária*, n. 155, fev. 1979, p. 8; grifos meus.

[112] Anita Leocadia Prestes, "A democracia por que lutamos", *Voz Operária*, n. 157, abr. 1979, p. 8, citado em Edgard Carone, *O PCB*, v. 3, cit., p. 391-4; grifos meus.

[113] Idem.

manchete "O PCB encara a Democracia"[114]. Após consultar meu pai, considerei que seria interessante aproveitar a oportunidade para divulgar junto aos militantes do Partido e aos nossos aliados as posições por nós defendidas a respeito da democracia, do regime ditatorial brasileiro, da Lei de Segurança Nacional e da anistia, assim como de outras questões em pauta. Também pensei em dar publicidade à minha saída do CC, reveladora da seriedade da crise que abalava a direção do PCB. No mesmo *Caderno* foram incluídas entrevistas de Giocondo Dias, Armênio Guedes, Hércules Correia e Zuleika Alambert. O contraste entre minhas declarações, publicadas sob o título "A filha de Prestes simboliza a 'linha dura' embora não goste de rótulos"[115], e as dos demais entrevistados foi sintomático e esclarecedor para os leitores do *Caderno*. Na ocasião fiz a defesa da democracia socialista e da necessidade de, na luta contra a ditadura, acumular forças para avançar no caminho da revolução socialista. Fui logo taxada de "ortodoxa"[116] pelo redator do *Caderno*, o que seria repetido a seguir com frequência em reportagens de diversos órgãos da imprensa[117]. Assim, a mídia a serviço dos interesses dominantes atacava Prestes e os comunistas que se alinhavam com suas posições revolucionárias, favorecendo com isso os adeptos do reformismo, que haviam abandonado a luta pelos anseios dos trabalhadores, dos explorados e oprimidos pelo capital.

Em 28 de agosto de 1979 foi promulgada pelo presidente Figueiredo a anistia, que, embora limitada, abria a possibilidade de volta ao país da maior parte dos exilados. Tratei imediatamente de tirar o passaporte no consulado do Brasil em Paris, onde fui cercada de gentilezas. O cônsul e seus auxiliares pareciam constrangidos por só então, com a anistia, me ser concedido o documento; antes disso o passaporte me havia sido recusado por estar com os direitos políticos suspensos por dez anos.

Poucos dias antes de a anistia ser decretada, os dezesseis núcleos do CBA na Europa organizaram greve de fome simbólica de 48 horas, durante a qual só se podia tomar água, por uma anistia ampla, geral e irrestrita e em solidariedade à

---

[114] "O PCB encara a Democracia", *Jornal do Brasil, Caderno Especial*, Rio de Janeiro, 29 jul. 1979, 8 p.

[115] Ibidem, p. 4.

[116] Ibidem, p. 8.

[117] Ver, por exemplo, J. B. Natali, "Legalidade, pede na volta, membro do PC", *Folha de S.Paulo*, 21 set. 1979; *Istoé*, 17 out. 1979, p. 7-8; Maurício Dias, "Anita Leocadia não quer copiar modelos", *República*, 20 out. 1979; "Comitê Central do PCB tem 18 membros e sete já voltaram do exílio", *Jornal do Brasil*, Rio de Janeiro, 21 out. 1979; Carlos Newton, "Crise no PCB: Prestes rompido com o Comitê", *Tribuna da Imprensa*, Rio de Janeiro, 28 dez. 1979, p. 3; "Comunistas. O velho de novo: Luiz Carlos Prestes volta do segundo exílio", *Veja*, 24 out. 1979, p. 27; "PCB: 'democratas' estão de volta", *Visão*, 29 out. 1979, p. 16.

greve de fome pelos presos políticos no Brasil. No fim de semana de 17 e 18 de agosto de 1979, na Igreja Saint Merri, próxima do Museu Georges Pompidou, no centro de Paris, dezoito exilados políticos brasileiros aderimos à greve de fome. Os dirigentes do PCB que estavam na capital francesa e os membros da base parisiense do Partido foram contra, pois, segundo Armênio Guedes, era necessário "não aguçar tensões" para que a transição democrática no Brasil fosse bem-sucedida. Fui o único membro do PCB a comparecer à Igreja de Saint Merri e participar do movimento, junto com outros exilados: Flávio Koutzi, Jean Marc van der Weid, René de Carvalho, José Maria Rabelo, José Carlos Rolemberg, Ana Graça Boal, Afonso Vitor, Anita Damy, Gustavo Schiller, Magda Zanoni, Sérgio Granja, Takao Amano, Tomas Tarquinio etc. Nosso objetivo era chamar a atenção da opinião pública francesa e internacional para a votação do projeto de anistia no Brasil e para apoiar a luta dos que não se beneficiariam por ela.

A imprensa francesa, assim como a brasileira, deu ampla cobertura à nossa manifestação. Arlette Chabrol, correspondente do *Jornal do Brasil* em Paris, escreveu, destacando minha presença, da "filha de Prestes", no ato:

> O objetivo dos organizadores foi atingido: não só a imprensa francesa registrou e comentou o movimento, como várias organizações sindicais (a CGT, a Federação da Educação Nacional e outras) manifestaram seu apoio. Eles conseguiram ainda 1 mil 200 assinaturas reclamando uma anistia geral e irrestrita.
> A petição, que será enviada aos grevistas do Brasil, deverá ser também entregue à Embaixada do Brasil em Paris nos próximos dias. Outro motivo de satisfação para os exilados brasileiros foi a visita que receberam da Sra. Ivette Abate, encarregada do setor da América Latina da Comissão dos Direitos do Homem da UDF – União pela Democracia Francesa, Partido governamental, da qual é presidenta a Sra. Simone Veil.
> Miguel Arraes, Apolônio de Carvalho, Alfredo Guevara (vice-ministro da Cultura de Cuba) compareceram também, para conversar com os responsáveis pela ação e encorajá-los. Estes últimos afirmaram que a greve simbólica é apenas um início, uma etapa modesta. Movimentos diversos prosseguirão na França e em outros países, a fim de mobilizar a opinião pública e exercer pressão sobre o Governo de Brasília, "até que a anistia geral e irrestrita seja decretada".[118]

A correspondente de *O Globo* em Paris Any Bourrier registrou que, antes do jejum, o CBA realizaria um ato solene, no mesmo local, com exposição de fotos e documentos, show de música brasileira e palestras de exilados. O ato

---

[118] Arlette Chabrol, "Filha de Prestes adere a movimento", *Jornal do Brasil*, Rio de Janeiro, 21 ago. 1979.

público contou com o apoio de diversas organizações francesas como a CGT (Central Geral dos Trabalhadores) e a Confederação Francesa Democrática do Trabalho (CFDT), dos partidos Socialista e Comunista, da Associação de Justiça e Paz, da SMR (cristãos), dos juristas democráticos e católicos. Nessa reportagem também foi destacada minha presença, assim como o fato de os jornais franceses *Le Monde*, *Le Matin*, *Liberation* e *L'Humanité* estarem falando sobre a manifestação[119]. Recordo-me que, no final do jejum de 48 horas, foi realizada uma cerimônia litúrgica "em homenagem aos mortos e desaparecidos durante os últimos catorze anos no Brasil".

Com a anistia e o passaporte em mãos, chegara a hora de preparar o regresso ao Brasil. Em menos de um mês liquidei o *studio* em que morava, vendi móveis e distribuí objetos que não levaria comigo, despachei por via marítima livros e objetos que poderiam ser úteis no Brasil e realizei os trâmites necessários para obter passagem de volta ao país junto ao Alto Comissariado das Nações Unidas para os Refugiados, pois minha condição de refugiada política me concedia tal direito.

Ao mesmo tempo, a pedido do meu pai, comprei as passagens Paris-Rio de Janeiro para ele e dona Maria. Os membros do CC, que relutavam em voltar ao Brasil, temerosos de fazê-lo com a vigência da Lei de Segurança Nacional, não foram avisados da viagem de Prestes. Ele decidira voltar de qualquer maneira e fazê-lo sem que se soubesse com antecedência a data de sua chegada, para evitar que o CC organizasse recepção destinada a encobrir a ruptura iminente do secretário-geral com a direção do PCB. Seu desembarque no Rio seria anunciado por mim, quando chegasse ao Rio. Fui por ele orientada a procurar Oscar Niemeyer, amigo fiel, para que organizasse sua recepção no aeroporto do Galeão sem a participação dos dirigentes do Partido. No dia 4 de outubro de 1979, embarquei no aeroporto de Orly com destino ao Rio de Janeiro.

---

[119] Any Bourrier, "Jejum de 48 horas em Igreja de Paris", *O Globo*, Rio de Janeiro, 17 ago. 1979.

XI
O REGRESSO AO BRASIL E OS ÚLTIMOS ANOS

Meu regresso ao Brasil: os primeiros tempos (1979-1982); ingresso na universidade: estudo, pesquisa, participação política (1983-1989)

Minha chegada ao Rio, em 5 de outubro de 1979, foi bastante movimentada. Umas duzentas pessoas me recepcionaram no Galeão aos gritos de "Anistia!", revelando grande entusiasmo com meu retorno ao Brasil. Também vieram do exílio, no mesmo voo, os ex-líderes estudantis Vladimir Palmeira, Carlos Vainer e José Cortes Rolemberg, sem demonstrarem, contudo, qualquer interesse de aproximação comigo. Tentando aparentar unidade do CC, estiveram no aeroporto Hércules Correia e José Salles, embora eu não os tivesse visto nem pretendesse lhes dirigir a palavra. Além das tias e demais parentes, havia grande número de amigos e companheiros, assim como de jornalistas. Compareceram alguns advogados defensores de presos políticos; lembro-me dos deputados Modesto da Silveira e Marcelo Cerqueira, cuja presença garantiu aos anistiados que chegavam não serem presos nem sofrerem qualquer tipo de constrangimento por parte das autoridades policiais. Segundo fiquei sabendo, havia forte cerco policial, que começava na entrada do aeroporto com camburões e carros de patrulha e continuava no interior do recinto, onde foi colocado um cordão de isolamento em torno do portão de desembarque.

Na ocasião, assediada pela imprensa, anunciei o retorno do meu pai na tarde do dia 20 de outubro, informando inclusive o número do voo da Air France no qual ele deveria chegar ao Rio. A imprensa noticiou com destaque minhas declarações feitas no aeroporto, considerando a volta dos exilados "uma vitória parcial", o que significava que deveríamos "continuar a luta contra a ditadura, sem esquecer os que foram torturados e mortos". Destaquei que "o próprio caráter parcial da anistia" mostrou que a ditadura não havia acabado e acrescentei: "Considero que a luta dos que ficaram foi mais difícil do que a nossa. Não posso deixar de lembrar neste momento a memória de todos aqueles que nesses quinze anos da ditadura tombaram para que hoje a gente tivesse esta anistia". Falei ainda de minha pretensão de continuar a luta, dentro das minhas forças, contribuindo "para que a anistia seja ampla, geral e irrestrita, para que haja o fim desta ditadura que nos oprime há quinze anos". Disse que, em minha opinião, "não se pode falar em democracia enquanto o Partido Comunista Brasileiro, como todos os outros partidos, não tiver o direito de existência legal", acentuando que a legalização do PCB "será uma vitória democrática"[1]. A respeito de meus planos imediatos, declarei que pretendia trabalhar como química industrial, esperando que "a tradicional discriminação anticomunista, que sempre me dificultou", tivesse diminuído, ou pelo menos não fosse acentuada[2]. Diante da insistência de alguns jornalistas para que falasse sobre a luta interna no PCB e sobre as atividades desenvolvidas na clandestinidade, declarei que não iria me pronunciar a respeito, destacando: "Passei alguns anos na clandestinidade. Mas, como comunista e revolucionária, não me cabe revelar detalhes sobre isso"[3].

Após o reencontro com a família e os amigos mais próximos – passei a morar com a tia Lygia no apartamento que havíamos adquirido ainda em 1965 – entrei em contato com Oscar Niemeyer, tendo em vista a organização da recepção a meu pai. O arquiteto delegou a João Saldanha, antigo militante do PCB, grande amigo e admirador de Prestes, as responsabilidades de divulgar a chegada do meu pai, preparar sua recepção com a devida segurança e sem a participação dos membros do CC, assim como providenciar seu alojamento nas melhores condições possíveis.

A chegada de Prestes ao Rio, conforme programado, num sábado à tarde, atraiu multidão de cerca de 10 mil pessoas, que clamavam entusiasticamente "De norte a sul, de leste a oeste, o povo grita Luiz Carlos Prestes!", portando faixas e cartazes alusivos ao Cavaleiro da Esperança. Alçado ao topo de um carro de som estacionado no lado de fora do aeroporto, Prestes discursou saudando todos os presentes e, em homenagem aos companheiros presos, assassinados e desaparecidos pela ditadura, citou de memória, emocionado, os nomes dos dez membros do CC desaparecidos. Foi longamente ovacionado pelos presentes[4]. Tivemos de desenvolver grandes esforços, junto com os seguranças mobilizados por João Saldanha, para impedir a subida no carro de som de dirigentes do CC. Apenas admitimos que o fizessem o dr. Sobral Pinto e Gregório Bezerra. Fracassou, portanto, a tentativa de elementos da direção do PCB de exibir diante do público uma aparente unidade com Prestes.

---

[1] "Palmeira e Leocadia Prestes voltam reclamando da anistia", *Última Hora*, 6 out. 1979.

[2] "A filha de Prestes volta e procura emprego", *Jornal do Brasil*, 6 out. 1979.

[3] "Anita Leocadia e Wladimir Palmeira voltam ao país", *O Globo*, 6 out. 1979; ver também "Prestes volta ao País dia 20, confirma Anita" e "A filha de Prestes quer já o PCB na legalidade", *Folha de S.Paulo*, 6 out. 1979.

[4] Ver jornais dos dias subsequentes.

Com residência provisória em apartamento situado em Copacabana cedido por João Saldanha, Prestes concedeu numerosas entrevistas à imprensa. Na primeira coletiva à imprensa após sua chegada, manteve as posições que vinha defendendo desde o exílio sobre a convocação de uma Assembleia Constituinte e sobre a Lei de Segurança Nacional:

> Sou contra a convocação de uma Assembleia Constituinte com Figueiredo. Enquanto não houver liberdade de organização para todas as correntes políticas, não é possível convocar uma Assembleia Constituinte que seja capaz de representar efetivamente a vontade da nação e possa decidir soberanamente sobre os destinos do país.[5]

O secretário-geral do PCB definiu as condições necessárias para tal convocação:

> A revogação das leis de exceção, não apenas a Lei de Segurança Nacional, mas as próprias salvaguardas constitucionais, que permitem ao Poder Executivo decretar o estado de emergência sem consulta ao Parlamento, [...] assegurar o direito de greve para os trabalhadores, a independência sindical do Ministério do Trabalho[6], livre organização de partidos políticos de todas as correntes de opinião.[7]

Referindo-se à Lei de Segurança Nacional, Prestes a definiu como "código anticomunista imposto ao povo pelo opressor estrangeiro", esclarecendo que em sua vigência não seria possível conquistar a legalidade do PCB, uma vez que essa legislação "proíbe qualquer tentativa de reorganização de partido que esteja fora da lei". Questionado sobre a crise interna do PCB, Prestes recusou-se a abordá-la, afirmando que seria assunto para o VII Congresso, já convocado, mas cuja realização dependia da conquista da legalidade do Partido[8].

Em outra entrevista[9], concedida poucos dias depois, o secretário-geral do PCB frisou que a "ditadura perdura. Basta dizer que a Lei de Segurança Nacional está

---

[5] *Jornal do Brasil*, Rio de Janeiro, 24 out. 1979, reproduzida em Dênis de Moraes (org.), *Prestes com a palavra* (Campo Grande, Letra Livre, 1997), p. 233-7.

[6] Independência sindical do Ministério do Trabalho: significa a não interferência deste nas atividades dos sindicatos.

[7] *Jornal do Brasil*, Rio de Janeiro, 24 out. 1979, reproduzida em Dênis de Moraes (org.), *Prestes com a* palavra, cit., p. 233-7.

[8] Idem.

[9] *Pasquim*, n. 542, 2-8 nov. 1979, p. 4-9, citado em Dênis de Moraes (org.), *Prestes com a palavra*, cit., p. 238-55.

de pé, assim como o aparelho de repressão que cometeu crimes hediondos, como os que estão sendo denunciados [...]", acrescentando que "a Lei de Segurança Nacional exprime a essência do regime fascista, sendo na verdade, e apenas isso, um código de perseguição aos comunistas, imposto ao nosso povo pelo imperialismo americano". E esclareceu: "A ditadura continua, sem a legitimidade de um regime escolhido pelo povo, com governadores eleitos indiretamente, com senadores biônicos, com o pacote de abril em vigor, com a Lei Falcão[10] em vigor, com a greve sendo considerada crime"[11].

Respondendo à pergunta de um jornalista que se referia a declarações feitas por José Salles, membro do CC[12], de que o PCB poderia apoiar a tese da "Constituinte com Figueiredo", Prestes reafirmou mais uma vez sua posição contrária à convocação de uma Assembleia Constituinte na vigência da Lei de Segurança Nacional e de toda uma legislação de exceção[13]. Em outra ocasião, ele voltaria ao assunto, escrevendo:

> O perigo de uma campanha, nas condições atuais, pela convocação de uma Assembleia Constituinte reside em que, ao apresentar-se a Constituinte como uma panaceia, o sr. Figueiredo será o primeiro a tomar a iniciativa de convocá-la, antes da revogação da legislação fascista e com o objetivo de consolidar o atual regime, de, mais uma vez, ludibriar a opinião pública com uma "nova" Constituição que consagre o mesmo regime sob o qual vivemos hoje. Centrar, nas condições atuais, toda a atividade de massas na luta pela Constituinte é alimentar ilusões na consciência dos trabalhadores, é desviar o rumo do movimento de massas que deverá levar necessariamente à conquista de uma democracia de massas, à derrota da ditadura.[14]

Em anotações feitas durante o ano de 1981[15], Prestes chamou de "panaceia" a ideia de uma "Constituinte livre com Figueiredo", quando na realidade o que se tinha no país era o "predomínio do 'poder militar' – o presidente da República é o general de serviço". Segundo Prestes, seria necessário antes "quebrar o atual

---

[10] A Lei Falcão proibia a propaganda eleitoral paga e delimitava a propaganda gratuita, restringindo-a a uma ridícula exibição de retratinhos e de nomes e números dos candidatos.

[11] *Pasquim*, n. 542, 2-8 nov. 1979, p. 4-9.

[12] Outros membros do CC do PCB fizeram declarações no mesmo sentido; ver, por exemplo, a entrevista de Prestes à *Folha de S.Paulo*, 18 nov. 1979.

[13] *Pasquim*, n. 542, 2-8 nov. 1979, p. 4-9.

[14] Luiz Carlos Prestes, "Carta ao sr. diretor da *Folha de S.Paulo*" (29 nov. 1980), *Folha de S.Paulo*, 4 dez. 1980.

[15] Idem, *Anotações*, 1981 (documento original; Arquivo Edgard Leuenroth/Unicamp, coleção Luiz Carlos Prestes, Manuscritos, PCB-CC, pasta 015).

'poder militar' – essência do fascismo". E escreveu: "Para termos uma Constituinte democrática, [precisamos] derrotar previamente a ditadura". Essa tese, da existência no Brasil de um *quarto poder*, o "poder militar", seria lembrada por Prestes inúmeras vezes, inclusive após a promulgação da Constituição de 1988, ao apontar o reconhecimento de tal "poder" na Carta[16].

Recém-chegada ao Brasil, de um lado, procurei continuar assessorando meu pai nos embates com a direção partidária e, a partir do contato com militantes e simpatizantes da nossa luta, apoiá-lo na elaboração de um documento público em que viria a esclarecer as posições políticas que achávamos justas e as propostas que defendíamos. Quando solicitada pela imprensa, tratei de contribuir para a divulgação dessas ideias, rejeitando os rótulos que com frequência passaram a me atribuir: "ortodoxa", "linha dura" etc. Meu intuito era explicar, por exemplo, que eu não acreditava existirem condições, após o golpe de 1964, para o recurso à luta armada no Brasil – ainda que nós, comunistas, não descartássemos liminarmente a possibilidade de recorrer, em determinadas circunstâncias, a formas de luta armada[17].

De outro lado, era necessário encontrar trabalho, ou seja, um meio de subsistência, pois, embora tivesse residência garantida com a tia Lygia, não era possível continuar vivendo às custas dela[18]. Logo compreendi que seria inviável retomar a carreira de química, pois teria de investir muito tempo na atualização dos meus conhecimentos e, certamente, não conseguiria trabalho nessa área, que se encontrava sob o controle quase completo de empresas multinacionais. Estava disposta a assumir qualquer tipo de atividade (secretária, datilógrafa etc.), mas nada disso consegui. Durante três anos, contando com a ajuda da família, sobrevivi fazendo traduções do russo e do francês e realizando transcrições de gravações de fitas cassete para pesquisadores individuais e instituições de pesquisa. A partir de 1983, tendo ingressado no curso de doutorado em História da USP sob a orientação do professor Carlos Guilherme Mota, pude contar com uma bolsa de pesquisa do Conselho Nacional de Desenvolvimento Científico e Tecnológico (CNPq), dedicando-me, assim, aos estudos que desejava desenvolver nessa área.

Após o retorno ao Brasil, meu pai entrou em contato com numerosos militantes do Partido oriundos de todo o país e com representantes de diferentes setores da sociedade brasileira que nos procuravam interessados em conhecer as opiniões de Prestes e suas diretrizes políticas. Assediado pela imprensa, ele evitava

---

[16] Ver *Constituição da República Federativa do Brasil*, 1988, artigo 142; ver Anita Leocadia Prestes, "Luiz Carlos Prestes, a Constituinte e a Constituição de 1988", *Revista Virtual Edição En_Fil*, ano 7, n. 9, ago. 2018.

[17] Ver, por exemplo, Anita Leocadia Prestes, "Entrevista", *Enfim*, 21 nov. 1979, p. 28-30.

[18] Lygia trabalhava como secretária no escritório de advocacia do dr. Sinval Palmeira e recebia um salário modesto.

abordar as questões referentes à luta interna no PCB, embora externasse posições políticas contrárias às teses reformistas e às atitudes de conciliação declarada com o regime ditatorial defendidas publicamente pelos membros do CC[19].

Prestes estava decidido a não se reunir com aquela direção do PCB, de cuja falência não tinha mais dúvida. Tendo consultado grande parte da militância partidária, amadureceu as ideias que pretendia expor em documento dirigido aos comunistas brasileiros. Alarmados com a repercussão das posições de Prestes junto aos militantes do Partido, três membros do CC – Giocondo Dias, Hércules Correia e Salomão Malina – concederam uma entrevista ao *Jornal do Brasil*[20] na qual desautorizavam o secretário-geral do PCB. A luta interna na direção extravasara para a imprensa por iniciativa dos membros dessa própria direção[21].

Enquanto colaborava com meu pai na preparação do documento que seria lançado no final de março de 1980, e após seu lançamento com o título de *Carta aos comunistas*[22], tive de atender a numerosos convites para participar de debates sobre as questões abordadas nesse documento, tanto no Rio quanto em São Paulo, para onde me desloquei várias vezes durante esse período. Compareci a encontros com estudantes, professores, operários e sindicalistas, em sua maioria membros do PCB, mas também simpatizantes do comunismo e admiradores de Prestes. Enfrentei questionamentos de todo tipo, que me obrigaram a aprofundar o estudo sobre a situação do país e, em particular, sobre a história do PCB. As reflexões que cheguei a desenvolver resultantes desses debates contribuíram para a elaboração de um artigo que, após troca de ideias com meu pai, deixei à disposição da militância para divulgação, funcionando como matéria de apoio e fundamentação teórica da *Carta aos comunistas*. O referido artigo, intitulado "A que herança devem os comunistas renunciar?", teve ampla repercussão naquele início dos anos 1980 e foi pulicado na revista *Oitenta*[23], editada em Porto Alegre. O texto revelava, por meio da análise dos documentos partidários desde os anos 1920 até a década de 1970, a permanência de uma mesma estratégia do PCB – a

---

[19] Conferir a imprensa brasileira de set. 1979 a fev. 1980.

[20] *Jornal do Brasil*, Rio de Janeiro, 3 fev. 1980, p. 8; Edgard Carone, *O PCB*, v. 3: *1964-1982*, cit., p. 255-63.

[21] Ver Anita Leocadia Prestes, *Luiz Carlos Prestes*, cit., p. 487-8.

[22] Luiz Carlos Prestes, *Carta aos comunistas* (São Paulo, Alfa-Ômega, 1980); disponível na página do Instituto Luiz Carlos Prestes: <http://www.ilcp.org.br/prestes/index.php?option=com_content&view=article&id=57:carta-aos-comunistas&catid=26:documentos&Itemid=146>, acesso em: 30 set. 2019.

[23] Anita Leocadia Prestes, "A que herança devem os comunistas renunciar?", cit., p. 197-223; disponível na página do Instituto Luiz Carlos Prestes: <http://www.ilcp.org.br/prestes/index. php?option=com_content&view=article&id=161:-a-que-heranca-devem-os-comunistas-renunciar&catid=26:documentos&Itemid=146>, acesso em: 30 set. 2019.

estratégia da revolução democrático-burguesa ou nacional e democrática –, cujo objetivo principal era garantir o desenvolvimento de um capitalismo autônomo no Brasil. Estratégia que se mostrara equivocada, pois o capitalismo dependente do capital internacionalizado encontrara caminhos para se desenvolver sem o recurso à revolução, como diversos estudiosos da realidade brasileira já haviam constatado; além disso, essa falsa estratégia levara o PCB a incorrer em erros ora de esquerda, ora de direita na formulação de suas orientações táticas. Os erros e as deformações do PCB apontados na *Carta aos comunistas* decorriam, portanto, da permanência de uma falsa estratégia, que os dirigentes do CC preferiam não revisar sob pena de abalar sua própria sobrevivência como direção[24].

A pressão da maioria dos membros do CC sobre Prestes para que revisse as posições que vinha defendendo desde o exílio e, principalmente, concordasse com sua reintegração àquela direção do PCB foi intensa e persistente. Meu pai, no entanto, resistia a essa pressão energicamente, convencido de que estavam esgotadas todas as possibilidades de um entendimento capaz de contribuir para o renascimento do Partido em novas bases. Compreendia não existirem mais condições de corrigir os rumos pelos quais enveredara aquela direção: do reformismo burguês e da conciliação de classes, do abandono dos objetivos revolucionários que deveriam nortear as atividades de um partido comunista.

Os personagens que compunham o CC evitavam criticar Prestes em público, sabedores do seu prestígio junto à militância, e, por essa razão, passaram a dirigir seus ataques à minha pessoa, difundindo todo tipo de calúnias a meu respeito, inclusive no terreno pessoal. Enfrentei a situação com serenidade, entendendo que tal comportamento fazia parte do quadro de falência daquela direção. Tratava-se da revolta de cadáveres políticos.

O confronto entre o secretário-geral e o CC do PCB adquirira grande publicidade, e chegara para Prestes o momento de uma definição clara perante todos os comunistas. Estava na hora de divulgar sua *Carta aos comunistas*[25], que imediatamente repercutiria nas páginas da grande imprensa. A gravidade da crise vivida pelo PCB extravasava as fronteiras partidárias, tornara-se pública, e não havia como evitar sua exploração por parte da imprensa burguesa e dos inimigos dos comunistas. Naquelas circunstâncias, o mais importante para Prestes era a denúncia, dirigida aos comunistas e a seus aliados, do reformismo dos dirigentes do PCB, de seu abandono dos objetivos revolucionários do Partido Comunista, de sua traição aos interesses da classe operária e dos trabalhadores.

Na *Carta aos comunistas*, Prestes defendeu a necessidade de empreender uma virada drástica em relação à linha política do VI Congresso do PCB:

---

[24] Idem.
[25] Luiz Carlos Prestes, *Carta aos comunistas*, cit.

234 VIVER É TOMAR PARTIDO

É necessário, agora, mais do que nunca, ter a coragem política de reconhecer que a orientação política do PCB está superada e não corresponde à realidade do movimento operário e popular do momento que hoje atravessamos. Estamos atrasados no que diz respeito à análise da realidade brasileira e não temos resposta para os novos e complexos problemas que nos são agora apresentados pela própria vida.[26]

Diante de tal situação, qual foi a atitude da maioria do Comitê Central do PCB? Como apontava Prestes, a direção partidária negava-se a "uma séria e profunda autocrítica". Recusava-se a "analisar com espírito crítico se são de todo acertadas as resoluções" do VI Congresso, na pretensão de "apresentá-las como um dogma indiscutível para, com base nelas, exigir uma suposta unidade partidária, que lhe permita encobrir e conservar por mais algum tempo a atual situação do Partido e de sua direção"[27].

Em nome de uma suposta unidade partidária, o CC do PCB tentava, na realidade, garantir sua própria sobrevivência a qualquer preço, ou seja, manter o *status quo*, recusando-se a realizar as mudanças necessárias tanto no terreno político quanto no da organização partidária. Para Prestes, a política de organização deveria estar sempre estreitamente associada ao caráter da política geral do Partido e subordinada a suas metas revolucionárias. O abandono dos objetivos revolucionários pela direção do PCB o levara a assumir atitudes reformistas e de capitulação diante da burguesia e dos inimigos de classe. Tendo assumido a responsabilidade principal pelos erros cometidos no Partido, Prestes apontou, na *Carta aos comunistas*:

O oportunismo, o carreirismo e compadrismo, a falta de uma justa política de quadros, a falta de princípios e a total ausência de democracia interna no funcionamento da direção, os métodos errados de condução da luta interna, que é transformada em encarniçada luta pessoal, em que as intrigas e calúnias passam a ser prática corrente da vida partidária, adquiriram tais proporções que me obrigam a denunciar tal situação a todos os comunistas.[28]

Diante da situação crítica vivida pelo PCB, Prestes apelou aos militantes que tomassem "os destinos do movimento comunista em suas mãos"[29], mobilizando-se para a conquista da legalidade do Partido e a realização do VII Congresso em condições efetivamente democráticas, condenando, ao mesmo tempo, qualquer acordo com a ditadura para a conquista da legalidade, "compromisso que

---

[26] Ibidem, p. 12.
[27] Ibidem, p. 15.
[28] Ibidem, p. 16.
[29] Ibidem, p. 17.

colocaria o Partido a reboque da burguesia e a serviço da ditadura, e inaceitável, portanto, à classe operária e todos os verdadeiros revolucionários"[30]. O compromisso, afinal, foi assumido pelo CC do PCB após o regresso de seus membros que estavam no exílio.

Ao abordar as perspectivas políticas para o movimento comunista no Brasil, Prestes defendia a tese de que "a luta pela democracia em nossa terra" deveria ser "parte integrante da luta pelo socialismo"[31], acrescentando:

> Um partido comunista não pode, em nome de uma suposta democracia abstrata e acima das classes, abdicar do seu papel revolucionário e assumir a posição de freio aos movimentos populares, de fiador de um pacto com a burguesia, em que sejam sacrificados os interesses e as aspirações dos trabalhadores. Ao contrário, para os comunistas, a luta pelas liberdades políticas é inseparável da luta pelas reivindicações econômicas e sociais das massas trabalhadoras.[32]

Desmentindo uma contraposição que com frequência lhe era atribuída, entre "frente de esquerda" e "frente democrática", Prestes postulou:

> Para chegarmos à construção de uma efetiva frente democrática de todas as forças que se opõem ao atual regime, é necessário que se unam as forças de "esquerda" – quer dizer, aquelas que lutam pelo socialismo – no trabalho decisivo de organização das massas "de baixo para cima"; que elas se aglutinem, sem excluir também entendimentos entre seus dirigentes, com base numa plataforma de unidade de ação e que, dessa maneira, cheguem a reunir em torno de si os demais setores oposicionistas, tornando-se a força motriz da frente democrática.[33]

Tal unidade não seria alcançada sem a elaboração de um programa que tivesse como objetivo estratégico a "liquidação do poder dos monopólios nacionais e estrangeiros e do latifúndio". Prestes entendia que os comunistas deveriam atuar no sentido de "organizar e unir as massas trabalhadoras na luta pelas reivindicações econômicas e políticas que se apresentam no próprio processo de luta contra a ditadura" e afirmava que a partir dessas lutas, "da atividade cotidiana junto aos mais diferentes setores populares, principalmente junto à classe operária", seria possível "avançar no sentido do esclarecimento das massas para que cheguem à compreensão da necessidade das transformações radicais de cunho

---

[30] Ibidem, p. 21-2.
[31] Ibidem, p. 24.
[32] Ibidem, p. 27.
[33] Ibidem, p. 30.

antimonopolista, anti-imperialista e antilatifundiário". Como culminância de tal processo, propunha a formação de um "bloco de forças antimonopolistas, anti-imperialistas e antilatifundiárias, capaz de assumir o poder e de dar início a essas transformações". Para ele, tal poder, "pelo seu próprio caráter", significaria "um passo decisivo rumo ao socialismo"[34].

Uma vez definida a posição de ruptura com a direção do PCB, Prestes resolveu entregar a essa direção o caixa do Partido, ou seja, o montante de dólares que, na condição de secretário-geral, mantinha sob sua responsabilidade. Embora esse gesto fosse questionado por alguns companheiros que o apoiavam, meu pai o assumiu com firmeza. Sua situação econômica tornou-se crítica e a solução encontrada resultou da solidariedade de numerosos companheiros e amigos: Oscar Niemeyer lhe fez a doação do apartamento onde passou a residir; um grupo de amigos lhe deu de presente um carro; e sua irmã Clotilde dedicou-se a recolher mensalmente as contribuições, em sua maior parte modestas, de um grupo de correligionários, admiradores e amigos. Dessa maneira meu pai sobreviveu até falecer, em março de 1990. Jamais aceitou a possibilidade de requerer ou receber qualquer pensão do Estado[35] ou do Exército, ao qual havia servido na juventude, tendo, entretanto, se demitido duas vezes e posteriormente sido expulso de suas fileiras sem que aceitasse as anistias a ele concedidas ou sugeridas[36].

Na mesma ocasião em que foi lançada a *Carta aos comunistas*, o CC deu início à publicação do semanário *Voz da Unidade*, inicialmente dirigido por Armênio Guedes. Sua orientação seguiria a mesma linha "eurocomunista" ou "renovadora"[37] do *Voz Operária*, cuja edição fora suspensa. Uma resposta do

---

[34] Ibidem, p. 34-5.

[35] Em 1987, recusou pensão vitalícia de dez salários mínimos que lhe seria concedida pelos cofres do município do Rio de Janeiro, no governo do prefeito Saturnino Braga, ocasião em que agradeceu a homenagem que lhe era prestada afirmando não poder aceitá-la, pois a "autoridade executiva do município" vinha "demitindo um número crescente de funcionários, muitos deles chefes de família, pela simples razão [...] de falta de recursos financeiros nos cofres municipais". Ver Luiz Carlos Prestes, *Declaração*, Rio de Janeiro, 14 jun. 1987 (documento datilografado fotocopiado, 1 p.; arquivo particular da autora); ver também edição de *Tribuna da Imprensa*, *Última Hora* e *O Dia* de 17 jun. 1987.

[36] Ver João Batista Natali, "Aos 88, Prestes mantém idolatria pela União Soviética" (entrevista exclusiva), *Folha de S.Paulo*, 4 maio 1986, p. 14, em que Prestes afirma que não tem "nada a ver com as Forças Armadas", foi expulso duas vezes e nunca reivindicou coisa alguma; também "Filha de Luiz Carlos Prestes prepara livro sobre a Coluna", *O Globo, Segundo Caderno*, 14 jan. 1986, p. 6, em que Prestes se refere à sua posição de recusa à reintegração no Exército, afirmando: "Nunca pedi nada".

[37] O grupo "renovador" ficaria à frente de *Voz da Unidade* de março de 1980, quando o jornal foi criado, até julho de 1981, quando perdeu o controle do jornal para a maioria do CC. Para uma apreciação de *Voz da Unidade* e do grupo "renovador", consultar Ana Maria Said, *Uma*

O regresso ao Brasil e os últimos anos   237

CC à carta de Prestes, publicada no *Voz da Unidade* e reproduzida na grande imprensa[38], foi assinada pelos membros da Comissão Executiva Giocondo Dias, Salomão Malina, Teodoro Mello, Hércules Correia e Armênio Guedes.

O documento da direção partidária fazia uma defesa burocrática dos estatutos da organização, a qual perderia o sentido se aquela direção fosse considerada falida, como dissera Prestes. Fazia também a defesa da linha aprovada no VI Congresso do PCB, considerada superada pelo secretário-geral, e anunciava para breve uma resposta circunstanciada à *Carta*. Além disso, desvirtuava o texto de Prestes ao lhe atribuir a proposição de que a "derrota da ditadura implica necessariamente a constituição de um poder antimonopolista e antilatifundiário"[39]. A despeito disso, nenhuma medida punitiva era anunciada no documento, que se mantinha no habitual tom conciliador, numa tentativa de evitar a ruptura definitiva de Prestes.

Nessa ocasião foi proposta por Gregório Bezerra a autodissolução do CC e a formação de uma Comissão Nacional Provisória, constituída por representantes dos estados[40], medida que nem sequer foi apreciada pela direção partidária, pois considerava inquestionável sua própria legitimidade.

Em maio de 1980, o *Voz da Unidade*[41] anunciou a formação do Coletivo de Dirigentes Comunistas – nova designação do CC – e a escolha de Giocondo Dias para seu coordenador, uma vez que Prestes não atendeu a sucessivas convocações do órgão dirigente máximo para discussão. Foi declarada a vacância do cargo de secretário-geral do Comitê Central do PCB; ao não adotar nenhuma medida punitiva, contudo, mais uma vez a direção partidária buscava a reconciliação com Prestes. O Coletivo de Dirigentes Comunistas publicou um longo documento intitulado "Sobre a *Carta aos comunistas* do companheiro Luiz Carlos Prestes", em que o pensamento de Prestes era novamente desvirtuado. Eram repetidos os sofismas e as afirmações mentirosas presentes na resolução anterior, assinada pelos integrantes da Comissão Executiva[42].

Atendendo aos apelos de "numerosos camaradas e amigos" e alimentando esperanças de que ainda fosse possível convocar o VII Congresso segundo normas democráticas e eleger uma direção partidária efetivamente comprometida com os objetivos revolucionários de um partido comunista, Prestes divulgou

---

estratégia para o Ocidente: o conceito de democracia em Gramsci e o PCB* (Uberlândia, Edufu, 2009), p. 129-32 e 174-6, embora essa obra contenha uma avaliação distorcida das divergências então presentes na direção do PCB.

[38] "Comunistas respondem ao secretário-geral", *Voz da Unidade*, São Paulo, n. 2, 10-16 abr. 1980, p. 3; *Folha de S.Paulo*, 10 abr. 1980; *O Estado de S.Paulo*, 10 abr. 1980.

[39] "Comunistas respondem ao secretário-geral", cit., p. 3.

[40] *Movimento*, n. 250, 14-20 abr. 1980, p. 2.

[41] *Voz da Unidade*, São Paulo, n. 8, 22-28 maio 1980, p. 1, 8 e 12-6.

[42] Idem.

uma declaração em que, ao analisar as "modificações que se deram na direção do PCB", afirmava ver nelas "uma clara manobra que confirma o que já foi por mim dito na carta que dirigi aos membros do Partido". E fez um apelo:

> Trata-se, para o grupo que atualmente dirige o PCB, de dar mais um passo no caminho da traição à classe operária e aos interesses de nosso povo, de transformar o PCB em dócil instrumento dos planos de legitimação do atual regime. [...] Agora, mais do que nunca, cabe a todos os membros do PCB, os quais repugnam essas manobras sem princípios, insistir na luta por uma orientação política efetivamente revolucionária e internacionalista e, ao mesmo tempo, compreender que estamos frente à necessidade, cada dia mais inadiável, de elegermos outro tipo de direção para nosso Partido, verdadeiramente representativa da maioria do PCB e capaz de assegurar a fidelidade aos princípios revolucionários do marxismo-leninismo. Reitero, pois, nesta oportunidade, meu apelo aos comunistas para que rompam com a passividade e tomem os destinos do PCB em suas mãos.[43]

Na primeira reunião do Coletivo de Dirigentes Comunistas, Gregório Bezerra se demitiu da direção partidária, declarando-se solidário a Prestes e denunciando a orientação política adotada pelo PCB – segundo ele, uma "linha muito água de flor de laranja". Hércules Correia e Armênio Guedes foram afastados da Comissão Executiva, sendo substituídos por Luís Tenório de Lima e Givaldo Siqueira[44]; tal mudança constituía uma vitória do "pântano" e uma derrota dos chamados "renovadores", liderados por Guedes e que mantinham, contudo, o controle da redação do *Voz da Unidade*[45].

Ainda em março de 1980, antes do lançamento da *Carta aos comunistas*, foi inaugurado, com a concordância de Prestes e sob a direção do veterano militante comunista Accácio Salvador Caldeira, um escritório situado no centro do Rio de Janeiro cujo objetivo era dar suporte às atividades políticas desenvolvidas por meu pai, mobilizando e juntando companheiros e amigos alinhados às posições revolucionárias dele; alguns anos depois, o escritório recebeu o nome de "Comitê Luiz Carlos Prestes". O camarada Accácio, grande amigo e correligionário fiel, vinha colaborando estreitamente com meu pai desde o exílio em Moscou; seu

---

[43] Luiz Carlos Prestes, sem título, Rio de Janeiro, 21 maio 1980 (documento datilografado original, 1 p.; Arquivo Edgard Leuenroth/Unicamp, coleção Luiz Carlos Prestes, Manuscritos, PCB-CC, pasta 048), reproduzido como "O documento do antigo dirigente", *Jornal do Brasil*, Rio de Janeiro, 22 maio 1980, p. 4, e "Nota de Prestes", *O Globo*, Rio de Janeiro, 22 maio 1980.

[44] *Jornal do Brasil*, Rio de Janeiro, 21 maio 1980, p. 4; 22 maio 1980, p. 4; 23 maio 1980; *Folha de S.Paulo*, 21 maio 1980; *O Estado de S. Paulo*, 24 maio 1980.

[45] Ver *Voz da Unidade*, São Paulo, 1980-1981.

O REGRESSO AO BRASIL E OS ÚLTIMOS ANOS   239

apoio e auxílio constantes durante toda a década de 1980 são inquestionáveis. Enfrentando dificuldades de toda sorte, calúnias, indignidades e obstáculos criados pelos adversários do nosso grupo de "comunistas alinhados com as posições revolucionárias de Luiz Carlos Prestes", ele soube contribuir para a continuidade da militância política que Prestes considerou necessário levar adiante nos seus últimos anos de vida. Accácio manteve-se fiel aos ideais do amigo até o seu falecimento, ocorrido em janeiro de 1997.

Em abril de 1980, nosso grupo empreendeu a publicação de um boletim de divulgação das posições de Prestes intitulado *Ecos à Carta de Prestes*[46], um mensário de circulação clandestina que durou quatro meses. A partir de setembro daquele ano, voltamos a editar o *Voz Operária*[47], que se apresentava como uma iniciativa dos comunistas alinhados com as posições revolucionárias de Prestes; tratava-se de publicação mensal distribuída clandestinamente e que circulou até janeiro de 1983. Na redação e preparação dessas publicações, feitas sob a supervisão de Prestes, atuamos conjuntamente o companheiro Accácio e eu; entretanto, conseguimos manter reserva quanto à nossa participação. Havia que seguir regras de trabalho clandestino, pois a ditadura não tinha acabado e a perseguição aos comunistas perdurava.

No primeiro número de *Ecos à Carta de Prestes* foi assinalado o surgimento, em São Paulo, de uma "Comissão Estadual de São Paulo em defesa do PCB", alinhada com as posições de Prestes, com a qual eu havia me reunido atendendo a convite para discutir a orientação política que seria adotada por essa entidade. O apoio à greve então em curso dos metalúrgicos do ABC e de outras cidades do interior de São Paulo era defendido em documento dessa comissão, no qual se frisava a diferença entre tal posicionamento – que também era o de Prestes – e o daqueles que estavam preocupados em não "aguçar tensões", caso da maioria do CC e da "Comissão Estadual de Reorganização do PCB de São Paulo", subordinada à direção nacional do Partido. Nesse primeiro número de *Ecos*, foram registradas outras manifestações de apoio à *Carta* de Prestes: já haviam se solidarizado com suas posições os Comitês Estaduais do PCB do Rio Grande do Sul, do Espírito Santo, do Ceará e de Sergipe. Foi também proposta a formação de uma Comissão Nacional Provisória para assegurar "a realização democrática do VII Congresso"[48].

O segundo número de *Ecos à Carta de Prestes* apresentou uma súmula das principais divergências entre ele e o CC do PCB, destacando que:

---

[46] *Ecos à Carta de Prestes*, n. 1-4, abr.-jul. 1980.
[47] *Voz Operária*, n. 161-187, set. 1980-jan. 1983.
[48] *Ecos à Carta de Prestes*, n. 1, abr. 1980.

1) Enquanto Prestes se coloca ao lado da classe operária e dá seu apoio aos metalúrgicos em greve, [...] o CC e seu jornal *Voz da Unidade* estão contra a greve.
2) Enquanto Prestes considera [...] que a democracia tem sempre um conteúdo de classe determinado [...], o CC e *Voz da Unidade* "teorizam" a respeito de uma democracia "pura" e acima das classes [...].
3) Enquanto Prestes [...] considera essencial [...] acumular forças para que se possa chegar à liquidação do regime capitalista e à revolução socialista; as posições do CC [...] convergem no sentido de não questionar a dominação capitalista [...].
4) Enquanto Prestes diz claramente que a ditadura ainda está aí e é necessário derrotá-la [...], o CC do PCB evita referir-se ao regime como a uma ditadura, e [...] alguns membros do CC se mostram favoráveis a apertar a "mão estendida" do general Figueiredo [...].
5) Enquanto Prestes considera que o centro da atividade dos comunistas deve ser o trabalho de massas [...], o CC do PCB e seu jornal [...] fazem do Parlamento o lugar privilegiado da luta pela democracia.
6) Enquanto Prestes [...] defende a formação de uma ampla frente democrática e, ao mesmo tempo, a unificação das forças de "esquerda" dentro da frente democrática [...], o CC do PCB [...] quer uma frente democrática da qual estejam excluídas as diferentes forças de "esquerda", [...] na qual os comunistas estejam a reboque da burguesia liberal.
7) Enquanto Prestes considera que "a legalização do PCB terá que ser uma conquista do movimento de massas e de todas as forças realmente democráticas em nosso país", o CC do PCB revela disposição de aceitar o acordo que lhe vem sendo proposto pela ditadura.
8) Enquanto Prestes mantém uma posição de firme apoio à União Soviética e a todo o campo socialista, os membros do atual CC têm revelado uma posição cada vez mais clara do que poderia ser chamado de "antissovietismo envergonhado".
9) Enquanto Prestes está empenhado [...] em fazer uma autocrítica profunda tanto da política do PCB como de seus métodos de organização, o CC não mostra a menor disposição à autocrítica e vem intensificando sua atividade terrorista na condução da luta interna [...].[49]

Os quatro números de *Ecos à Carta de Prestes* deram grande destaque às organizações do PCB que, atendendo ao apelo da *Carta*, romperam com o CC, alinhando-se às posições de Prestes. Com esse objetivo, foram criadas nume-

---

[49] Ibidem, n. 2, maio 1980; grifos do original; disponível na página do Instituto Luiz Carlos Prestes: <http://www.ilcp.org.br/prestes/index.php?option=com_content&view=article&id=127:documento-publicado-em-ecos-a-carta-de-prestes&catid=26:documentos&Itemid=146>, acesso em: 30 set. 2019.

O regresso ao Brasil e os últimos anos   241

rosa comissões de reorganização partidária em vários níveis. A formação de uma Comissão Nacional Provisória para assegurar a realização democrática do VII Congresso do PCB foi a principal palavra de ordem levantada em *Ecos*[50].

Enquanto no Brasil o conflito entre partidários de Prestes e da direção do PCB se acentuava, meu pai viajou à Europa na tentativa de esclarecer junto aos partidos comunistas irmãos e, em particular, junto à direção do PCUS, a orientação política por ele adotada a partir da divulgação da *Carta aos comunistas*. Em pouco tempo ficou claro que, a título de não intervir nos assuntos internos do PCB, a atitude da cúpula do PCUS, acompanhada pela maioria dos demais dirigentes do movimento comunista internacional, era de rejeição aos argumentos apresentados por Prestes. O fato era que a crise deflagrada no PCB e denunciada por Prestes não deixava de ser a antecipação da crise que atingiria esses partidos uma década mais tarde... Houve, contudo, uma liderança comunista de grande destaque internacional que, naquele momento, lhe concedeu apoio, embora discreto: Fidel Castro[51].

Em setembro de 1980, uma importante entrevista de Prestes foi publicada no primeiro número da nova edição de *Voz Operária*[52]. Ele abordou as principais questões políticas no cenário nacional daquele momento, e voltou a explicar sua visão, exposta na *Carta aos comunistas*, sobre a unidade das esquerdas em ligação com a frente democrática, deixando claro que, para os comunistas, ao lado da luta pela formação de uma ampla frente democrática, era fundamental "fazer esforços para que dentro dela" se unissem "as forças mais consequentes, aquelas que estão dispostas a lutar pela democracia como parte integrante da luta pelo socialismo". E acrescentou: "A unidade das forças de 'esquerda' será uma condição importante para, uma vez derrotada a ditadura, assegurar a continuidade da luta rumo aos objetivos revolucionários da classe operária"[53].

Nos anos que se seguiram, meu pai não deixou de participar da vida nacional e de se pronunciar sobre os principais acontecimentos políticos em curso, inclusive no movimento operário, mantendo-se firme na defesa das posições que assumira em flagrante desafio às tendências reformistas adotadas pela direção do PCB[54].

Transcorrido um ano do lançamento da *Carta aos comunistas*, tornara-se evidente para Prestes e para nós, seus colaboradores mais próximos, que não havia possibilidade de realizar um VII Congresso efetivamente democrático. O desenrolar dos acontecimentos daquele ano tinha demonstrado que o "pântano"

---

[50] Ibidem, n. 1-4, abr.-jun. 1980.

[51] Relatos de Prestes à autora.

[52] "Luiz Carlos Prestes opina sobre o momento político atual", *Voz Operária*, n. 161, set. 1980.

[53] Idem. Ver também Anita Leocadia Prestes, *Luiz Carlos Prestes*, cit., p. 496-7.

[54] Ver Anita Leocadia Prestes, *Luiz Carlos Prestes*, cit., p. 498-505 e cap. XIX.

possuía o domínio da máquina partidária e iria promover um congresso sob seu estrito controle, de forma a garantir a manutenção do *status quo*, assim como a aprovação das teses oportunistas de direita criticadas por Prestes.

A proposta feita por Gregório Bezerra, em maio de 1980, de que os comunistas alinhados às posições revolucionárias de Luiz Carlos Prestes se empenhassem na formação de uma Comissão Nacional de Reorganização do PCB teve repercussão significativa entre numerosos militantes comunistas e foi reproduzida nos quatro números de *Ecos à Carta de Prestes*. Com o relançamento do *Voz Operária*, documentos aprovados por numerosos comitês locais, municipais e estaduais de reorganização do PCB passaram a ser reproduzidos no jornal. O anseio principal de todos esses organismos, criados sob a influência da *Carta aos comunistas*, era a fundação da Comissão Nacional de Reorganização do PCB[55], tarefa que, na prática, revelou-se extremamente complexa e eivada de problemas.

Voz Operária alertara que "seria uma ilusão pensar que as profundas deformações criadas na vida orgânica do PCB no decorrer de decênios de uma política errada poderiam ser rápida e facilmente superadas". Na prática, os mesmos erros se repetiam, e havia enorme carência de quadros partidários preparados para assumir as tarefas de direção com eficácia e competência, deixando aberto "um espaço propício à proliferação dos aventureiros e carreiristas". Diante de tal situação, a orientação defendida pelo jornal foi a de desenvolver esforços em três direções principais:

> 1) o da elaboração de uma política correta, tanto em suas linhas gerais quanto em seus aspectos concretos, para cada setor do movimento de massas;
> 2) o da aplicação dessa política no movimento operário, camponês, estudantil etc.;
> 3) e o da construção de *núcleos de comunistas* (desde bases até organizações de diversos níveis) estreitamente ligados a esses diferentes setores do movimento de massas.[56]

Ainda segundo o *Voz Operária*, o papel do jornal consistiria em ser "o *organizador coletivo* (na expressão de Lênin) desses núcleos de comunistas". A perspectiva que naquele momento revelava-se a mais correta era a de que os comunistas que estivessem de acordo com a orientação política de Prestes *se organizassem em núcleos* (bases e coordenações eleitas para coordenar o trabalho das bases em nível estadual), tendo em vista atingir algumas metas pretraçadas. Tratava-se de uma perspectiva de trabalho a longo prazo, uma vez que a própria experiência vinha

---

[55] *Voz Operária*, 1980-1982; documentos de comissões locais de Reorganização do PCB (arquivo particular da autora).

[56] "Organização: os caminhos da construção de um *Partido Novo*, efetivamente revolucionário", *Voz Operária*, n. 174, out.-nov. 1981, p. 6-7; grifos do original.

revelando que ainda não se haviam formado "as condições para a criação de uma comissão nacional que unificasse o trabalho dos diferentes núcleos existentes no país". De acordo com a matéria do *Voz Operária*, o camarada Prestes deixara claro que não participaria de uma iniciativa desse tipo enquanto não surgissem as condições mínimas para o real funcionamento de semelhante coordenação. Ao explicar as razões alegadas por ele, o jornal destacou:

> Em primeiro lugar, as condições materiais e de segurança hoje existentes levariam a que a criação, no momento atual, de uma comissão nacional constituísse na realidade numa repetição dos métodos do CC atual, que passou a atuar legalmente desconsiderando que o regime ditatorial perdura e expondo inteiramente a organização partidária aos intentos da repressão. Em segundo lugar, ainda não surgiram os quadros realmente representativos, provados e capacitados para integrarem o núcleo dirigente do novo Partido que se pretende formar. Certamente esses quadros, assim como as condições materiais e de segurança, poderão se formar *num processo*, mais ou menos longo, que a experiência parece indicar que poderá ocorrer através do desenvolvimento dos núcleos de comunistas propostos pela *Voz Operária.*[57]

O *Voz Operária* continuou a publicar documentos oriundos de diversos pontos do país nos quais era defendida a criação da Comissão Nacional de Reorganização do PCB, deixando claro, entretanto, que tal posição não era adotada por Prestes. O jornal reproduziu, por exemplo, um documento intitulado *Manifesto do Nordeste brasileiro (dos comunistas que se alinham com Luiz Carlos Prestes)*, assinado por seis Comitês Estaduais e Comissões de Reconstrução e Defesa dessa região do país[58]. Nele, constavam as propostas de "pugnar pela imediata constituição de Comissão Nacional Provisória", e de "constituir provisoriamente Colegiado Dirigente para a região Nordeste do Brasil". Ao reproduzir o documento, o jornal esclareceu que sua publicação, assim como a de outros textos de teor semelhante, tinha o objetivo de "favorecer a discussão e a troca de ideias entre os comunistas"[59].

Na realidade, a *Carta aos comunistas* teve grande repercussão e levou numerosos militantes a tentar "salvar" o PCB, reorganizá-lo ou estruturar novas organizações em bases verdadeiramente revolucionárias[60]. Os intentos foram fracassados e

---

[57] Idem; grifos do original.

[58] "Manifesto do Nordeste brasileiro (dos comunistas que se alinham com Luiz Carlos Prestes)", Recife, nov. 1981, publicado em *Voz Operária*, n. 176, jan. 1982, p. 6-8.

[59] Idem.

[60] Ver, por exemplo, Comitê Estadual Gregório Bezerra (Goiás), *Relatório sobre o Encontro Nacional, realizado em Porto Alegre, 5 a 6/10/1985* (documento datilografado fotocopiado, 6 p.; Arquivo Edgard Leuenroth/Unicamp, coleção Luiz Carlos Prestes, Manuscritos, PCB-CC, pasta 189).

revelaram a inexistência das condições necessárias para a organização imediata de um partido revolucionário – fato rapidamente compreendido por Prestes, que nos últimos anos de sua vida desaconselhou novas tentativas nesse sentido. Recordo-me de ter participado, junto com meu pai ou sem a presença dele, de diversos encontros com militantes que insistiam para que Prestes encabeçasse a organização de uma Comissão Nacional. Argumentávamos que não existiam então condições para tal, embora ninguém estivesse impedido de tentar fazê-lo; cheguei a apontar a presença de um "culto à personalidade" de Prestes, quando se considerava que o futuro do movimento comunista no Brasil dependia da atitude a ser por ele tomada.

No Encontro Estadual dos comunistas gaúchos que se orientavam pela *Carta aos comunistas*, realizado em janeiro de 1984, por exemplo, foi fundado o Partido Comunista Marxista-Leninista. Na ocasião Prestes explicou sua posição, afirmando que "um partido revolucionário só pode surgir de cima para baixo, por intermédio de um grupo ideológico firme, porque é a ideologia que une os comunistas e os distingue de outras forças". Essa tentativa, como outras experiências do mesmo tipo, não conseguiu consolidar-se[61].

Mais tarde, em 1987, Prestes recebeu o "Apelo" a ele dirigido por um grupo de companheiros para que tomasse a iniciativa de reunir "em âmbito nacional delegados de nossos camaradas em cada um dos estados em que alguns deles residiam, com o objetivo de chegarmos à formulação da teoria científica da revolução em nosso país na época atual". Prestes recusou-se a tomar tal atitude, argumentando ser a teoria inseparável da prática e recomendando à militância

> fazer esforços para penetrar nas fábricas, nas fazendas, nas concentrações operárias e camponesas, como também nas escolas e universidades, nas repartições públicas e estatais, para estabelecer contato direto com os trabalhadores, contato direto e pessoal – com homens, mulheres e jovens, tanto analfabetos quanto intelectuais – e levá-los a que se organizem em sindicatos ou noutras formas possíveis.[62]

Prestes considerava que, com o êxito de tal trabalho prático, junto com o estudo do marxismo-leninismo,

---

[61] Ver *Resoluções políticas do III Encontro Estadual dos comunistas gaúchos que se orientam pela* Carta aos comunistas *do camarada Luiz Carlos Prestes*, jan. 1984 (documento datilografado fotocopiado, 29 p.; Arquivo Edgard Leuenroth/Unicamp, coleção Luiz Carlos Prestes, Manuscritos, PCB-CC, pasta 242); "Documento do PCML – Partido Comunista Marxista-Leninista", jan. 1984, 28 p., em *Informes dos órgãos de segurança sobre Luiz Carlos Prestes* (confidencial).

[62] Luiz Carlos Prestes, *Prezados companheiros*, Rio de Janeiro, 23 jul. 1987 (documento impresso original, 1 f.; arquivo particular da autora).

a *reunião nacional* por vocês proposta poderá, um dia, alcançar algum êxito, deixará de ser mera troca de palavras e de opiniões contraditórias, terá por base a teoria da Revolução do proletariado – o marxismo-leninismo – e sua acertada aplicação nas condições concretas de nosso país e poderá, por isso, produzir frutos úteis capazes de estimular a luta pela conquista de um novo regime social que abra caminho para a sociedade livre da exploração do homem, para a construção do socialismo no Brasil.[63]

Numa tentativa de fundamentar sua argumentação frente aos autores do "Apelo", Prestes recorreu mais uma vez a Lênin. Após a derrota da Revolução de 1905, respondendo à ideia dos mencheviques de convocar o congresso, considerando que isso traria "um princípio de coesão à construção organizativa das massas operárias" e faria com que se ressaltasse ante elas "os interesses comuns da classe operária e seus objetivos", Lênin propunha:

Primeiro, construção organizativa e, depois, os *objetivos* [grifado por Lênin]; quer dizer, o programa e a tática! Não deveríamos raciocinar ao inverso, camaradas "literatos e práticos"? Refleti: é possível *unificar* a construção organizativa se não se *unificou* a interpretação dos interesses e os objetivos de classe? Refleti e vereis que não é possível.[64]

No esforço voltado a explicar o fracasso das diversas tentativas de fundar um partido efetivamente revolucionário no Brasil, empreendidas por numerosos comunistas durante a década de 1980, os escritos de Gramsci, baseados em grande medida na experiência como fundador do Partido Comunista Italiano, têm inegável relevância e atualidade. O teórico e dirigente comunista italiano considerava que, "para que um partido exista, é necessária a confluência de três elementos fundamentais (isto é, três grupos de elementos)":

1) Um elemento difuso, de homens comuns, médios, cuja participação é dada pela disciplina e pela fidelidade, não pelo espírito criativo e altamente organizativo. [...] Eles constituem uma força na medida em que existe quem os centraliza, organiza e disciplina, mas, na ausência dessa força de coesão, ele se dispersariam e se anulariam numa poeira impotente.[...]

---

[63] Idem.

[64] Vladímir Ilitch Uliánov Lênin, "Exasperado desconcierto (Sobre el problema del Congreso Obrero)", em *Obras completas*, t. 12 (Buenos Aires, Cartago, 1907), p. 303. Conforme citado em Luiz Carlos Prestes, *Prezados companheiros*, cit.

246   Viver é tomar partido

2) O elemento de coesão principal, que centraliza no campo nacional, que torna eficiente e poderoso um conjunto de forças que, abandonadas a si mesmas, representariam zero ou pouco mais; este elemento é dotado de força altamente coesiva, centralizadora e disciplinadora e também (ou melhor, talvez por isso mesmo) inventiva, se se entende inventiva numa certa direção, segundo certas linhas de força, certas perspectivas, certas premissas. [...] [Por] si só, esse elemento não formaria o partido, mas poderia servir para formá-lo mais do que o primeiro elemento considerado. Fala-se de capitães sem exército, mas, na realidade, é mais fácil formar um exército do que formar capitães. [...]
3) Um elemento médio, que articule o primeiro e o segundo elementos, que os ponha em contato não só "físico", mas moral e intelectual. [...]

Gramsci frisava a importância do segundo elemento por ele referido, "cujo nascimento está ligado à existência das condições materiais objetivas (e, se esse segundo elemento não existe, qualquer raciocínio é vazio)", acrescentando que, para formar esse segundo elemento, "é preciso que se tenha criado a convicção férrea de que uma determinada solução dos problemas vitais seja necessária"[65].

Partindo dessas indicações do revolucionário comunista italiano, verificamos que no Brasil dos anos 1980 inexistiam as *condições materiais objetivas* para a formação do segundo elemento por ele apresentado, ou seja, inexistiam as condições para o surgimento dos "capitães" dotados "de força altamente coesiva, centralizadora e disciplinadora e também (ou melhor, talvez por isso mesmo) inventiva". Sem esse elemento, os outros dois se dispersariam e anulariam. Esse foi justamente o resultado do movimento provocado pelos comunistas alinhados com as posições de Prestes, que pretenderam a reorganização do PCB ou a criação de um partido efetivamente revolucionário no Brasil.

Prestes compreendeu que inexistiam os "capitães" dotados de capacidade para "tomar os destinos do Partido em suas mãos" e que, para formá-los, seria necessário um longo processo de preparação das *condições materiais objetivas*. Percebeu ainda que a crise vivida pelo PCB era também uma crise do movimento comunista internacional e do chamado "socialismo real", ainda que não houvesse previsto a "explosão" do sistema socialista que ocorreria uma década depois. A *Carta aos comunistas* antecipou questões que viriam a se colocar, com grande intensidade, para os comunistas do mundo inteiro uma década mais tarde. Muitas dessas questões mantêm sua atualidade.

Durante os primeiros anos após nosso regresso ao Brasil, afora minhas atividades profissionais e partidárias – trabalhar em traduções e transcrição de fitas cassete para garantir a sobrevivência, colaborar com meu pai na escrita da *Carta*

---

[65] Antonio Gramsci, *Cadernos do cárcere*, v. 3, cit., p. 316-8; grifos meus.

aos comunistas, na elaboração de *Ecos à Carta de Prestes* e de outros documentos, assim como na reedição do *Voz Operária*, escrever o artigo "A que herança devem os comunistas renunciar?", participar de debates com militantes sobre as posições defendidas por Prestes –, atendi a convites para falar em eventos públicos, em geral em auditórios de universidades, sobre as conclusões a que chegara em minha tese de doutorado defendida em Moscou sobre as transformações ocorridas no capitalismo brasileiro. Com esse objetivo, e sempre concedendo entrevistas à imprensa sobre as posições políticas que defendíamos, estive, além do Rio de Janeiro, em Vitória, Porto Alegre, Fortaleza, Recife e Salvador[66].

Ao mesmo tempo, junto com Marly Vianna e seu companheiro Ramon Peña Castro, gravamos, durante várias sessões, entrevistas do meu pai relatando sua vida e sua atuação política. Tratava-se de preservar a memória de Prestes, pois ele sempre se recusou a escrever, dizendo que não era escritor. Essas entrevistas, junto com outros documentos, foram importantes para pesquisas posteriores que realizei na universidade sobre a Coluna Prestes e outros momentos da vida política do meu pai.

Durante o ano de 1982 dediquei-me a estudar a bibliografia necessária para concorrer na seleção ao curso de mestrado em História da UFRJ e/ou tentar o ingresso em doutorado na USP, pois no Rio de Janeiro ainda não havia doutorado nessa área. Possuía algum conhecimento da matéria e, a partir das entrevistas gravadas do meu pai, infenso aos apelos de que escrevesse suas memórias, estava motivada a pesquisar a história da Coluna Prestes, assim como outros momentos de sua longa trajetória.

No início de 1983 fui aprovada na seleção ao curso de mestrado em História da UFRJ, ocasião em que conheci a professora Maria Yedda Leite Linhares. Ela fazia parte da banca examinadora e de imediato se interessou pela ideia de pesquisar a Coluna Prestes, episódio que muito admirava, aceitando ser minha orientadora nesse trabalho. Desde logo me orientou na elaboração de projeto para concorrer a uma bolsa de pesquisa do CNPq. Estabelecemos relacionamento de amizade que perdurou até seu falecimento, em 2011. Durante o convívio

---

[66] Ver, por exemplo, Tibério Canuto, "Em última instância a nossa estratégia é socialista – Anita Leocadia explica suas concepções sobre a sociedade brasileira, sobre estratégia e tática", *Movimento*, São Paulo, n. 293, 9 a 15 fev. 1981, p. 6 e 7; "Anita Prestes aponta falhas na abertura", *A Gazeta*, Vitória, 11 jun. 1981; "Anita Prestes participa de debates em Vitória", *A Tribuna*, Vitória, 11 jun. 1981; "Filha de Prestes defende aqui as ideias do pai", *Zero Hora*, Porto Alegre, 22 ago. 1981; "Retrocesso: 'um perigo permanente'", *Folha da Tarde*, Porto Alegre, 22 e 23 ago. 1981, p. 13; "Anita Prestes quer união das esquerdas", *Correio do Povo*, Porto Alegre, 22 ago. 1981; "Anita Prestes na UFC", *Diário do Nordeste*, Fortaleza, 20 abr. 1982; "Anita Prestes: Monopólio domina a vida nacional", *O Povo*, Fortaleza, 20 abr. 1982; "Anita Prestes vê abertura sem confiança", *Diário de Pernambuco*, Recife, 25 abr. 1982; "Anita", *Diário de Pernambuco*, Recife, 27 abr. 1982.

de tantos anos, minha admiração por Maria Yedda tornou-se cada vez maior: renomada historiadora, brilhante professora e pesquisadora, destacada militante pela educação universal, pública, laica e de qualidade. Grande professora e amiga.

Ao mesmo tempo, tive a satisfação de conhecer pessoalmente o sociólogo Florestan Fernandes, que me recebeu em sua residência na capital paulista. Admirável pensador de esquerda, autor de obras que mudaram de maneira radical as interpretações até então existentes sobre o Brasil, o professor Florestan era uma pessoa simples e aberta ao diálogo. Devo a ele a recomendação para que Carlos Guilherme Mota me aceitasse como orientanda no curso de doutorado em História da USP[67]. O empenho do professor Carlos Guilherme foi decisivo para que eu obtivesse aprovação de bolsa de pesquisa no CNPq, podendo assim dispensar as traduções e a transcrição de fitas que vinha fazendo.

Até janeiro de 1985, quando teve lugar na Universidade Federal Fluminense (UFF) a primeira seleção para o curso de doutorado em História no estado do Rio de Janeiro, na qual fui aprovada, minhas atividades discentes transcorreram concomitantemente no mestrado da UFRJ e no doutorado da USP – uma situação inusitada. O professor Carlos Guilherme Mota concordara que eu cursasse os créditos do mestrado, que poderiam ser aproveitados no doutorado, para depois frequentar algumas disciplinas na pós-graduação na USP. Durante dois anos, compareci ao campus dessa universidade apenas para participar de alguns encontros de Carlos Guilherme com seus orientandos. Inaugurado o doutorado em História na UFF, pude dispensar o deslocamento a São Paulo, bastante oneroso – explicação para minha desistência da USP, prontamente aceita pelo professor Carlos Guilherme. Também desisti do mestrado na UFRJ, mas pude aproveitar os créditos lá obtidos no curso da UFF.

No doutorado da UFF, a professora Maria Yedda assumiu a orientação de minha tese sobre a Coluna Prestes. Também contei com a valiosa colaboração de Ciro Flamarion Santana Cardoso, grande historiador marxista, autor de obra gigantesca em diversas áreas do conhecimento e, ao mesmo tempo, pessoa simples, um professor sempre disponível e disposto a ajudar os alunos que o procuravam. Nesse doutorado havia a exigência de um grande número de créditos, ou seja, de disciplinas cursadas além das que concluíra no mestrado da UFRJ, circunstância que me levou a dispender muito tempo e ingentes esforços para cumpri-los.

Durante esses anos de intensos estudos e de continuado trabalho de pesquisa da Coluna Prestes, não deixei de acompanhar meu pai nas atividades políticas e na luta contra as posições reformistas defendidas pela direção do PCB, embora nem sempre pudesse comparecer aos eventos que então tiveram lugar.

---

[67] Para ingresso nos cursos de pós-graduação da USP não há seleção, mas aceite de professor doutor da instituição.

O relacionamento estreito que sempre existiu entre nós é revelado em atitudes por ele tomadas que até hoje me deixam emocionada – como, por exemplo, o cartão que me escreveu por ocasião de um dos meus aniversários:

> Salve 27-XI-1981
> Minha querida filha.
> Sempre fui de opinião que os pais, a partir de certa idade, devem saber aprender com os filhos. Só assim poderão corrigir seus erros e a natural tendência ao anacronismo. É certo que nem sempre é isso viável. Mas no meu caso tive a felicidade de encontrar em ti, na tua firmeza revolucionária, na tua solidariedade e ajuda, aquilo que mais necessito. Sei que estou ferindo tua modéstia, mas, nesta data, em que meu pensamento se volta para o martírio de tua mãe, espero que possas ver nestas linhas a expressão do meu carinho e dos votos que formulo pela tua saúde e felicidade. Beija-te o teu Pai.[68]

Participei, dentro das minhas possibilidades, das campanhas eleitorais de Leonel Brizola e de outros candidatos populares apoiados por Luiz Carlos Prestes no estado do Rio de Janeiro. Estive junto com ele na campanha das "Diretas já", participando ao seu lado de grandes manifestações ocorridas no Rio[69]. Quando necessário, representei meu pai em atos públicos aos quais ele não pôde comparecer por estar enfermo, viajando ou ocupado em outra atividade. Recordo-me que em 1984 teve lugar em vários estados do Brasil uma "Semana de Solidariedade ao Povo Palestino", ocasião em que se realizou sessão especial na Câmara Municipal do Rio à qual Prestes foi convidado, mas, adoentado, pediu-me para representá-lo. Tratava-se das comemorações do Dia Internacional de Solidariedade ao Povo Palestino (29 de novembro), data instituída pela ONU em 1977. Meu pai sempre foi solidário com a luta do povo palestino, expulso de suas terras e massacrado desde 1948 por Israel, com o apoio dos Estados Unidos – luta heroica para criar o Estado palestino livre, democrático e soberano em terras palestinas. Usei da palavra destacando a posição de Prestes de reconhecer o direito do povo palestino à sua autodeterminação e a necessidade da paz no Oriente Médio e em todo o mundo. Fui muito aplaudida e o nome de Luiz Carlos Prestes longamente ovacionado pelos presentes[70].

---

[68] Luiz Carlos Prestes, "Cartão à filha Anita", Rio de Janeiro, 27 nov. 1981 (arquivo particular da autora). Ver Anexo VIII, p. 294-5 deste volume.

[69] Para as atividades desenvolvidas por Prestes durante os anos 1980, ver Anita Leocadia Prestes, *Luiz Carlos Prestes*, cit., capítulo XIX.

[70] "Ata da 58ª Sessão Solene, em 17 set. 1984", *Diário da Câmara Municipal do Rio de Janeiro*, 18 set. 1984, p. 4; "Semana de Solidariedade ao Povo Palestino", volante impresso (arquivo particular da autora); *Palestine Al-Thawra* (revista em idioma árabe), p. 26.

250   VIVER É TOMAR PARTIDO

Também em 1984, organizamos no Rio de Janeiro evento comemorativo do sexagésimo aniversário do levante que, em 28 de outubro de 1924, deu início à Coluna Prestes no noroeste do estado do Rio Grande do Sul. A comemoração teve lugar na Câmara Municipal do Rio e seu principal organizador foi o camarada Accácio Caldeira, que contou com o apoio do então presidente da Câmara, o jornalista Maurício Azedo. Colaboraram os companheiros que militavam junto a Prestes e participavam das atividades do "Comitê Luiz Carlos Prestes", dirigido por Accácio. Durante três dias tivemos uma belíssima exposição de 150 fotos alusivas à Coluna Prestes, sendo realizada sessão solene muito concorrida no plenário da Câmara com a presença de meu pai, assim como de numerosas personalidades, entre as quais o dr. Sobral Pinto. Na ocasião Prestes foi condecorado com a medalha de mérito "Pedro Ernesto", recebendo o título de "cidadão carioca". Pouco tempo depois, voltamos a apresentar a mesma exposição no salão nobre do Instituto de Filosofia e Ciências Sociais (IFCS) da UFRJ, no centro da capital fluminense. Em 1994, por ocasião do septuagésimo aniversário do início da Coluna Prestes, novamente realizamos evento comemorativo no IFCS, reapresentando essa exposição fotográfica.

Em outubro de 1985, nossa família sofreu um golpe muito duro: o falecimento da tia Clotilde aos 86 anos de idade, vítima de problemas cardíacos. Meu pai ficou profundamente abalado com a perda de uma de suas irmãs, todas muito próximas a ele e muito queridas. As tias Eloiza e Lygia, com minha ajuda, assumiram o trabalho que vinha sendo realizado por Clotilde de arrecadação das contribuições financeiras de numerosos amigos e correligionários de Prestes para garantir seu sustento.

Em agosto de 1986, junto com meu pai e a tia Lygia, estive na inauguração do retrato de Olga, minha mãe, no Centro Integrado de Educação Pública (CIEP) que levava seu nome na Ilha do Governador, na cidade do Rio de Janeiro. Após percorrermos as dependências da escola, Prestes enalteceu o projeto educacional do governo Leonel Brizola, dizendo que ele foi "o único governador que fez algo em favor do trabalhador do Rio de Janeiro"[71]. Um ano depois, novamente visitamos o CIEP Olga Benario Prestes e pudemos verificar o progresso, tanto do ponto de vista do aprendizado como da saúde e da cultura, das crianças e dos adolescentes nele matriculados. Também tive a oportunidade de, junto com meu pai, inaugurar escolas municipais com o nome de minha mãe, em 1987, em Aracaju, a convite do prefeito Jackson Barreto[72], e em 1988, na cidade paulista de Itu, a convite do prefeito Lázaro José Piunti.

---

[71] Ver "Prestes inaugura retrato de Olga no CIEP da Ilha", *Última Hora*, Rio de Janeiro, 21 ago. 1986, p. 5.

[72] Ver "Para Prestes os PCs estão com a direita", *Jornal da Manhã*, Aracaju, 24-25 maio 1987, p. 2.

O REGRESSO AO BRASIL E OS ÚLTIMOS ANOS   251

Em março de 1987, por iniciativa de Alceu Collares, então prefeito de Porto Alegre, foi inaugurada a Escola Municipal Leocadia Felizardo Prestes, no bairro de Cavalhada, na periferia da cidade – merecida homenagem à minha avó paterna, uma gaúcha conhecida pelas suas ideias avançadas e que se revelou extremamente corajosa e decidida. Convidados do prefeito, comparecemos meu pai, eu e as tias Eloiza e Lygia. A cerimônia foi comovente e meu pai, emocionado, ao agradecer a iniciativa do prefeito da cidade natal de Leocadia, prestou linda homenagem à sua progenitora[73]. Tivemos oportunidade de visitar a escola e verificar seu funcionamento, garantidor não só de ensino de boa qualidade como da alimentação necessária para uma vida saudável das crianças de uma comunidade bastante carente.

Também acompanhei meu pai em visita ao estado do Piauí, entre os dias 25 e 28 de julho de 1987, convidados pela Academia Piauiense de Letras, a Prefeitura Municipal de Oeiras e o Instituto Histórico de Oeiras. Cumprimos intensa programação não só em Teresina, como também em Oeiras, Floriano e Monsenhor Gil (antigo povoado de Natal), locais por onde a Coluna Prestes passou em 1925 e 1926, durante a Marcha pelo Nordeste do país. Estivemos ainda em Timon (antiga Flores), no lado maranhense do rio Parnaíba, vila que foi atravessada por dois destacamentos da Coluna, e finalmente visitamos o monumento comemorativo da Batalha do Jenipapo[74] em Campo Maior, nas proximidades de Teresina. Meu pai ficou comovido com as homenagens a ele prestadas, pois dizia que era a primeira vez que estava sendo honrado na qualidade de comandante da Coluna Invicta. Pude verificar que no Piauí a passagem da Coluna deixara marcas indeléveis. Entrevistei pessoas que guardavam lembranças da presença na região dos combatentes de Prestes ou descendentes que tinham ouvido histórias contadas por pais e avós. Havia unanimidade quanto ao comportamento respeitoso da Coluna em relação às populações locais, enquanto as tropas governistas que perseguiam os revoltosos praticavam toda sorte de violência no caminho que percorriam[75].

Em setembro de 1987, passei um mês em Campinas, pesquisando no Arquivo Edgard Leuenroth da Universidade Estadual de Campinas (Unicamp)

---

[73] Ver "Prestes inaugura escola na Cavalhada", *Zero Hora*, Porto Alegre, 6 mar. 1987, p. 32; "A Capital homenageia uma das suas mais ilustres cidadãs", *Jornal do Comércio*, Porto Alegre, 6 mar. 1987; "Prestes quer Partido Comunista verdadeiro", *Correio do Povo*, Porto Alegre, 6 mar. 1987, p. 18; *Diário do Sul*, Porto Alegre, 6 mar. 1987; Joaquim José Felizardo, "Leocadia Felizardo Prestes", *Diário do Sul*, Porto Alegre, 13 mar. 1987.

[74] Uma das batalhas mais sangrentas pela Independência do Brasil, ocorreu no Piauí às margens do riacho de mesmo nome, no dia 13 de março de 1823.

[75] *Convite – Programa da Prefeitura Municipal de Oeiras, Instituto Histórico de Oeiras e Academia Piauiense de Letras para prestigiar a visita de Luiz Carlos Prestes ao Piauí, acompanhado de sua filha, a professora universitária Anita Leocadia*, jul. 1987.

documentação relacionada à Coluna Prestes, em especial os microfilmes do arquivo de Artur Bernardes, presidente do Brasil na época da Coluna. Encontrei material precioso: telegramas e mensagens dos comandantes militares que perseguiram os rebeldes da Coluna, enviados ao então ministro da Guerra, general Setembrino de Carvalho, que os repassava ao presidente da República. Pude, dessa maneira, confrontar as versões dos comandantes da Marcha com as dos seus perseguidores – algo muito importante para a pesquisa histórica.

Em outubro do mesmo ano viajei ao noroeste do Rio Grande do Sul, onde permaneci por um mês buscando registros do levante tenentista nesse estado, que deu origem à Coluna Prestes. Foram dias de intensa atividade a partir da cidade de Santo Ângelo, onde me estabeleci na casa de amigos. Entre antigos combatentes do levante e da Marcha, elementos que perseguiram os rebeldes e moradores que tinham lembranças daqueles acontecimentos, entrevistei 31 pessoas, residentes não só em Santo Ângelo, como também em São Luís Gonzaga, Erechim, Tenente Portela, Rincão dos Anjos, Coronel Bicaco, Ramada, Ijuí e Porto Alegre. Entrevistei cinco historiadores locais e estudiosos da história das regiões percorridas pela Coluna e consegui com eles documentos de época. Fui à cidade de Três Passos, onde obtive com a filha do capitão Pedro Sales de Oliveira Mesquita, que perseguiu as tropas rebeldes, uma cópia do diário escrito por ele. Em todos esses lugares fui recebida com muito interesse e grande solidariedade em relação às minhas atividades de pesquisadora. Visitei instituições de pesquisa tanto em Santo Ângelo quanto na capital do estado, ao final da viagem. O material recolhido durante esse mês foi de grande importância na elaboração da minha tese de doutorado sobre a Coluna Prestes.

Aproveitei a estada naquela região para visitar lugares históricos, como a Ramada, onde se deu um dos combates importantes do início da Marcha, embora a região estivesse diferente do que fora em 1925, quando as escaramuças entre rebeldes e governistas aconteceram no meio de capões (pequenos bosques) que em 1987 já não existiam, substituídos por campos de soja e milho. Visitei o lugar às margens do rio Uruguai onde morreu heroicamente, atingido por balas inimigas, o tenente Mário Portela Fagundes – local em que se encontra seu túmulo. Estive no vão do rio Ijuizinho, onde no final de 1924 Prestes pôde ocultar os combatentes da Coluna, pois havia uma mata espessa, que também desaparecera com o correr dos anos. Aproveitei para conhecer as ruínas jesuíticas da região das Missões: no lado brasileiro, São Miguel das Missões, e, no lado argentino, as ruínas de Santo Inácio – um espetáculo inesquecível, registro da cultura jesuítica e do seu domínio sobre os indígenas na região.

Em 3 de janeiro de 1988 meu pai completou noventa anos. Desde 1981, os companheiros, correligionários e amigos mobilizavam-se anualmente para comemorar seu aniversário natalício, transformando tal acontecimento num evento

O REGRESSO AO BRASIL E OS ÚLTIMOS ANOS   253

de apoio às posições políticas defendidas por Prestes. No decorrer desses anos houve festividades e comemorações em vários estados do Brasil, com destaque para os realizados no Rio de Janeiro, por ocasião do 85º aniversário, em 1983, e nas comemorações do seu 90º aniversário, em 1988[76]. O camarada Accácio Salvador Caldeira, à frente do "Comitê Luiz Carlos Prestes", desempenhou papel decisivo na mobilização e organização desses eventos, que contaram com significativa presença popular e grande entusiasmo dos seus participantes. Ao lado de atividades políticas – discursos de destacados intelectuais e de personalidades de partidos e correntes políticas que mantinham algum tipo de relacionamento com Prestes e com o grupo que o apoiava –, destacavam-se a presença e a participação de artistas populares como Taiguara, Beth Carvalho e Artur Moreira Lima, cujas apresentações sempre abrilhantaram esses eventos festivos.

Os anos de 1988 e 1989 foram para mim de trabalho intenso na escrita da tese de doutorado sobre a Coluna Prestes. No decorrer das pesquisas que realizara em fontes diversificadas havia recolhido um volume considerável de material, que precisei organizar para então empreender a elaboração da tese; tive também o privilégio de consultar meu pai sempre que julguei necessário. A orientação da professora Maria Yedda Linhares e a leitura crítica do professor Ciro Cardoso foram de grande valia para o sucesso do trabalho. Defendi a tese no dia 29 de novembro de 1989 no Instituto de Ciências Humanas e Filosóficas da UFF, em Niterói, na presença de numeroso público, certamente atraído pela notícia de que Prestes iria comparecer – algo inusitado num evento do tipo. Embora a saúde do meu pai já estivesse bastante debilitada, ele fez questão de estar presente, como as tias Lygia e Eloiza. Contei com a assistência de colegas e amigos. Grande número de jornalistas registrou o evento, que repercutiu na imprensa[77]. A banca examinadora, presidida por Maria Yedda Linhares (UFF), teve a participação dos professores Ciro Flamarion Cardoso (UFF), Carlos Guilherme Mota (USP), Francisco Iglesias (UFMG) e Hamilton de Mattos Monteiro (UFF), que aprovaram a tese com louvor, destacando que a autora e

---

[76] Ver a imprensa do Rio de Janeiro dos meses de janeiro de 1983 e 1988.

[77] "Coluna Prestes é tese de Anita da UFF hoje", *Última Hora*, Rio de Janeiro, 29 nov. 1989; Antônio Werneck, "Filha de Prestes inova com sua tese sobre o pai", p. 5 e "Filha de Prestes revê anos 20", *O Fluminense*, Niterói, 30 nov. 1989; "Anita Prestes defende tese sobre o pai", *Jornal do Brasil*, Rio de Janeiro, 30 nov. 1989, p. 12; "Filha dá a Prestes tese sobre drama da 'Coluna'", *O Dia*, Rio de Janeiro, 30 nov. 1989; "Anita transformará sua tese em livro", *Última Hora*, Rio de Janeiro, 30 nov. 1989; "Coluna", *Zero Hora*, Porto Alegre, 1º dez. 1989, p. 3; Tânia Neves, "Coluna Prestes recuperada por Anita Leocadia", *O Globo*, Rio de Janeiro, 3 dez. 1989; Altamir Tojal, "Doutora Prestes: Anita Leocadia defende tese sobre o pai", *Istoé Senhor*, n. 1.055, 6 dez. 1989, p. 86; "Coluna Prestes é tema de tese na UFF", *Informe UFF*, Niterói, ano XV, n. 115, dez. 1989.

o principal personagem, Luiz Carlos Prestes, haviam revelado imparcialidade ao valorizar o desempenho de comandantes da Coluna que posteriormente se tornaram adversários políticos de Prestes, como Juarez Távora, Osvaldo Cordeiro de Farias e João Alberto Lins de Barros. A professora Maria Yedda, no prefácio ao livro que publiquei em 1990 reproduzindo a tese, escreveu que a autora demonstrara "notável isenção como observadora do seu fato histórico", "superando a ligação afetiva com aquele que era, ao mesmo tempo, o principal ator e a fonte fundamental do seu relato", acrescentando:

> Como filha, colocava-se a doutoranda na situação privilegiada de dispor da mais autorizada – e cobiçada – fonte de informação para o trabalho que construía e, ao mesmo tempo, como historiadora era-lhe imprescindível despojar-se, na medida do possível, da carga emocional inerente ao seu tema. Os examinadores da tese foram unânimes em ressaltar a objetividade da autora e a sua preocupação com a seriedade do trabalho científico.[78]

O parecer da banca examinadora dizia o seguinte:

> A tese é trabalho original, baseado em material abundante, manejado com objetividade e adequada metodologia, manifestando a autora indubitável vocação de historiadora. Por sua excelência, situa-se em posição de notável destaque na produção universitária brasileira e na historiografia de nossos dias. O trabalho resgata um tema histórico relevante, que não tem sido objeto da devida atenção por parte dos historiadores, detendo qualidade que recomenda pronta publicação.[79]

Na ocasião, abordado pelos jornalistas, meu pai declarou: "Pela primeira vez no país se fala do movimento pela ótica do marxismo," acrescentando: "É a primeira vez que se trata o tema de maneira séria. Há muita ignorância sobre o assunto"[80]. A outro jornalista, afirmou que a tese resultaria "no livro mais completo sobre a trajetória da Coluna", e ainda: "Ela procurou refletir a verdade e expor o que foi a Coluna"[81].

A cerimônia de defesa da tese sobre a Coluna Prestes foi um momento de muita emoção para mim, para minhas tias e, em particular, para meu pai – uma

---

[78] Maria Yedda Leite Linhares, "Prefácio", em Anita Leocadia Prestes, *A Coluna Prestes* (4. ed., São Paulo, Paz e Terra, 1997), p. 13.

[79] Antônio Werneck, "Filha de Prestes inova com sua tese sobre o pai", cit.

[80] Idem, "Anita Prestes defende tese sobre o pai", cit.

[81] "Filha dá a Prestes tese sobre drama da 'Coluna'", cit.; "Coluna Prestes é tema de tese na UFF", cit.

das grandes alegrias dos seus últimos meses de vida. Outra grande satisfação, compartilhada por ele poucos dias antes de falecer, foi a premiação da tese pela Casa de las Américas, renomada instituição cultural de Cuba. Em janeiro de 1990, durante a celebração do trigésimo aniversário da outorga dos primeiros prêmios dessa instituição, o júri que avaliou a obra *A Coluna Prestes*, formado por Fernando Martínez Heredia (destacado intelectual cubano), Theotônio dos Santos (Brasil), Héctor Malavé Mata (Venezuela) e Manuel Maldonado Denis (Porto Rico), concedeu-me esse prestigiado prêmio na categoria "Ensaios"[82].

A morte do meu pai e os anos que se seguiram

Logo após seu 92º aniversário natalício (3 de janeiro de 1990), meu pai, com a saúde abalada, foi internado na Clínica São Vicente, no bairro carioca da Gávea. Embora a internação tenha sido por poucos dias, havia de parte dos médicos forte suspeita de que Prestes estivesse com leucemia – enfermidade grave, principalmente em sua idade, fator que impediria o recurso a transplante de medula ou tratamento quimioterápico. Em 16 de janeiro, visivelmente abatido, meu pai fez questão de comparecer às comemorações do seu aniversário, realizadas em clube operário de São Gonçalo. Nos dias que se seguiram, ele deveria submeter-se a uma série de exames médicos para esclarecer qual era o real estado de sua saúde.

O dr. Pedro Henrique Paiva, que chefiava a equipe médica, era meu velho conhecido do tempo do movimento estudantil: eu fora assistente da organização de base do PCB da qual ele fizera parte na Faculdade Nacional de Medicina da UFRJ. Pude, assim, manter contato estreito com ele e acompanhar de perto a evolução da situação do meu pai. Em fevereiro daquele ano, Prestes deveria realizar exame definitivo para confirmar ou não a presença de leucemia com o dr. Eduardo Cortês, destacado especialista em hematologia e oncologia. Contrariando as recomendações médicas, entretanto, viajou com dona Maria para uma praia no Ceará; havia risco de contrair infecção, que poderia ser fatal caso se confirmasse a leucemia. No final do mês, de regresso ao Rio, meu pai de imediato apresentou infecção urinária, que rapidamente levou ao agravamento de seu estado geral. A leucemia foi confirmada e tornou-se necessário hospitalizá-lo. Em poucos dias, apesar dos esforços da equipe médica, meu pai veio a falecer no hospital da Beneficência Portuguesa (Rio de Janeiro), na madrugada de 7 de março de 1990.

Recordo que, junto com a tia Lygia e na companhia de alguns amigos, permaneci todas as noites ao lado do meu pai no hospital. Em seus momentos finais, o médico que o assistia nos informou que sua vida estava se extinguindo.

---

[82] "Premio Literario Casa de Las Américas 1990", *Casa de las Américas*, n. 170, Havana, ano XXX, mar./abr. 1990.

Foram horas de grande aflição e intensa emoção. No sofá do quarto dormiam meus meios-irmãos Mariana e Yuri. Foi preciso que Lygia os sacudisse e dissesse: "Seu pai está morrendo!". Mais tarde chegou dona Maria.

Para mim, as tias Lygia e Eloiza e os companheiros e amigos mais próximos de Prestes, os seus últimos dias foram marcados pela tristeza com sua perda irreparável e também pelo comportamento lamentável de dona Maria e seus filhos. Tirando proveito do fato de que meu pai entrara em coma, passaram a fazer declarações públicas aos jornalistas que acorreram ao hospital, dizendo que Prestes estaria consciente e em condições de pronunciar-se. Utilizavam o nome dele para se promover e, principalmente no caso do meu meio-irmão Luiz Carlos, para se apresentar como herdeiros políticos do pai[83]. Enquanto Prestes esteve consciente, mantiveram-se discretos ou calados; com sua morte, passaram a atribuir ao meu pai opiniões e atitudes que em vida ele sempre condenara – um exemplo disso é o livro publicado por dona Maria[84], repleto de inverdades e invencionices.

Diante de tal situação, fui obrigada, muitas vezes, durante a internação hospitalar, a comparecer diante da imprensa para desmentir declarações que desvirtuavam o pensamento do meu pai. Dona Maria e os filhos evitavam me atacar diretamente, temerosos da repercussão que disso poderia advir, e passaram a caluniar o então deputado Accácio Salvador Caldeira, eleito com o apoio de Prestes e seu dedicado assessor, comportamento denunciado por Lygia durante o velório do meu pai[85]. Frente a tal situação, a bancada do Partido Democrático Trabalhista (PDT) na Assembleia Legislativa do Estado do Rio de Janeiro aprovou

---

[83] Alguns exemplos de repercussão na imprensa: "Multidão vela Prestes na Assembleia", *O Globo*, Rio de Janeiro, 8 mar. 1990, p. 12; "Rio tem luto de 8 dias por Prestes" e "Filha mais velha rompe com família", *O Dia*, Rio de Janeiro, 8 mar. 1990, p. 3; "Velório atrai 10 mil à Assembleia", *O Dia*, Rio de Janeiro, 9 mar. 1990, p. 2; "Anita repele Freire e PCB", *O Dia*, Rio de Janeiro, 10 mar. 1990, p. 3; "Um adeus ao Cavaleiro", *Tribuna de Imprensa*, Rio de Janeiro, 9 mar. 1990, p. 2; "Piora estado de Luiz Carlos Prestes", *Diário de Pernambuco*, Recife, 6 mar. 1990, p. A-12; "Briga no velório de Prestes", *Diário de Pernambuco*, Recife, 8 mar. 1990, p. 1; Rosenildo Ferreira, "Família não crê na melhora de Prestes", *O Estado de S. Paulo*, 7 mar. 1990, p. 6; "Família pede enterro simples para Prestes", *O Estado de S. Paulo*, 9 mar. 1990, p. 6; "Prestes permanece em coma e recebe transfusões de sangue", *Folha de S.Paulo*, 7 mar. 1990, p. A-4; "Legado gera polêmica", *Folha de S.Paulo*, 9 mar. 1990, p. A-4.

[84] Maria Prestes, *Meu companheiro: 40 anos ao lado de Luiz Carlos Prestes* (Rio de Janeiro, Rocco, 1992).

[85] "Multidão vela Prestes na Assembleia", cit.; "Filha mais velha rompe com família", cit.; Rosenildo Ferreira, "Família não crê na melhora de Prestes", cit.; "Família pede enterro simples para Prestes", cit.; "Prestes permanece em coma e recebe transfusões de sangue", cit.; "Legado gera polêmica", cit.

moção à mesa diretora da Casa manifestando repúdio "às calúnias atiradas contra o companheiro Accácio Caldeira" e afirmando "seu caráter, sua amizade e fidelidade ao lendário Cavaleiro da Esperança", que "só trazem orgulho e envaidecem a nossa Assembleia Legislativa"[86].

A divulgação de inverdades a respeito de Prestes teve prosseguimento nos anos seguintes, o que não pude deixar de combater através de entrevistas e cartas aos jornais, contando sempre com o apoio das tias Lygia e Eloiza, assim como de companheiros e amigos. Em setembro de 1991, por exemplo, considerei necessário rebater declarações do meu meio-irmão Luiz Carlos, pois havia ele dado publicidade a supostas opiniões de Prestes externadas em conversas particulares, durante as quais teria relatado "desilusões" com a União Soviética[87] – o que não correspondia ao comportamento do meu pai. Em dezembro de 1992, encaminhei carta à *Folha de S.Paulo* protestando contra o teor ofensivo a meu pai de artigo publicado no caderno *Mais!* do jornal, assinado por João Batista Natali e escrito a partir de "revelações sórdidas" da viúva de Prestes divulgadas em livro de sua autoria. Minha carta não foi publicada na íntegra[88]. Em dezembro de 1994, foi necessário rebater declarações do meu meio-irmão Yuri, que, recém-formado em História em curso concluído em Moscou, considerava-se entendido na história do PCB dos anos 1930, revelando, entretanto, "ignorância histórica" sobre os acontecimentos daquele período. Assim, atribuíra a Prestes a autoria, entre os anos de 1932 e 1934, de mais de 150 cartas, sob o pseudônimo jamais por ele usado de "André", a Honório de Freitas Guimarães, então secretário de organização do PCB. Meu pai à época não era nem sequer membro do PCB, nem escrevera cartas a esse dirigente[89]. Esses são apenas alguns exemplos da atividade que a partir de então me vi no dever moral de desenvolver para defender a memória de Luiz Carlos Prestes, atacada e desvirtuada pelos nossos inimigos

---

[86] Assembleia Legislativa do Estado do Rio de Janeiro, *Moção – Proposta à mesa diretora manifestação de repúdio à matéria do JB de 7 mar. 1990, Sala das Sessões, 15 mar. 1990* (assinada pelo dep. Pereira Pinto e demais deputados da bancada do PDT; cópia de documento datilografado; arquivo particular da autora).

[87] Luiz Carlos Prestes Filho, "A cruel desilusão de Prestes", *Jornal do Brasil, Caderno Ideias*, Rio de Janeiro, 1º set. 1991; "Prestes" (Cartas), *Jornal do Brasil, Caderno Ideias*, Rio de Janeiro, 15 set. 1991, p. 3.

[88] João Batista Natali, "Perfil amoroso do mito Prestes", *Folha de S.Paulo*, caderno *Mais!*, 13 dez. 1992; *Carta de Anita L. Prestes para "F. S.P.", não publicada na íntegra!!!*, Rio de Janeiro, 14 dez. 1992, folheto impresso, 1 p., arquivo particular da autora; "Prestes e a URSS" (Painel do Leitor), *Folha de S.Paulo*, 24 dez. 1992, caderno 1, p. 3.

[89] Alexandre Medeiro, "Prestes planejou levante de 35 com os russos", *Jornal do Brasil*, Rio de Janeiro, 18 dez. 1994, p. 6; "O legado da história", *Jornal do Brasil*, Rio de Janeiro, 25 dez. 1994, p. 9.

de classe – contando para tal, lamentavelmente, com a colaboração consciente ou inconsciente de parte da família[90].

Em junho de 1991, rejeitei publicamente, junto às tias Lygia e Eloiza, portaria do Ministério do Exército que decretava anistia, reforma e promoção *post mortem* de Prestes a coronel do Exército; nos referimos à medida como "um insulto à memória dele, que nunca aceitou nem pediu favores do governo ou do Exército e sempre foi um revolucionário". Na carta enviada aos jornais, lembrávamos que meu pai, ainda em 1924, antes do início da Marcha da Coluna, havia se demitido duas vezes do Exército, sido expulso das fileiras das Forças Armadas pelo governo de Artur Bernardes, e recusado a anistia de 1930, assim como as decretadas posteriormente. Para ele, sua posição de liderança revolucionária e comunista era incompatível com a reintegração ao Exército, cujo papel reacionário revelado principalmente a partir de 1964 foi sempre por ele denunciado[91]. Em desrespeito à vontade do pai, meu meio-irmão Luiz Carlos elogiou a atitude do Exército, declarando que compartilhava da mesma opinião da mãe e de seus oito irmãos, que apoiavam a referida portaria, acrescentando: "A partir de agora meu pai pode ser um novo patrono do Exército, ao lado de Duque de Caxias"[92].

Transcorrido um ano, recebi convocação do Ministério do Exército para assinar o termo de aceite da parte da pensão de coronel do meu pai que me caberia como resultado da anistia a ele concedida. Na ocasião me foi permitido tirar cópia da documentação assinada pela viúva do meu pai e suas quatro filhas, solicitando a referida pensão. De imediato, assinei "Termo de renúncia" a esse benefício e distribuí declaração à imprensa afirmando o seguinte:

> É lamentável que, logo após o falecimento do meu pai e ignorando a sua vontade expressa, a viúva tenha requerido ao Ministério do Exército a referida anistia,

---

[90] Pelos jornais da grande imprensa é possível acompanhar em parte o meu empenho permanente na defesa e na preservação da memória de Prestes. Meus livros são, nesse sentido, uma contribuição de maior porte.

[91] Ver, neste capítulo, notas de rodapé 35 e 36, p. 236; Anita Leocadia Prestes, Eloiza Felizardo Prestes, Lygia Prestes, "Carta à redação do *Jornal do Brasil*", Rio de Janeiro, 27 jun. 1991 (documento datilografado original, arquivo particular da autora); "Promovido" (Registro), *Jornal do Brasil*, Rio de Janeiro, 27 jun. 1991; "Família rejeita promoção do Exército para Prestes", *Folha de S.Paulo*, 28 jun. 1991; "Anita renega promoção", *Jornal do Brasil*, Rio de Janeiro, 28 jun. 1991; "Promoção divide família de Prestes", *O Globo*, Rio de Janeiro, 28 jun. 1991; "Filha de Prestes recusa promoção do Exército", *Tribuna da Imprensa*, Rio de Janeiro, 28 jun. 1991; "Anita Prestes recusa honras", *Correio Braziliense*, Brasília, 28 jun. 1991; "Promoção polêmica", *Zero Hora*, Porto Alegre, 29 jun. 1991.

[92] "Prestes e o Exército", *Jornal do Brasil*, Rio de Janeiro, 29 jun. 1991; "Prestes", *Hora do Povo*, Rio de Janeiro, 29 jun. 1991.

O regresso ao Brasil e os últimos anos   259

visando a obtenção de pensão. O Exército recusou-lhe a pensão, mas decidiu concedê-la às filhas de Prestes. Desejo deixar claro diante da opinião pública que acabei de assinar "Termo de renúncia", recusando-me a receber a referida pensão – dinheiro pago pelo contribuinte brasileiro –, que jamais meu pai aceitaria, como nunca aceitou qualquer pensão do Governo.

Considero a "promoção" do general da Coluna Invicta a coronel reformado do Exército um insulto à sua memória e um desrespeito às convicções revolucionárias de um homem que já não pode mais protestar, como sempre fez enquanto viveu. Configura-se mais uma manobra no sentido de esvaziar a figura de Prestes do seu conteúdo revolucionário, transformando o "Cavaleiro da Esperança" num personagem "domesticado" e inofensivo para os donos do poder.

Junto com a declaração, distribuí à imprensa cópias dos requerimentos da viúva de Prestes nos quais eram solicitadas sua anistia e a concessão da pensão de coronel, bem como cópia do "Termo de renúncia" por mim firmado e protocolado no Ministério do Exército[93]. Cabe lembrar que, logo após o falecimento do meu pai, dona Maria solicitou à prefeitura do Rio de Janeiro a pensão que fora concedida a Prestes em 1987 pelo prefeito Saturnino Braga, por ele recusada[94]. Em junho de 1990, a viúva passou a receber essa pensão de dez vezes o piso nacional de salário[95]. A partir de 2005, a pedido de dona Maria, a Comissão de Anistia do Ministério da Justiça autorizou a revisão do valor de sua pensão militar e das suas quatro filhas; ela havia solicitado pensão de general de exército, mas foi-lhe concedida pensão de general de brigada[96].

Devo lembrar que, embora pela Lei da Anistia, em 2004, me tivesse sido concedida "a contagem, para todos os efeitos, do tempo em que a anistiada política esteve compelida ao afastamento de suas atividades profissionais"[97],

---

[93] Documentos protocolados no Ministério do Exército assinados por Maria do Carmo Ribeiro e suas quatro filhas solicitando pensão de coronel de Luiz Carlos Prestes, "Termo de Renúncia" de Anita Leocadia Prestes (cópias de 9 páginas datilografadas; arquivo particular da autora); Anita Leocadia Prestes, "Declaração", Rio de Janeiro, 11 ago. 1992 (documento datilografado original, arquivo particular da autora); "Anita Prestes recusa pensão do Exército", *Inverta*, Rio de Janeiro, ago./set. 1992, p. 1 e 3; "Filha de Prestes não aceita pensão", *Jornal do Comércio*, Rio de Janeiro, 15 ago. 1992, p. 2; "Filha de Prestes renuncia a pensão", *O Estado de S. Paulo*, 14 ago. 1992.

[94] Ver, neste capítulo, nota de rodapé 35, p. 236.

[95] "Prestes", *Jornal do Brasil*, Rio de Janeiro, 27 jun. 1990, p. 3.

[96] "HERANÇA MILITAR – Comissão vai revisar pensão de viúva de Prestes", *Folha de S.Paulo*, 20 maio 2005.

[97] Ministério da Justiça/Comissão da Anistia/Gabinete do Presidente, *Certidão*, Brasília, 28 abr. 2005 (documento datilografado original; arquivo particular da autora).

260 VIVER É TOMAR PARTIDO

garantindo que a minha aposentadoria compulsória, aos setenta anos, não ficasse reduzida à metade, a atitude por mim assumida foi oposta à da viúva do meu pai e dos seus filhos. Em carta encaminhada à imprensa, discordei dos critérios adotados pela Lei da Anistia então em vigor: na minha visão, graves injustiças tinham sido cometidas tanto em relação aos anistiados políticos quanto em relação à maioria do povo brasileiro, cuja situação de miséria era bem conhecida de todos. Por essa razão, considerei injusto receber a indenização de 100 mil reais a mim destinada pela referida lei e resolvi doá-la ao Instituto Nacional do Câncer. Declarei: "Não pedi dinheiro; só o tempo que me tomaram"[98].

Após a defesa da tese de doutorado e concluída a vigência da bolsa do CNPq – que me garantira a sobrevivência durante a pesquisa sobre a Coluna Prestes –, por recomendação da professora Maria Yedda Leite Linhares fui aceita no Departamento de História da UFRJ a partir de março de 1990, na condição de professora recém-doutora, o que me permitiu pleitear e receber nova bolsa do CNPq destinada a essa categoria de profissionais. Passei a lecionar na graduação e na pós-graduação desse departamento e a desenvolver novas pesquisas na área de História do Brasil Contemporâneo. Nesse ano foi publicada minha tese pela editora Brasiliense e, logo a seguir, houve mais três edições do mesmo livro[99].

Em outubro de 1991, fui aprovada em concurso público para professor de História do Brasil da UFF, onde passei a exercer atividade docente a partir de 1992. Trabalhei nessa universidade durante dois anos e, diante dos insistentes convites dos colegas da UFRJ, consegui minha transferência de volta ao seu Departamento de História, onde dei aula e desenvolvi atividades de pesquisa até me aposentar, aos setenta anos, em janeiro de 2007. Continuei atuando no programa de pós-graduação em História Comparada da UFRJ.

Durante esses anos de trabalho na universidade, desenvolvi pesquisas relacionadas com o tenentismo, a história dos comunistas brasileiros e, em particular, a atuação política de Luiz Carlos Prestes. A intensa atividade política de meu pai durante setenta anos me induziu a pesquisar sua vida por períodos e rendeu vários trabalhos. A partir deles pude elaborar a biografia política intitulada *Luiz*

---

[98] "Filha de Prestes e Olga doará indenização – Anita Leocadia vai destinar R$100 mil que receberá da Comissão de Anistia da Justiça ao Instituto Nacional do Câncer", *Folha de S.Paulo*, 27 ago. 2004, p. A-9; "Indenização doada", *O Globo*, Rio de Janeiro, 27 ago. 2004; "Indenização", *Jornal do Brasil*, Rio de Janeiro, 29 ago. 2004, p. A-12; Augusto Nunes, "O grande exemplo de Anita", *Jornal do Brasil*, Rio de Janeiro, 7 nov. 2004, p. A-16; "Filha de Prestes doa indenização", *O Estado de S. Paulo,* 29 maio 2005, p. A-11.

[99] Anita Leocadia Prestes, *A Coluna Prestes* (São Paulo, Brasiliense, 1990) e 4. ed., cit.

Carlos Prestes: um comunista brasileiro, lançada em 2015[100]. Publiquei também capítulos de livros e artigos em periódicos acadêmicos e em jornais e revistas[101].

A descoberta de novos documentos é sempre um acontecimento feliz para o historiador, pois lhe permite completar, aprofundar e corrigir os conhecimentos sobre o tema por ele pesquisado. Nos últimos anos vivenciei algumas "descobertas" desse tipo. Pude rever e aperfeiçoar a biografia de minha mãe[102] graças à publicação *on-line* de dossiês da Gestapo – documentação apreendida pelos soviéticos após a derrota da Alemanha nazista em 1945 e por eles preservada, que começou a ser disponibilizada na internet para consulta pública em abril de 2015. Houve também a "descoberta" de documentos da Campanha Prestes nos Estados Unidos, no México e em Cuba, trazidos para o Brasil por minha tia Lygia em 1945, que se encontravam desaparecidos desde nossa ida para Moscou em 1950 e foram encontrados por acaso pela filha de um antigo militante do PCB durante a venda do apartamento de seu falecido pai. Esse "achado" permitiu que pudesse reeditar meu livro sobre o tema, devidamente revisto e ampliado[103]. Por último, mais uma "descoberta": cartas de minha avó, de minha mãe, de Lygia, minhas e de alguns amigos, endereçadas a Prestes e guardadas por ele na sede do PCB após sua libertação, em abril de 1945 – documentação saqueada pela polícia ao invadir esse local em outubro de 1945 e maio de 1947.

Em janeiro de 1995, tia Lygia e eu havíamos concluído a preparação para publicação da correspondência dos nove anos de prisão do meu pai (1936-1945), que ela havia conseguido guardar e preservar no decorrer de décadas extremamente tumultuadas. Escolhemos o título *Anos tormentosos*, expressão usada por minha avó Leocadia ao referir-se àqueles tempos em uma de suas cartas ao filho.

---

[100] Anita Leocadia Prestes, *Luiz Carlos Prestes*, cit. Outros livros de minha autoria: *Os militares e a Reação Republicana: as origens do tenentismo* (Petrópolis, Vozes, 1993); *Uma epopeia brasileira: a Coluna Prestes* (São Paulo, Moderna, 1995) e 2. ed. (São Paulo, Expressão Popular, 2009); *Luiz Carlos Prestes e a Aliança Nacional Libertadora: os caminhos da luta antifascista no Brasil (1934--1935)*, cit. e 2. ed. (São Paulo, Brasiliense, 2008); *Tenentismo pós-30: continuidade ou ruptura?* (São Paulo, Paz e Terra, 1999) e 2. ed. (Rio de Janeiro, Consequência, 2014); *Da insurreição armada (1935) à "União Nacional" (1938-1945): a virada tática na política do PCB* (São Paulo, Paz e Terra, 2001); *Luiz Carlos Prestes: patriota, revolucionário, comunista* (São Paulo, Expressão Popular, 2006); *Os comunistas brasileiros (1945-1956-58): Luiz Carlos Prestes e a política do PCB* (São Paulo, Brasiliense, 2010); *Luiz Carlos Prestes: o combate por um partido revolucionário (1958-1990)* (São Paulo, Expressão Popular, 2012); *Campanha Prestes pela libertação dos presos políticos no Brasil (1936-1945)*, cit. e 2. ed. rev. ampl. (São Paulo, Expressão Popular, 2015); *Olga Benario Prestes: uma comunista nos arquivos da Gestapo*, cit.

[101] Ver o site do Instituto Luiz Carlos Prestes: <www.ilcp.org.br>.

[102] Ver Anita Leocadia Prestes, *Olga Benario Prestes: uma comunista nos arquivos da Gestapo*, cit.

[103] Ver Idem, *Campanha Prestes pela libertação dos presos políticos no Brasil (1936-1945)*, 2. ed., cit.

A direção da editora Vozes tinha se mostrado interessada na publicação dessa coletânea de cerca de novecentas cartas, trocadas entre Prestes e a família, assim como alguns amigos e seu advogado. Entretanto, alegando preocupação com questões relacionadas a direitos autorais, dos quais eu e Lygia abríramos mão, o responsável pela editora considerou necessário obter a concordância da viúva de Prestes – que, em atitude inexplicável, não a concedeu. Somente a partir de 2000, contando com a compreensão da professora Jessie Jane Vieira de Sousa, então diretora do Arquivo Público do Estado do Rio de Janeiro (Aperj), e de Fernando Gasparian, proprietário da editora Paz e Terra, que decidiram não consultar dona Maria, tornou-se possível a publicação em três volumes dessa obra, que permitiu ao público brasileiro conhecer melhor a personalidade de Luiz Carlos Prestes, isenta das falsificações amplamente difundidas por seus detratores[104].

A partir dos anos 1990, após a publicação do meu livro *A Coluna Prestes*, passei a associar as atividades de professora universitária com o atendimento a numerosos convites para proferir palestras e participar de eventos em distintos pontos do Brasil. Os convites vinham tanto de coletivos de professores e estudantes quanto de movimentos sociais, como o Movimento dos Trabalhadores sem Terra (MST) e o Movimento dos Pequenos Agricultores (MPA), com os quais estabeleci relações de amizade e colaboração. Frequentemente tais eventos estiveram associados ao lançamento de meus livros, sendo grande o interesse, seja pela vida e obra de meus pais e a atuação dos comunistas no Brasil, seja pelas posições políticas defendidas por mim.

Tive a oportunidade de comparecer a atividades desse tipo em dezenove estados do país, além do Distrito Federal, incluindo não só as respectivas capitais como cidades do interior. Entre estas últimas, em Pernambuco: Caruaru, Petrolina, Jaboatão, Garanhuns, Gravatá, Lagoa dos Gatos, Carnaíba; na Paraíba: Campina Grande e Guarabira; no Rio Grande do Norte: Mossoró; na Bahia: Juazeiro, Feira de Santana; em Mato Grosso: Rondonópolis, Sinop; em Mato Grosso do Sul: Dourados; em Minas Gerais: Juiz de Fora, São João del Rei, Ouro Preto, Machado, Uberlândia; no Rio Grande do Sul: Santa Cruz do Sul, Pelotas, Gramado, Sarandi; em Santa Catarina: São Miguel do Oeste, Chapecó; no Paraná: Foz do Iguaçu, Maringá, Paranavaí; em São Paulo: Santos, Guarujá, Cubatão, Santo André, Marília, São José do Rio Preto, São Carlos; no Rio de Janeiro: Itaperuna, Rio das Ostras, Petrópolis, Duque de Caxias, Seropédica, São Gonçalo, Niterói. Em algumas cidades participei de eventos repetidas vezes: Porto Alegre, Florianópolis, Curitiba, São Paulo, Santos, Rio de Janeiro, Seropédica, Petrópolis, Recife, João Pessoa, Campina Grande, Mossoró, Cuiabá, Brasília.

---

[104] Anita Leocadia Prestes e Lygia Prestes (orgs.), *Anos tormentosos*, cit.

Em 1998, por ocasião do centenário do nascimento do meu pai, foi criada por um grupo de companheiros e amigos a chamada Comissão do Centenário, da qual participaram intelectuais de renome como Nelson Werneck Sodré e conhecidos artistas como Taiguara, Beth Carvalho e Artur Moreira Lima, com o objetivo de organizar eventos culturais e políticos em diversos lugares do Brasil. Houve atos memoráveis nas câmaras municipais do Rio de Janeiro, Niterói, São Gonçalo e outras cidades do Brasil. Estive à frente da realização de evento comemorativo da data no IFCS da UFRJ, onde foi apresentada exposição com mais de cem fotos alusivas à vida de Prestes. Em 2008 realizou-se ato comemorativo semelhante no IFCS, incluindo exposição fotográfica em memória dos 110 anos de Prestes e dos 100 anos de Olga.

Também recebi convites para participar de atividades políticas e culturais no exterior. Duas vezes, em 1993 e 2008, fui convidada para visitar a Alemanha, comparecendo a homenagens prestadas à minha mãe por grupos que lutam contra o renascimento do fascismo nesse país. Da primeira vez, por iniciativa do grupo antifascista da cidade de Schwedt dirigido pela sra. Irma Jasper, estive em Frankfurt am Main, em Munique – a cidade natal de Olga –, Berlim, Hamburgo, Schwedt e Frankfurt an der Oder, as duas últimas na fronteira com a Polônia. Voltei a visitar Ravensbrück, o campo de concentração em que Olga estivera presa e fora transformado em museu ainda na época da RDA. Com a derrubada do Muro de Berlim (em 1989) e a reunificação da Alemanha (em 1990), pude verificar a triste situação a que haviam sido reduzidas as conquistas do socialismo na RDA – a destruição das indústrias e o abandono dos campos, um quadro desolador diferente da prosperidade que eu havia presenciado quando visitara o país em 1961. Também pude constatar a perseguição aos estrangeiros, que já se evidenciava principalmente no leste da Alemanha, ou seja, na região que se tornara mais pobre e abandonada, assim como o crescente anticomunismo, com a retirada do nome de Olga de numerosos locais públicos da ex-RDA.

Em Berlim, fui convidada a dar palestra sobre minha mãe e visitar a Galeria Olga Benario, centro cultural criado com a finalidade de manter viva a memória de Olga assim como a das vítimas do fascismo na Alemanha e em outros países, atividade que continua sendo desenvolvida. Em fevereiro de 2008 houve comemorações dedicadas ao centenário de minha mãe, das quais participei em Munique e Berlim, voltando a ser recebida na Galeria Olga Benario, onde teve lugar bela exposição relativa à vida de Olga e à luta antifascista. Estive também em cerimônia muito concorrida de lançamento da "pedra de tropeço"[105] na calçada em frente ao prédio em que Olga morou nos anos 1920, no bairro operário de

---

[105] "Pedras de tropeço" (*Stolpersteine*): plaquinhas de metal com as informações mais importantes sobre a vida de uma vítima do nazismo, colocadas na frente de locais onde essas pessoas

Neukölln. Visitei Ravensbrück pela terceira vez; uma visita sempre carregada de emoção. Pude constatar o grande esforço de grupos antifascistas para impedir que os neofascistas sejam vitoriosos na Alemanha.

Em Munique, guiada pela socióloga Anna Jutta Pietsch Moritz – pesquisadora da perseguição movida contra os judeus dessa cidade pelas autoridades nazistas –, tive a oportunidade de conhecer detalhes dos primeiros anos de Olga, visitando a casa em que ela morou com a família e a escola que frequentou na infância e adolescência, assim como o prédio onde meu avô Leo Benario manteve escritório em que praticava advocacia trabalhista. Estive na pequena cidade de Marktbreit, a cerca de trezentos quilômetros de Munique, onde nasceu meu avô e viveu sua família. Foram dias de muita atividade, pois houve grande interesse da comunidade antifascista em torno da minha presença, assim como da situação no Brasil. Em Berlim, em Ravensbrück e em Munique dei entrevistas e palestras, sempre concorridas.

Em 2010, fui convidada a participar de seminário em Caracas (Venezuela) dedicado às lutas de independência e libertação das nações latino-americanas, ao qual foi atribuído o sugestivo nome de "Hombres a caballo". Na oportunidade falei sobre a Coluna Prestes, acontecimento histórico em torno do qual havia muito interesse. Recebi convite para comparecer ao programa televisionado para toda a Venezuela intitulado *Alô, Presidente*, durante o qual o presidente Hugo Chávez dialogou por mais de cinco horas com a população de diferentes pontos do país[106]. Era impressionante a popularidade do presidente, sua capacidade de dialogar com o povo e, principalmente, de encaminhar soluções para os mais variados problemas. Pude sentir o entusiasmo popular frente às conquistas alcançadas pelos setores mais pobres e desvalidos durante os governos chavistas, estabelecidos como resultado da Revolução Bolivariana. Durante esse programa televisionado, Chávez dirigiu-se a mim em homenagem a Luiz Carlos Prestes: contou que, jovem tenente, ele lera a obra de Jorge Amado *O Cavaleiro da Esperança* e ficara profundamente impressionado com a Marcha da Coluna e a figura de Prestes. Concluiu dizendo: "Eu sou um militar prestista!"[107].

Em fevereiro de 2011, compareci à Feira Internacional do Livro de Havana, efeméride que já se tornou tradicional na ilha e costuma reunir cerca de 2 milhões de visitantes. Na ocasião houve o lançamento da edição cubana do meu livro

---

moravam ou trabalhavam. Criadas por iniciativa do artista Gunter Demnig, estão hoje presentes em diversas cidades da Europa.

[106] O programa *Alô, Presidente* ia ao ar todo domingo durante o governo Chávez.

[107] Tenho o DVD com cópia da gravação desse programa (*Aló Presidente*, edición n. 351, 07/02/2010. Disponível em: <https://www.youtube.com/watch?v=7PwRClYjr2M> ou <https://www.youtube.com/watch?v=3z9OKBt_gpw>, acesso em: 30 set. 2019.

A Coluna Prestes[108], premiado pela Casa de las Américas em 1990. Participei de uma tarde de autógrafos do livro, durante a qual falei a respeito da Marcha da Coluna e da figura de Prestes. O interesse e a repercussão foram grandes. Fui recebida em solenidade na Casa de las Américas com a presença de seu presidente, o renomado intelectual cubano Roberto Retamar, também dirigente do Partido Comunista de Cuba e do governo da ilha, que eu já conhecia, pois nos anos 1980 ele visitara meu pai no Brasil. Tive a oportunidade de entrevistar Jorge Lezcano Perez, ex-vice-presidente da Assembleia Nacional do Poder Popular, pois estava interessada em melhor conhecer o processo eleitoral de Cuba. De volta ao Brasil, escrevi artigo intitulado "O sistema político em Cuba: uma democracia autêntica"[109], com o objetivo de divulgar o caráter democrático e popular das eleições nesse país socialista.

Estive pela segunda vez na Venezuela em 2014, convidada para o lançamento da terceira edição de *A Coluna Prestes*[110], cujas primeiras edições de 2010 e 2012, cópias da edição cubana, já se haviam esgotado. O lançamento deu-se na Feira Internacional do Livro de Caracas, evento muito concorrido onde se encontravam à venda variadas publicações sobre os mais diversos temas a preços convidativos, da mesma maneira que pudera constatar na Feira de Havana. Tive oportunidade de observar o entusiasmo dos trabalhadores venezuelanos com os resultados da Revolução Bolivariana; apesar das provocações organizadas pelos setores de direita com o apoio do imperialismo estadunidense – as chamadas "guarimbas"[111] –, no fundamental a vida prosseguia dentro da normalidade. Grande era a tristeza com o trágico falecimento, um ano antes, do comandante Hugo Chávez, mas Nicolás Maduro conseguia preservar e dar continuidade ao seu legado revolucionário.

No início de 2015, estive em Buenos Aires para o lançamento do meu livro *Luiz Carlos Prestes: o combate por um partido revolucionário (1958-1990)*[112], publicado pela editora Luxemburg com prólogo do sociólogo marxista Atílio A. Boron, presente nesse lançamento e que, ao analisar o legado de Luiz Carlos Prestes, escreveu a seu respeito:

---

[108] Anita Leocadia Prestes, *La Columna Prestes* (Havana, Casa de las Américas, 2010).

[109] Ver "Artigos", disponível em: <www.ilcp.org.br>.

[110] Anita Leocadia Prestes, *La Columna Prestes* (2. ed., Caracas, El perro y la rana, 2012); *La Columna Prestes* (3. ed., Caracas, El perro y la rana, 2014).

[111] Trancamentos violentos de rua incentivados pelas lideranças de direita para criar clima de provocação, com ataques a homens, mulheres e crianças, incêndio de prédios públicos e todo tipo de desordem.

[112] Anita Leocadia Prestes, *Luiz Carlos Prestes: el combate por un partido revolucionario (1958-1990)*, com prólogo de Atílio A. Boron (Buenos Aires, Luxemburg, 2015).

um dirigente revolucionário consciente de sua missão e que em sua *Carta aos comunistas* de março de 1980 lega para a posteridade um documento de enorme valor para enfrentar os grandes desafios da revolução em Nossa América. Instalado numa dilacerante encruzilhada pessoal e política, nesse momento, Prestes preferiu deixar o Partido para continuar sendo comunista, acendendo com seu exemplo um farol orientador para as futuras gerações que mais cedo do que tarde completariam sua tarefa e concluiriam sua heroica marcha, no Brasil e em toda Nossa América. Pouco tempo depois de sua partida uma pesada conspiração de silêncio procurou no Brasil apagar todo vestígio que sua brilhante passagem por este mundo deixara como um precioso tesouro político. Fracassaram em seu intento e hoje, quando tanto o necessitamos, Luiz Carlos Prestes volta a cavalgar pela América Latina espalhando sua mensagem e nos convocando a desencadear novas batalhas para construir a sociedade comunista que a humanidade necessita para pôr-se a salvo da inevitável autodestruição que ocasionará a continuidade do capitalismo. Este livro de Anita Prestes oferece um maravilhoso guia para reiniciar esse percurso feito pelo seu pai.[113]

Também em 2015 viajei a Portugal, atendendo a convite do escritor e jornalista português Miguel Urbano Rodrigues, conhecido autor comunista que viveu e trabalhou no Brasil por muitos anos, exilado da ditadura de Salazar. Estive nas cidades de Beja e Porto com o objetivo de pronunciar conferências sobre a situação brasileira, pois Urbano considerava que havia em seu país um grande desconhecimento a respeito dos governos do Partido dos Trabalhadores (PT) e das consequências de suas medidas de corte reformista. Atribuí ao meu trabalho, apresentado nessa ocasião, o título "As posições revisionistas (oportunistas) do marxismo, o reformismo burguês e a situação no Brasil de hoje"[114], que obteve boa recepção do público presente nessas duas cidades. Houve também o lançamento do meu livro *Luiz Carlos Prestes: um comunista brasileiro* durante eventos muito concorridos. Lamentavelmente, Miguel Urbano Rodrigues, militante histórico do Partido Comunista Português, grande amigo dos comunistas e democratas brasileiros, faleceu pouco depois, em maio de 2017 aos 91 anos, deixando saudades mas também o exemplo de luta incansável pelos ideais socialistas e comunistas.

Atendendo a convite do Instituto de Investigação Cultural Juan Marinello, de Havana, participei em novembro de 2016 de seminário internacional cujo tema era as lutas anti-imperialistas dos povos latino-americanos e as esquerdas desse continente no século XX. Minha intervenção sobre a atualidade da ANL

---

[113] Ibidem, p. 24-5; tradução minha.

[114] Anita Leocadia Prestes, "As posições revisionistas (oportunistas) do marxismo, o reformismo burguês e a situação no Brasil de hoje", em "Artigos", disponível em: <www.ilcp.org.br>.

no Brasil, em 1935, foi recebida com grande interesse. Tive oportunidade de dialogar com participantes de vários países do nosso continente sobre as lutas dos nossos povos, em particular com pesquisadores cubanos, que me causaram excelente impressão pela competência e pelo interesse no delineamento dos caminhos para a renovação do socialismo em Cuba. Pude conversar com Fernando Martinez Heredia, destacado intelectual marxista cubano, então diretor do Instituo Juan Marinello, que nos apresentou um quadro muito interessante da situação social, econômica e política da ilha. Infelizmente, Fernando faleceu em junho de 2017. O texto da minha intervenção foi posteriormente incluído em livro intitulado *Las izquierdas latino-americanas: multiplicidad y experiencias durante el siglo XX*[115].

Durante a estada em Cuba, visitei a Escola Latino-Americana de Medicina (ELAM), que me impressionou pelo excelente trabalho de formação de médicos de todos os países do mundo, mas principalmente de nosso continente. Várias gerações de jovens sem condição de receber tal formação em seus países de origem, com as despesas bancadas durante todo o curso pelo governo cubano, regressam médicos formados, podendo prestar atendimento às populações que em geral não têm acesso a tratamento médico de qualidade – como é o caso de grande parte da população do nosso continente. A ilha socialista cumpre missão humanitária da maior importância para nossos povos.

No início de 2005, estive na Cidade do México para buscar os restos mortais da minha avó Leocadia. Sepultada em 1943 no cemitério de Dolores, ela falecera durante exílio no México, onde residia em minha companhia e na de Lygia, sem ter podido rever o filho. Trazer para o Brasil os restos mortais de Leocadia era uma aspiração antiga do meu pai e das minhas tias que só então pudemos cumprir. O sepultamento das cinzas da minha avó foi realizado em 11 de maio de 2006, seu aniversário natalício, no cemitério São João Batista, na cidade do Rio de Janeiro. Houve o comparecimento de um grande número de companheiros e amigos, atraídos pela oportunidade de proporcionar uma última homenagem à "*madre heroica*", nas palavras de Pablo Neruda.

Após o falecimento do meu pai, em 1990, precedido pela morte da tia Clotilde, em 1985, as perdas das minhas outras três tias – Lúcia, em 1996, Eloiza, em 1998 e Lygia, em 2007 – foram momentos muito sentidos por mim. Apesar da grande tristeza, principalmente com a morte da tia Lygia, minha querida segunda mãe,

---

[115] Anita Leocadia Prestes, "A atualidade da Aliança Nacional Libertadora", em Caridad Massón (org.), *Las izquierdas latino-americanas: multiplicidad y experiencias durante el siglo XX* (Havana/Santiago de Chile, Instituto Cubano de Investigación Juan Marinello/Facultad de Humanidades, 2017), p. 79-95; e-book disponível em: <http://ariadnaediciones.cl/images/pdf/LasIzquierdas Latino.pdf>, acesso em: 30 set. 2019.

mantenho vivo o exemplo dessas mulheres determinadas e corajosas, que continua a me inspirar na vida e na luta por um futuro melhor para a humanidade.

Em 2012, viajei a Moscou para realizar pesquisa nos arquivos da Internacional Comunista, depositados no Arquivo Estatal Russo de História Social e Política (RGASPH). Embora grande parte da documentação referente ao Brasil já se encontrasse disponível em arquivos brasileiros – Arquivo Edgar Leuenroth/Unicamp, Centro de Documentação e Memória da Unesp (Cedem-Unesp), Arquivo da Memória Operária do Rio de Janeiro (Amorj) –, em Moscou tive oportunidade de complementar informações obtidas nestes últimos e verificar registros históricos importantes para as pesquisas que venho realizando. A permanência na capital russa e a visita que realizei a São Petersburgo (ex-Leningrado) foram para mim reveladoras de algo que já era do meu conhecimento: a transformação de uma sociedade socialista na qual, apesar dos problemas que enfrentava, não existiam grandes disparidades sociais em uma nova realidade marcada por desigualdades gritantes, configurando um exemplo inegável de "capitalismo selvagem". A União Soviética, que eu conhecera, não mais existia. A volta ao chamado "regime de mercado" não contribuíra para melhorar as condições de vida da grande maioria da população russa; pelo contrário, criara uma casta de milionários capitalistas que a exploram desenfreadamente.

Com os objetivos de preservar a memória do meu pai e divulgar o seu legado foi criado, em 2009, o Instituto Luiz Carlos Prestes, iniciativa da qual participei juntamente com alguns companheiros. Trata-se de entidade cultural e apartidária, da qual sou presidente. Criamos o site www.ilcp.org.br, que cumpre a função de divulgar documentos sobre Luiz Carlos Prestes, Olga Benario Prestes, Leocadia Prestes e os comunistas brasileiros. Também é feita a divulgação de matérias e artigos relacionados a aspectos da história e da política do mundo contemporâneo. Era pretensão nossa providenciar local físico no qual fosse possível instalar e garantir o acesso do público ao acervo de Prestes, preservado pela minha tia Lygia e complementado por mim. A dificuldade encontrada na obtenção de recursos e patrocínio para tal iniciativa levou-me a doar esse acervo à Biblioteca Comunitária da Universidade Federal de São Carlos, que está preparando o vasto material para disponibilizá-lo ao público interessado.

Desde 1979 e 1980, quando me afastei do PCB junto com meu pai, duas preocupações passaram a orientar as atividades por mim desenvolvidas: assegurar a minha sobrevivência e encontrar os caminhos de uma militância comunista que incluísse o apoio permanente a Prestes e às posições revolucionárias e antirreformistas por ele defendidas. A partir dos anos 1990, com o falecimento do meu pai, o ingresso na universidade como professora e o reconhecimento como historiadora – devido à produção de trabalhos acadêmicos relacionados à história do Brasil contemporâneo –, a militância comunista assumiu para mim a forma de luta ideológica contra a falsificação (promovida pela história oficial a serviço dos donos do poder) da trajetória revolucionária de Luiz Carlos Prestes e dos comunistas brasileiros, e contra as tendências de caráter reformista burguês presentes em grande parte das políticas adotadas pelas forças ditas de esquerda no Brasil.

Avalio que no mundo atual a luta ideológica tornou-se a principal forma pela qual se desenvolve a luta de classes. A burguesia mundial, na defesa dos seus interesses, dispõe de recursos extremamente elaborados para se comunicar, entre os quais se destaca o emprego da internet. Dessa forma, a conquista de corações e mentes de milhões de pessoas constitui a principal garantia do domínio do capital no mundo moderno. O recurso à violência policial e militar tem sido um expediente complementar usado em situações limítrofes, excepcionais.

A hegemonia burguesa mantida por esse tipo de comunicação forma, no âmbito da "sociedade civil", *consenso* baseado na ampla manipulação do "senso comum" – categorias empregadas com grande propriedade por Antonio Gramsci. Para ele, a filosofia do "senso comum" "é a 'filosofia dos não filósofos', isto é, a concepção do mundo absorvida acriticamente pelos vários ambientes sociais e culturais nos quais se desenvolve a individualidade moral do homem médio"[116]. Suas características tornam o "senso comum" alvo de manipulações dos "intelectuais orgânicos"[117] comprometidos com os interesses dominantes, com o objetivo de contribuir para a formação de consenso que garanta a hegemonia da classe dominante. Guido Liguori, categorizado intérprete gramsciano, assinala o "caráter inercial, passivo e subalterno de que está impregnado o senso comum", destacando que, para Gramsci, ele "deve ser mais eliminado do que conservado" e acrescenta que "a escolha é sempre entre diversas concepções do mundo em luta entre si, e não é uma escolha 'meramente intelectual'. É a luta pela hegemonia"[118]. Liguori explica que "a alternativa à cultura burguesa hegemônica não é dada por uma filosofia que se baseie no senso comum"; para Gramsci

> a concepção do mundo do materialismo histórico afirma-se superando nitidamente o senso comum *existente*, para criar um outro. Ela deve sempre permanecer, sob pena da sua derrota e do seu desnaturamento, "em contato com os 'simples'", "ligada à vida prática e implícita nela". A capacidade expansiva da nova filosofia – numa formulação obviamente dialética (não fosse Gramsci) – é atribuída à capacidade de quem deve "elaborar uma filosofia", isto é, uma concepção do mundo

---

[116] Antonio Gramsci, *Cadernos do cárcere*, v. 1 (2. ed., Rio de Janeiro, Civilização Brasileira, 2001), p. 114.

[117] Segundo Gramsci, cada classe social gera seus "intelectuais orgânicos", comprometidos com a defesa de seus interesses.

[118] Guido Liguori, *Roteiros para Gramsci* (Rio de Janeiro, Editora UFRJ, 2007), p. 123.

que – partindo das contradições materiais, da vida prática, levando em conta de todo modo o senso comum, as demandas que expressa, o nível de consciência das massas que indica – permita às classes subalternas uma nova consciência de si (parcialmente, na medida em que é possível quando se trabalha com materiais amplamente "pré-intencionais"), uma nova subjetividade e, portanto, um novo "espírito de cisão".[119]

Com base em tais pressupostos gramscianos, entendo que, na qualidade de comunista e intelectual marxista, de historiadora comprometida com os interesses dos trabalhadores e dos setores populares, deva contribuir para a formação de uma ideologia contra-hegemônica, em particular para a escrita de uma história "comprometida com a evidência"[120] e que se contraponha à história oficial. Pretendo, assim, colaborar para a formação de um "senso comum" contra-hegemônico, importante para que os setores explorados pelo capital venham a conquistar sua hegemonia na sociedade, formando um "bloco histórico"[121] capaz de derrotar a classe burguesa e assumir o poder político – condição necessária para a transição ao socialismo. É com entusiasmo que tenho empreendido esse caminho, que permeia meus escritos, minhas entrevistas e palestras. A defesa do legado de Luiz Carlos Prestes, assim como dos comunistas brasileiros, e o combate ao reformismo burguês constituem aspectos importantes da luta contra as calúnias e falsificações históricas difundidas pela história oficial, contando com a colaboração e o beneplácito dos principais meios de comunicação.

Desde que meu pai nos deixou, nossos inimigos de classe passaram à ofensiva ideológica, certos de que empreenderiam o ataque ao seu legado sem a contestação enérgica por ele sempre promovida. Vêm tentando falsificar sua trajetória revolucionária, procuram integrar sua imagem ao sistema dominante e esforçam-se por pasteurizá-la, domesticá-la e torná-la inofensiva e aceitável aos donos do poder.

Frente a tal situação, fui compelida a assumir as tarefas de combate e desmascaramento de calúnias e falsificações divulgadas contra meus pais. Batalho também contra a utilização oportunista dos seus nomes para finalidades contrárias aos objetivos revolucionários pelos quais sempre se bateram. Alguns exemplos podem ser lembrados.

---

[119] Idem; grifo do original.

[120] Eric Hobsbawm, *Sobre história* (São Paulo, Companhia das Letras, 1998), p. 286-7.

[121] Conceito gramsciano: "não é a aliança entre diferentes classes ou grupos sociais, mas pressupõe o momento político desta aliança. [...] Há [...] no bloco histórico, uma estrutura social – as classes e grupos sociais – que depende diretamente das relações entre as forças produtivas; há também uma superestrutura ideológica e política", em Ariel Bignami, *El pensamiento de Gramsci: una introduccion* (2. ed., Buenos Aires, s.e., s.d.), p. 27; tradução minha.

Nos anos de 1993 e 1994, com a publicação do livro de William Waack intitulado *Camaradas: nos arquivos de Moscou*[122], empreendi o desmascaramento do anticomunismo desse jornalista e de sua evidente incompetência no papel de simulacro de historiador ao recorrer a documentos que, segundo ele, não podia citar e que, portanto, ninguém sabia – nem sabe ainda – se existiam ou não. Apesar da ampla audiência que lhe foi propiciada pela imprensa em contraste com o boicote de que sou vítima, consegui publicar algumas declarações, assinalando que as revelações feitas pelo jornalista "não têm credibilidade alguma, pois historiadores não fazem pesquisas com documentos secretos que não são de acesso público. [...] O autor não é historiador e, como jornalista, revela falta de seriedade total. Se fosse tese de um aluno meu, reprovaria no ato"[123]. Em carta enviada ao *Jornal do Brasil*, questionei: "Pode ser sério um trabalho de história baseado em fontes invisíveis e secretas?"[124]. Em abril de 1994, participei de debate promovido pela TV Educativa (TVE) do Rio de Janeiro, um Tribunal da História[125] no qual Luiz Carlos Prestes foi submetido a julgamento. Assumi o papel de defensora contra o acusador, o jornalista Adirson de Barros, anticomunista declarado cuja acusação foi baseada no livro de Waack. Aproveitei a oportunidade para fazer frente às principais teses do jornalista.

Por ocasião do centenário de Prestes (3 de janeiro de 1998), o filme *O Velho*, de Toni Venturi, revelou-se uma obra de anticomunismo não declarado – e, por isso mesmo, com maior capacidade de influenciar um público desavisado. Mais uma vez, não por acaso, lhe foi concedido amplo espaço na grande imprensa. Consegui publicar artigo na revista *Cultura Vozes*, intitulado "Uma estratégia da direita: acabar com os 'mitos' da esquerda"[126], no qual escrevi:

> Embora os autores de *O Velho* tenham adotado uma postura de aparente imparcialidade, na medida em que entrevistaram as mais variadas pessoas, seja de direita seja de esquerda, na realidade, o filme revela uma linha político-ideológica

---

[122] William Waack, *Camaradas: nos arquivos de Moscou. A história secreta da revolução de 1935* (São Paulo, Companhia das Letras, 1993).

[123] "Anita Leocadia afirma que levantamento feito pelo 'Estado' com base em documentos secretos não tem credibilidade alguma", *O Estado de S. Paulo*, 30 ago. 1993, p. 5; também "Isso tudo é uma irresponsabilidade", *Jornal do Brasil*, Rio de Janeiro, 5 set. 1993, p. 4.

[124] "Camaradas", seção *Cartas, Caderno Ideias/Livros, Jornal do Brasil*, Rio de Janeiro, 6 nov. 1993, p. 7.

[125] "Tribunal da História", julgamento de Luiz Carlos Prestes, TVE, 10 abr. 1994, DVD.

[126] Anita Leocadia Prestes, "Uma estratégia da direita: acabar com os 'mitos' da esquerda", *Cultura Vozes*, n. 4, v. 91, Petrópolis, jul.-ago. 1997, p. 51-62; ver também: <http://www.ilcp.org.br/prestes/index.php?option=com_content&view=article&id=2:uma-estrategia-da-direita-acabar-com-os-qmitosq-da-esquerda&catid=18:artigos&Itemid=140>, acesso em: 30 set. 2019.

definida e apresenta uma mensagem de caráter anticomunista bastante evidente. O principal analista dos acontecimentos de 1935, sintomaticamente, é o jornalista W. Waack, cuja "interpretação" da história não passa de uma grotesca e caricata manipulação dos documentos por ele consultados nos arquivos de Moscou. [...] Com o filme *O Velho*, temos mais um exemplo edificante de como se fabrica e se difunde a HISTÓRIA OFICIAL – aquela que contribui para assegurar a hegemonia dos donos do poder –, num período histórico de avanço da chamada "globalização", ou seja, de derrota, no cenário internacional, das forças alinhadas com a perspectiva socialista e de progresso e justiça social. Para quem se interessa seja pela história do Brasil, seja pela vida de Luiz Carlos Prestes, parece oportuno lembrar estas questões.[127]

Em 2014, foi a vez de Daniel Aarão Reis publicar *Luiz Carlos Prestes. Um revolucionário entre dois mundos*[128]. Divulguei o artigo "Daniel Aarão Reis e a biografia de Luiz Carlos Prestes: a falsificação da história por um historiador"[129], no qual redigi:

Trata-se de um livro anticomunista, cujo objetivo é a desqualificação de Prestes, da sua mãe, de suas irmãs e também da sua esposa, Olga Benario Prestes; a desqualificação dos comunistas em geral. O autor tem a canalhice de tentar desmoralizar minha mãe, ao afirmar que ela teria abandonado um filho em Moscou (p. 171, 20 5, 495), como se Olga fosse capaz de semelhante gesto. Os documentos citados – e pior ainda, o autor não cita documento algum, mas apenas o "Fundo PCB no AIC" – não são verdadeiros, pois conheço a documentação da Internacional Comunista, inclusive a pasta referente a Olga. Se alguém, em algum lugar, afirmou tal coisa a respeito de Olga, é mentira; conheci muitos amigos e amigas da minha mãe da época em que ela viveu em Moscou e a afirmação do autor é mentirosa. O anticomunismo, disfarçado sob a capa de uma suposta objetividade histórica, é revelado a cada página da obra de D. A. Reis, tanto através das numerosas informações falsas que divulga quanto da repetição de juízos de valor questionáveis. Assim, a adoção por Prestes de posições políticas em que, incompreendido, ficou só, e as derrotas, enfrentadas por ele e pelos comunistas durante sua longa

---

[127] Idem.

[128] Daniel Aarão Reis, *Luiz Carlos Prestes: um revolucionário entre dois mundos* (São Paulo, Companhia das Letras, 2014).

[129] Anita Leocadia Prestes, "Daniel Aarão Reis e a biografia de Luiz Carlos Prestes: a falsificação da história por um historiador"; disponível em: <http://www.ilcp.org.br/prestes/index. php?option=com_content&view=article&id=325:daniel-aarao-reis-e-a-biografia-de-luiz-carlos-prestes-a-falsificacao-da-historia-por-um-historiador-&catid=18:artigos&Itemid=140>, acesso em: 30 set. 2019.

vida, seriam episódios desmerecedores da sua trajetória como homem público e revolucionário, que se empenhou na conquista de um mundo sem explorados e exploradores, sem oprimidos e opressores. [...]
Embora os intelectuais a serviço dos interesses dominantes, comprometidos com a preservação do sistema capitalista, como é o caso de D. A. Reis, empreendam todo tipo de esforços para desmoralizar e destruir a imagem de lutadores pelas causas populares, como Luiz Carlos Prestes e Olga Benario Prestes, não o conseguirão, desde que as forças democráticas e progressistas se mantenham alertas e atuantes na preservação do legado revolucionário desses homens e mulheres que deram a vida por um futuro de justiça social e democracia para toda a humanidade.[130]

Em 2011, diante da atitude da direção do PCdoB de usar a imagem dos meus pais em programa eleitoral transmitido pelos canais de televisão, divulguei carta ao Comitê Central desse partido protestando contra o oportunismo de tentar apresentar-se à opinião pública como herdeiros do legado de Luiz Carlos Prestes – que, como é sabido, sempre combatera as posições políticas do PCdoB, seja as do radicalismo esquerdista seja as do reformismo burguês, e ao mesmo tempo, enquanto viveu, foi constantemente atacado pelos seus dirigentes[131]. Cabe lembrar que, após a morte do meu pai, a história do movimento comunista no Brasil tem sido permanentemente falsificada pelo PCdoB, tanto no que diz respeito ao seu relacionamento com Prestes quanto ao que se refere à própria trajetória desse partido, que passou a ser apresentado como fundado em 1922 – data da criação do PCB –, desrespeitando o fato histórico de ser uma dissidência do PCB surgida em 1962.
Em maio de 2013, o Senado da República decidiu restituir simbolicamente o mandato de senador a Luiz Carlos Prestes, cassado em janeiro de 1948. Na ocasião declarei que a homenagem ao meu pai era demagógica, recusei o convite para comparecer à cerimônia de restituição e expliquei:

São 65 anos desde a cassação do PCB – quase trinta anos desde que o país saiu do regime militar e vive uma democracia. Por que tanto tempo? Por que só agora? O projeto, de autoria do senador Inácio Arruda (PCdoB-CE), é uma tentativa da "classe política", com a imagem suja, de usar o nome de Prestes para limpá-la. Estão tão desmoralizados que resolveram apelar para a imagem do Cavaleiro da

---

[130] Idem.
[131] Anita Leocadia Prestes, "Carta ao Comitê Central do Partido Comunista do Brasil (PCdoB)", Rio de Janeiro, 21 out. 2011 (arquivo particular da autora); ver "Anita contra PCdoB", *Coluna de Ancelmo Gois*, *O Globo*, Rio de Janeiro, 22 out. 2011, p. 24; também <http://prestesaressurgir. blogspot.com/2011/10/carta-de-anita-prestes-ao-pc-do-b.html>, acesso em: 20 out. 2018.

Esperança para limpá-la. É um ato demagógico. Recusei o convite para participar da sessão por protesto e denúncia contra essa demagogia.

Acrescentei que Prestes não estaria de acordo com o governo da época e os projetos que estavam sendo aprovados – como o novo Código Florestal, de autoria do deputado Aldo Rebelo (PCdoB) – pelos mesmos parlamentares que votaram pela devolução do seu mandato: "Basta analisar a trajetória do meu pai para saber que ele não concordaria com a ausência de políticas favoráveis à reforma agrária, como o Código Florestal, e aos trabalhadores, como a flexibilização das leis trabalhistas"[132].

Entre as tentativas mais recentes de utilizar de maneira oportunista o prestígio de Prestes para se fortalecer, pode-se citar uma cartilha do PDT intitulada "Memórias trabalhistas: Luiz Carlos Prestes", publicada em 2018 pelo Centro de Memória Trabalhista[133]. Aproveitando-se do fato de Prestes ter aceitado o título de presidente de honra desse partido, durante homenagem prestada a ele por Leonel Brizola, a referida cartilha procura comprometer o dirigente comunista com o PDT e fazer crer que ele teria ajudado "a edificar o trabalhismo no Brasil". Diante disso, declarei a amigos e companheiros que semelhante atitude é inaceitável e deve ser entendida como mais uma falsificação da história – prejudicial, inclusive, à formação dos jovens incorporados às fileiras do PDT.

Ao concluir estas memórias, devo dizer que continuo comprometida com as lutas do nosso povo por justiça social e democracia, compreendendo que tais objetivos só poderão ser alcançados com o socialismo. Adoto como se fossem minhas as palavras de Miguel Urbano Rodrigues, saudoso camarada português e grande amigo dos comunistas brasileiros:

> Como comunista sei que o capitalismo, condenado, não está em vésperas de ser erradicado. Não viverei esse dia. Mas é minha inabalável convicção que a alternativa ao monstruoso sistema de exploração do homem pelo homem será o socialismo. [...] Pela sua essência e objetivos, o capitalismo é incompatível com as aspirações do homem. Terá de ser destruído.[134]

---

[132] Ver <https://www.terra.com.br/noticias/brasil/politica/homenagem-a-meu-pai-e-demagogica--diz-filha-de-prestes,40108bc6235ae310VgnVCM3000009acceb0aRCRD.html>, acesso em: 20 out. 2018.

[133] *Memórias trabalhistas: Luiz Carlos Prestes* (Brasília, PDT/Centro de Memória Trabalhista, maio 2018).

[134] "O oportunismo na estrada do comunismo", 23 nov. 2013, disponível em: <http://www.odiario.info>, citado por Ana Saldanha, "O tempo e o espaço de Miguel Urbano Rodrigues", *Margem esquerda*, São Paulo, Boitempo, n. 29, 2º sem. 2017, p. 146.

ANEXOS

Anexo I

Duas cartas inéditas de Olga, escritas em francês na Casa de Detenção no Rio de Janeiro, em 4 de abril e 6 de julho de 1936, comunicando a Prestes que esperava um filho dele e solicitando algumas providências. (Fazem parte do lote de cartas saqueado pela polícia na sede do PCB em 29 de outubro de 1945 e ilegalmente colocado para leilão em dezembro de 2018.)

Rio, 4.IV.36.

Ao Sr.
Luiz Carlos Prestes,

Meu querido,

Espero que estas linhas cheguem às tuas mãos.

Eu gostaria muito de te dizer uma coisa que diz respeito somente a nós dois. Mas diante das circunstâncias, não me resta nada além desta possibilidade.

Querido, nós teremos um filho. (Eu sinto todos os sinais que existem nesse caso. Vômitos etc.) Esse acontecimento me faz muito feliz, ainda que eu me dê conta das dificuldades que terei de atravessar. Enfim, nós teremos uma expressão viva de tudo de bom e doce que existe entre nós.

Eu imagino que tu estejas inquieto sobre minha situação. Eu me encontro sozinha numa cela, sem livros, e eu não saio nunca da minha cela. Para me impedir de ver o céu, colocaram um grande pedaço de pano na frente. Assim, eu passo os dias olhando as paredes e esse pedaço de pano. Tudo isso não é agradável, mas eu te asseguro que terei forças suficientes para resistir.

Querido, como eu queria saber de ti, se estás vivo, com saúde; eu não sei de nada. Eu estou muito, muito inquieta, e te peço para me dar uma resposta a esta carta.

Na verdade, tu sabes que estou sempre, com todos os meus pensamentos e todo o meu coração, junto de ti.

Muitos beijos,

Sempre tua.

P.S.: Esta carta é um pouco... [ininteligível], mas tu entendes...! Responde-me!

Maria Prestes, Casa de Detenção

Casa de Detenção   6.7.1936.
Maria Prestes

                    Ao   Sr. Luis Carlos Prestes,
                                        Policia especiale.

Carlos, cheri !

        C'est de nouveau sur des questions
« affaires », que je te dois écrire.

        L'autre jour je te demandais de donner
l'autorisation que ton argent, que se rencontre
dans les mains de la Police, sera donné à
l'adocat Dr. Heitor Lima, enfin de couvrir
les dépenses de ma défense, comme en général
pour être à notre disposition.

        Alors la Police se nie de donner la
permission dans ce sens. Je te demande
maintenant de donner l'autorisation
dans le sens, que Dr. Heitor Lima peut re-
cevoir 15 contos pour la défense et encore
6 contos pour que je me peux payer mon
voyage pour l'Europe, comme aussi quelques vêtements. Aussi sera-t-il nécessair
d'avoir ici dans la prison, quelque arge
pour m'acheter une alimentation su-
plumentaire.

        Enfin, va voir, si se peut faire quel-
ques chose, dans ce sens.

        Je ne sais pas si tu as reçu ma der-
nière lettre del 29.6. et je voulais te demander de nouveau de faire une reconnaissa
notarielle de la paternité de notre enfant

        Cheri, je suis très inquiète de rester tant
de temps sans une ligne de toi. Comment
vas-tu ?

        Ma santé n'est pas bien. Chaque fois
je deviens plus maigre. —

        Notre petit se développe et maintenan
je sente déjà, qu'il est vive, parcequ' il fai

6.7.1936.

Casa de Detenção
Maria Prestes
Ao
Sr. Luiz Carlos Prestes,
Polícia Especial.

Carlos, querido!

É novamente sobre questões de "negócios" que eu devo te escrever.

No outro dia eu te pedia para dar autorização para que o dinheiro, que se encontra nas mãos da Polícia, seja entregue ao advogado Dr. Heitor Lima, a fim de cobrir as despesas da minha defesa, assim como, em geral, para ficar à nossa disposição.

A Polícia, entretanto, se nega a dar permissão nesse sentido. Peço-te agora para dares autorização no sentido de que o Dr. Heitor Lima possa receber 15 contos para a defesa e mais 6 contos para que eu possa pagar minha viagem para a Europa, assim como algumas roupas. Também será necessário dispor aqui na prisão de algum dinheiro para que eu possa pagar uma alimentação suplementar.

Enfim, vejas se é possível fazer alguma coisa nesse sentido.

Não sei se recebeste minha última carta de 29.6; e gostaria de te pedir de novo para que faças um reconhecimento em cartório da paternidade do nosso filho.

Querido, estou muito inquieta de ficar tanto tempo sem sequer uma linha tua. Como estás?

Minha saúde não vai bem. Estou emagrecendo cada vez mais.

Nosso pequeno se desenvolve e agora eu já sinto que ele está vivo, porque ele faz...[1]

---

[1] Carta incompleta, uma vez que o original se encontra à disposição da Justiça, aguardando sentença do Supremo Tribunal Federal referente a recurso impetrado contra a ação que me foi favorável no caso do lote de 320 cartas pertencentes a Luiz Carlos Prestes, apreendidas pela polícia em 1945 e 1947, que iriam a leilão em dezembro de 2018.

Anexo II

Primeira carta de Olga escrita em francês na prisão de Barnimstrasse, em Berlim, em 27 de dezembro de 1936, comunicando a Prestes o nascimento de Anita. (Arquivo da Gestapo, pasta 167, doc. 13-4.)

> Berlin, 17.12.1936.
>
> Sr.
> mit Carlos Prestes
> Rio de Janeiro
> Policia Especial
>
> Carlos, mon cher!
>
> J'espère que tu as reçu mon télégramme, dans lequel je t'informais de la naissance de notre petite fille. — Alors le 27 de novembre à 10 hrs 15 min. elle fût née. Elle avait un poid de 3.800 kg et est bien de santé. Tu sais, la petite a des cheveux tout noir et tellement compris, qu'il faut la coiffé chaque fois. Ses yeux sont bleu (et je voulais tant qu'ils soient comme les tiens!!) comme nous je l'ai donnée: Anita Leocadia. — Moi même, j'ai passée un temps bien mauvais avec la naissance. La petite m'a déchirée et un médecin me devait faire des coutures. Ensuite j'ai passée plus qu'une semaine avec température (chaque soir au-dessus de 39°) et même maintenant — déjà 3 semaines après la naissance je dois encore rester couchée. — En général, je voudrais, que tu connais la situation. Dès mon arrivée en Allemagne je me remonte dans l'infermerie d'une prison. Autant que je nourri la petite, elle peut rester avec moi, mais après — je ne sais pas; et tu comprends, que ça me brise le cœur, quand je pense au future de notre petite. — Quel bonheur nous aurions, si nous trois serons ensemble! Tu devrais voir, comment c'est gentil, quand la petite avec ses grands yeux ouverts, boire dans mes bras. C'est un sentiment tout ... moi. — Tu comprends bi...

– 2 –   11

lesquels je me remonte. Mais aussi maintenant je sais quelle enorme source de force
represente tout le temps heureux, que nous
avons veçu ensemble. Toujours je suis en idée
auprès de toi et je sais qu'aussi tes pensées
m'accompagnent. N'est-ce pas, Carlos, il faut
esperer le jour, où nous serons de nouveau
reunis, et alors nous aurons comme troisième
la petite Anita. —

        Cheri, comment je voudrais avoir des nou-
velles de toi. Je crois, que d'ici on ne fera pas
des difficultés, que je t'écris. Peut être, tu peux
regler là, que pour le moins, une fois par mois
nous pouvons écrire, enfin, ce n'est
pas demander de trop, quand je te veux in-
former sur l'état de notre enfant. —
Aussi, si tu as la possibilité d'écrire à ta mère,
l'address de laquelle je ne connais pas, alors
peut être, elle me pourrait aider dans cette
situation, parceque tu sais bien, que moi
même je n'ai personne ici

        Cheri, écris moi! Vraiment, j'ai besoin
de quelques mots de toi!

        Je t'embrasse de tout mon coeur et je
t'envoie un premier baisser de la petite
                              Anita.
                                        ta femme

P.S.a mes meilleurs desires
pour ton anniversaire, que
soi cette année plus heureuse
que le passé!

Adresse: O. Benario-Prestes,
    Geheime Staatspolizei
    Akt. 2428/36 – II 1 A 1
                                    Berlin SW 11
                                    Prinz Albrechtstr. 8

Berlim, 17/12/1936.

Sr. Luiz Carlos Prestes,

Rio de Janeiro
Polícia Especial.

Carlos, meu querido!

Espero que tenhas recebido meu telegrama informando o nascimento da nossa filhinha. Então, ela nasceu no dia 27 de novembro, às 10h15. O seu peso era de 3,800 kg e ela tem boa saúde. Sabes que a pequena tem cabelos bem escuros e tão longos que é necessário penteá-los a toda hora. Seus olhos são bem azuis (e eu gostaria tanto que eles fossem como os teus!!). Dei-lhe o nome de Anita Leocadia.

Quanto a mim, passei um tempo bastante mal em decorrência do parto. A pequena me causou um rasgão e o médico teve que me costurar. Em seguida estive mais de uma semana com febre (todas as noites acima de 39°C) e mesmo agora, quando já se passaram três semanas do parto, ainda devo permanecer deitada.

Em geral, eu gostaria que conhecesses minha situação. Desde minha chegada à Alemanha, me aborreço na enfermaria de uma prisão. Enquanto estiver amamentando a pequena, ela poderá ficar comigo. Mas depois – eu não sei; e compreenderás minha aflição quando penso no futuro da nossa pequena – como seríamos felizes se estivéssemos os três juntos! Deverias ver como é lindo apreciar a nossa pequena, com seus grandes olhos abertos, mamar em meus braços. É um sentimento totalmente [ilegível]. Compreendes [ilegível] com os quais me aflijo. Mas agora eu também reconheço a enorme fonte de forças que representa todo o tempo feliz que passamos juntos. Em pensamento estou sempre a teu lado e sei que teus pensamentos me acompanham. Não é mesmo, Carlos, que é preciso esperar o dia em que estaremos novamente unidos, e então teremos como parceira a pequena Anita?

Querido, como poderia ter notícias tuas? Penso que daqui não haverá dificuldades para que eu te escreva. Talvez possas providenciar para que, pelo menos uma vez por mês, possamos nos corresponder. Enfim, isso não é pedir muito, pois desejo informar-te sobre a situação da nossa filha. Também, se tens a possibilidade de escrever a tua mãe, cujo endereço eu não tenho, talvez ela me possa ajudar nesta situação, pois bem sabes que aqui não tenho ninguém.

Querido, me escreve! Realmente, necessito de algumas palavras tuas!

Abraço-te de todo o meu coração e te envio um primeiro beijo da pequena Anita.

Tua mulher

P.S.: Meus melhores votos pelo teu aniversário, que este ano seja mais feliz que o passado!

Endereço: O. Benario-Prestes,
Geheime Staatspolizei Akt. 2428/36-II 1 A 1
Berlin SW11
Prinz Albrecht-str. 8

Anexo III

Documento de identidade concedido a Anita pela Gestapo, na ocasião de sua entrega à avó paterna, Leocadia Prestes, em janeiro de 1938. Como as autoridades da Alemanha nazista não reconheciam o casamento de Olga com Prestes, do documento não constam os nomes de Prestes e Leocadia.

ANEXO IV

Poema de Mirta Aguirre, poeta cubana comunista, dedicado a Anita Prestes (Havana, novembro de 1940), amplamente divulgado na América Latina durante a Campanha Prestes pela libertação dos presos políticos no Brasil.

Romance de Anita Prestes

"En Cádiz hay una niña
que Catalina se llama..."
(*Canción de Rueda*)

En México hay una niña
que Anita Prestes se llama.
Su padre es un brasileño
y su madre una alemana.
En cárcel nació la niña
de Berlin, la aherrojada.
Con lágrimas de su madre
se dormia y despertaba.

En México hay una niña
que Anita Prestes se llama...

Todos los dias de fiesta
su madre la acariciaba:
– ¡Quién te llevara, mi niña,
lejos de la cruz gamada! –
A tierras libres y alegres,
mi niña, quien te llevara! –
Olga Benario la madre,
mujer revolucionaria.
A su padre, Caballero,
le dice, de la Esperanza.

En México hay una niña
que Anita Prestes se llama...

Mandan hacer una rueda
de cuchillos y navajas.
La rueda ya estaba hecha
y el crimen se consumaba.
¡Al asilo con la niña
de la madre encarcelada!

En México hay una niña
que Anita Prestes se llama...

Los pueblos dijeron: ¡NO!,
y la niña fué salva.
Derrota fué de los nazis
y fué derrota de Vargas.
De impotencia y de furor,
con dientes finos de rabia,
los enemigos de Prestes
se mordian las entrañas.

En México hay una niña
que Anita Prestes se llama...

¡Ah los pueblos, nuestros pueblos,
con su niña rescatada!
Ahora hay que guardarla bien
contra el odio y la desgracia.
Ahora hay que darle su padre
y su madre, la alemana.
Ahora hay que salvarle a Prestes
la cabaza amenazada,
sacarlo de la prisión
y exigir cuentas a Vargas.
¡Los pueblos americanos
lo harán, con lucha de masas!

En México hay una niña
que Anita Prestes se llama...

Mirta Aguirre
La Habana, Noviembre de 1940.

Romance de Anita Prestes*

"Em Cádiz há uma menina
Catalina chamada…"
(*Cantiga de roda*)

No México há uma menina
Anita Prestes chamada
Tem por pai um brasileiro,
Alemã é sua mãe, Olga,
Que foi na prisão jogada.
Com lágrimas esta regava
O dormir e o despertar
Da pobre criança algemada.

No México há uma menina
Anita Prestes chamada…

Todos os dias de festa
A mãe carinhosa dizia:
"Quem dera que te levassem,
Querida, longe da cruz gamada!
Pra terras livres, alegres,
Quem dera que te levassem!"
Sua mãe, Olga Benário,
Mulher revolucionária!
Seu pai, o Cavaleiro
Da Esperança aclamado.

No México há uma menina
Anita Prestes chamada…

Mandam fazer um cercado
De facas e de navalhas.
O cercado já estava pronto
E o crime se consumava!
Que vá pro asilo a menina
Desta mãe encarcerada!

No México há uma menina
Anita Prestes chamada…

Os povos disseram: NÃO!
Salvando assim a menina.
Os nazis amargam derrota,
Derrota também para Vargas.
Impotentes em seu furor,
Com dentes agudos de raiva,
Os inimigos de Prestes
As próprias entranhas mordiam!

No México há uma menina
Anita Prestes chamada…

Ah! Graças aos nossos povos,
Sua menina foi posta a salvo!
Agora deve ser resguardada
Contra a desgraça e o ódio.
Agora é preciso dar-lhe
O pai e a mãe alemã,
É preciso salvar Prestes, o pai,
Que corre perigo de vida,
Tirá-lo da prisão em que está
E acertar as contas com Vargas.
Os povos americanos assim
Farão, com sua luta de massas!

No México há uma menina
Anita Prestes chamada...

Mirta Aguirre
Havana, novembro de 1940.

---

* Tradução de Flavio Aguiar.

Anexo V

Poema de Pablo Neruda, cônsul-geral do Chile no México, em homenagem a Leocadia Prestes, lido por ele à beira da sepultura dela. Cidade do México, 18 de junho de 1943.

DURA ELEGIA

(En la tumba de la Senóra Leocadia Prestes)

Señora, hiciste grande, más grande, a nuestra América.
Le diste un río puro, de colosales águas:
le diste un árbol alto de infinitas raíces:
un hijo tuyo digno de su pátria profunda.

Todos lo hemos querido junto a estas orgullosas
flores que cubrirán la tierra en que reposes,
todos hemos querido que viniera del fondo
de América, a través de la selva y del páramo,
para que así tocara tu frente fatigada
su noble mano llena de laureles y adioses.

Pero otros han venido por el tiempo y la tierra,
senóra, y te aconpanán en este adiós amargo
para el que te negaron la boca de tu hijo
y a él el encendido corazón que guardabas.
Para tu sed negaron el água que creaste.
El manantial remoto de su boca apartaron.
Y no sirven las lágrimas en esta piedra rota
en que duerme una madre de fuego y de claveles.

Sombras de América, héroes coronados de fúria,
de nieve, sangre, océano, tempestad y palomos,
aquí: venid al hueco que esta madre en sus ojos
guardaba para el claro capitán que esperamos:
héroes vivos y muertos de nuestra gran bandera:
O'Higgins, Juárez, Cárdenas, Recabarren, Bolívar,
Marti, Miranda, Artigas, Sucre, Hidalgo, Morelos,
Belgrano, San Martin, Lincoln, Carrera, todos,
venid, llenad el hueco de vuestro gran hermano
y que Luis Carlos Prestes sienta en su celda el aire,
las alas torrenciales de los padres de América.

La casa del tirano tiene hoy una presencia
grave como un inmenso ángel de piedra,
la casa del tirano tiene hoy una visita
dolorosa y dormida como una luna eterna,
una madre recorre la casa del tirano,
una madre de llanto, de venganza, de flores,
una madre de luto, de bronce, de victoria,
mirará eternamente los ojos del tirano,
hasta clavar en ellos nuestro luto mortal.

DURA ELEGIA*

(Perante a tumba da Senhora Leocadia Prestes)

Senhora: nossa América, a fizeste grande, maior,
Lhe deste um rio puro, de águas majestosas,
Lhe deste uma alta árvore, de infinitas raízes,
Um filho teu, digno de sua pátria profunda.

Todos nós quisemos que ele estivesse junto
A estas orgulhosas flores que cobrem teu repouso,
Quisemos que ele viesse do fundo desta América,
Atravessando a terra, a selva e o gelado páramo,
Para que pudesse tocar tua fronte fatigada
Com sua nobre mão plena de lauréis e de adeuses.

Porém outros vieram através do tempo e da terra,
Senhora, e te acompanham neste adeus amargo
Em que te negaram a boca de teu filho
E a ele o coração ardente que guardavas.
Para a tua sede, negaram a água que geraste.
Afastaram o manancial remoto que geraste.
E não servem as lágrimas sobre esta pedra rota
Que abriga a mãe rubra como um rubro cravo.

Sombras da América, heróis coroados pela fúria, neve,
Sangue, oceano, tempestade, asas de pombos,
Venham: ao oco que esta mãe guardava nos olhos
Para o claro Capitão que nós também esperamos:
Heróis vivos e mortos de nossa imortal bandeira,
O'Higgins, Juárez, Cárdenas, Recabarren, Bolívar,
Marti, Miranda, Artigas, Sucre, Hidalgo, Morelos,
Belgrano, San Martin, Lincoln, Carrera, venham,
Para preencher o oco deixado por esse grande irmão
E que Luiz Carlos Preste sinta em sua cela o sopro
Torrencial das asas dos pais de nossa América.

A casa do tirano tem hoje uma presença
grave como um imenso anjo de pedra.
A casa do tirano recebe hoje uma visita
Dolorosa e adormecida como uma lua eterna,
Uma mãe percorre a casa do tirano,
Uma mãe de pranto, de vingança, de flores,
Uma mãe de luto, de bronze, de vitória,
Olhará eternamente o tirano nos olhos,
Até que se crave neles nosso luto mortal.

---

*   Tradução de Flavio Aguiar.

Señora, hoy heredamos tu lucha y tu congoja.
Heredanos tu sangre que no tuvo reposo.
Juramos a la tierra que te recibe ahora
no dormir ni soñar hasta que vuelva tu hijo.
Y como en tu regazo su cabeza faltaba
nos hace falta el aire que en tu pecho respira,
nos hace falta el cielo que su mano indicaba.
Juramos continuar las detenidas venas,
las detenidas llamas que en tu dolor crecían.
Juramos que las piedras que te ven detenerte
van a escuchar los pasos del héroe que regresa.

No hay cárcel para Prestes que esconda su diamante,
el pequeño tirano quiere ocultar el fuego
con sus pequeñas alas de murciélago frio
y se envuelve en el turbio silencio de la rata
que roba en los pasillos del palacio nocturno.

Pero como una brasa de centella y fulgores
a través de las barras de hierro calcinado
la luz del corazón de Prestes sobresale.
Como en las grandes minas del Brasil la esmeralda,
como en los grandes rios del Brasil la corriente,
y como en nuestros bosques de índole poderosa
sobresale una estatua de estrellas y follaje,
un árbol de las tierras sedientas del Brasil.

Señora, hiciste grande, más grande, a nuestra América.
Y tu hijo encadenado combate con nosotros,
a nuestro lado, lleno de luz y de grandeza.
Nada puede el silencio de la araña implacable
contra la tempestad que desde hoy heredamos.
Nada pueden los lentos martírios de este tiempo
contra su corazón de madera invencible.

El látigo y la espada que tus manos de madre
pasearon por la tierra como un sol justiciero
iluminam las manos que hoy te cubren de tierra.

Mañana cambiaremos cuanto hirió tu cabello.
Mañana romperemos la dolorosa espina.
Mañana inundaremos de luz la tenebrosa
cárcel que hay en la tierra.
Mañana venceremos.
Y nuestro Capitán estará con nosotros.

Pablo Neruda
1943

Senhora, hoje herdamos tua luta e teu penar.
Herdamos teu sangue que não teve repouso.
Juramos perante a terra que te recebe agora
Não dormir nem sonhar até a volta de teu filho.
E como em teu regaço faltava sua cabeça
Nos falta o ar que em teu peito respira
Nos falta sua mão que apontava o céu.
Juramos prosseguir o pulsar de tuas veias,
As chamas suspensas que em tua dor cresciam.
Juramos que as pedras que te veem detida
Escutarão os passos de teu filho que regressa.

Não há cárcere que esconda o luzir diamantino de Prestes,
O pequeno tirano quer ocultar o fogo
Com suas asas de morcego frio,
E se embrulha no silêncio da ratazana
Que furta no labirinto do palácio noturno.

Mas como as centelhas e fulgores de uma brasa
Através das barras de ferro calcinado
Sobressai a luz do coração de Prestes.
Como a esmeralda das grandes minas do Brasil,
Como a corrente dos grandes rios do Brasil,
E como em nossos bosques de poderosa força
Sobressai uma estátua de estrelas e folhagem,
Uma árvore das terras sedentas do Brasil.

Senhora: nossa América, a fizeste grande, maior,
E teu filho em cadeias preso combate junto a nós,
A nosso lado, cheio de luz e de grandeza.
Nada pode a aranha em seu silêncio implacável
Contra a tempestade que herdamos a partir de agora.
Nada podem os lentos martírios deste tempo
Contra seu coração feito de madeira invencível.

O látego e a espada que tuas mãos de mãe
Fizeram passear sobre a terra como um sol justiceiro
Iluminam as mãos que hoje te cobrem de terra.

Amanhã mudaremos tudo o que feriu teu cabelo,
Amanhã romperemos o doloroso espinho.
Amanhã inundaremos de luz a tenebrosa
prisão que há na terra.
Amanhã venceremos
E nosso Capitão estará conosco.

Pablo Neruda
1943

Anexo VI

Artigos de jornal sobre a chegada de Anita ao Rio de Janeiro (outubro de 1945) e sobre a comemoração de seu aniversário (novembro de 1945): 1) *Diário da Noite*, 29 out. 1945, p. 28; 2) *Diário de Notícias*, 30 out. 1945, p. 12; 3) *Tribuna Popular*, 2 nov. 1945, p. 1; 4) *Tribuna Popular*, 28 nov. 1945, p. 1; 5) *Tribuna Popular*, 28 nov. 1945, p. 2.

DIRIGE-SE O MUT AOS TRABALHADORES EXPONDO SUA POSIÇÃO POLITICA

Tribuna POPULAR

UNIDADE — DEMOCRACIA — PROGRESSO

LUIZ CARLOS PRESTES FALA AO PROLETARIADO E AO POVO

"Só a união nacional garantirá a Democracia, liquidando os restos do fascismo através da Constituinte"

UMA ENTREVISTA COM O SECRETARIO GERAL DO P.C.B., NA SÉDE DO COMITÊ NACIONAL DO PARTIDO

A verdade acerca da propalada greve geral de sabado ultimo

VIGILANCIA CONTRA OS PERTUBADORES DA ORDEM

Um manifesto do M.U.T. aos trabalhadores e ao povo brasileiro

Contra o papel desempenhado pelas forças dos EE. UU. na China

Protestam os comunistas chineses ★ As tropas do Governo Central não suspenderam a ajuda dos japoneses e satélites na luta contra os comandados de Mao-Tsé

No México o presidente do Chile

NEGOCIAM A PAZ INDONESIOS E HOLANDESES
Apelo do presidente Soekarno em favor da cessação das hostilidades

Em greve os Universitarios de B. Aires

Comunicado do Comitê Metropolitano do P.C.B.

O SR. VIRIATO VARGAS DEIXOU DE COMPARECER À 6ª VARA CRIMINAL

O PARTIDO COMUNISTA LANÇARÁ O MANIFESTO

Amanhã no Largo da Carioca o comício monstro do candidato do povo

"Apesar da reação, o povo, através das urnas, tomará em suas mãos o destino do país"

Tribuna POPULAR
DEMOCRACIA
UNIDADE — PROGRESSO

70.000 PESSOAS NO COMICIO DE BELO HORIZONTE
YEDDO FIUZA E PRESTES VIVAMENTE ACLAMADOS EM PASSEATA ATRAVÉS DAS RUAS DA CAPITAL MINEIRA

Um perfeito fracasso o comício do PSD
Não adiantou ao general Dutra a adesão de última hora dos nazi-integralistas

HOMENAGEM A ANITA NO SEU ANIVERSÁRIO

O POVO QUER A PASSEATA!

ELEITOR DO INTERIOR DO BRASIL

Inéditas na América, pel proporções, as manifestaç

MEDIDAS REACIONARIAS PROCUR ENTRAVAR A CIRCULAÇÃO DO "HO

ATACAM OS PATRIOTAS INDONÉSIOS

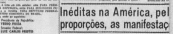

500 MIL PESSOAS
Serão oradores do maior comício monstro realizado pelo povo carioca:
YEDDO FIU
LUIZ CARLO
LUIZ HILDEBRAN

TODOS AO MAIOR COMICIO D

Página 2 — TRIBUNA POPULAR

Um perfeito fracasso o comício do P.S.D.

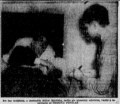

Olho mágico

A História do Partido Comunista (bolchevique) da URSS na opinião dos dirigentes do P.C.B.
DE MAURÍCIO GRABOIS (SECRETÁRIO NACIONAL DE DIVULGAÇÃO)

O POVO REPELIU O CORTEJO DA U.D.N.

AVISO AOS ELEITORES DE YEDDO FIUZ

INTEGRALISTAS NOMEADOS PARA ALTOS POSTOS DA ADMINISTRAÇÃO

Os udenistas cometem tropelias para...

FIUZA E PRESTES

AOS FISCAIS ELEITORAIS DO P.C.B.

Inauguração de embalatórios para os comerciários

Comícios Pró-Yedd no Estado do Rio

CONTRA A PROIBIÇÃO DE UMA HOMENAGEM À MEMÓRIA DE OLGA PRESTES

GRANDE COMICIO Hoje em Cascadura

Medidas reacionárias procuram entravar a circulação do "Hoje"

Homenagem a Anita no seu aniversário

OS NAZISTAS PRODUZIAM GAZ VENENOSO

Inéditas na América, p suas grandiosas proporções, as manifestações a Fiuza e Prestes

Comitê pró-candidatura Yeddo Fiuza dos Servidores Municipais

COMICIO DOS BANCARIOS PRÓ-FIUZ

Dr. Abreu Finho

QUEREM VOTAR

Inéditas comício na Praça Sete

AVISO AOS ELEITORES

Anexo VII

Foto de comício de Cirilo Júnior, candidato ao cargo de vice-governador paulista, no vale do Anhangabaú, no centro de São Paulo, em 4 de novembro de 1947. Presentes Getúlio Vargas, representando o PTB, e Luiz Carlos Prestes, representando o PCB, partidos que apoiavam essa candidatura.

ANEXO VIII

Cartão de Prestes a Anita felicitando-a pelo aniversário, em 27 de novembro de 1981.

Salve 27-XI-1981

LUIS CARLOS PRESTES

Minha querida filha.

Sempre fui da opinião que os pais, a partir de certa idade, devem saber aprender com os filhos. Só assim poderão corrigir seus erros e a natural tendência ao anacronismo. É certo que nem sempre é isto viável. Mas no meu caso tive a felicidade de encontrar em ti, na tua firmeza revolucionária, na tua solidariedade e ajuda, aquilo de que mais necessito. Sei que estou ferindo tua modéstia, mas, nesta data, em que meu pensamento se volta para o martírio de tua mãe, espero que possas ver nestas linhas a expressão do meu carinho e dos votos que formulo pela tua saude e felicidade. Beija-te o teu Pai.

Salve 27-XI-1981

Minha querida filha,

Sempre fui de opinião que os pais, a partir de certa idade, devem saber aprender com os filhos. Só assim poderão corrigir seus erros e a natural tendência ao anacronismo. É certo que nem sempre é isto viável. Mas no meu caso tive a felicidade de encontrar em ti, na tua firmeza revolucionária, na tua solidariedade e ajuda, aquilo de que mais necessito. Sei que estou ferindo tua modéstia, mas, nesta data, em que meu pensamento se volta para o martírio de tua mãe, espero que possas ver nestas linhas a expressão do meu carinho e dos votos que formulo pela tua saúde e felicidade.

Beija-te o teu
Pai.

Fontes consultadas

Arquivos

Arquivo da Gestapo: <http://www.germandocsinrussia.org/de/nodes/1-rossiysko-germanskiy-proekt-po-otsifrovke-trofeynyh-kollektsiy>. Coleção de documentos do serviço secreto alemão de 1912 a 1945. Arquivo Estatal Russo de História Social e Política (RGASPH).

Arquivo da Memória Operária do Rio de Janeiro (Amorj), Rio de Janeiro (RJ).

Arquivo do Superior Tribunal Militar (STM), Brasília (DF).

Arquivo do Tribunal de Justiça do Estado do Rio de Janeiro, Rio de Janeiro (RJ).

Arquivo Edgard Leuenroth – Centro de Documentação e Pesquisa em História Social (IFCH – Unicamp), Campinas (SP).

Arquivo Estatal Russo de História Social e Política (RGASPH), Moscou, Rússia.

Arquivo Nacional, Rio de Janeiro (RJ).

Arquivo particular da autora, Rio de Janeiro (RJ).

Arquivo Público do Estado de São Paulo (Apesp), São Paulo (SP).

Arquivo Público do Estado do Rio de Janeiro (Aperj), Rio de Janeiro (RJ).

Biblioteca Nacional, Rio de Janeiro (RJ).

Centro de Documentação e Memória da Unesp (Cedem-Unesp), São Paulo (SP).

Centro de Pesquisa e Documentação de História Contemporânea do Brasil (CPDOC-FGV), Rio de Janeiro (RJ).

Depoimentos

Entrevistas concedidas por Luiz Carlos Prestes a Anita Leocadia Prestes e Marly de Almeida Gomes Vianna, gravadas em fita magnética e transcritas para papel, Rio de Janeiro (RJ), 1981-1983.

Periódicos

La Revista de la Mujer, Havana, set. 1943.

Diário da Noite, Rio de Janeiro, 29 out. 1945; 13 maio 1966.

Voz Operária, 1949-1959, 1965-1975, 1976--1979, 1980-1983.

Última Hora, Rio de Janeiro, 1950-1990.

O Cruzeiro, Rio de Janeiro, 29 mar. 1958.

Novos Rumos, Rio de Janeiro, 1959-1964.

O Globo, Rio de Janeiro, 11 maio 1964; 1966-1990; 28 jun. 1991; 27 ago. 2004; 22 out. 2011.

Correio da Manhã, Rio de Janeiro, 13 maio 1966.

Fato Novo, São Paulo, Verde Amarelo, 1970.

Estudos, n. 1-5, SAP, 1970-1974.

Jornal do Brasil, Rio de Janeiro, 3 fev. 1972;
28 jun. 1973; 1978-1995; 29 ago. 2004;
7 nov. 2004.

Folha da Tarde, São Paulo, 19 out. 1972.

Jornal da Tarde, São Paulo, 19 out. 1972.

Folha de S.Paulo, 19 out. 1972; 1978-1995;
27 ago. 2004; 20 maio 2005.

Tribuna da Imprensa, Rio de Janeiro, 19 e 28
out. 1972; 1979-1991.

O Estado de S. Paulo, 26 jun. 1973; 1978-
-1990; 14 ago. 1992; 30 ago. 1993; 29
maio 2005; 24 jul. 2017.

Diário de Notícias, Rio de Janeiro, 28 jun.
1973.

Diário de S. Paulo, 28 jun. 1973.

O Jornal, Rio de Janeiro, 28 jun. 1973.

Granma, Havana, 15 jul. 1973.

*Revista Internacional (Problemas de la Paz y
del Socialismo)*, Praga, n. 4, abr. 1976.

Coojornal, ano 4, n. 37, jan. 1979.

Encontros com a Civilização Brasileira, mar.
1979.

Jornal de Brasília, 8 abr. 1979, suplemento
Política.

Movimento, São Paulo, n. 207, 16-22 jun.
1979; n. 250, 14-20 abr. 1980; n. 293,
9-15 fev. 1981.

República, 20 out. 1979.

Veja, 24 out. 1979.

Visão, 29 out. 1979.

Pasquim, n. 542, 2-8 nov. 1979.

Enfim, 21 nov. 1979.

Voz da Unidade, São Paulo, 1980-1983.

Ecos à Carta de Prestes, n. 1-4, abr.-jul. 1980.

A Gazeta, Vitória, 11 jun. 1981.

Correio do Povo, Porto Alegre, 22 ago. 1981;
6 mar. 1987.

Zero Hora, Porto Alegre, 22 ago. 1981;
6 mar. 1987; 1ª dez. 1989; 29 jun. 1991.

Folha da Tarde, Porto Alegre, 22 e 23 ago.
1981.

Diário do Nordeste, Fortaleza, 20 abr. 1982.

O Povo, Fortaleza, 20 abr. 1982.

Diário de Pernambuco, Recife, 25 abr. 1982;
27 abr. 1982; mar. 1990.

*Diário da Câmara Municipal do Rio de
Janeiro*, 18 set. 1984.

Jornal do Comércio, Porto Alegre, 6 mar.
1987.

Diário do Sul, Porto Alegre, 6 mar. 1987;
13 mar. 1987.

Jornal da Manhã, Aracaju, 24-25 maio 1987.

O Fluminense, Niterói, 30 nov. 1989.

O Dia, Rio de Janeiro, 30 nov. 1989; mar.
1990.

Istoé Senhor, n. 1.055, 6 dez. 1989.

Informe UFF, Niterói, ano XV, n. 115, dez.
1989.

Casa de las Américas, n. 170, ano XXX,
Havana, mar./abr. 1990.

Hora do Povo, Rio de Janeiro, 29 jun. 1991.

Inverta, Rio de Janeiro, ago./set. 1992.

Jornal do Comércio, Rio de Janeiro, 15 ago.
1992.

Cultura Vozes, n. 4, v. 91, Petrópolis, jul./ago.
1997.

Correio Braziliense, Brasília, 28 jun. 1991;
28 mar. 2014.

Opera Mundi/Revista Samuel, jan. 2015.

Margem Esquerda, n. 29, São Paulo,
Boitempo, 2º semestre 2017.

Referências bibliográficas

ABREU, Alzira Alves de; BELOCH, Israel et al. (coords.). *Dicionário histórico-biográfico brasileiro pós-1930*. Rio de Janeiro, Editora da FGV, 2001. 5 v.

AFFONSO, Almino. *1964 na visão do ministro do trabalho de João Goulart*. São Paulo, Fundap/ Imprensa Oficial do Governo do Estado de São Paulo, 2014.

AGUIRRE, Mirta. Romance de Anita Prestes. In: _____ ; LOPEZ LEMUS, Virgilio; GARCIA RONDA, Denia. *Poesia*. Havana, Letras Cubanas, 2008. ·

AMADO, Jorge. *O Cavaleiro da Esperança*: vida de Luiz Carlos Prestes. São Paulo, Companhia das Letras, 2011.

BANDEIRA, Luiz Alberto Moniz. *O governo João Goulart*: as lutas sociais no Brasil, 1961-1964. São Paulo, Editora Unesp, 2010.

BARCHHAUSEN-CANALE, Christiane. *No rastro de Tina Modotti*. São Paulo, Alfa-Ômega, 1989.

BENEDETTI, Mario. *La vida ese paréntesis*. Buenos Aires, Editorial La Página, 2011.

BERLINGUER, Enrico. *A questão comunista*. Lisboa, Edições 70, 1976.

BEZERRA, Gregório. *Memórias*. São Paulo, Boitempo, 2011.

BIGNAMI, Ariel. *El pensamiento de Gramsci*: una introduccion. 2. ed. Buenos Aires, s.e., s.d.

BITTENCOURT, Getúlio. *A quinta estrela*: como se tenta fazer um presidente no Brasil. São Paulo, Ciências Humanas, 1978.

BRECHT, Bertolt. *Histórias do sr. Keuner*. 2. ed. Trad. Paulo César de Souza. São Paulo, Editora 34, 2013.

CALLE, Ángel de la. *Modotti*: uma mulher do século XX. São Paulo, Conrad, 2005.

CARONE, Edgard. *O PCB*, v. 3: *1964-1982*. São Paulo, Difel, 1982.

CARRILLO, Santiago (org.). *Un futuro para España*: la democracia económica y política. s.e., 1968.

CIAVATTA, Maria (coord.). *Luta e memória*: a preservação da memória histórica do Brasil e o resgate de pessoas e de documentos das garras da ditadura. Rio de Janeiro, Revan, 2015.

COHEN, Robert (org.). *Olga Benario, Luiz Carlos Prestes*: Die Unbeugsamen – Briefwechsel aus Gefängnis und KZ. Göttingen, Wallstein, 2013.

300 VIVER É TOMAR PARTIDO

_____ (org.). *Der Vorgang Benario*: die Gestapo-akte, 1936-1942. Berlim, Berolina, 2016.

DULLES, John W.F. *Sobral Pinto*: a consciência do Brasil. Rio de Janeiro, Nova Fronteira, 2001.

ESTRADA, Ulisses. *Tania la guerrillera y la epopeya suramericana del Che*. Austrália/Estados Unidos/Cuba, Ocean Press, 2005.

FALCÃO, João. *Giocondo Dias*: a vida de um revolucionário. Rio de Janeiro, Agir, 1995.

FALCÓN, Gustavo. *Do reformismo à luta armada*: a trajetória política de Mário Alves (1923-
-1970). Salvador, Versal, 2008.

Fascismo, democracia y frente popular – VII Congreso de la Internacional Comunista. (Moscou, 25/7 a 20/8 de 1935). México, Siglo Veintiuno, 1984.

FELIZARDO, Joaquim José. *A legalidade*: o último levante gaúcho. Porto Alegre, Editora da UFRGS, 1988.

FONTANA, Josep. *A história dos homens*. São Paulo, Edusc, 2004.

_____. *Por el bien del Imperio*: una historia del mundo desde 1945. Barcelona, Pasado & Presente, 2011.

GODOY, Marcelo. *A Casa da Vovó*: uma biografia do DOI-CODI (1969-1991), o centro de sequestro, tortura e morte da ditadura militar. Histórias, documentos e depoimentos dos agentes do regime. 2. ed. São Paulo, Alameda, 2015.

GÓES, Maria da Conceição Pinto de. *A aposta de Luiz Ignácio Maranhão Filho*: cristãos e comunistas na construção da utopia. Rio de Janeiro, Editora da UFRJ, 1999.

GRAMSCI, Antonio. *Cadernos do cárcere*, v. 3. Rio de Janeiro, Civilização Brasileira, 2000.

_____. *Cadernos do cárcere*, v. 1. 2. ed. Rio de Janeiro, Civilização Brasileira, 2001.

HÁNDAL, Schafik. *Legado de un revolucionário*: del rescate de la historia a la construcción del futuro. Havana, Editorial de Ciencias Sociales, 2015.

HEINRICH, Michael. *Karl Marx e o nascimento da sociedade moderna*, v. 1 (1818-1841). Trad. Claudio Cardinali. São Paulo, Boitempo, 2018.

HELMS, Sarah. *Se isto é uma mulher*. Lisboa, Presença, 2015.

HOBSBAWM, Eric. *Sobre história*. São Paulo, Companhia das Letras, 1998.

HOOKS, Margaret. *Tina Modotti, fotógrafa e revolucionária*. Rio de Janeiro, José Olympio, 1997.

INSTITUTO CAJAMAR. *Socialismo em debate*: 1917-1987. São Paulo, Instituto Cajamar, 1988.

JINKINGS, Ivana; DORIA, Kim (orgs.). *1917*: o ano que abalou o mundo. São Paulo, Boitempo/ Editora Sesc, 2017.

JORGE DIMITROV – Leipzig 1933. Sófia [Bulgária], Sofia Press, 1968.

KONDER, Leandro. *A democracia e os comunistas no Brasil*. Rio de Janeiro, Graal, 1980.

LIGUORI, Guido. *Roteiros para Gramsci*. Rio de Janeiro, Editora UFRJ, 2007.

MAHAJO, Francisco Ignácio Taibo. *Ernesto Guevara, também conhecido como Che*. São Paulo, Expressão Popular, 2008.

MALIN, Mauro. *Armênio Guedes*: um comunista singular. Rio de Janeiro, Ponteio, 2018.

MARIGHELLA, Carlos. *Escritos de Carlos Marighella*. São Paulo, Livramento, 1979.

REFERÊNCIAS BIBLIOGRÁFICAS 301

MORAES, Dênis de (org.). *Prestes com a palavra*. Campo Grande, Letra Livre, 1997.

MORAIS, Fernando. *Olga*. São Paulo, Alfa-Ômega,1985.

NAPOLITANO, Giorgio. *La politique du parti communiste italien*: entretien avec Eric J. Hobsbawm. Paris, Éditions Sociales, 1976.

NETO, Lira. *Getúlio*: da volta pela consagração popular ao suicídio (1945-1954). São Paulo, Companhia das Letras, 2014. v. 3.

PCB: vinte anos de política (1958-1979). São Paulo, Livraria Editora Ciências Humanas, 1980.

PINKSKY, Jaime (org.). *Questão nacional e marxismo*. São Paulo, Brasiliense, 1980.

POERNER, Arthur José. *O poder jovem*: história da participação política dos estudantes brasileiros. Rio de Janeiro, Civilização Brasileira, 1968.

PRESTES, Anita Leocadia. A que herança devem os comunistas renunciar? *Oitenta*. Porto Alegre, LP&M, n. 4, 1980.

_____. *A Coluna Prestes*. 4. ed. São Paulo, Paz e Terra, 1997.

_____. *Luiz Carlos Prestes e a Aliança Nacional Libertadora*: os caminhos da luta antifascista no Brasil (1934-1935). Petrópolis, Vozes, 1997.

_____. *"Campanha Prestes" pela libertação dos presos políticos no Brasil (1936-1945)*: uma emocionante história de solidariedade internacional. 2. ed. revista e ampliada. São Paulo, Expressão Popular, 2015.

_____. *Luiz Carlos Prestes*: um comunista brasileiro. São Paulo, Boitempo, 2015.

_____. *Olga Benario Prestes*: uma comunista nos arquivos da Gestapo. São Paulo, Boitempo, 2017.

_____; PRESTES, Lygia (orgs.). *Anos tormentosos* – Luiz Carlos Prestes: correspondência da prisão (1936-1945), v. 1. Rio de Janeiro/São Paulo, Aperj/Paz e Terra, 2000.

_____; _____ (orgs.). *Anos tormentosos* – Luiz Carlos Prestes: correspondência da prisão (1936-1945), v. 2 e v. 3. Rio de Janeiro/São Paulo, Aperj/Paz e Terra, 2002.

PRESTES, Luiz Carlos. *Carta aos comunistas*. São Paulo, Alfa-Ômega, 1980.

PRESTES, Maria. *Meu companheiro*: 40 anos ao lado de Luiz Carlos Prestes. Rio de Janeiro, Rocco, 1992.

RAMONET, Ignacio. *Fidel Castro*: biografia a duas vozes. São Paulo, Boitempo, 2006.

REIS, Daniel Aarão. *Luiz Carlos Prestes*. Um revolucionário entre dois mundos. São Paulo, Companhia das Letras, 2014.

SAID, Ana Maria. *Uma estratégia para o Ocidente*: o conceito de democracia em Gramsci e o PCB. Uberlândia, Edufu, 2009.

SANTOS, Nilton (org.). *História da UNE*: depoimentos de ex-dirigentes. São Paulo, Livramento, 1980.

TANIA la guerrillera inolvidable. Havana, Instituto del Libro, 1970.

TEIXEIRA DA SILVA, Francisco Carlos (org.). *Enciclopédia de guerras e revoluções do século XX*. Rio de Janeiro, Elsevier, 2004.

WAACK, William. *Camaradas*: nos arquivos de Moscou – a história secreta da revolução de 1935. São Paulo, Companhia das Letras, 1993.

WERNER, Ruth. *Olga Benario*: a história de uma mulher corajosa. São Paulo, Alfa-Ômega, 1989.

Índice onomástico*

Abate, Ivette, 224

Abreu, Alzira Alves de, 192n37, 199n59

Abreu, Caio Nogueira de, 119

Abreu, Hélia Nogueira de, 119, 120

Affonso, Almino, 118

Agosti, Héctor, 179n42

Aguirre, Mirta, 42n30

Alambert, Zuleika, 162, 174n27, 196, 205, 215, 217n99, 223

Albuquerque Lima, Afonso de, 151

Alfredo (codinome de Luiz Carlos Prestes), 177n35, 187

Allende, Salvador, 162

Almeida, Antônio (codinome de Luiz Carlos Prestes), 134n27, 150n7, 152n14

Alvarado, Juan Velasco, 151-2

Alvarenga, Fernando Nilo de, 82

Alvarez, Gerónimo Arnedo, 162

Alves, Ivan, 163

Alves, Mário, 134, 139

Amado, Jorge, 57, 70-1, 76, 264

Amano, Takao, 224

Amazonas, João, 66, 68-9, 77, 80-2, 94

André, António José, 96n4

Arantes, Aldo, 100, 107

Araújo, José Braz de, 173

Araújo Neto, Francisco Pedro de, 222

Arraes, Miguel, 112, 114, 201, 224

Arruda, Inácio, 273

Arruda Câmara, Diógenes de, 61, 65-70, 77--8, 89, 94, 94n21, 211-2

Azedo, Luiz Carlos, 114n46

Azedo, Maurício, 250

Azevedo, Agliberto Vieira de, 163, 174n27, 187, 192, 196, 216

Bach, Johann Sebastian, 56, 98

Barão de Itararé, 57-8 (ver também *Torelly, Apparício Fernando de Brinkerhoff*)

Barbedo, Alceu, 58

Barbosa, Rui, 30

Barchhausen-Canale, Christiane, 36n12

Barreto, Jackson, 250

Barros, Adhemar de, 113, 118

Barros, Adirson de, 271

Barros, João Alberto Lins de, 254

---

* Não constam deste índice Anita Leocadia Prestes e Luiz Carlos Prestes, que, por razões diversas, estão presentes nestas memórias de ponta a ponta. (N. E.)

304 VIVER É TOMAR PARTIDO

Basbaum, Leôncio, 49, 51-2

Batista, Odilon, 55

Batista, Pedro Ernesto, 55

Beethoven, Ludwig van, 56

Belfort Mattos, Jessy, 60

Belfort Mattos, Waldemar, 60

Bellentani, Lúcio Antônio, 147, 156-7

Beloch, Israel, 192n37, 199n59

Benario, Eugenie Gutmann, 22n26, 106

Benario, Leo, 264

Benedetti, Mario, 179n41

Berlinguer, Enrico, 187n13

Bernardes, Artur, 252, 258

Beto (codinome de Walter de Souza Ribeiro), 154-5, 158

Bevilacqua, Peri, 112-3

Bezerra, Gregório, 53, 63, 89, 89n9, 124, 169, 171, 183, 192, 196, 216, 228, 237-8, 242, 243n60

Bignami, Ariel, 179, 270n121

Bittencourt, Getúlio, 200

Boal, Ana Graça, 224

Bonaparte, Napoleão, 24, 74, 98

Bonfim Jr, Orlando, 174

Boron, Atílio A., 265

Bourrier, Any, 224, 225n119

Braga, Saturnino, 236n35, 259

Branco, Elisa, 76

Brandão, Dionísia, 53

Brandão, Otávio, 53, 76

Brandão, Satva, 76

Brandão, Valná, 53

Brandão, Vólia, 76

Brant, Vinicius Caldeira, 108

Braun, Otto, 17

Brecht, Bertolt, 14, 96

Bresser-Pereira, Luiz Carlos, 165

Brézhnev, Leonid Ilich, 140

Brito, Letelba Rodrigues de, 56-7

Brizola, Leonel, 90, 103, 115, 118-9, 129, 249-50, 274

Bulhões, Otávio Gouveia de, 165

Bunke, Tamara, 95-7

Burke, Peter, 13n2

Caio (codinome de Orestes Timbaúba), 177n35

Caldas, Silvio, 84

Caldeira, Accácio Salvador, 194, 238-9, 250, 253, 256-7 (ver também *Paulo*)

Calle, Ángel de la, 36n12

Camões, Luís Vaz de, 62

Campora, Héctor, 198

Campos da Paz, Antonieta, 85

Campos da Paz Junior, Manoel Venâncio, 85

Canuto, Tibério, 246n66

Capistrano da Costa, David, 53, 172

Cárdenas, Lázaro, 25n43, 34-5, 40-1

Cardoso, Ciro Flamarion Santana, 248, 253

Cardoso, Fernando Henrique, 149, 165

Carnelli, Maria Luísa, 36, 45-7, 49-50

Carone, Edgard, 152n14, 189n21, 192n36, 193n41, 193n42, 199n60, 205n78, 220n104, 222n112, 232n20

Carrillo, Santiago, 187n13

Carvalho, Apolônio de, 224

Carvalho, Beth, 253, 263

Carvalho, René de, 224

Carvalho, Setembrino de, 252

Castello Branco, Humberto de Alencar, 125-6

Castro, Antônio Barros de, 167

Castro, Fidel, 101, 104-5, 141-2, 164n6, 241

Castro, Raúl, 104, 171

Cavalcanti, Carlos de Lima, 48, 48n47

Cavaleiro da Esperança, 18, 26, 57-8, 228, 256n83, 257, 259, 264, 273 (ver também *Prestes, Luiz Carlos*)

Cazuza, 130

ÍNDICE ONOMÁSTICO   305

Cerqueira, Marcelo, 170, 227

Chabrol, Arlette, 224

Chalreo, Silvia, 57

Chávez, Hugo, 264-5

Chermont, Abel, 56, 86

Ciavatta, Maria, 193n45, 194n47

Coelho, Marco Antônio, 110, 114, 174, 187, 212n96

Cohen, Robert, 18, 19n7, 22n24

Collares, Alceu, 251

Comegno, Cecília, 217

Corrêa, Beatriz, 56

Corrêa, Lourdes, 56

Correia, Hércules, 110, 168, 174n27, 177n35, 181, 185, 189, 214, 223, 227, 232, 237-8 (ver também *Macedo*)

Cortês, Eduardo, 255

Corvo, Luiz Rodrigues, 212

Costa e Silva, Artur da, 144-5

Costa, Elson, 174

Costa, Miguel, 86

Costa Neto, Cláudio, 124, 128

Coutinho, Alcedo, 67,

Coutinho, Amélia Rosa Maia, 173-4

Coutinho, Carlos Nelson, 16n8, 173-4, 187n12, 188, 202, 223n117

Cunha Cruz, Victor César da, 52

Damy, Anita, 224

Dantas, San Tiago, 115

Dante (codinome de Dinarco Reis), 146, 151, 154, 186

Debray, Regis, 139

Del Roio, José Luiz, 193, 194

Demnig, Gunter, 264-5n105

Di Cavalcanti (Emiliano Augusto Cavalcanti de Albuquerque Melo), 57

Diakonov, Dimitri, 89

Dias, Giocondo, 153, 159, 174, 186, 195, 211, 220, 223, 232, 237 (ver também *Neves*)

Dias, Maurício, 223n117

Dias Leite, Américo, 35-6

Dias Leite, Lila, 35, 44, 46

Dias Leite, Sônia, 35-6, 44-6, 50

Dickens, Charles, 62

Dimitrov, Jorge, 98, 165, 178

Drujon, François, 22-3, 33

Dubcek, Alexander, 140-1

Dulles, John W. F., 23n28

Dutra, Eurico Gaspar, 55, 61, 120

Engels, Friedrich, 14, 131

Escalante, Anibal, 43

Estrada, Ulisses, 95n1

Estrela, Arnaldo, 75

Ewert, Arthur, 20, 97

Ewert, Elise, 20

Ewert, Minna, 97

Facó, Júlia, 76

Facó, Rui, 76

Fagundes, Mário Portela, 252

Falcão, João, 65, 174n28, 189n18, 208n87, 220n105

Falcón, Gustavo, 134n26

Faletto, Enzo, 149n6

Faria, Tales, 159n23

Farias, Osvaldo Cordeiro de, 89n9, 180, 254

Felizardo, Alfredo Carlos, 90

Felizardo, Ermelinda, 36-7

Felizardo, Joaquim José, 103n16, 251n73

Fernandes, Florestan, 149, 149n6, 165, 248

Fernandez, Pedro (codinome de Luiz Carlos Prestes), 18

Fernando (codinome de Luís Tenório de Lima), 168

Ferreira, Aloysio Nunes, 187n12

Ferreira, Joaquim Câmara, 154

Ferreira, Jorge (codinome de Anita Leocadia Prestes), 152n12

Ferreira, Rosenildo, 256n83, 256n85

Fiel Filho, Manoel, 174

Figueiredo, João Baptista, 199, 219, 223, 229-30, 240

Finamour, Jurema, 85, 85n4

Fiúza, Yedo, 52

Fleury, Sérgio Paranhos, 148

Flores, Thompson, 63-4

Fontana, Josep, 15n6, 71n4, 74n6, 78n10, 108, 108n26, 140, 140n41, 141

Fontes, Lourival, 47-8

Fratti, Régis, 183n2, 186, 196-7, 209, 214-5 (ver também *Renê*)

Freire, Adauto, 159

Freire, Paulo, 146

Freitas, Rogério (pseudônimo de Anita Leocadia Prestes), 180n43

Furtado, Celso, 111, 149, 149n6, 165

Garcia Ronda, Denia, 42n30

Garibaldi, Anita, 21

Gasparian, Fernando, 262

Gattai, Zélia, 71, 76

Geisel, Ernesto, 172, 192, 199-200, 203

Geminder, Bedrich, 71

Genaro (codinome de Armênio Guedes), 184-5, 187

Ghioldi, Carmen, 162

Ghioldi, Rodolfo, 162

Godoy, Marcelo, 131n16, 174n26, 175-6

Goebbels, Paul Joseph, 98

Goering, Hermann Wilhelm, 98

Goethe, Johann Wolfgang von, 99

Gomes, Alice (codinome de Anita Leocadia Prestes), 145, 157

Gomes, Júlio (pseudônimo de Y. I. Rosovski), 79, 169

Gomes, Vânia Klava, 79, 169

Gorender, Jacob, 53

Gorki, Máximo, 62

Göthner, K. C., 166

Goulart, João (Jango), 92, 103, 107, 109, 111-6, 118-20, 123, 133

Grabois, Maurício, 55, 66, 94

Graça, Milton Coelho da, 151

Gramsci, Antonio, 14, 16, 165, 179n42, 198, 216, 217n98, 245-6, 269-70, 269n116-7, 270n121

Granja, Sérgio, 224

Gudin, Eugenio, 165

Guedes, Armênio, 53, 145, 162, 174n27, 177, 184-5, 187, 189n20, 192, 194n47, 196, 203, 205-6, 217, 217n99, 220-4, 220n105, 222n111, 236-8 (ver também *Genaro* e *Júlio*)

Guedes, Célio, 145, 214

Guevara, Alfredo, 224

Guevara, Ernesto Che, 14, 95, 104, 164n6

Guillén, Nicolás, 76,

Guimarães, Alberto Passos, 165

Guimarães, Honório de Freitas, 257

Guimarães, Renato, 146, 202n68

Gutman, José, 87

Hackethal, E. F., 166

Hándal, Schafik, 139

Hebbel, Christian Friedrich, 16

Heinrich, Michael, 13

Helm, Sarah, 24n37-8, 25

Henriques, Olga Bohomoletz, 138

Henriques, Sebastião Baeta, 138

Heredia, Fernado Martinez, 255, 267

Herzog, Vladimir, 174

Hitler, Adolf, 21, 34n7, 38, 46, 98-9

Hobsbawm, Eric, 156, 270n120

Holanda, Jarbas de, 151

Hooks, Margaret, 36n12

ÍNDICE ONOMÁSTICO 307

Ianni, Otávio, 165

Iglesias, Francisco, 253

Jaguaribe, Hélio, 165

Jasper, Irma, 263

Joaquim (codinome de Salomão Malina), 156, 177n35, 187, 189

Júlio (codinome de Armênio Guedes), 184-5, 187, 196

Júnior, Cirilo, 59-60

Jurandir, Dalcídio, 57

Khrushchov, Nikita, 109, 140

Kojevnikov, Anatoli, 138, 170

Kojevnikova, Tamara, 138, 170

Konder, Leandro, 187n12, 199

Koutzi, Flávio, 224

Koval, Boris I., 180

Kruel, Amaury, 112, 118

Kubitschek, Juscelino, 80

Kutuzov, Mikhail, 74

Lacerda, Carlos, 92, 101-3, 110, 112-3, 118-9

Lacerda, Fernanda, 53

Lacerda, Fernando, 36, 53

Lacerda, Maud, 53

Lacerda, Pedro Paulo Sampaio de, 124

Lacerda, Sebastião, 53

Lamarca, Carlos, 139, 156

Lan (Lanfranco Aldo Ricardo Vaselli Cortellini Rossi Rossini), 92n13

Lavoisier, Antoine Laurent de, 74

Le Goff, Jacques, 13n2

Leal, Aristides Correa, 121

Lemme Jr., Antônio, 67-8, 70

Lemus, Virgilio Lopez, 42n30

Lênin, Vladímir Ilitch Uliánov, 14, 72, 74, 78, 130-1, 166n9, 186n9, 204, 242, 245, 245n64

Lessa, Carlos Ribeiro de, 167

Levy, Maria Bárbara, 167

Liguori, Guido, 269

Lima, Artur Moreira, 253, 263

Lima, Heitor, 19

Lima, José Montenegro de, 131 (ver também Maurício)

Lima, Luís Tenório de, 168, 171, 174n27, 238 (ver também Fernando)

Linhares, José, 52,

Linhares, Maria Yedda Leite, 247, 253, 254n78, 260

Lins e Silva, Aldo, 170

Lins, Etelvino, 89n9

Lira Neto (João de Lira Cavalcante Neto), 60n23

Lírio da Luz, Antônia, 63

Lomonossov, Mikhail Vasilyevich, 74

London, Artur, 71

Longo, Moacir, 157-8, 187

Lott, Henrique Teixeira, 92, 99

Luz, Vespasiano Lírio da, 63

Macedo (codinome de Hércules Correia), 168, 177n35, 181, 185, 189

Machado, Humberto Jansen, 100

Machel, Samora, 194

Maduro, Nicolás, 265

Magalhães, Sérgio, 92

Magalhães, Zélia, 61-2

Magalhães Pinto, José de, 118

Mahajo, Francisco Ignácio Taibo, 104n18

Maldonado Denis, Manuel, 255

Malin, Ana, 173

Malin, Mauro, 177n36, 187n12, 189n20, 192n35, 194n47-8, 202n69, 208n87, 212n94, 217n99, 221n108

Malina, Salomão, 156, 174n27, 177n35, 187, 189, 202, 214, 216, 232, 237 (ver também Joaquim)

Manovski, Victoria, 209

Mansilla, Anastácio, 164-5, 173

Manuilski, Dimitri, 17-8

Mao Tsé-tung, 108, 109n27

Maranhão Filho, Luiz Ignácio, 152, 158, 172

Marcelo (codinome de José de Albuquerque Salles), 177, 179, 185-7, 189, 192, 194, 196-8, 200-1, 208, 209

Mariátegui, José Carlos, 14, 179n42

Marighella, Carlos, 82-3, 134, 139, 144, 146

Mário (codinome de Almir Neves), 186

Marx, Karl Heinrich, 13-4, 130-1, 164

Mata, Héctor Malavé, 255

Maurício (codinome de José Montenegro de Lima), 130

Mazzili, Ranieri, 118

Medeiro, Alexandre, 257n89

Médici, Emílio Garrastazu, 152

Mello, Severino Teodoro, 69-70, 126, 161, 174-6, 174n27, 177n35, 187, 202, 214, 237 (ver também *Vinicius*)

Melo, João Massena, 110, 172

Mesquita, Pedro Sales de Oliveira, 252

Miranda, Jaime, 174

Modesto da Silveira, Antônio, 151, 170, 227

Modotti, Tina, 36

Moniz Bandeira, Luiz Alberto, 110n31, 111n32

Monjardim Filho, José, 83-5

Monteiro, Hamilton de Mattos, 253

Moraes, Augusto (codinome de Nemésio Salles), 160n24, 165

Moraes, Dênis de, 229n5, 229n7-9

Moraes, Eneida, 57

Moraes, Mário de, 85

Moraes, Sérgio, 100

Morais, Fernando, 17n1, 18n2, 19n9, 20n11, 25n41, 26n46

Moreira, Álvaro, 57

Moreira, Eugênia, 57

Moreira, Raimundo Nonato Pereira, 13n2

Morena, Roberto, 36, 174n27

Moritz, Anna Jutta Pietsch, 264

Morris, William, 15

Mota, Carlos Guilherme, 231, 248, 253

Mota, Sílvio, 116

Mota e Silva, Djanira da, 57

Mota Lima, Paulo, 57

Mota Lima, Pedro, 57

Moura Andrade, Auro de, 118

Mourão Filho, Olímpio, 117

Mozart, Wolfgang Amadeus, 56

Müller, Filinto, 19, 37n16, 97

Napolitano, Giorgio, 187n13

Natali, João Batista, 223n117, 236n36, 257, 257n88

Neri, Adalgisa, 48

Neruda, Pablo, 40, 76, 267

Neves (codinome de Giocondo Dias), 186-7, 189, 195-6

Neves, Almir, 174n27, 186 (ver também *Mário*)

Neves, Tânia, 253n77

Newton, Carlos, 223

Niemeyer, Oscar, 57, 163, 203n68, 225, 228, 236

Nikolsky, Roberto, 35, 53, 149, 150

Nunes, Augusto, 260n98

Pacato (apelido de Severino Teodoro Mello), 174

Pacheco, Osvaldo, 170, 174

Paiva, Pedro Henrique, 255

Palmeira, Lourdes, 102

Palmeira, Sinval, 56, 67, 75, 86, 102, 110, 151, 231n18

Palmeira, Vladimir, 227

Pastukhov, Dimitri, 202n68

Paulinho da Viola (Paulo César Batista de Faria), 164

Paulo (codinome de Accácio Salvador Caldeira), 194

Paulo da Portela (Paulo Benjamin de Oliveira), 57

Peçanha, Honório, 34, 57

Peixoto, Antônio Carlos, 100, 187n12

Peña Castro, Ramon, 200n66, 247

Penna Botto, Carlos, 102

Pereira, Astrojildo, 155, 193, 194n47

Pereira, Eudo Guedes, 128

Pereira, Hiram de Lima, 174

Pereira, Odon, 212

Pereira da Silva, Luiz Hildebrando, 187, 217-8

Pereira Pinto, Antônio Carlos, 257n86

Perez, Jorge Lezcano, 265

Perón, Juan Domingo, 162

Perrin, Dimas, 172

Pinochet, Augusto, 168, 198n58

Pinto de Góes, Maria de Conceição, 152n10

Pires, Waldir, 116

Piunti, Lázaro José, 250

Poerner, Arthur José, 100, 107, 125, 126n11

Pomar, Pedro, 61, 66, 67, 94

Portinari, Candido, 57

Prado, Caio Graco, 103

Prado, Susana, 103

Prado Júnior, Caio, 103, 149, 165

Prestes, Antônio João Ribeiro, 88

Prestes, Antônio Pereira, 29

Prestes, Clotilde Felizardo, 29n57, 31, 53-4, 61, 66, 68, 70, 82, 126, 172, 236, 250, 267

Prestes, Eloiza Felizardo, 29n57, 31, 53-4, 58, 66, 68, 70-1, 82, 102, 121-2, 126, 150, 169, 172, 194, 250-1, 253, 256-8, 267

Prestes, Ermelinda Ribeiro, 88

Prestes, Leocadia Felizardo, 15, 21-3, 25, 27, 28-31, 33-39, 40-41, 42, 45, 48, 53, 55, 83, 90, 97, 251, 261, 267-8

Prestes, Lygia, 14, 18, 21-29, 31, 33-57, 59-60, 62-3, 66-86, 88, 97-98, 102, 106, 113, 119-21, 124, 126-8, 144-5, 150, 161, 169-72, 174, 194, 228, 231, 250-1, 253, 255-8, 261-2, 267-8

Prestes, Maria (codinome de Olga Benario Prestes), 19, 19n9

Prestes, Mariana Ribeiro, 256

Prestes, Olga Benario, 15, 17-28, 33-5, 37-9, 41-2, 46-8, 49-50, 53-4, 57, 69, 71, 88-9, 95-7, 138, 250, 261, 263-4, 268, 272-3

Prestes, Rosa Ribeiro, 88

Prestes Brandão, Glória, 53

Prestes Brandão, Iracema, 53

Prestes de Menezes, Antônio Justino, 56

Prestes Maia, Francisco, 84

Prestes Maia, Maria, 84

Priolli, Maria Luisa, 63

Quadros, Jânio, 91-2, 99, 101-3

Rabelo, José Maria, 224

Ramonet, Ignacio, 141-2

Ramos, Graciliano, 57, 75

Rebelo, Aldo, 274

Rego, Lúcia Brandão, 29, 31, 35, 53, 70, 149, 267

Reinefeld, Heinrich, 22-3

Reis, Daniel Aarão, 272-3

Reis, Dinarco, 70, 145-6, 170, 174n27, 186 (ver também *Dante*)

Reis, Gessy Gomes dos, 86, 161

Reis, Joaquim Gomes dos, 86, 143, 149, 151, 159, 161

René (codinome de Régis Fratti), 186, 189, 197-8, 200n66, 209

Retamar, Roberto, 265

Ribeiro, Elizabeth, 83

310   VIVER É TOMAR PARTIDO

Ribeiro, Ivan, 83

Ribeiro, Ivan de Otero, 162, 187n12

Ribeiro, Jair Dantas, 113

Ribeiro, Maria do Carmo, 88-9, 102, 105-6, 119, 122, 126, 153n16, 164, 225, 255-6, 259, 262

Ribeiro, Walter de Souza, 154, 172 (ver também *Beto*)

Ribeiro, Yuri Alexandre, 256-7

Ribeiro Jr., Amaury, 159n23

Roca Calderio, Blas, 43

Rodrigues, Miguel Urbano, 266, 274

Rodriguez, Carlos Rafael, 43

Rolemberg, José Carlos, 224

Rolemberg, José Cortes, 227

Rollemberg, Antônio, 124

Rosa, Lucília Soares, 151, 159

Rousso, Henry, 13n2

Sá (codinome de Agliberto Vieira), 187, 192

Saad, Fued, 153, 162, 187

Said, Ana Maria, 236n37

Salazar, António de Oliveira, 131, 266

Saldanha, Ana, 274n134

Saldanha, João, 228-9

Salles, José de Albuquerque, 100, 145, 160, 173-4, 177, 185-7, 192, 194, 196, 202, 208-16, 218, 227, 230 (ver também *Marcelo*)

Salles, Nemésio 160, 165 (ver também *Moraes, Augusto*)

Sampaio, Cid, 89

Santos Meyer, Celso dos, 128

Santos, Nilton, 143n1

Santos, Theotônio dos, 165

Scheinvar, Isaac, 103

Schiller, Gustavo, 224

Schiller, Johann Christoph Friedrich von, 99

Scliar, Carlos, 57

Serra, José, 108, 165

Silva, Lindolfo, 183n2, 186n8

Simonsen, Mário Henrique, 165

Sinek, Olga (codinome de Olga Benario), 18

Singer, Paul, 165

Siqueira, Givaldo, 100, 174n27, 176, 238

Sobral Pinto, Heráclito Fontoura, 23, 37, 124, 150-1, 170, 228, 250

Sodré, Joanídia, 63

Sodré, Nelson Werneck, 149, 165, 263

Sonia (codinome de Marly Vianna), 177, 179-81, 183, 185, 187, 189, 192, 194, 197-8, 200, 206

Sousa, Jessie Jane Vieira de, 262

Souza, Raimundo Alves de, 174

Stálin, Josef, 74, 78, 192

Suvorov, Alexander, 74

Taiguara, 253, 263

Tania (codinome de Tamara Bunke), 95

Tarquinio, Tomas, 224

Tavares, Maria da Conceição, 165

Tavares, Roberto, 63

Távora, Juarez, 254

Tchaikovsky, Piotr, 98

Teixeira, Aloízio, 100

Teixeira, Francisco, 117, 120

Teixeira da Silva, Francisco Carlos, 34n7

Telles, Jover, 77, 118

Telles, Ladário Pereira, 118-9

Temer, Milton, 187n12

Thälmann, Ernest, 99

Timbaúba, Orestes, 174n27, 177n35 (ver também *Caio*)

Togliatti, Palmiro, 165

Tojal, Altamir, 253n77

Toledano, Vicente Lombardo, 45

Torelly, Apparício Fernando de Brinkerhoff, 58 (ver também *Barão de Itararé*)

Torres, Juan José, 152

Tsukanov, Oleg, 165, 170

ÍNDICE ONOMÁSTICO 311

Tsukanova, Liudmila, 170

Vainer, Carlos, 227
Vargas, Getúlio, 15, 19, 26, 30, 36, 40, 49, 51-2, 59, 90, 92n13
Vargas, Lutero, 90
Vasconcelos, Vivaldo, 151
Veil, Simone, 224
Veloso, Itair José, 174
Venturi, Toni, 271
Veras, Nestor, 174
Viana Filho, Luis, 126
Vianna, Marly, 100, 145, 160, 173-4, 177, 185-6, 192, 194, 196, 209, 212, 215-6, 247 (ver também *Sonia*)
Vilar, Pierre, 217
Vinicius (codinome de Severino Teodoro Mello), 161, 174-7, 187, 189

Viola, Eugênio, 159n22
Vitor, Afonso, 224

Waack, William, 271-2
Wainer, Samuel, 92n13
Weid, Jean Marc van der, 143, 224
Weigel, Helene, 96
Werneck, Antônio, 253n77, 254n79-80
Werneck de Castro, Moacir, 57
Werneck Vianna, Luiz, 173
Werneck Vianna, Maria Lúcia, 173
Werner, Ruth, 96
Wiedmeyer, Maria, 96

Zanoni, Magda, 224
Ziller, Armando, 174n27

Cerca de dois meses após a promulgação da Lei da Anistia em 28 de agosto de 1979, Luiz Carlos Prestes volta do exílio e é aclamado pelo povo em seu desembarque no aeroporto do Galeão. Rio de Janeiro, 20 de outubro de 1979.

Publicado em 2019, quarenta anos após a promulgação da Lei da Anistia no Brasil (lei n. 6.683, de 28 de agosto de 1979), este livro foi composto em Adobe Garamond Pro, corpo 11/13,2, e impresso em papel Avena 80 g/m² pela gráfica Rettec, em outubro, para a Boitempo, com tiragem de 4 mil exemplares.